轮机概论

主编　郭军武
主审　陈宝忠

大连海事大学出版社

图书在版编目(CIP)数据

轮机概论 / 郭军武主编 .—大连 : 大连海事大学出版社, 2012. 2(2024. 7 重印)
ISBN 978-7-5632-2665-8

Ⅰ. ①轮… Ⅱ. ①郭… Ⅲ. ①轮机—概论—高等学校—教材 Ⅳ. ①U676. 4

中国版本图书馆 CIP 数据核字(2012)第 026755 号

大连海事大学出版社出版
地址:大连市黄浦路 523 号 邮编:116026 电话:0411-84729665(营销部) 84729480(总编室)
http://press. dlmu. edu. cn E-mail:dmupress@ dlmu. edu. cn
大连永盛印业有限公司印装 大连海事大学出版社发行
2012 年 3 月第 1 版 2024 年 7 月第 12 次印刷
幅面尺寸:184 mm×260 mm 印张:13. 75
字数:339 千 印数:22001～23000 册
责任编辑:苏炳魁 版式设计:诚 峰
封面设计:王 艳 责任校对:杨冠尧
ISBN 978-7-5632-2665-8 定价:25. 00 元

前　言

“轮机概论”课程是根据航海技术和热能与动力工程专业的特点和教学大纲的需要而设置的，讲授“轮机概论”是航海技术和热能与动力工程专业学生了解轮机设备特点和管理要点的主要途径。全书共分七章，内容包括热工基础知识、船舶动力装置概述、船舶柴油机、船舶推进装置、船舶辅助机械、船舶防污染与海水淡化装置、船舶电气概述。

本书第一章和第五章由阚安康编写，第二章、第三章、第四章和第六章由郭军武编写，第七章由林叶春编写。全书由郭军武主编，陈宝忠主审。

本书在编写过程中，参考了大量资料，参考文献已在书后列出，但因编者水平有限，如有欠妥和不足之处恳请读者提出宝贵意见。

编　者

2011 年 10 月

目 录

第一章　热工基础知识

第一节　工质热力状态参数

一、工质

将燃料燃烧产生的一部分热能转换为机械能的装置，工程上称为热能动力装置。而在热力工程中，用来实现能量转换的物质称为工质。例如，柴油机以空气和油的燃烧物作为工质，蒸汽机以水蒸气作为工质，船舶制冷设备多采用氟利昂作为工质。在热能动力装置中，热能转换成机械能是通过工质受热膨胀做功来实现的。因此，作为工质的物质必须具有良好的膨胀性和流动性。

二、状态参数

热力学中，在给定瞬间，工质具有一定的物理状态，用来描述系统宏观特性的物理量称为系统的热力状态参数，简称状态参数。

常用的状态参数有温度、压力、体积、热力学能（也称内能）、焓和熵等六个参数，其中压力、温度、体积可以直接通过仪表等测量，工程上称之为基本状态参数，其余状态参数可以根据基本参数间接计算得到。状态参数的数值由系统的状态来确定而且是唯一的，当系统状态发生改变时，其状态参数也会随之变化，参数的变化量只与系统的初、终状态有关，而与变化过程无关。工质在动力装置中进行工作时，它的压力、温度是不断地发生变化的，通常在船舶动力装置中，确定工质的状态是用温度和压力两个参数。

1. 温度

温度是衡量物体冷热的尺度，同时也用以确定热量传递的方向。甲物体的温度高于乙物体，则热量将由甲物体向乙物体转移，如果两物体之间不发生热量转移而处于热平衡状态，则两物体的温度必然相等。

温度的数值表示方法称为温标。它是表示温度高低的尺度。常用的温标有以下三种：

（1）摄氏温标。规定在标准大气压下，将纯水的冰点标定为 0 度，沸点为 100 度，其间 100 等分，每等份为摄氏 1 度，记作 1℃；摄氏温标用符号 t ℃表示。

（2）华氏温标。规定在标准大气压下，纯水的冰点为 32 度，沸点为 212 度，其间 180 等分，每等份为华氏 1 度，记作 1℉；华氏温标用符号 t ℉表示。

（3）开氏温标，又称热力学温标或者绝对温标。规定纯水的三相点温度（即固、液、气三相平衡态的温度）为基本点，定义为 273.16 度（此为定义值，工程上用 273.15 计算），每度的间隔与摄氏温标相同，1 度记作 1K。开氏温标用符号 TK 表示。

摄氏温标和华氏温标的标定都依赖于物质的物理特性，温度数值与被测物质有关，称为经验温标；而开氏温标则与被测物质的物理特性无关，是国际上规定的最基本温标。公制计算式多采用摄氏温标，英制往往采用华氏温标，而国际单位制则采用开氏温标。三种温标之间的换算关系即

$$t°F = \frac{9}{5} \times t°C + 32$$

$$t°C = \frac{5}{9}(t°F - 32)$$

$$TK = t°C + 273.15$$

$$TK = \frac{5}{9}(t°F - 32) + 273.15$$

测量温度的仪器称为温度计，选作温度计的感应元件的物体某些物理性质(液体、气体的体积或压力，金属或半导体的电阻，热电偶的电动势，发光颜色等)随着物体温度的变化而发生显著的变化。工程上常用的温度计有水银温度计、电阻温度计、热电偶温度计、膨胀式指针温度计、光学高温温度计等。

2. 压力

在热力学中，把工质垂直作用在单位容器壁面或分界面上的力称之为压力(物理学中称为压强)，用符号 p 来表示。分子运动学说把气体的压力看作是大量气体分子撞击容器壁面的平均结果，与单位容积内的分子数和分子的平均移动动能成正比。

(1)压力的单位

压力的单位比较多，根据力与受力面积的名称不同，压力的单位可以分为：

①国际制单位：在国际单位(SI)中，压力的单位是为"帕斯卡"，简称"帕"，用符号 Pa 表示，1 Pa = 1 N/m²。工程上因为 Pa 太小，多用 10^6 Pa，称为"兆帕"，用符号 MPa 表示或者采用巴(bar)表示。

②英制单位：磅/平方英寸(lbf/in^2)或英寸汞柱(inHg)。

③公制单位：工程大气压(at)、毫米汞柱(mmHg)、米水柱(mH_2O)、标准大气压(atm)。

压力各单位之间的换算关系如表 1-1 所示。

表 1-1　压力单位换算表

帕斯卡 Pa $\frac{N}{m^2}$	工程大气压 at $\frac{kgm}{cm^2}$	标准大气压 atm 760 mmHg	托 Torr mmHg	巴 bar $10\frac{N}{m^2}$	米水柱 mH_2O	磅/平方英寸 psia lbf/in^2
1	1.01972×10^{-5}	0.986923×10^{-5}	7.5×10^{-3}	10^{-5}	1.021×10^{-4}	1.45038×10^{-4}
98 066.1	1					
101 325.0		1				
133.3			1			
10 000				1		
9 794.3					1	
6 894.7						1

* 大气压力是由地面上几百公里高的空气层的重量所引起的，以 p_b 表示。其大小随纬度、高度、空气温度及水蒸气含量而变化。物理学中把纬度 45 度平均海平面上常年大气压的平均值定义为标准大气压，以符号 atm 表示。

(2)绝对压力、表压力及真空度

绝对压力：工质作用在器壁上的实际压力称为"绝对压力"，以 p 表示。

表压力：用压力表测得的压力数值称为"表压力"，以 p_g 表示。用压力表测定压力，是以大气压力作为测量基准,其数值不是绝对压力,而是绝对压力与当地大气压力的差值。

真空度:当容器内的绝对压力比大气压力低时,用压力表测得的压力为负值,取其绝对值,称为“真空度”,以 p_v 表示。真空度也是表压,其数值是当地大气压力与绝对压力的差值。

压力通常用压力表、气压表、真空表或压力真空表来测量。这些测量仪器的结构原理均建立在压力平衡的基础上。根据弹簧的变形、液柱的重量或者用活塞上的载重等去平衡容器或者系统内的压力。图 1-1(a)、(b)所示是用液柱的高度来表示容器中压力的相对值。图 1-1

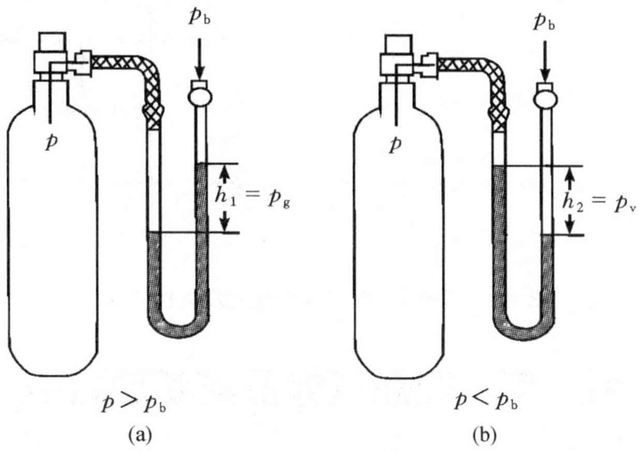

图 1-1　用液柱的高度来表示容器中压力的相对值

中(a)表示容器中的气体压力 p 比外界大气压 p_b 大了 h_1 的液柱高度。这部分压力就是表压力 p_g 。图 1-1 中(b)表示容器内的气体压力 p 比外界大气压力 p_b 低了 h_2 的液柱高度,这段高度表示了容积中气体的稀薄程度,也就是真空度 p_v 。根据压力平衡可表达为

$$p_g = p - p_b$$

$$p_v = p_b - p$$

表压力 p_g 和真空度 p_v 的大小都是相对值,而只有绝对压力才是一个真正能说明工质状态的热力参数。工质的绝对压力 p 、表压力 p_g 和真空度 p_v 之间的关系如图 1-2 所示。

3. 比体积和密度

单位质量物质所占的体积称为比体积 v ,即

$$v = \frac{V}{m}$$

式中, v 为比体积, m^3/kg ;

m 为物质的质量,kg;

V 为物质的体积, m^3 。

单位体积物质的质量称为密度,单位为 kg/m^3 ,用符号 ρ 来表示,即

$$\rho = \frac{m}{V}$$

显然, v 和 ρ 互为倒数,对于一定的气体工质而言,比体积、密度均为描绘分子聚集疏密程度的物理量,比体积越大,密度越小,表明气体越稀疏。

工程热力学中在研究工质各个热力过程(吸热、放热、压缩、节流等)时往往选取温度、压力和比体积作为三个基本状态参数。

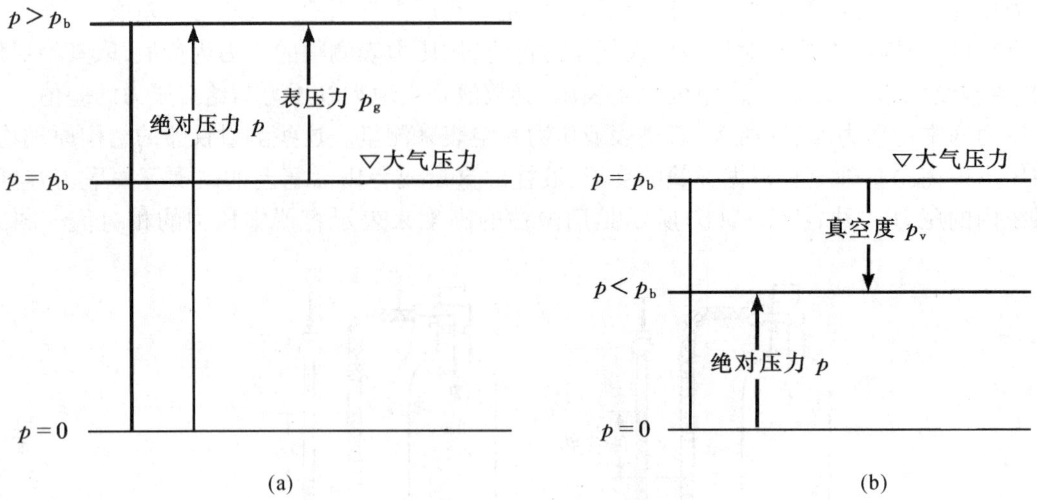

图 1-2　表压力、真空度和绝对压力的关系

第二节　理想气体及其状态方程

一、理想气体

所谓理想气体是一种实际上不存在的假想气体，假设其分子为弹性的、不占据体积的质点，分子之间没有作用力。当气体处于压力低、温度高、比体积很大的状态时，其分子浓度小，分子本身所占的体积与整个气体所占体积相比要小得多，这时，分子间平均距离大，相互间作用力很弱，就很接近理想气体。理想气体实质上是实际气体压力趋向于无穷小，比体积趋向于无穷大的极限状态。实际气体压力越低、温度越高，越接近理想气体。

理想气体模型忽略了气体分子之间复杂的作用力，使定性分析气体的许多热力学现象成为可能，并能简捷地定量计算气体状态参数。

常温常压下，氧气、氮气、一氧化碳、二氧化碳及空气、燃气、烟气等一些常用的气体工质非常接近理想气体；大气或燃气中的水蒸气，因其分压力很小，分子浓度很低，亦可看作理想气体。

不能当作理想气体的工质，统称为实际气体。

二、理想气体状态方程

气体的状态可以用状态参数来确定，其中温度 T 、压力 p 和比体积 v 是三个基本状态参数。事实上，要确定处于平衡状态的气体的状态，并不需要知道全部状态参数的值，而只要知道其中任意两个独立状态参数的值，其他参数可以通过它们之间的关系式计算出来。

克拉贝龙首先提出了理想气体在状态变化时三个基本状态参数：绝对压力 p 、比体积 v 及热力学温度 T 之间的关系式，即理想气体的状态方程式

$$pv = R_g T \tag{1-1}$$

式中的 R_g 称为“气体常数”，其数值只与气体种类有关，而与气体状态无关，单位为 J/(kg · K)。例如空气的气体常数为 29.3 J/(kg · K)，氧气为 26.5 J/(kg · K)，氮气为 30.3 J/(kg · K)，二氧化碳为 19.3 J/(kg · K)。

从上式可看出，描述气体状态的三个基本状态参数 T 、p 和 v ，只要给定其中任意两个，气体的状态就被确定了。若气体的质量为 m 千克，上式两边各乘以 m ，则得 m 千克理想气体的状态方程式

$$\begin{cases} mpv = mR_gT \\ pV = mR_gT \end{cases}$$

如果用 M 代表气体的摩尔质量（其单位为千克/摩尔，kg/mol），将状态方程两边各乘以 M ，则得

$$p(Mv) = (MR_g)T$$

式中，Mv 表示气体摩尔体积，用 V_m 表示；

MR_g 表示 1 摩尔气体的常数，用 R 表示，则上式可以写成为

$$pV_m = RT \tag{1-2}$$

对于各种气体，其 R 值都等于 8.314 510 J/(mol·K)，它与气体的性质和状态无关，故称之为通用气体常数。

$$R_g = \frac{R}{M} = \frac{8.314}{M} \quad \text{J/(kg·K)}$$

由上式可知，只要知道气体的摩尔质量 M（1 摩尔物质的质量，在数值上恰好等于该物质的相对分子质量）就可以由通用气体常数 R 求得气体常数 R_g ，所以气体的物质的量为 n 的理想气体状态方程可写成

$$pV_n = nRT \tag{1-3}$$

式中，V_n 表示物质的量为 n 的气体所占的体积，单位是 $10^{-3}m^3$。

式(1-1)、(1-2)、(1-3)是理想气体状态方程式，分别描述了 1 kg、M kg 和 n mol 气体状态变化的规律。

在热能动力装置中所用的空气和燃气以及空气调节设备内的空气中所含的水蒸气，均可按理想气体进行计算。然而蒸汽动力装置中的水蒸气以及压缩制冷装置中的制冷剂蒸气，不能按理想气体的状态方程进行计算。

第三节　热量与功

一、热量和比热容

1. 热量

在热力学中，把热力系统与外界仅仅是由于温度不同而通过边界传递的能量称为热量，用符号 Q 表示。热量是表征系统吸热或者放热多少的物理量，热量与热能不同，热量不是状态参数，是系统在过程中由于温差而通过边界传递的能量，它不仅与过程的初、终态有关，而且与过程如何进行密切相关；热能则是物系热运动形态的反映，仅取决于状态，是状态参数。工程热力学中约定，外界给系统加热，Q 取正值；反之，系统对外界放热，Q 取负值。

热量单位在 SI 制中为 J（焦耳），工程上常使用 kJ（千焦耳）。历史上热量的单位还曾使用 cal（卡）和 kcal（大卡或千卡），1 kcal 即在标准大气压力下将质量为 1 kg 纯水的温度，从 14.5℃升高到 15.5℃所吸收的热量。在英制单位中是将标准大气压力下 1 磅纯水的温度，从 59.5℃升高到 60.5℃所吸收的热量，为一个热量单位，称为 Btu（British thermal unit 英制热量

单位)。

三种单位之间换算关系如表 1-2 所示:

表 1-2 热量单位换算表

焦耳(J)	卡(cal)	大卡(kcal)	Btu
1	0.238 8		9.48×10^{-4}
4.186 8	1		
4 186.8	1 000	1	
1 055.06			1

2. 比热容

物体温度发生变化时所吸收或放出的热量与其温度变化、质量、材料的性质等有密切关系。我们把单位质量(1 kg 或 1 g)的物体温度升高或降低 1℃时所吸收或放出的热量,叫做质量比热容(简称比热容),常用符号 c 表示,单位是焦耳/(千克·开)(J/(kg·K))。例如,水的质量比热容是 4.2×10^3 J/(kg·K)。

工程上常用的比热容除了质量比热容外还有容积比热容和莫尔比热容等。在非特别指明时,所有比热容均指质量比热容。

气体比热容还随加热过程的不同而有所变化。如果气体在加热过程中容积保持不变则称为定容比热容,一般用 c_v 表示;如果气体在加热过程中所处的压力保持不变则称为定压比热容,一般用 c_p 表示。

二、功和功率

在热力学中,功的定义为:"当封闭系统通过边界和外界之间发生相互作用时,如外界的唯一效果是升起重物,则系统对外界做功;反之,如外界的唯一效果是降低重物,则外界对系统做功。"功就是热力系统通过边界而传递的能量。

如图 1-3 所示,取气缸中有一定质量的高压气体为封闭系统,活塞、曲柄连杆机构和重物为外界。则当系统(高压气体)膨胀时,系统通过边界,对外界做功使重物升起;相反,如重物受外界力的作用下降,则外界通过边界对系统做功,使系统压缩(气体压力升高)。

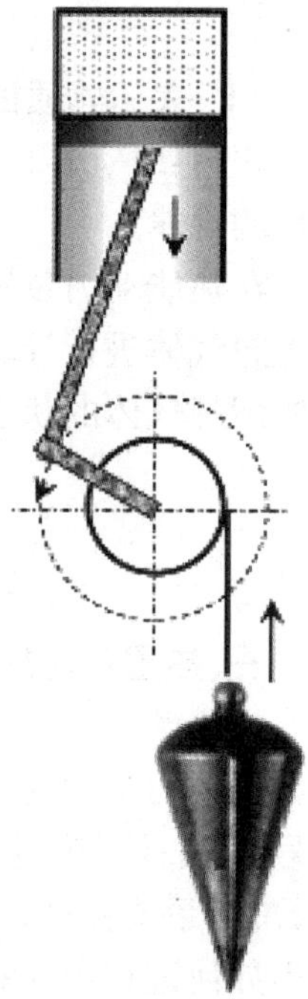

图 1-3 闭口系做功图

在力学中,功的大小等于力和力方向上的位移的乘积。功的单位,在工程制中为 kgf·m,在 SI 制中为 N·m,即焦耳(J)。二者之间的关系为

$$1\ \text{kgf}\cdot\text{m} = 9.8\ \text{N}\cdot\text{m} = 9.8\ \text{J}$$

单位时间所做的功,称为"功率",其单位为 J/s,即瓦(W)。工程中功率常用的单位还有马力(PS)和千瓦(kW),它们之间的换算关系为

$$1\ \text{PS} = 75\ (\text{kgf}\cdot\text{m})/\text{s} = 0.735\ \text{kW}$$

英制单位中的马力(HP)比工程制中的马力(PS)稍大一些,它们之间的关系为

$$1\ \text{PS} = 0.986\ \text{HP}$$

三、功与热之间的转换

功和热量都不是状态参数,而是过程量。其大小不仅取决于初、终状态,还和过程路径有

关。功与热量是本质上不同的两种能量形态，功是与物体运动形态相关的能量，压差是做功的驱动力，热量是与杂乱运动相联系的能量，温差是其传递的驱动力。因而由功转换成热量是无条件的；反之，是有条件的，必伴随某种补偿过程。

热力学第一定律是能量守恒与转换定律在热现象中的应用。能量守恒与转换定律是自然界的基本规律之一，它指出：自然界中一切物质都具有能量，能量不可能被创造，也不可能被消灭；它只不过是从一种形态转变为另一种形态；在能量转化的过程中，能的总量保持不变。热力学第一定律可表述为：输入系统的能量 - 输出系统的能量 = 系统贮存能量的变化。

热力学第二定律的表达方法有两种，其中开尔文说法是："不可能制造只从一个热源取得热量，使之完全变成机械能而不引起其他变化的循环发动机。"另一种克劳休斯说法是："热不可能自发地、不付代价地从低温物体传到高温物体。"

热力学第一定律是从量的角度阐明能量传递和转换的规律，热力学第二定律则是从质的角度揭示能量传递和转换的规律。热力学第二定律实质上是对热力学第一定律的补充，它从质的角度揭示了能量传递和转换的方向、条件及限度，其中，过程进行的方向是最根本的内容。

四、热效率

热力工程上把热能转换为机械能的装置称为热能动力装置。至今，热力工程所利用的热能主要来自矿物燃料所蕴藏的化学能。燃料在适当的燃烧设备中进行燃烧，产生热能，在热机中再将热能转变为机械能。热能动力装置可分为两大类：蒸汽动力装置和燃气动力装置。制冷、热泵和空气分离装置等原则上属于机械能转换为热能的设备，在热力学分析上与热能动力装置有很多相似的地方。

图 1-4 为内燃机动力装置的工作原理简图。燃油在高压下喷入气缸，与进入气缸内的空气混合燃烧产生热量 Q_1，高温高压的燃气膨胀推动活塞移动，并通过连杆曲柄机构变成回转运动，带动推进器回转，对外界作机械功 W。做功后的低温低压燃气排出气缸，并带走热量 Q_2，完成一个工作循环。根据能量守恒定律，工质在一个循环中，对外界作的机械功 W（收益）等于从高温热源吸收的热量 Q_1（代价）减去传给低温热源的热量 Q_2，即

$$W = Q_1 - Q_2$$

工程上把收益与代价之比称为热效率 η，即

$$\begin{aligned}\eta &= \text{收益} / \text{代价} \\ &= W/Q_1 = (Q_1 - Q_2)/Q_1 \\ &= 1 - Q_2/Q_1\end{aligned}$$

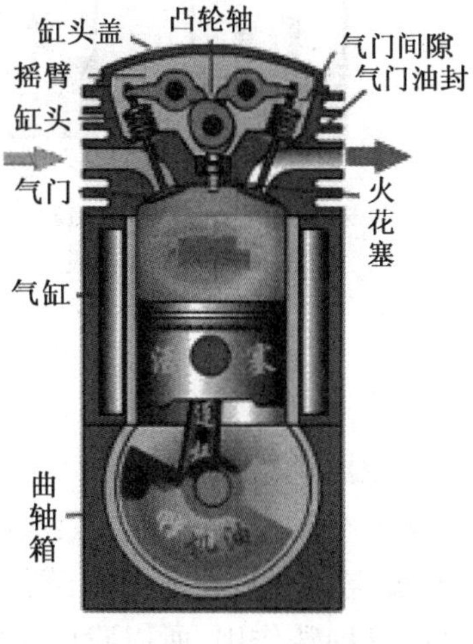

图 1-4　内燃机动力装置工作原理

由于工质向低温热源放出的热量 Q_2 永远不可能为零，因此热效率 η 也不可能等于 1，即热效率永远小于 100%。

第四节　水蒸气与湿空气

一、水蒸气

在船上，水蒸气也是常用的重要工质之一。锅炉水被加热而形成水蒸气可用来推动蒸汽

机或汽轮机进行工作,也可用来作为热源供热,加热燃油等。所以我们需要了解水蒸气是如何形成的以及它的一些基本特性。

水在1 atm下加热到100℃开始沸腾,再继续加热,水逐渐变成蒸汽而减少,这个过程称为汽化过程。当压力变化时,水开始沸腾的温度也随之变化,因此,将在一定压力下水开始沸腾的温度称为该压力下水的“饱和温度”。压力越高对应的饱和温度越高;相反,在一定温度下,压力达到某一定值时水才开始沸腾,称在一定温度下,水开始沸腾的压力为该温度下对应的“饱和压力”。水蒸气的饱和压力仅与温度有关,温度越高,饱和压力越高。

为了进一步分析水变成水蒸气的汽化过程,图1-5给出了在一个定压容器中1 kg水变成蒸汽的过程示意图。在定压容器中有压力等于常数的重物压在1 kg水之上,这时的水处于未饱和状态,温度 $t < t_s$ (t_s 为饱和温度,温度之差称为过冷度)。如果在容器外加热,水的温度开始升高,当温度达到饱和温度即 $t = t_s$ 时,水开始沸腾汽化,这时水处于饱和状态。继续加热,这时有部分水已经变为蒸汽,但仍有部分水保持不变,它们的温度仍为 $t = t_s$,直到水全部变成蒸汽,水处于干饱和蒸汽状态,这时温度仍为 $t = t_s$ 。如果再继续加热,那么蒸汽的温度开始升高, $t > t_s$,处于过热蒸汽状态,这样的蒸汽称为过热蒸汽。过热蒸汽的温度 t 与饱和温度 t_s 之差称为过热度。

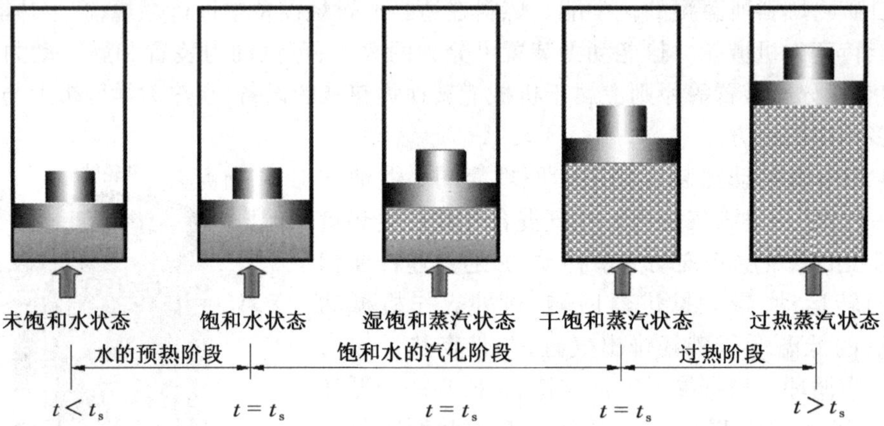

图1-5　水在定压下的汽化过程

二、湿空气

完全不含水蒸气的空气称为“干空气”。自然界中的空气多少都含有一些水蒸气,工程上称为“湿空气”,湿空气是水蒸气和干空气的混合物。在干燥、空气调节等过程中,空气中的水蒸气起着特殊作用,所以我们必须研究气体和蒸汽的混合物的热力性质,特别是干空气和水蒸气的混合物即湿空气的热力性质。

空气中可以含有水蒸气最大量与温度有关,温度越高,最大限度的数量也就越大。如果空气中所含水蒸气量已经达到最大限量,称这时的湿空气为“饱和空气”。如果不是饱和空气,空气就有继续吸水的能力,这时的湿空气称为“未饱和空气”。

要确定湿空气的状态,除了温度、压力等常规状态参数外,还必须知道湿空气中水蒸气的含量,即湿度。单位容积的湿空气中所含的水蒸气的质量,称为“绝对湿度”,用符号 ρ 来表示,是指湿空气中水蒸气的绝对含量。绝对湿度不能表明湿空气所具有的吸水能力,因此引入了相对湿度的概念。相对湿度是指湿空气的绝对湿度与该温度下饱和空气的绝对湿度的比

值,用符号 φ 来表示,即

$$\varphi = \frac{\rho}{\rho_s}$$

相对湿度表征湿空气容纳水蒸气的能力,在 0 ~ 100% 取值,相对湿度越小,表示水蒸气距离饱和状态越远,空气吸水能力越强,空气越干燥;反之,空气越潮湿。由此可见,干空气中不含水蒸气,其相对湿度为 0,饱和空气的相对湿度为 100%。相对湿度的大小可以通过干湿球温度计来测量,如图 1-6 所示。干湿球温度计含有两支普通温度计,其中一支的温包直接与湿空气接触,其测得温度称为干球温度 t;另一支的温包则用保持浸润的湿纱布包着,测得温度称湿球温度。如果流过的空气是未饱和的,那么湿纱布表面的水分会不断蒸发,由于水蒸发时吸收热量,从而使贴近纱布的一层空气温度降低。当温度降低到一定程度时,气流传给纱布的热量正好等于水蒸发所需的热量,这时温度维持不变,此时的温度就是湿球温度 t_w。空气的相对湿度愈小,湿球温度比干球温度就低得愈多。如果空气是饱和的,则由于空气不能接纳更多的蒸汽,故纱布上水分不会蒸发,这时湿球温度和干球温度是相同的。然后根据图 1-6 中对应的图表,可以查出湿空气的相对湿度。

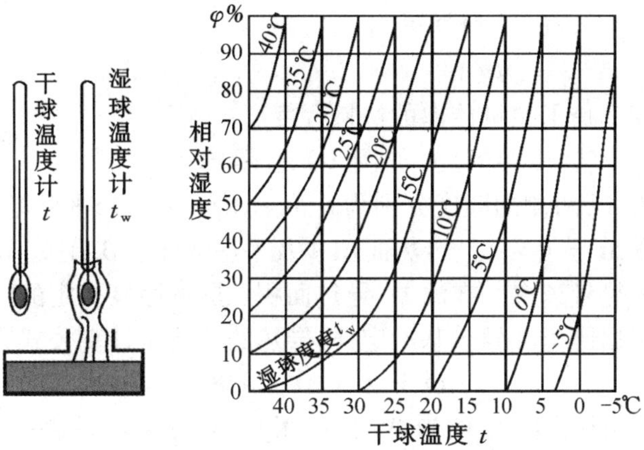

图 1-6　干湿球温度计

一定容积的湿空气所包含的水蒸气的质量 m_v 与包含的干空气质量 m_a 之比称为含湿量,也就是 1 kg 干空气所携带的水蒸气的质量,用符号 d 来表示,即

$$d = 1\ 000 \frac{m_v}{m_a}$$

未饱和湿空气如果在等压下冷却,其相对湿度将随着温度下降而增大,当相对湿度达到 100% 时所对应的温度,称为该湿空气的露点温度,简称为露点。当未饱和湿空气温度达到露点时,就会有水蒸气凝结出来,出现结露现象。

第五节　传热学基础知识

热力学从理论上分析热力系统的状态、能量传递和迁移量以及系统的变化方向和性能的好坏,而传热学主要是研究热量传递及时间和空间分布的规律。热量由高温物体传递给低温物体的过程通常称为传热过程。

传热是一种极其普遍的自然现象。研究传热问题,对于船舶而言,有重要的实用意义。在

船舶轮机管理工程中,许多热力设备的设计制造和运行管理都涉及到传热学的知识。热传递有三种基本方式,即热传导(也称导热)、热对流和热辐射。实际热传递过程都是复合换热过程,是基本方式的不同组合。轮机管理人员应该很好地掌握和应用热传递的基本规律,有效地解决船舶传热相关的实际问题,改善运行效率,节能减排。

一、导热

当物体内有温差或者两个温度不同的物体相接触时,在物体各部分不发生相对位移的情况下,由于物体内部微粒(分子、原子或自由电子)的热运动,热量自发地从温度较高的部分或者物体传递到温度较低的部分或者物体,这种热量传递的现象称为热传导。只有在固体中,我们才能观察到单纯的导热现象。在气体和液体中虽然也有导热现象存在,但在发生导热的同时,由于气体或液体各部分的温度不同而产生流动,因而就产生了物质的位移。这里只介绍固体的导热过程。

单位时间内通过某一给定面积 A 的热量称为热流量,用符号 Φ 来表示,单位为 W。单位时间内通过单位面积的热量称为热流密度,用 q 来表示,单位为 W/m^2。显然可知

$$q = \Phi/A$$

热流量和热流密度反映了热量传递的快慢程度。

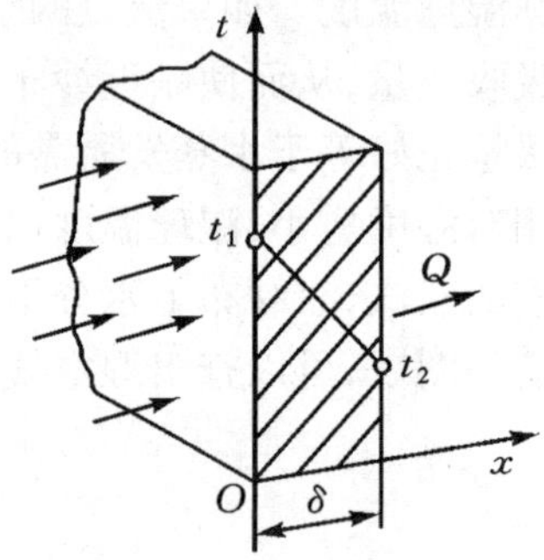

图 1-7 平壁导热

现分析一种最简单的热传导问题,如图 1-7 所示的平壁导热。平壁的导热面积为 A ,两侧的温度分别为 t_1 和 t_2 ($t_1 > t_2$),平壁厚度为 δ 。对于同一种材料,热流量 Φ 和温差 $\Delta t = t_1 - t_2$ 、传热面积 A 及平壁的厚度 δ 有关,导热面积越大,温差越大,厚度越小,所传导的热量越多。在温差、导热面积及屏壁厚度一定的情况下,各种材料所传导的热量也不相同。根据傅里叶导热基本定律,导热的热流量计算公式为

$$\Phi = \lambda \times \Delta t \times A/\delta$$

式中, λ 为材料的导热系数,单位为 W/(m · K)。导热系数是表征物体传热能力大小的物理参数,与材料的几何形状无关,主要取决于材料的成分、内部结构、密度、温度和含湿量等,通常由实验的方法测定。一般金属的 λ 值最大,非金属固体的 λ 值较大,液体的 λ 较小,气体的 λ 值最小。

工程上习惯把导热系数 $\lambda < 0.12$ W/(m · K)的材料称为保温材料,又称隔热材料或者绝热材料,表 1-3 列出了常见船用物质常温常压下的 λ 值。

表 1-3 常见船用物质的导热系数(常温常压)

物质名称		导热系数 W/(m · K)	物质名称		导热系数 W/(m · K)
金属固体	纯铜	381 ~ 395	其他固体	水垢	0.58 ~ 2.33
	黄铜	93 ~ 116		烟灰	0.058 ~ 0.116
	铝	210 ~ 233		冰	2.21
	生铁、钢	47 ~ 58		霜	0.47
保温材料	石棉	0.099 ~ 0.209	液体	水	0.55 ~ 0.67
	玻璃棉	0.03 ~ 0.042		滑油	0.148
	软木板	0.044 ~ 0.079		重油	0.119
	塑料泡沫	0.041 ~ 0.056	气体	空气	0.024

二、热对流

由于流体各部分之间发生相对位移、冷热流体相互混合所引起的热量传递过程称为热对流，简称对流。流体各部分之间由于密度差而引起的相对运动称为自然对流；而由于机械（泵或者风机等）的作用或者压差而引起的相对运动称为强迫对流。对流只能发生在流体中，由于流体中的分子同时在进行不规则的热运动，对流的同时必然伴随导热现象。船舶上流体流经固体壁时的传热过程，一般都是对流和热传导联合作用的热量传递过程，称为表面对流换热，简称对流换热。

当温度为 t_f 的流体流过温度为 t_w（$t_w \neq t_f$）、面积为 A 的壁面时，对流换热的热流量 Φ 与换热面积 A、流体与壁面的温差 Δt 成正比，根据牛顿冷却公式

$$\Phi = hA\Delta t$$

式中，Δt ——固体壁面温度与流体的温度之差，K；

h ——传热系数，$W/(m^2 \cdot K)$。

传热系数大小表明对流换热的强烈程度，流体流动时在壁面附近扰动程度越强烈，传热系数越大。流体在壁面附近产生相态变化时，传热系数也较大。各种对流换热的 h 值差异很大，表 1-4 列出了几种对流换热过程 h 值的大致范围。

表 1-4　表面传热系数的大致范围

对流换热种类	传热系数 $W/(m^2 \cdot K)$	对流换热种类	传热系数 $W/(m^2 \cdot K)$
空气自然对流	3～10	水沸腾	2 500～25 000
空气强迫对流	20～100	高压水蒸气强迫对流	500～3 500
水自然对流	200～1 000	水蒸气凝结	5 000～15 000
水强迫对流	1 000～15 000	有机水蒸气凝结	500～2 000

三、热辐射

物体通过电磁波传递能量的过程称为辐射，被传递的能量称为辐射能，由于热的原因，物体的内能转化为电磁波的能量并进行辐射的过程称为热辐射。温度高于 0 K 的所有物体都在不断地将自身的热能转化为辐射能，向外发出热辐射。热辐射是物质固有的特性，是唯一一种能在真空中传热的热量传递形式。物体表面温度越高，辐射的热量也就越多，当辐射的热量 Φ 投射到某一物体时（见图 1-8），其中一部分热量 Φ_α 被吸收，一部分热量 Φ_ρ 被反射，若物体具有一定透明度，还会有一部分热量 Φ_τ 透过去，按照能量守恒定律，即

$$\Phi = \Phi_\alpha + \Phi_\rho + \Phi_\tau = 1$$

或

$$\Phi_\alpha/\Phi + \Phi_\rho/\Phi + \Phi_\tau/\Phi = 1$$

式中，记 $\alpha = \Phi_\alpha / \Phi$ 为吸收比；$\rho = \Phi_\rho / \Phi$ 为反射比；$\tau = \Phi_\tau / \Phi$ 为透射比。

影响物体吸收比的因素为壁面的粗糙程度和壁面的颜色，壁面越粗糙，颜色越深，吸收比越大。

物体不断向周围的环境发出辐射能，并被周围物体所吸收，同时物体也不断接受周围其他物体辐射给它的能量。这样，物体发出和接受能量过程的综合结果产生了物体间通过热辐射而进行的热量传递，称为辐射换热。高温物体总是辐射出能量被低温物体所吸收，它们之间辐射换热量可以表示为

$$\Phi = h_{辐射} A \cdot \Delta t$$

式中，$h_{辐射}$ ——表示辐射换热强弱的辐射换热系数，W/(m^2·K)；

A ——吸收辐射热的物体表面积，m^2；

Δt ——两物体壁面的温度差，K。

影响辐射换热系数 $h_{辐射}$ 大小的因素较多，主要取决于高温物体及低温物体的表面情况。一般船舶上采用遮热板来削弱辐射热。例如，船舶上的锅炉炉门内设有遮热板，可以大大减少炉膛内向炉门的辐射热损失；在一些高温管道外包裹多层铝箔遮热板，可以减少辐射热损失。

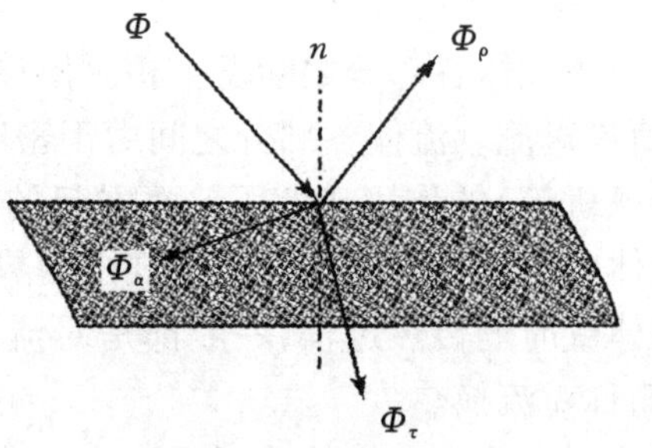

图 1-8　物体热辐射的吸收、反射和透射

四、传热过程

传热过程是指高温流体通过固体壁将热量传递给低温流体的过程，是上述三种基本传热方式的复合过程。现以船舶柴油机缸套冷却为例，如图 1-9 所示。该图为简化的柴油机缸套冷却过程图，左图为局部放大图。气缸内的高温气体将热量传递给缸套冷却水的过程就是同时具备热辐射、热传导和热对流三种基本方式的传热过程。气缸内的高温气体对气缸套内壁的传热包括辐射换热和对流换热两种方式，气缸套的内壁温度在两种传热作用下温度高达 t_1，热量再由气缸套的内壁通过气缸套传递给气缸套的外壁，这时的热量传递方式主要是热传导，最终气缸套的外壁温度达到 t_2，热量再次传递给冷却水腔中水的过程主要是对流换热。

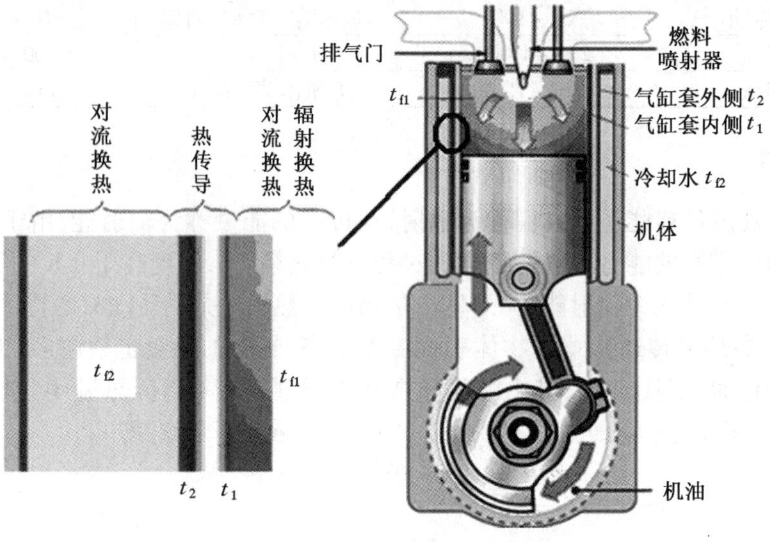

图 1-9　柴油机缸套冷却的传热过程

传热过程基本规律是传热温差越大，传热量越多；传热面积越大，传热量也越多。传热过程的传热量可由下式计算

$$\Phi = KA \cdot \Delta t$$

式中，A ——传热面积，m^2；

Δt ——传热温差，K；

K ——传热系数，W/(m^2·K)。

传热系数 K 表示在传热过程中除了 Δt、A 以外其他各种因素对传热影响的强弱程度。它包含了导热系数λ、厚度δ、对流传热系数h以及辐射换热系数$h_{辐射}$的全部数值。在船舶动力装置中,有的场合需要加强传热量,有的场合却要减少传热量,必须根据具体情况,结合传热基本方式的原理具体分析,采取相应的措施以满足设备需求。

第二章　船舶动力装置概述

第一节　船舶动力装置的含义及组成

一、船舶动力装置的含义

船舶历史悠久，在以前相当长的岁月里，船舶都是以人力、风力作为航行的动力。直到1807年，以蒸汽作为船舶推进动力源的“克莱蒙特”号的建成，才标志着船舶以机械作为推进动力源时代的开始。

当时的推进器是由蒸汽机带动一个桨轮构成。构成推进器的桨轮直径较大且大部分露出水面，因而人们又称之为“明轮”，而把装有明轮的船舶称为“轮船”，把产生动力的蒸汽锅炉和蒸汽机等成套设备称为“轮机”。所以，当时的“轮机”仅是推进设备的总称。

随着科学的发展和技术的进步，为适应船上的各种作业、人员生活、财产和人员安全的需要，不仅推进设备逐渐完善，而且还增设了诸如船舶电站、装卸货机械、冷藏和空调装置、海水淡化装置、防污染设备，以及压载、舱底、消防、蒸汽、压缩空气等系统，扩大了“轮机”一词所包含内容的范围。一般来说，“船舶动力装置”的含义和“轮机”的含义基本相同，即为了满足船舶航行、各种作业、人员的生活、财产和人员的安全需要所设置的全部机械、设备和系统的总称，它是船舶的心脏。

二、船舶动力装置的组成

船舶动力装置主要由推进装置、辅助装置、管路系统、甲板机械、自动化设备和特种系统等六部分组成。

1. 推进装置

推进装置是指发出一定功率、经传动设备和轴系带动螺旋桨、推动船舶并保证一定航速前进的设备。它是船舶动力装置中最重要的组成部分，包括主机、传动设备、轴系、推进器，其作用分别为：

(1)主机是指推动船舶航行的动力机，如柴油机、汽轮机、燃气轮机等。

(2)传动设备的功用是隔开或接通主机，传递给传动轴和推进器功率，同时还可使后者达到减速、反向和减振的目的。其设备包括离合器、减速齿轮箱和联轴器等。

(3)轴系用来将主机的功率传递给推进器，它包括传动轴、轴承和密封件等。

(4)推进器是能量转换设备，是将主机发出的能量转换成船舶推力的设备，它包括螺旋桨、喷水推进器、电磁推进器等。

绝大多数现代船舶使用的推进器是螺旋桨，通过其在水中旋转推动水流而产生的反作用力推动船舶运动。图2-1为典型的船舶推进装置的示意图，图中示出了主机、传动设备、轴系和螺旋桨的连接情况。主机2的转矩通过传动设备3和轴系4传递到螺旋桨5，使其在水中转动，能使船舶前进或后退。图中驾驶员从驾驶室通过车钟与机舱的值班轮机员取得联系或直接遥控主机，改变主机的转速和轴系的转动方向，从而控制船舶航行速度和方向。

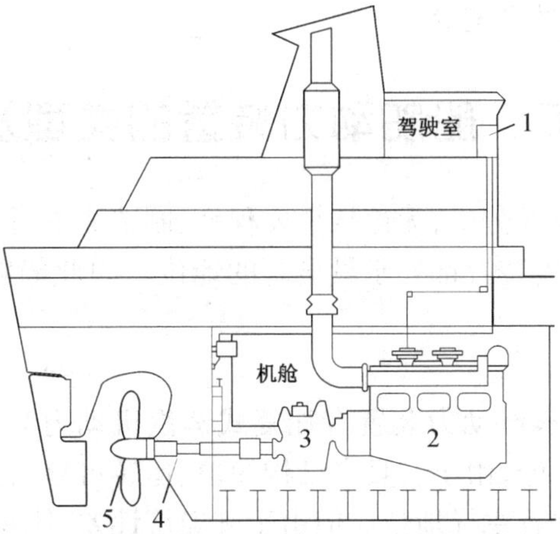

图 2-1　船舶推进装置示意图

1—遥控操纵台;2—主机(柴油机);3—传动设备(包括离合器和减速齿轮箱);4—轴系;5—推进器(螺旋桨)

2. 辅助装置

辅助装置是提供船舶除推进装置所需能量以外,用以保证船舶航行和生活需要的其他各种能量设备。它包括船舶电站、辅助锅炉装置、压缩空气系统,其作用分别为:

(1)船舶电站的作用是供给辅助机械及全船所需的电能,由发电机组、配电板及其他电气设备组成。

(2)辅助锅炉装置一般提供低压蒸汽,以满足加热、取暖及其他生活需要。它由辅助锅炉及为其服务的燃油、给水、鼓风、配汽系统及管路、阀件等组成。

(3)压缩空气系统供应全船所需的压缩空气,以满足作业、起动及船舶用气等用途。主要有空气压缩机、储气瓶、管系及其他设备。

3. 管路系统

管路系统是用来连接各种机械设备并输送相关流体的管系,由各种阀件、泵、滤器、热交换器等组成。它包括:

(1)动力管系。为推进装置和辅助装置服务的管路系统,主要包括燃油系统、滑油系统、冷却水系统、蒸汽系统和压缩空气系统等。

(2)辅助管系。为船舶平衡、稳性、人员生活和安全服务的管路系统,也称船舶管系。它主要包括压载系统、舱底水系统、消防系统、日用海、淡水系统、通风系统、空调系统和冷藏系统等。

4. 甲板机械

甲板机械是保证船舶航向、停泊、装卸货物所设置的机械设备,主要包括舵机、锚机、绞缆机、起货机、开关舱盖机械、吊艇机及舷梯升降机等。

5. 自动化设备

为改善船员工作条件、减轻劳动强度和维护工作量、提高工作效率以及减少人为操作错误所设置的设备,主要包括遥控、自动调节、监控、报警和参数自动打印等设备。

6. 特种系统

为某些特种船舶而设计、装备的系统。如油船的原油/海水洗舱系统、浮式储油船的端点系泊系统、挖泥船的泥浆抽吸系统等。

第二节 船舶动力装置的类型及特点

在船舶动力装置各组成部分中,无论从重要程度、制造成本看,还是从营运费用、日常维护管理所投入的工作量看,推进装置都处于最显著的地位。因此船舶动力装置往往以推进装置的类型进行分类。

一、蒸汽动力装置

根据运动方式的不同,蒸汽动力装置有往复式蒸汽机动力装置和汽轮机动力装置两种。往复式蒸汽机最早应用于海船,由于它具有结构简单、运转可靠、管理方便及噪声小等优点,在过去很长的一段时间内占据着主导地位。但由于其经济性差、体积和重量大,现在已经基本上被其他船用发动机所代替。汽轮机自装船使用以来,由于受到柴油机的挑战,一直发展不快。主汽轮机虽然单机功率大、运转平稳、摩擦和磨损小、噪声小,但其装置的热效率低,要配置重量和尺寸较大的锅炉、冷凝器、减速齿轮装置以及其他辅助机械,因此装置的总重量和尺寸均较大,这就限制了它在中小船舶上的应用。然而近年来,由于新技术、新工艺的应用,使汽轮机和锅炉的效率得到了提高,不少资料表明,在功率超过 22 000 kW 和船速超过 20 kn 时,汽轮机动力装置的优越性更为突出。

汽轮机动力装置由锅炉、汽轮机、冷凝器、轴系、管系及其他有关机械设备组成。其组成结构如图 2-2 所示。

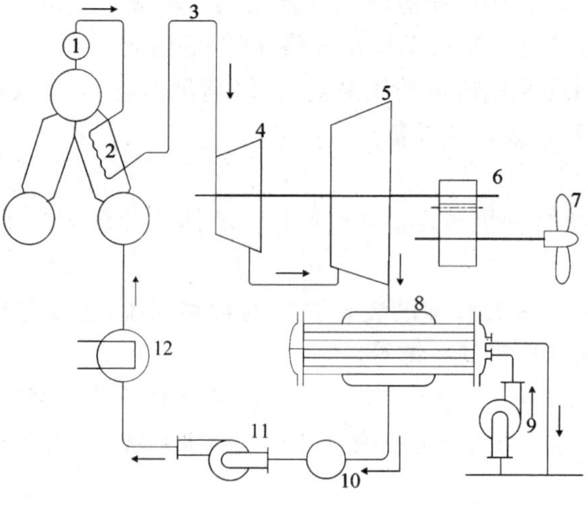

图 2-2 汽轮机动力装置原理图

1—锅炉;2—蒸汽过热器;3—主蒸汽管路;4—高压汽轮机;5—低压汽轮机;6—减速齿轮;7—螺旋桨;8—冷凝器;9—冷却水循环泵;10—凝水泵;11—给水泵;12—给水预热器

由图 2-2 中可知,燃料在锅炉 1 的炉膛里燃烧,放出热量。水在水管中吸热并汽化成饱和蒸汽。在蒸汽过热器 2 中饱和蒸汽吸热变成过热蒸汽,过热蒸汽进入高压汽轮机 4 和低压汽轮机 5 膨胀做功,使汽轮机叶轮旋转,再通过减速齿轮 6 带动螺旋桨 7 工作。作过功的乏汽在冷凝器 8 中将热量传给冷却水,同时本身凝结成水,然后由凝水泵 10 抽出,并经给水泵 11 通过给水预热器 12 打入锅炉 1 的水鼓中,从而形成一个工作循环。冷凝器的冷却水用循环泵 9 由舷外吸入,吸热后又排至舷外。

汽轮机动力装置具有如下优点:

(1)由于汽轮机工作过程的连续性有利于采用高速工质和高转速工作轮,因此单机功率比活塞式发动机大。

(2)汽轮机叶轮转速稳定,无周期性扰动力,因此机组振动小、噪声低。

(3)磨损部件少,工作可靠性大,使用期限可达 100 000 h 以上。

(4)使用劣质燃油,滑油消耗率也很低,仅 0.1 ~ 0.5 g/(kW · h)(柴油机的滑油消耗率一般为 3 ~ 10 g/(kW · h)。

汽轮机动力装置存在以下缺点:

(1)装置的总重量、尺寸大。因为它配置了主锅炉以及为其服务的辅助机械和设备,占去了船体许多营运排水量。

(2)燃油消耗大,装置效率较低。额定经济性仅为柴油机动力装置的 1/1.5 ~ 1/2;在部分工况下,甚至为 1/2.5 ~ 1/3;在相同燃油储备下续航力降低。

(3)机动性差,备车时间和变工况时间较柴油机动力装置长。

二、燃气动力装置

在燃气动力装置中,根据发动机运动方式的不同,有柴油机动力装置和燃气轮机动力装置两种。

1. 柴油机动力装置

柴油机动力装置具有比较优良的性能,在现代船舶中,不论商船、渔船、工程船及军用舰艇上都得到了极为广泛的应用。目前以柴油机为主机的船舶占 98% 以上。柴油机船总功率占造船总功率的 90% 以上,可见柴油机动力装置占绝对的统治地位。在大、中型商船上所用的柴油机有大型低速机和大功率中速机两大类。这两种柴油机在激烈竞争的同时又相互促进,都在迅速发展。

大型低速柴油机动力装置自 20 世纪 60 年代起发展得特别迅速,一方面是由于当时的船舶向大型化、高速化发展,需要大功率的发动机;另一方面是由于废气涡轮增压技术的进步,为大型低速机的发展提供了条件。20 世纪 70 年代两次能源危机的冲击,从节能需要出发,船舶不再向大型化和高速化发展,除专业船舶外,一般货船的航速降至 14 kn 左右。为了适应这种形势,大型低速柴油机的尺寸不但不再增加,而且缸径也都降回到 1 000 mm 以内。

大功率中速柴油机动力装置的重量尺寸较小,是低速柴油机的有力竞争者。在中速机动力装置中,可通过合理选配减速比,使桨转速最佳,从而提高推进装置的效率。单缸功率的提高和单机功率的增大,以及可多台发动机通过减速器驱动一个螺旋桨,都给中速机的发展创造了有力条件。特别是在机舱尺寸要求严格的滚装船和客船上,中速机的应用就更为广泛。目前中速机的耗油率虽然有显著下降,但仍然略高于低速机,运转中噪声也较大,维护管理也不如低速机方便。

柴油机动力装置具有以下优点:

(1)具有较高的经济性,耗油率比蒸汽、燃气轮机动力装置低得多。高速柴油机的耗油率为 160 ~ 180 g/(kW · h);中速机的耗油率为 125 ~ 170 g/(kW · h);低速机的耗油率为 126 ~ 140 g/(kW · h)。一般汽轮机装置耗油率为 180 ~ 350 g/(kW · h),燃气轮机装置耗油率则更高,为 240 ~400 g/(kW·h)。这一优点使柴油机船舶的续航力大大提高。换句话说,一定续航力所需的燃油储备量较少,从而使营运排水量相应增加。

(2)重量轻。柴油机动力装置除主机和传动机组外,不需要锅炉、燃烧器及工质输送管道等,辅助设备和机械设备相应较少,布置简单,因此,单位重量指标较小。

(3)具有良好的机动性,操作简单、起动方便、正倒车迅速。

柴油机动力装置存在如下缺点:

(1)由于柴油机的尺寸和重量按功率比例增长快,因此单机组功率受到限制,低速柴油机达到 40 000 kW 左右,中速机 20 000 kW 左右,而高速机仅在 8 000 kW 或更小,这就限制了它在大功率船上使用的可能性。

(2)工作时噪声和振动较大。

(3)中、高速柴油机的运转部件磨损较严重。

(4)高速强载柴油机的整机寿命一般为 1 000 ~2 000 h。

(5)柴油机在低速时稳定性差,因此不能有较小的最低稳定转速,影响船舶的低速航行性能。另外,柴油机的过载能力也较差,在超负荷 10% 时,一般仅能运行 1 h。

2. 燃气轮机动力装置

燃气轮机的制造业自 20 世纪 30 年代开始兴盛起来,第一批作为商船主机始于 20 世纪 50 年代。它的基本工作原理与汽轮机大致相似,只是在做功的工质方面有所不同,汽轮机中使用的燃料在锅炉内燃烧,使锅炉中的水加热产生蒸汽,推动叶轮做功;而燃气轮机则利用燃料在燃烧室内燃烧,产生的燃气推动叶轮做功。

图 2-3 是燃气轮机装置的基本工作原理图。该装置一般由 3 部分组成:

(1)压气机。压气机用来压缩进入燃烧室的空气。

(2)燃烧室。燃料在其中燃烧成燃气。

(3)燃气轮机。它将燃气的热能转变成推动轴系和螺旋桨的机械功。

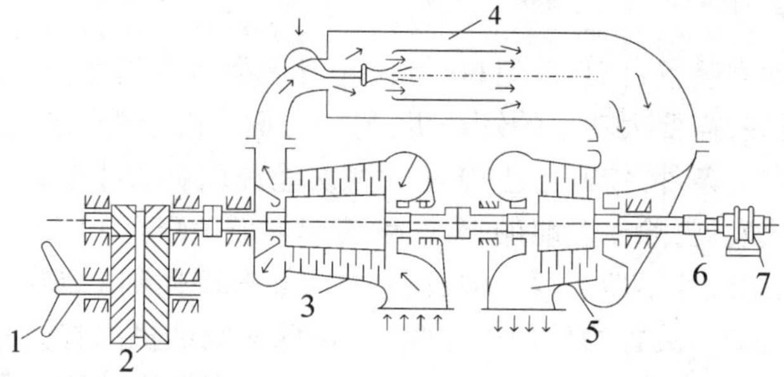

图 2-3 燃气轮机动力装置原理图

1—螺旋桨;2—减速齿轮;3—压气机;4—燃烧室;5—燃气轮机;6—联轴器;7—电动机

如图 2-3 所示,供燃料燃烧的空气首先进入压气机 3,经过压缩机压缩后温度升高到 100 ~200℃,然后再送到燃烧室 4(燃气发生器)中去;与此同时,燃料通过喷油嘴喷入燃烧室,与高温高压的空气混合后经点火即进行燃烧,这时温度可高达 2 000℃左右。一般用掺入压缩空气的方法,即二次进风的方法降低燃气温度至 600 ~700℃。燃气进入燃气轮机 5,在叶片槽道内膨胀,将其动能转换为机械功,使燃气轮机旋转,驱动压气机 3,随后通过减速齿轮 2 带动螺旋桨 1 工作。装置的起动是利用电动机 7 进行的,电动机通过联轴器 6 与燃气轮机连接。

燃气轮机装置有如下优点：

(1)单位功率的重量尺寸极小。加速用燃气轮机装置的单位重量可达0.65～1.3 kg/kW，全工况用燃气轮机装置为2～4 kg/kW。机组功率也较大，复杂线路的燃气轮机(有中间冷却、中间加热和回热措施)机组功率可达60 000 kW。

(2)良好的机动性。从冷态起动至全负荷时间，一般为1～2 min，大功率复杂线路的燃气轮机装置也只需3～5 min。

燃气轮机装置有以下缺点：

(1)主机没有反转性，必须设置专门的倒车设备。

(2)必须借助起动电机或其他起动机械起动。

(3)叶片材料的合金钢昂贵；由于燃气的高温，工作可靠性较差，其寿命短，如燃气初温在750℃以上的燃气轮机，寿命仅为500～1 000 h。

(4)由于燃气轮机工作时空气流量大，一般为16～23 kg/(kW·h)。柴油机约为5 kg/(kW·h)，汽轮机约为0.5 kg/(kW·h)，因此，进排气管道尺寸较大，舱内布置困难，甲板上有较大的管道通过切口，影响船体强度。

(5)燃油消耗率较高，一般可达200～390 kg/(kW·h)。

三、联合动力装置

对于民用船舶来说，主要考虑经济性，其他的问题可采用某些措施加以调整解决。对于某些有特殊要求的船舶来说，如军用舰艇，要求尽可能提高航速和机动性，增大功率的同时还要减少装置所占排水量以提高续航力。船舶全速工况要求动力装置发出最大功率，但全速工况在船舶总航行时间中只占2%左右，船舶大部分时间是巡航工况，要求经济性高，以提高续航力。

为解决全速大功率与巡航经济性的矛盾，可采用联合动力装置。联合动力装置的类型目前有3种：汽轮机+加速燃气轮机(COSOG或COSAG)、燃气轮机+加速燃气轮机(COGAG或COGOG)、柴油机+加速燃气轮机(CODOG或CODAG)。

三种联合动力装置的特点：

(1)汽轮机+加速燃气轮机装置的特点：此种装置由于汽轮机装置的一系列优点，与燃气轮机装置联合后能适用于功率较大的轻型船舶，蒸汽装置保证80%全速以下航行时所需功率(即全功率约50%)，使经济及重量尺寸指标达到最佳。

(2)燃气轮机+加速燃气轮机装置的特点：这类装置中，巡航燃气轮机装置可以采用复式线路(带中间冷却器及回热)工作的开式燃气轮机，或闭式循环工作的燃气轮机。前者具有蒸—燃联合装置的大部分优点，燃料消耗和重量尺寸都可减少；后者作为巡航燃气轮机能保证较高的热效率，部分负荷时，性能良好。

(3)柴油机+加速燃气轮机联合装置的特点：这类装置中，柴油机做巡航机时，与燃气轮机两者都通过离合器与主减速器相连，采用倒顺离合器或调距桨实现倒车。这类装置常被小型船舶使用，它的常用功率一般小于全功率的50%，全功率占整个服役时间的1%～2%。

四、核动力装置

核动力装置是以可控核裂变链式反应所产生的巨大热能，通过加热工质来推动汽轮机工作的一种动力装置，现有的核动力舰船或核电站几乎全部采用压力水型反应堆。核反应堆中有反应堆芯存放着核燃料(如浓缩铀U^{235})，燃料元件吸收中子后能直接产生裂变并放出新中子和巨大能量，用压力水作为中子的慢化剂和堆芯的冷却剂，裂变时释放出的能量被压力水带走，并经蒸汽发生器（热交换器）将能量传递给另一回路中的水使之成为蒸汽，压力水放热降温后再进入冷却剂循环泵，重新被送入反应堆加热，因此压力水形成一个闭合回路称为一回路。由蒸汽发生器产生的蒸汽一路进入高压汽轮机和低压汽轮机膨胀做功。通过电机，另一路蒸汽进入辅汽轮机膨胀做功驱动副发电机供全船使用。做过功的乏汽分别经主冷凝和辅冷凝器凝结成水，再由主给水泵送入蒸汽发生器，完成一个工作循环，称为二回路。

控制棒可强烈吸收中子，改变控制棒插入和从堆芯抽出的不同深度和不同速度，可控制和改变堆芯内引起核裂变链式反应的中子数目和反应状态，从而改变核堆的功率输出。中子源组件是堆芯起始工作的点火源，中子源加速并增大堆芯中子轰击的裂变反应强度。启动反应堆时总是将人工的中子源放在邻近堆芯的位置处，中子源不断放出中子，加速堆芯核燃料的裂变反应。

（1）核动力装置具有的优点

①核反应堆以其少量的核燃料而释放出巨大的能量。即具有极高的能量密度，1 kg 核燃料完全分裂而产生的能量大约相当于2 800 t 优质煤或2 100 t 燃油充分燃烧所得到的能量。

核动力装置功率大，可以保证船舶以较高的航速航行极远的距离。例如9 000 t 级的核潜艇，轴功率为11.4 MW，航速可达25 kn，一昼夜仅消耗核燃料15 ~ 18 g，如在水下航行两个月，则续航力达36 090 n mile，仅需核燃料1.08 kg。美国弹道导弹核潜艇"三叉戟"的续航力设计指标是100万海里，航速30 kn，可全速航行3.34万小时，相当于1 392昼夜。因此潜艇的最大续航力不仅决定于核燃料的储备，还有人的给养、空气的消耗量及其他设备的最大自持力等。

②核动力装置的另一最大特点是不消耗空气而获得热能，这可使潜艇长期在水下航行，隐蔽性能大大提高。对于水面舰船，由于不需要进排气装置和管路，船体上没有烟囱、进排气口小，因而减小了甲板开口，这有利于全船的封闭。对于防止放射性及有毒物质进入船内是有利的，也可减少敌方红外侦察器材的发现及红外自导武器的攻击危险性。

（2）核动力装置存在的缺点

①核动力装置的重量、尺寸较大。由于核分裂放出大量的放射性物质，污染环境，对人体有严重的伤害，故裂变产物与人员间设置了多道屏障，燃料元件装在包壳中，全部燃料包壳装在压力壳中，压力壳装有免遭中子和射线直接辐照的热屏蔽层。核电站的压力壳外有厚混凝土屏蔽层，一回路的所有组成设备均装在安全壳（舰船为堆舱）和具有围阻屏蔽放射性物质的钢筋混凝土层，一回路和二回路间只有蒸汽和水管路进出安全壳。另外核动力舰船还要考虑可能发生系统和设备故障或与舰船碰撞、触礁，火灾、爆炸等意外灾害时，不致污染海洋、港湾。核动力装置还需装设各种安全保障系统及事故应急系统。屏蔽系统具有很大的尺寸，使得重量显著增加，如5×10^4 t以上的核动力舰艇，其单位重量达34 ~ 37 kg/kW，其中屏蔽系统占动力装置35%以上。

②操纵管理监测系统比较复杂。在安全壳（堆舱）内的设备必须远距离操纵，自动化程度高，很多参数必须经常检查。另外，核动力舰船上还必须配备其他型式的独立能源，供给反应堆启动时辅助设备需要的能量和核反应堆停止工作后冷却反应堆设备需要的能量，还须设置装卸核燃料和反应堆中有放射性废料的专门机械设备。

③核动力装置造价昂贵，反应堆芯及一回路重要组件均须采用价格昂贵的稀有金属高级合金钢，建造核潜艇反应堆比同样排水量的柴油机电力推进装置造价高10倍。另外，核燃料

价格亦昂贵，核动力潜艇加满一次核燃料（用2～2.5年）要比常规潜艇在同一期间内所需燃料之费用高10倍。

五、特种动力装置

特种动力装置是指在特种用途舰艇、水下运载器和水下兵器上使用或正在研究发展的动力装置。

（1）喷水推进装置

主机驱动水泵，产生高速高压的水流，向外喷出而使船舶运动的装置。在水翼艇、气垫船等中、高速船上得到应用。

喷水推进装置在加速和制动性能方面具有和变距螺旋桨相同的能力，喷水推进船舶具有卓越的高速机动性，在回转时喷水推进装置产生的侧向力可使回转半径减小。喷水推进船舶舱内噪声和振动较小，比具有螺旋桨的船舶低7～10 dB（A）。

（2）不依赖空气推进系统（Air Independent Propulsion System，简称AIP）

为了增大常规潜艇的水下续航力，在潜艇上增加一个舱段安装AIP系统，它采用电力传动装置，其热能机械可以是热气机、闭式循环柴油机、闭式循环蒸汽轮机或闭式循环燃气轮机，也可用燃料电池或小型核动力装置。

①小型核能装置

用于水下潜艇的小型核能装置是真正意义下的不依赖空气推进系统，但有别于核动力潜艇中的核动力装置，它的最大特点是在所有的换热回路中，热载体的循环都是自然循环的，反应堆工作是自主调控和免维护的，且应有较高的核安全和生态环境安全性。小型核能装置在国内外受到广泛关注，可望应用于航天器和海洋工作站。作为常规潜艇加装的AIP系统，同样具有很大优势，它的特点是自持力极长，比能量很高，但效率低。

②不依赖空气闭式循环热能动力发动机

不依赖空气推进系统也可使用常规热能动力发动机，但工质是闭式循环的，这种发动机包括热气机、闭式循环柴油机、闭式循环蒸汽轮机或闭式循环燃气轮机。

热气机是一种外部加热（外燃式）活塞式发动机，它自身的工质被密封在闭式回路中，通过一个外部加热（或燃烧）装置对工质加热后，在气缸中将热能转化为机械能。热气机的燃烧系统若不依赖外界空气，燃烧系统也须形成闭式循环。

闭式循环柴油机是指不依赖空气能正常工作的柴油机。气缸内燃烧做功后的废气经冷却后排入一个吸收器，将其中的二氧化碳和水蒸气溶解在加压的海水中，剩下的不可溶气体进入混合室，在混合室内加入氧气和少量惰性气体（氩气），由氧传感器测定工质中含氧量，并通过微机自动控制加入的氧气量，工质再送入气缸参加燃烧做功，从而形成闭式循环。

闭式循环蒸汽轮机是指不依赖空气能正常工作的蒸汽轮机。它由两个回路组成，一是产生高温燃气回路，高温燃气一般由乙醇和氧在燃烧室燃烧产生，然后送至蒸汽发生器进行热交换，而后进入冷却装置，冷却后燃气一部分返回到燃烧室内，一部分靠自身高压直接排出舷外。另一个是蒸汽回路，蒸汽回路中的水在蒸发器中受热而产生高温高压蒸汽，并通过蒸汽轮机输出功率，而后蒸汽进入冷凝器冷凝成水，再进入蒸发器从而完成蒸汽循环。

闭式循环燃气轮机是指不依赖空气能正常工作的燃气轮机，它由两个回路组成，一是产生高温燃气回路，基本上与闭式循环蒸汽轮机系统相同。另一个是工质二回路，工质进入压气机进行增压后进入回热器利用做功后的余热加热，然后进入热发生器进一步加热，最后进入燃气轮机膨胀做功，带动同轴的压气机和发电机。做功后的工质从燃气轮机出来，经回热器放出部分余热，再进入冷却器冷却，再次进入压气机。

不依赖空气闭式循环热能动力由于使用的主机是常规的动力机械，已具有成熟的制造和使用经验，这是其优点之一，但工作中所需氧气是由液氧蒸发而来。因此闭式循环热能动力机械的总持续工作时间，除燃料外还决定于液氧的存储量。另外，液氧存储和安全性是个很重要的问题。

③燃料电池

燃料电池是较理想的水下能源，它是将燃料的化学能直接转换为电能的电化学装置。离子交换膜酸性燃料电池是以全氟磺酸型离子膜为固体聚合物电解质，铂为电催化剂，由外部不断供给燃料和氧化剂，纯氢（或由甲醇重整得到氢）为燃料，空气或氧气为氧化剂。这种燃料电池的最大特点是可以在室温下起动，无腐蚀问题，寿命长，工作电流密度高。

半燃料电池是介于燃料电池和蓄电池之间的一种电池，它的金属阳极本身就是燃料。铝-氧半燃料电池的电解质为氢氧化钾，阳极采用纯铝，氧输送到阴极处在催化剂作用下，将氧和电解质中的水还原成氢氧根离子，由电解质运送到阳极，氢氧根离子与铝反应产生电子和氢氧化铝。

燃料电池的特点是没有复杂的运动机构，运行时无振动噪声，燃料利用效率高，向环境排放的产物比较容易处理，但燃料、氧化剂的供给及电解质的循环等辅助系统比较复杂。还要采取各种措施保证氢、氧在燃料电池中正常安全运行。

(3)蓄热式非传统能源

蓄热式非传统能源是指高温蓄热器将基地或母船的热能储存起来，作为高温热源供给热电直接转换器或其他热能动力机械。高温蓄热器包括有相变蓄热和无相变蓄热两种，已知的无相变蓄热材料中，石墨的蓄热能力最强，在 1 000 K 时具有 0.279(kW·h)/kg 的蓄热能力。热电直接转换器是以碱金属（如金属钠）为工作介质，利用固体电解质（如氢氧化铝）自阳极输送带电荷的钠蒸气离子至阴极并输出电流，钠蒸气冷凝成液态再送至蒸发器成为钠蒸气。完成热电转换过程。美、俄、日等国家的研究机构均已开发研究这一新技术项目。

(4)采用空间传输机构的活塞式发动机

这类发动机气缸内活塞的往复运动，通过特殊的传输机构转变为轴的转动。其中包括凸轮式、摆盘式及斜盘式发动机。由于传输机构的特殊形式和多个气缸中心线与转轴中心线平行，且在其四周呈筒状布置，因而结构紧凑、重量轻、平衡性好。这些优点对于某些对单机功率、尺寸和重量指标要求较高的使用对象，如水中鱼雷兵器、坦克等具有重要意义，因而受到许多国家军事部门的关注。

第三节　船舶动力装置的技术、经济及性能指标

各种船舶的动力装置虽然存在着机型、传动方式及航区等条件的不同，但对一些基本特性指标却有着共同的要求。动力装置的基本特性指标是指技术指标、经济指标和性能指标。这些指标是我们对船舶进行选型、设计和判断性能优劣的重要依据。

一、船舶动力装置的技术指标

技术指标是标志动力装置的技术性能和结构特性的参数。它主要指功率、重量、尺寸等 3

个指标。

(一)功率指标

功率指标表示船舶做功的能力。为了保证船舶具有一定的航速,就要求推进装置提供足够的功率。动力装置的功率是按船舶的最大航速来确定的。随着船舶营运时间的延长,船体水线以下锈蚀或附着生物增多,使船舶附体阻力增加,航速下降。为了保持船舶的航速,船舶动力装置的功率应当有储备,要高于桨设计功率的5% ~10%。在船舶以一定的航速前进时,螺旋桨产生的推力,必须克服船体对水和风的阻力。这些阻力取决于船舶线型、尺寸、航行速度以及风浪大小和航道深浅等。

1. 船舶有效功率 P_h

如已知船舶的航行速度为 v_s(m/s),其运行阻力为 R(N),则有效功率

$$P_h = R \times v_s \times 10^{-3} \quad \text{kW}$$

P_h 常称为拖曳功率,可以从船模或实船的静水试验中得出。阻力 R 相当于以速度 v_s 拖动船模(或实船)时绳索上的拖曳力。

2. 主机的输出功率

主机的输出功率即主机的制动功率或主机的有效功率。如果考虑了推进轴系的传动损失,主机的供给功率实际上就是指主机的有效功率。

$$P_e = \frac{P_h}{\eta_p \cdot \eta_s} = \frac{R \times v_s}{\eta_p \cdot \eta_s} \times 10^{-3} \quad \text{kW}$$

式中,P_e ——主机额定功率,kW;

η_p ——螺旋桨效率;

η_s ——轴系传动效率。

新船设计时,估算船舶的有效功率 P_h 可用“海军常数法”估算:

$$P_h = \frac{D^{\frac{2}{3}} \cdot v_s^3}{C_B} \quad \text{kW}$$

式中,D ——排水量,t;

v_s ——航速,kn;

C_B ——海军常数,与船型有关,根据弗劳德数(Fr)相同的母型船来估算。

若已知母型船的航速 v_0、排水量 D_0 和功率 P_{E0},则有

$$C_B = \frac{D_0^{\frac{2}{3}} \cdot v_0^3}{P_{E0}}$$

3. 相对功率

对于排水量相同的船舶,由于其性质、任务不同,动力装置所要求的功率相差很大。为便于比较,通常用相对功率来表示。所谓相对功率,就是对应于船舶每吨排水量所需的主机有效功率,即

$$P_r = \frac{P_e}{D} \quad \text{kW/t}$$

或

$$P_r = \frac{P_h}{\eta_p \cdot \eta_s \cdot D} = \frac{D^{\frac{2}{3}} \cdot v_s^3}{C_B \cdot \eta_P \cdot \eta_s \cdot D} = \frac{1}{C_2} \cdot \frac{v_S^3}{\sqrt[3]{D}} \quad \text{kW/t}$$

式中，$C_2 = C_B \cdot \eta_P \cdot \eta_s$。

（二）重量指标

重量指标通常是相对于主机功率或船舶排水量而言。在一定的排水量下，为了保证船舶具有足够的载重量，要求动力装置的重量轻些为好。但对于排水量相同的船舶，由于彼此的航速不同，所需的总功率也不同，从而动力装置的重量相差也很大。

装置的重量指标，常采用主机的单位重量 g_m、动力装置的单位重量 g_z、主机的相对重量 a_m 和动力装置的相对重量 a_z 来表示。

1. 主机的单位重量 g_m

主机的单位重量是指主机单位有效功率的重量，表达式为

$$g_m = \frac{G_m}{P_e} \quad \text{kg/kW}$$

式中，G_m ——主机重量，kg；

P_e ——主机有效功率，kW。

2. 动力装置的单位重量 g_z

动力装置的单位重量是指主机单位有效功率所需动力装置的重量，表达式为

$$g_z = \frac{G_z}{P_e} \quad \text{kg/kW}$$

式中，G_z ——动力装置重量，kg；

P_e ——主机有效功率，kW。

3. 主机的相对重量 a_m

主机的相对重量 a_m 是指主机重量 G_m 与船舶满载排水量 D 之比，表达式为

$$a_m = \frac{G_m}{D} \quad \text{kg/t}$$

式中，G_m ——动力装置重量，kg；

D ——船舶满载排水量，t。

4. 动力装置的相对重量 a_z

动力装置的相对重量 a_z 是指动力装置重量 G_z 与船舶满载排水量 D 之比

$$a_z = \frac{G_z}{D} \quad \text{kg/t}$$

式中，G_z ——动力装置重量，kg；

D ——船舶满载排水量，t。

（三）尺寸指标

动力装置的机械设备，绝大多数布置在机舱内。机舱的大小应当能够把这些机械设备合理地安排其中，并便于维修管理。从这点出发，机舱应宽敞些为好；但从增加船舶有效装载容积角度考虑，又要求机舱小些为好。对于不同船舶，机舱尺寸要求也不统一，为了表征机舱的面积和容积利用率，特引用面积饱和度和容积饱和度两个指标。

1. 面积饱和度 K_s

面积饱和度 K_s 是指每平方米机舱面积所分配的主机有效功率,表达式为

$$K_s = \frac{P_e}{S} \quad kW/m^2$$

式中,P_e ——主机有效功率,kW;

S ——机舱所占的面积,m^2。

2. 容积饱和度 K_v

$$K_v = \frac{P_e}{V} \quad kW/m^3$$

式中,P_e ——主机有效功率,kW;

V ——机舱所占的容积,m^3。

二、船舶动力装置的经济指标

船舶动力装置的经济指标常用以下指标表示。

(一)动力装置的总效率

船舶动力装置的总效率主要由推进装置的热效率、柴油发电机组的热效率和燃油辅助锅炉的热效率组成。对有焚烧炉的船舶,应包括焚烧炉的热效率;对有废气余热利用设备的动力装置,应计算所回收的废热对动力装置的总效率的影响。

1. 推进装置的热效率 η_T

推进装置的热效率是指推进装置所产生的有效功的热当量与主机所消耗热量之比,表达式为

$$\eta_T = \frac{3\,600 \cdot P_p}{G_e \cdot H_u}$$

而

$$P_p = P_e \cdot \eta_s$$

式中,P_e ——主机的有效功率,kW;

P_p ——考虑轴系损失后桨的吸收功率,kW;

G_e ——主机每小时的燃油消耗量,kg/h;

η_s ——轴系传动效率;

H_u ——燃料的低热值,kJ/kg。

2. 柴油发电机组的热效率 η_g

柴油发电机组的热效率是指柴油发电机组电功率的热当量与其所消耗热量之比,表达式为

$$\eta_g = \frac{3\,600 \cdot P_g}{G_g \cdot H_u}$$

式中,P_g ——柴油发电机组运行时的额定功率,kW;

G_g ——柴油发电机组每小时的燃油消耗量,kg/h;

H_u ——燃料的低热值,kJ/kg。

3. 燃油辅助锅炉的热效率 η_b

燃油辅助锅炉的热效率是指燃油辅助锅炉有效利用的热量与其所消耗热量之比,表达式

为

$$\eta_b = \frac{Q_b}{G_b \cdot H_u}$$

而

$$Q_b = G_{bs} \cdot (I_{bs} - I_{bg})$$

式中，Q_b ——锅炉有效利用的热量，kJ/h；

G_b ——锅炉每小时的燃油消耗量，kg/h；

H_u ——燃料的低热值，kJ/kg；

G_{bs} ——锅炉蒸汽产量，kg/h；

I_{bs} ——湿饱和蒸汽热焓，kJ/kg；

I_{bg} ——锅炉给水的热焓，kJ/kg。

(二)柴油机的燃油消耗率 g_e

柴油机的燃油消耗率是指在单位时间内柴油机额定功率所消耗的燃油量，表达式为

$$g_e = \frac{G_e}{P_e} \quad \text{kg/(kW·h)}$$

式中，G_e ——柴油机每小时燃油消耗量，kg/h；

P_e ——主机有效功率，kW。

(三)船舶主机日耗油量 G_{de}

船舶主机日耗油量是指主机在 24 h 内的燃油消耗量，表达式为

$$G_{de} = P_{ds} \cdot g_e \times 24 \times 10^{-3} \quad \text{t/d}$$

式中，P_{ds} ——主机服务工况下常用功率，kW；

g_e ——主机相应的燃油消耗率，kg/(kW·h)。

(四)船舶日耗油量 G_d

船舶日耗油量是指每 24 h 全船主机、副机、辅助锅炉所消耗的燃油总量，有时也称为船舶日耗油率(daily fuel consumption)，表达式为

$$G_d = G_{de} + G_{dg} + G_{db} \quad \text{t/d}$$

式中，G_{de} ——船舶主机日耗油量，t/d；

G_{dg} ——船舶发电柴油机日耗油量，t/d；

G_{db} ——船舶燃油辅助锅炉日耗油量，t/d。

(五)船舶每海里燃油消耗率 g_n

船舶每海里燃油消耗率是指船舶航行每海里所消耗的燃油总量，表达式为

$$g_n = \frac{G_T}{v_s} = \frac{G_{Te} + G_{Tg} + G_{Tb} + G_{T0}}{v_s} \times 10^{-3} \quad \text{t/n mile}$$

式中，G_T ——船舶每小时燃油消耗量，t/h；

v_s ——航速，kn；

G_{Te}、G_{Tg}、G_{Tb}、G_{T0} ——主机、发电柴油机、燃油辅助锅炉及焚烧炉等其他耗油设备每小时的耗油量，kg/h。

一般情况下，G_{Tg}、G_{Tb}、G_{T0} 与航速无关。主机每海里燃油消耗率为

$$g_{Te} = \frac{P_e \cdot g_e}{v_s} = \frac{D^{\frac{2}{3}} \cdot v_s^3 \cdot g_e}{C_2 \cdot v_s} = \frac{D^{\frac{2}{3}}}{C_2} \cdot g_e \cdot v_s \quad \text{kg/(n mile)}$$

由上式可知，g_{Te} 既与 g_e 有关，又与 v_s 有关。这项经济指标与船舶营运管理水平和轮机管理水平密切相关。

图 2-4 为主机燃油消耗率和船舶每海里燃油消耗率随船速变化的关系图。当船舶处于慢速航行时，虽然主机燃油消耗率 g_e 较高，但船舶每海里燃油消耗率 g_n 却较低。随着船速的增加，虽然主机燃油消耗率 g_e 有所降低，但船舶每海里燃油消耗率 g_n 却明显增加。图中 g_n 的最小值所对应的航速常称为节能航速。

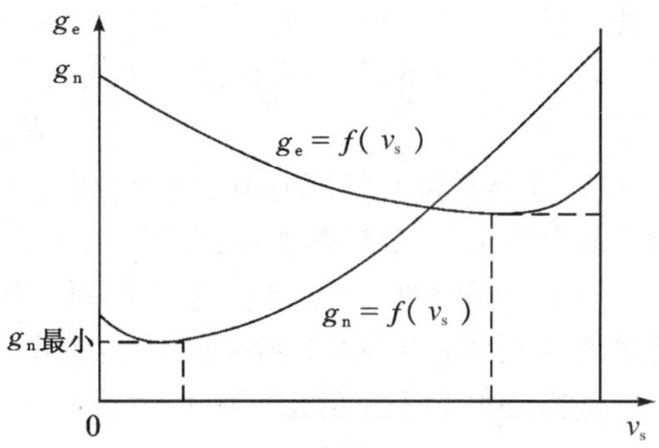

图 2-4　燃油消耗率随船速变化的关系图

g_n ——船舶每海里燃油消耗率；

g_e ——主机燃油消耗率

（六）船舶经济航速

经济航速是指船舶营运时能取得某种经济效果的航速，常用的经济航速有以下几种：节能航速、最低营运费用航速和最大盈利航速。

1. 节能航速

节能航速是指每小时燃油消耗量最低时的静水航速，它常由主机按推进特性运行时能维持正常工作的最低稳定转速所决定。营运船舶在实现减速航行时，主机所输出的功率大大减少，其每海里燃油消耗率大幅度降低。但航速降低后，营运时间被延长，运输的周转量也少了，故当船舶须实现减速航行时，应结合企业的货源、运力及完成运输周转量的情况综合考虑后再决策。

2. 最低营运费用航速

船舶航行一天的费用，主要由其固定费用（折旧费、修理费、船员工资、港口使费、管理费、利息、税金，以及船舶停泊期间的燃、润滑油费等）和船舶航行时燃、润滑油费用构成。最低营运费用航速是指船舶每航行 1 n mile 上述固定费用及航行费用最低时的航速，可供船舶及其动力装置的性能评价及选型用。在满足完成运输周转量的前提下，船舶按最低营运费用航速航行，其成本费用最省，但它并未考虑停港时间及营运收入的影响，故不够全面。

3. 最大盈利航速

最大盈利航速是指每天（或船舶在营运期间）能获得最大利益的航速。此航速的大小，往往与每海里（或公里）运费收入、停港天数及船舶每天付出的固定费用有关。一般在运费收入低、停港时间长、运距短、油价高的情况下，其最大盈利航速相对较小。

三、船舶动力装置的性能指标

性能指标是进行动力装置选型的重要依据，也是反映装置好坏及特点的重要指标。它主要包括装置的可靠性、机动性、续航力、振动和噪声控制、船舶自动化程度等。

（一）可靠性

可靠性对船舶动力装置来说具有特别重要的意义。船舶航行中长期远离陆地，在发生故障时不可能及时得到陆地人员的支援。若影响航行的重要部件发生故障，在复杂航行环境和严峻的气象条件下，有可能发生海损和严重的海洋污染。可靠性不足会额外增加排除故障的开支，增加维修工作量，延长停航修理时间，降低营运效率。因此，船舶动力装置的可靠性一直受到人们的重视。

船舶动力装置的可靠性，常用在使用阶段的故障发生率及其因此而引发的停航时间来判断和考核。主要从设备的可靠性和装置系统的可靠性来反映。

对于某一设备,其可靠性的表达式为

$$R(t) = e^{-\lambda t}$$

$R(t)=1$ 表示在 t 时间内完全可靠。λ 是设备的失效率,它表示设备在单位时间内出现的失效事件次数,是根据实际使用时的失效数统计而得的。

例如,对某种泵进行调查,它在经过 5 000 h 的使用过程中,100 台泵中有 1 台工作 500 h 后失效,1 台工作 1 000 h 后失效,1 台工作 2 000 h 后失效,其余工作正常。

这样,100 台泵正常运转的总时数为

$$1 \times 500 + 1 \times 1\,000 + 1 \times 2\,000 + 97 \times 5\,000 = 488\,500(\text{h})$$

其间发生 3 次失效,因此该泵经过 5 000 h 的工作失效率为

$$\lambda = \frac{3}{488\,500} = 6.14 \times 10^{-6} \quad \text{次/小时}$$

1 台泵工作 1 000 h 的可靠性为

$$R(1\,000) = e^{-\lambda t} = e^{-6.14\times10^{-6}\times1\,000} = 0.993\,88$$

1 台泵工作 5 000 h 的可靠性为

$$R(5\,000) = e^{-\lambda t} = e^{-6.14\times10^{-6}\times5\,000} = 0.969\,8$$

(二)机动性

机动性是指改变船舶运动状态的灵敏性,它是船舶安全航行的重要保证。船舶起动、变速、倒航和回转性能是船舶机动性能的主要体现,而船舶的机动性取决于动力装置的机动性。动力装置的机动性主要由以下几个指标体现。

1. 起航时间

从接到起航命令开始,经过暖机、备车和冲试车,使发动机达到随时可用状态的时间。这段时间越短,船舶的机动性越好。这段时间的长短主要取决于为主机服务的各油水系统温度的上升速度,这就要求辅助锅炉有合适的蒸发量和蒸汽压力,以保证暖机时提供足够的蒸汽。许多船上主机和发电柴油机的高温冷却淡水系统互相连接,停泊时柴油发电机的冷却水流经主机气缸冷却空间,这既节约了能源,又简化了暖机工作。一般来说,主机滑油循环柜储油较多,它又处在易散热的双层底位置,在暖机时滑油油温上升较慢。若船舶停航时间较短,完车后不停滑油分油机。对货船来说,开船时间往往知道得较早,所以对起航时间没必要要求太短。大中型船舶的推进柴油机在冬季暖机时间一般都在 2 h 以上。但对一些需要执行紧急任务的船舶,如消防、救生和缉私船等就要求起航的时间越短越好。

2. 发动机由起动开始至全功率所需的时间

这是动力装置加速性能的指标,它的长短直接影响到船舶加速的快慢,所以希望它短一些。这段时间长短主要取决于发动机的类型,影响发动机加速的因素是它的运动部件的质量惯性和受热部件的热惯性,其中热惯性影响更为突出,在这方面中速机优于低速机。船舶本身的阻力大小对发动机的加速性能也有很大的影响,由于调距桨对外界条件有很好的适应性,它的加速性能明显优于定距桨。

3. 发动机换向时间和可能的换向次数

发动机换向所需的时间是指主机在最低稳定转速时,由发出换向指令到主机以相反方向开始工作所需时间。换向时间越短,发动机的机动性越好。柴油机起动和换向都很迅速,明显

优于其他类型的发动机。按规范规定，主机换向时间不得大于 15 s。起动次数取决于空气瓶的容积和主机起动性能，连续起动的次数越多越好。规范规定，供主机起动用的空气瓶至少应有 2 个。其容量在不补充空气的情况下，对每台可换向主机能在冷车条件下连续起动不少于 12 次，试验时应正倒车交替进行；对每台不能换向的主机能在冷车条件下连续起动不少于 6 次。

4. 船舶由全速前进变为倒航所需时间(或滑行距离)

这是体现主机紧急倒车性能的指标。由于船舶惯性大，由全速前进变为后退所需时间总是大大超过发动机换向所需时间。船舶开始倒航前，滑行的距离主要取决于船舶的载重量、航速、主机的起动换向性能、空气瓶空气压力和主机倒车功率。滑行距离不能太大，对于货船一般要求不得大于船体长度的 6 倍，而客船不得超过 4 倍。

5. 发动机的最低稳定转速和转速禁区

船舶在进出港口的机动操纵期间，往往需要很低的航速。主机最低稳定转速低，可得到较低的航速，因此主机的最低稳定转速应尽量低些。一般低速柴油机的最低稳定转速不高于标定转速的 30%，中速机不高于 40%，高速机不高于 45%。在主机使用转速范围内如果存在引起船舶或轴系共振的临界转速，则应规定为转速禁区，并以红色在主机转速表上标明。在主机使用转速范围内，转速禁区越少、越窄越好。

(三)续航力

续航力是指船舶不需要补充任何物资(燃油、滑油、淡水等)所能航行的最大距离或最长时间，是根据船舶的用途和航区确定的。续航力不但和动力装置的经济性、物资储备量有关，也和航速有很大关系。续航力的表达式为

$$S = \frac{G_c \cdot v_s}{G_t}$$

式中，G_c ——船舶燃油储备量，t；

G_t ——全船每小时燃油消耗量，t/h；

v_s ——设计航速，kn。

(四)振动和噪声的控制

动力装置的噪声不仅影响机器的寿命，而且严重影响轮机人员的健康。为此，船舶噪声标准中，对机舱区的噪声有如下规定：无控制室机舱为 90 dB，无人机舱或有控制室机舱为 110 dB，机舱控制室为 75 dB，机舱工作间为 85 dB。

轴系的扭振应力不得超过许用范围；否则将导致断轴和使柴油机的正常工作遭到破坏，故对它必须进行控制或回避。一般可以从结构设计或加装弹性联轴器等方式入手，使其扭振的附加应力不超过规范所规定的范围。一旦扭振许用应力超过正常值，则应在其共振转速附近设“转速禁区”。在此禁区，发动机不应持续运转，且应避开禁区转速范围。具体要求可参考有关规范的规定。

(五)船舶自动化程度

根据船舶自动化要求的等级，分成值班机舱和无人值班机舱两类。机舱中应尽量使所有机器设备自动化，以减轻轮机人员的劳动强度，并保证机器在复杂多变工况下正常工作。近年来，新型船舶的推进装置在这方面越来越提出明确要求，除了发电机组实现自动化以外，要求主机全套自动化、整个机舱实现 24 h 无人值班等。

第三章 船舶柴油机

第一节 柴油机概述

内燃机的发展,已有一百多年的历史。通过长期不断地改进和提高,已经发展得比较完善。由于它的热效率高、适应性好、功率范围宽广,已广泛用于工业、农业、交通运输业和国防建设事业。因此,内燃机工业的发展,对于国民工业的发展,对于国民经济和国防建设都具有十分重要的意义。

1824 年卡诺(法国工程师)发表了热力发动机的经典理论——卡诺原理。1866 年奥托(德国工程师)提出了四冲程内燃机的“奥托循环”理论。1879 年奔驰(德国工程师)首次研制成功火花塞点火内燃机。1883 年戴姆勒(德国工程师)发明热管点火的立式汽油机。1897 年狄塞尔(德国著名热机工程师)最早制成了柴油机。1903 年,柴油机首先装在船上。1907 年,用于潜艇的正反转的柴油机试验成功。1912 年,远洋货船上的柴油机首次远航试验成功。

1926 年设计出用排气能量将进气压缩的废气涡轮增压器。涡轮增压器是利用发动机排出的废气,经过涡轮变为转子的回转机械能,从而带动压气机高速旋转,将新鲜空气压缩,从而提高发动机的功率。

内燃机增压的发展起源可追溯到 1885 年。戈-戴姆勒在发明、制造煤气机和汽油机时,已开始考虑利用增压技术。鲁-狄塞尔在柴油机发明专利中也提出了要安装增压泵以提高功率和热效率的想法。

20 世纪初,艾-比希申请专利,开创了涡轮增压的历史。最初是采用涡轮机、柴油机和压气机同轴连接,后改为涡轮单独驱动压气机的方法。1923 年,德国客船上安装的涡轮增压四冲程柴油机把柴油机的功率从 1 288 kW 提高到 1 840 kW。1925 年,比希获得了脉冲增压专利并在试验中获得了成功,功率可提高 50% ~100%。

从 20 世纪 50 年代起,随着涡轮增压器效率的提高,柴油机采用涡轮增压技术后的功率和效率都得到了很大提高,从而被广泛地推广应用。

如今,已经几乎无机不增压,增压后,柴油机的功率能提高 1 ~3 倍。废气涡轮增压对提高柴油机性能作出了重大的贡献。增压器是用来提高发动机的进气充气密度,以提高平均有效压力来提高功率和改善经济性的器件,主要用于船舶柴油机。在船舶柴油机中采用比较普遍的就是废气涡轮增压系统。

在采用废气涡轮增压器后,不仅可以大大提高发动机功率,缩小外形尺寸,节约原材料,降低燃油消耗,而且可以使排烟浓度降低,减少废气中的 CO、HC 以及 NO_x 的含量,从而降低废气排放。另外,由于燃烧压力升高率降低,发动机工作柔和,噪声也比较小。

柴油机是内燃机的一种,而内燃机又是热机的一种。所谓热机是指把热能转换成机械能的动力机械。柴油机、汽油机、蒸汽轮机、燃气轮机以及蒸汽机是热机中较典型的机型。其中,蒸汽机与蒸汽轮机同属外燃机。汽油机、柴油机、燃气轮机同属内燃机。柴油机是一种压缩发火的往复式内燃机。它使用柴油或劣质油作燃料，在气缸内与空气混合形成可燃混合气，缸内燃烧采用压燃式发火。

第二节　柴油机工作原理

柴油机的基本工作原理是采用以压缩发火的方式使燃料在气缸内部燃烧，以高温高压的燃气工质在气缸中膨胀推动活塞作往复运动，再通过活塞—连杆—曲柄机构将往复运动转变为曲轴的回转运动，从而带动工作机械。根据上述原理，燃油在柴油机气缸中燃烧做功必须通过进气、压缩、燃烧膨胀（做功）、排气四个过程才能实现，经过这四个过程就做功一次，也就是完成了一个工作循环，如果这四个过程分别在活塞的四个冲程中完成的就称为四冲程柴油机，如果这四个过程分别在活塞的两个冲程中完成的就称为二冲程柴油机。

一、四冲程柴油机工作原理及特点

1. 四冲程柴油机工作原理

四冲程柴油机完成二次能量转换，即完成一次工作循环，理论上必须经过以下几个热力过程，如图 3-1 所示的四个简图分别表示四个活塞行程的进行情况以及活塞、曲轴、气阀等部件的有关动作位置。

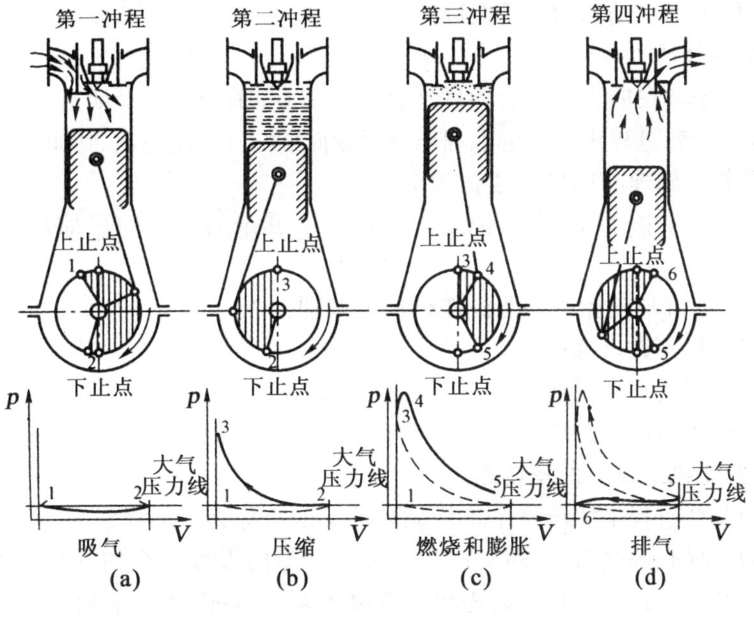

图 3-1　四冲程柴油机工作原理

（1）第一冲程——进气过程，活塞从上止点运动到下止点，空气进入气缸。

这一冲程的任务是使气缸内充满新鲜空气。活塞从上止点下行，进气阀已经打开，由于气缸容积不断增大，缸内压力下降，依靠缸内气体与大气的压差，新鲜空气经进气阀被吸入气缸。进气阀一般均在活塞到达上止点前即提前打开（曲柄位于点 1），活塞到下止点后延迟关闭（曲柄位于点 2）。

（2）第二冲程——压缩过程，活塞从下止点运动到上止点，工质在气缸内被压缩。

这一冲程的任务是压缩第一冲程内吸入气缸的空气，提高缸内空气的压力和温度，为燃油燃烧和膨胀做功创造条件。活塞从下止点向上运动，自进气阀关闭（曲柄到达点2）开始压缩，一直到活塞到达上止点（曲柄到达点3）为止。随着活塞的上行，缸内容积减少，空气压力和温度开始增加，在压缩过程的后期由喷油器喷入气缸的燃油与高温空气混合、加热，并自行发火燃烧。

（3）第三冲程——做功（燃烧膨胀）过程，活塞从上止点运动到下止点，工质在气缸内燃烧膨胀。

这一冲程的任务是完成两次能量转变。活塞在上止点附近，由于燃油的猛烈燃烧，使气缸内的压力和温度急剧升高，高温高压的燃气（即工质）膨胀推动活塞下行而做功。由于气缸容积逐渐增大使压力下降，在上止点后的某一时刻（曲柄位于点4）燃烧基本结束。膨胀一直到排气阀开启时结束。与进气阀一样，排气阀总是在活塞运动到达下止点前提早开启（曲柄位于点5）。

（4）第四冲程——排气过程，活塞从下止点运动到上止点，废气从气缸内排出。

这一冲程的任务是将做功后的废气排出气缸外，为下一循环的新鲜空气的进入提供条件。在上一行程末期，排气阀开启时，活塞尚在下行，废气靠气缸内外的压力差经排气阀排出（自由排气），当活塞由下止点上行时，废气被活塞强行挤出气缸（强制排气），此时的排气过程是在略高于大气压力且在压力基本不变的情况下进行的。排气阀一直延迟到活塞到达上止点后某一位置（曲柄位于点6）才关闭（惯性排气）。

2. 四冲程柴油机的工作特点

（1）一个工作循环在曲轴转两转内完成，每一个过程都约占一个活塞冲程。

（2）在曲轴转两转过程中，进气阀、排气阀、喷油器均只启闭一次，因此凸轮轴转速比曲轴转速慢一半。凸轮轴转速与曲轴转速比为1∶2。

（3）每一工作循环中，只有做功冲程才对外做功，其余的三个冲程都是辅助冲程，并且要消耗一定的功率。

（4）四冲程柴油机与二冲程柴油机在结构上差别：

①二冲程柴油机不设进气阀。

②二冲程柴油机气缸套设有气口。

③二冲程柴油机增加了扫气泵。

二、二冲程柴油机工作原理及特点

通过活塞的两个行程来完成一个工作循环的柴油机称为二冲程柴油机。在二冲程柴油机中，在气缸下部开设扫、排气口或设扫气口—气阀，并专门设置一个扫气泵。扫气泵附设在柴油机的一侧，它的转子由柴油机带动，先将空气吸入泵内压缩，经压缩后的空气储存在具有较大容积的扫气箱中，并在扫气箱中保持一定的压力，使压力提高到高于大气压力，在活塞下行打开扫气口时，再从扫气口进入气缸驱扫废气，使废气从排气口（阀）排出，进气与排气同时进行，完成气缸内的排气和进气过程。直到活塞上行关闭扫气口为止，因此能使柴油机的排气和进气过程缩减到只占活塞行程的很少一部分。二冲程柴油机的进气和排气过程统称为换气过程，换气过程是在膨胀行程末和压缩行程初这一较短的时间内完成的。图3-2所示为一种二冲程柴油机工作原理图。

1. 二冲程柴油机工作原理

（1）第一冲程：扫气和压缩过程

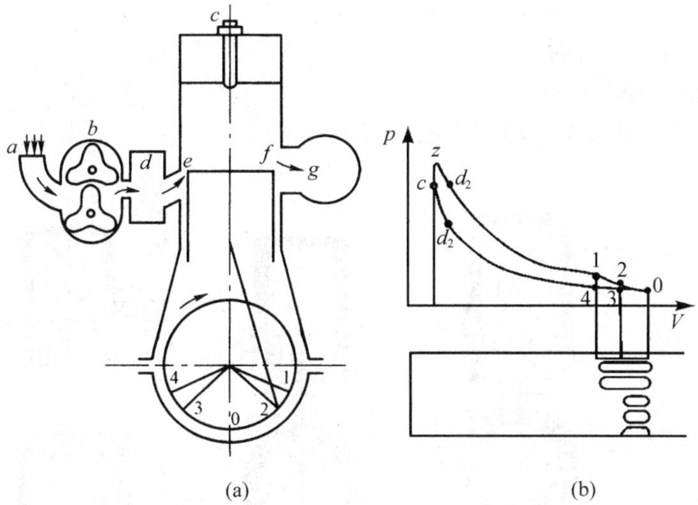

图 3-2　二冲程柴油机工作原理图

第一阶段——扫气(曲柄位置从 1—2—3)

在膨胀行程中,活塞下行,先将排气口打开(曲柄位于点 1),缸内的废气经排气口泄入到排气管(自由排气),当缸内压力降至接近扫气压力时,活塞继续下行把扫气口打开(曲柄位于点 2),同时扫气泵压送的新鲜空气经扫气口进入气缸,把气缸内的废气通过排气口(阀)挤出(强行排气)。一直到活塞经下止点并转向上行把扫气口关闭为止(曲柄位于点 3)。

第二阶段——过后排气

活塞继续上行,并把排气口关闭(曲柄位于点 4),其间缸内气体继续经排气口排出缸外,损失了进入缸内的部分新鲜空气,直到活塞封闭排气口为止(过后排气)。

第三阶段——压缩

当活塞关闭排气口并继续上行时,缸内气体才受到活塞的压缩(曲柄位置从点 4 到上止点)。

(2)第二冲程:做功、排气和扫气过程

第一阶段——做功(曲柄位置从上止点附近到点 1)

活塞从上止点下行到打开排气口前,气缸内是边燃烧边膨胀的过程,燃气推动活塞下行做功。

第二阶段——自由排气

活塞打开排气口时,气缸内压力远大于排气管内压力,废气经排气口迅速排出,缸内气体压力下降至稍低于扫气空气的压力。

第三阶段——扫气

活塞继续下行并经过下止点后上行到打开扫气口前这一阶段。

2. 二冲程柴油机的特点

(1)工作循环在活塞的两个冲程即曲柄转一转内完成,扫气过程时间短,需要设扫气泵来提高进气压力以提高换气质量,不设进气阀甚至不设排气阀,只在气缸套上开排气口,使结构相对简单。

(2)凸轮轴转速与曲柄转速相同。

(3)工作循环中,活塞下行做功,上行时则靠外力驱动。

(4)进、排气过程几乎同时进行,因此具有较大的进、排气重叠角。

三、二冲程柴油机换气形式

如图 3-3 所示为二冲程柴油机四种扫气形式。

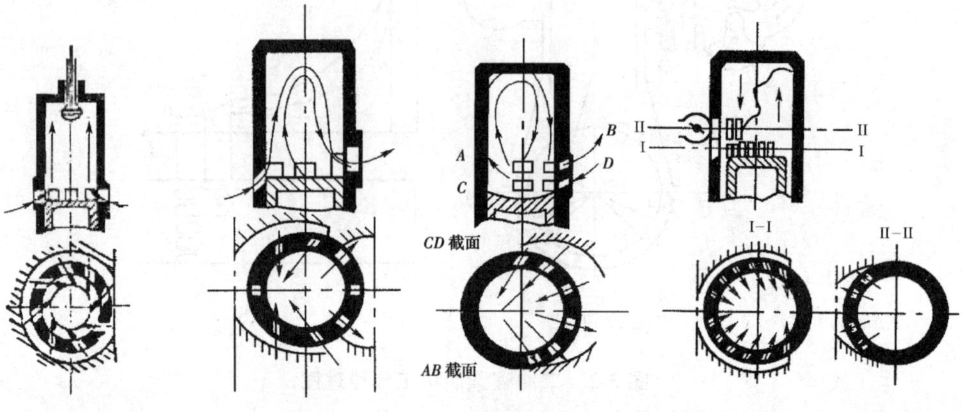

(a) 直流扫气 (b) 横流扫气 (c) 回流扫气 (d) 半回流扫气

图 3-3 二冲程柴油机四种扫气形式

1. 直流扫气

气缸套下部周向设有扫气口,各扫气口相对于气缸中心线都带有一定倾角,使扫气的气流形成一个不断旋转上升的“气垫”。扫气线路为直线,是换气质量最好的形式。

2. 横流扫气

气缸设有进、排气口,分别位于缸套下部四周两对侧,排气口略高于进气口并在进气口上面。扫气口沿水平及垂直方向均有倾斜角。扫气线路为一条横向的路线。

3. 回流扫气

气缸设有进、排气口,并在同一侧,排气口在进气口上。扫气口沿水平及垂直方向均有倾斜角。扫气线路是一条环形路线。

4. 半回流扫气

也称改进横流式,扫气口位于排气口下方及两侧,排气管装有回转控制阀。

柴油机换气形式的发展趋势为:当行程缸径比 S/D≤2.2 情况下,直流式与弯流式差别不显著,弯流式优点较突出。当 S/D>2.2 时,直流式更适用于长行程和超长行程,换气形式向直流扫气(气口—气阀式)发展。

第三节 柴油机主要技术指标

一、柴油机主要技术指标

1. 指示指标

指示指标是以示功图所表示的工作循环指示功为基础的指标,只反映气缸内工质对活塞的做功能力和经济性。指示指标包括:平均指示压力 p_i、指示功率 P_i、指示燃油消耗率 g_i、指示热效率 η_i。

2. 有效指标

有效指标是以柴油机输出轴上所得到的有效功为基础的指标，是真正表示柴油机做功能力和经济性的指标。有效指标包括：有效功率 P_e、机械效率 η_m、平均有效压力 p_e、有效燃油消耗率 g_e、有效热效率 η_e。

二、主要技术指标的含义

（1）平均指示压力 p_i

是一个假定作用在活塞上的不变的平均压力，它推动活塞在一个行程内所做的功与一个工作循环的指示功 L_i 相等。

$$p_i = \frac{L_i}{F \cdot S} = \frac{L_i}{V_s} \quad \text{Pa}$$

式中，p_i ——平均指示压力，Pa；

F ——活塞面积，m^2；

S ——活塞行程，m；

V_s ——气缸工作容积，m^3。

平均指示压力 p_i 是每一工作循环每单位气缸工作容积的指示功。p_i 大，其单位气缸容积做功能力大，工作循环进行得比较完善。p_i 的影响因素主要是循环供油量或负荷大小，其次是燃烧质量。由此可见，增压机 p_i 高于非增压机平均指示压力，四冲程机 p_i 高于二冲程机平均指示压力，直流扫气的 p_i 高于弯流扫气平均指示压力。

（2）指示功率 P_i

指示功率 P_i 是指柴油机气缸内的工质在单位时间内所做的指示功。

整台柴油机指示功率的一般表示式为

$$P_i = \frac{p_i V_S n m i}{60\ 000} \quad \text{kW}$$

式中，p_i ——平均指示压力，Pa；

V_s ——气缸工作容积，m^3；

n ——柴油机转速，r/min；

m ——每转工作行程数，四冲程机 $m = 1/2$，二冲程机 $m = 1$；

i ——气缸数。

如果各缸负荷不均匀，则将各缸功率相加而得到整台柴油机的功率。

（3）指示热效率 η_i 和指示燃油消耗率 g_i

指示热效率 η_i 是转化为指示功的热当量与相应消耗的燃料热量之比，用于衡量燃烧完善程度。

根据指示热效率 η_i 定义，可用下式进行计算

$$\eta_i = \frac{3\ 600 P_i}{G_T \cdot H_u}$$

式中，G_T ——每小时耗油量，kg/h；

H_u ——燃油低热值，42 700 kJ/kg；

P_i ——指示功率，kW。

指示燃油消耗率 g_i 表示每千瓦指示功率每小时的燃油耗油量，即

$$g_i = \frac{G_T}{P_i} \quad kg/(kW \cdot h)$$

指示热效率 η_i 和指示燃油消耗率 g_i 是用以评定柴油机实际工作循环的经济性的重要指标,两者之间关系为

$$\eta_i = \frac{3\ 600}{g_i \cdot H_u}$$

(4)有效功率 P_e

从柴油机飞轮端处测得的功率称为有效功率,用 P_e 表示,也就是指示功率 P_i 减去机械损失功率 P_m,或指示功率乘以机械效率。

柴油机有效功率在实验台上用水力测功器测出,在船舶上可用扭力计测出,此时有

$$P_e = \frac{M_e \cdot n}{9\ 550} \quad kW$$

式中,M_e ——柴油机输出的有效扭矩,N·m;

n ——柴油机转速,r/min。

机械损失功率 P_m 是指作用在活塞上的指示功率传递到曲轴的过程中所损失的功率。它包括:

①摩擦损失功率。最主要的摩擦损失是活塞、活塞环与气缸壁的摩擦,占55%~65%;轴承处摩擦损失占35%~45%。

②带动辅助机械所消耗的功率。其损失随柴油机转速提高而增加。

③泵气损失功率。即在非增压四冲程柴油机中进、排气过程中所消耗的功率。在增压四冲程柴油机中,泵气损失功率是正值,应从机械损失中扣除。在二冲程柴油机中,泵气损失功率为零。

(5)机械效率 η_m

机械效率 η_m 是柴油机轴端获得的有效功率与气缸内指示功率的比值。机械效率 η_m 的大小不仅决定于设计和制造的质量,还受柴油机负荷、转速、滑油温度与冷却水温度等因素影响。机械效率目前一般为70%~92%。

如果转速不变,负荷增加,机械效率将相应增加。当柴油机空载运行时,$\eta_m = 0$。如果平均有效压力不变,当转速提高,由于摩擦损失功率增加,机械效率随之下降。如果适当提高滑油和冷却水温度,则可提高机械效率,但若温度过高则会大大降低机械效率。

(6)平均有效压力 p_e

平均有效压力 p_e 是柴油机每一工作循环每单位气缸工作容积所做的有效功。

平均有效压力 p_e 数值取决于工作循环进行的完善程度和机械损失的大小,是衡量柴油机做功能力大小的最终参数,p_e 越高说明柴油机强化程度越高。增压机 p_e 大于非增压机平均有效压力,四冲程机 p_e 大于二冲程机平均有效压力。

(7)有效燃油消耗率 g_e

有效燃油消耗率 g_e 表示每小时单位有效功率消耗的燃油量,单位是 kg/(kW·h),是评定柴油机经济性的重要指标。

(8)有效热效率 η_e

有效热效率 η_e 表示柴油机曲轴输出的有效功热当量与所消耗的热量之比。是评定柴油

机经济性的重要指标。

第四节　柴油机类型和主要结构参数

一、柴油机的类型

柴油机有很多不同的分类方式，通常有以下几种。

1. 四冲程柴油机和二冲程柴油机

按工作循环可分为四冲程柴油机和二冲程柴油机两类。柴油机的一个工作循环包括进气、压缩、燃烧膨胀、排气四个过程。四冲程柴油机是曲轴转两转，也就是活塞运动四个行程完成一个工作循环；而二冲程柴油机是曲轴转一转，也就是活塞运动两个行程完成一个工作循环。

2. 增压柴油机和非增压柴油机

增压柴油机和非增压柴油机的主要区别在于进气压力不同，非增压柴油机是在大气压力下进气的，而增压柴油机则是在较高的压力下进气的。

3. 低速、中速和高速柴油机

柴油机的速度可以用曲轴转速 n (r/min)或活塞平均速度 C_m 来表示。

低速柴油机 $n \leqslant 300$ r/min；$C_m = 6.0 \sim 7.2$ m/s。

中速柴油机 $300 < n \leqslant 1\,000$ r/min；$C_m = 7.0 \sim 9.4$ m/s。

高速柴油机 $n > 1\,000$ r/min；$C_m = 9.0 \sim 14.2$ m/s。

4. 筒形活塞式柴油机和十字头式柴油机

图 3-4(a)为筒形活塞的示意图，它的活塞通过活塞销直接与连杆相连。这种结构的优点是结构简单、紧凑、轻便，发动机高度小；它的缺点是由于运动时有侧推力，活塞与气缸之间的磨损较大。中高速柴油机一般都采用此结构。

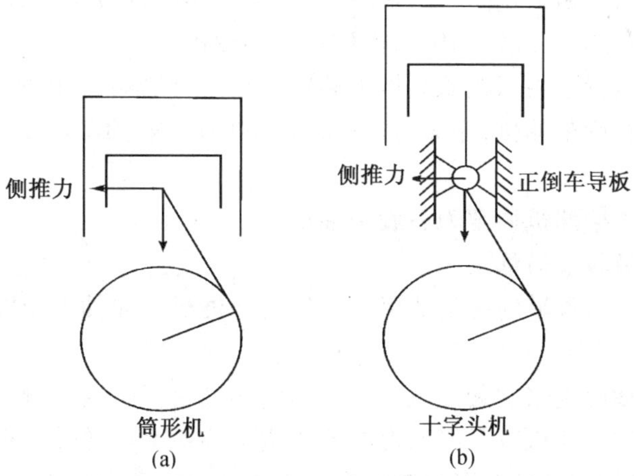

图 3-4　筒形活塞式和十字头柴油机简图

图 3-4(b)所示为十字头式柴油机。它的活塞设有活塞杆，通过十字头与连杆相连接，并在气缸下部设中隔板将气缸与曲轴箱隔开。十字头式柴油机工作可靠，寿命长；它的缺点是重量和高度增大，结构复杂。大型低速二冲程柴油机都采用这种结构。

5. 直列式和 V 型柴油机

船用柴油机通常均为多缸机,这样可以增大柴油单机功率,同时可满足船舶机动性、可靠性的要求。多缸柴油机的气缸排列可以有直列式、V 型、W 型等。船用柴油机均为直列式与 V 型两种。具有两个或两个以上直立气缸,并呈一列布置的柴油机称直列式柴油机,如图 3-5(a)所示。直列式柴油机的气缸数因曲轴刚度和安装上的限制,一般不超过 12 缸。当缸数超过 12 缸时,通常采用 V 型柴油机,如图 3-5(b)所示。它具有两个或两列气缸,其中心线夹角呈 V 型,并共享一根曲轴来输出功率。V 型机气缸数可达 18 甚至 24,气缸夹角通常为 90°、60°和 45°。V 型机具有较高的单机功率和较小的比重量(柴油机净重量与标定功率的比值),在中、高速柴油机中用得较多。

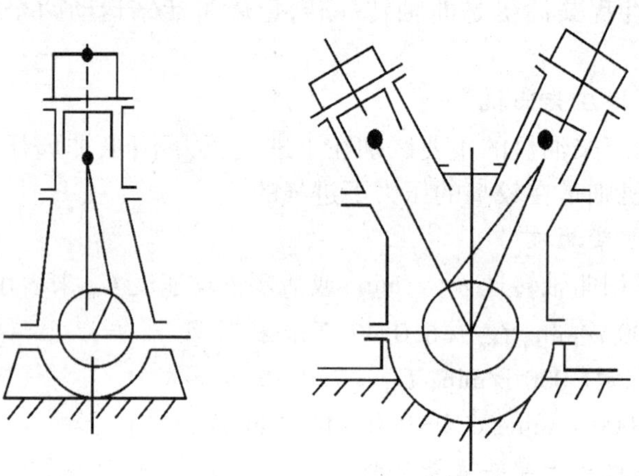

(a) (b)

图 3-5 直列式和 V 型柴油机

6. 右旋和左旋柴油机

观察者由柴油机功率输出端向自由端看,正车时按顺时针方向旋转的柴油机称右旋(转)柴油机,正车时按逆时针方向旋转的柴油机称左旋柴油机。

某些船舶的推进装置采用双机双桨推进装置。在这种船舶上,由船尾向船首看,布置在机舱右舷的柴油机采用右旋柴油机,亦称右机;布置在机舱左舷的柴油机采用左旋柴油机,亦称左机。

单台布置的船舶主柴油机通常为右旋柴油机。

7. 可逆转和不可逆转柴油机

可由操纵机构改变自身转向的柴油机称可逆转柴油机。曲轴仅能按同一方向旋转的柴油机称不可逆转柴油机。

在船上凡直接带动螺旋桨的柴油机均为可逆转柴油机;凡带有倒顺车离合器、倒顺车齿轮箱或可变螺距螺旋桨的柴油机以及船舶发电柴油机均为不可逆转柴油机。

此外,根据柴油机的用途还可以将其分为主推进柴油机和发电柴油机;根据其所用的燃料不同可以分为单燃油和双燃油柴油机。

二、柴油机的型号

每一种柴油机都有自己的型号。下面介绍几种主要的型号。

1. 国产柴油机型号

依据 GB/T-2008，柴油机的型号由数字和汉语拼音文字的首位字母组成，包括三个部分，首部为缸数符号用数字表示气缸数目，中部是机型系列代号，由冲程符号和缸径符号组成，其中由字母表示冲程数，用数字表示气缸直径。尾部是变型符号（用数字顺序表示）和机器特征（用字母表示）。

S——十字头式；	D——可倒转；	C——船用右机；
Ca——船用左机；	Z——增压；	G——高增压；
F——风冷；	ZL——中冷；	E——二冲程。

最后的数字一般表示柴油机的设计变型符号，缺位为标准设计。如 Z6170ZLC—8 表示：直列 6 缸四冲程增压中冷船用右转柴油机，缸径 170 mm，设计序列号是 8。

（1）低速柴油机

例：6ESDZ43/82B

6	E	S	D	Z	43/82	B
气缸数	二冲程	十字头式	可倒转	增压	气缸直径（cm）/活塞行程（cm）	改进序号

（2）中小型柴油机

例：8E350ZCD

8	E	350	Z	C	D
气缸数	二冲程	气缸直径（mm）	增压	船用	可倒转

2. 进口柴油机型号

（1）SULZER 柴油机

例：6RTA84M

6	R	T	A	84	M
气缸数	二冲程焊接结构十字头式	超长冲程直流扫气	机型发展型号	气缸直径（mm）	改进序号

（2）MAN B&W 柴油机

例：5L（S）50MCE

5	L	S	50	MC	E
气缸数	长冲程	超长冲程	气缸直径（cm）	二冲程、十字头式、定压增压	经济型

（3）三菱船用柴油机

例：8UEC 85/180D

8	U	E	C	85	180	D
气缸数	直流扫气	废气涡轮增压	十字头式	气缸直径(cm)	行程(cm)	经济型

三、柴油机的基本结构参数

柴油机的基本结构参数如下,如图 3-6 所示。

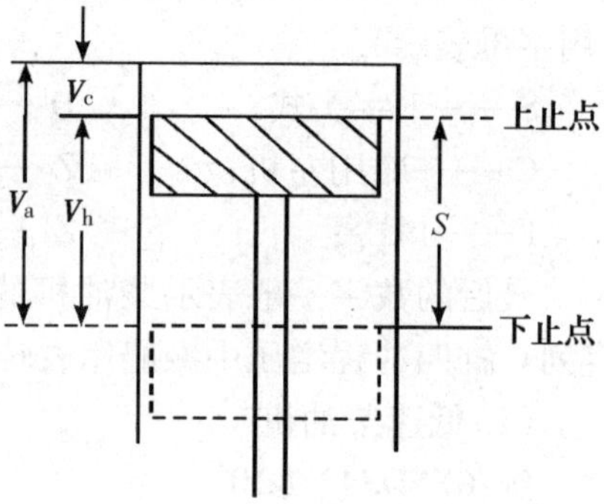

图 3-6　气缸容积

(1)上止点(TDC):活塞在气缸中运动的最上端位置,也就是活塞离曲轴中心线最远的位置。

(2)下止点(BDC):活塞在气缸中运动的最下端位置,也就是活塞离曲轴中心线最近的位置。

(3)行程(S):指活塞从上止点移动到下止点间的直线距离。它等于曲轴曲柄半径 R 的两倍($S = 2R$)。活塞移动一个行程,相当于曲轴转动 180°CA(曲轴转角)。

(4)缸径(D):气缸的内径。

(5)气缸余隙容积(压缩室容积, V_C):活塞在气缸内上止点时,活塞顶上的全部空间(活塞顶、气缸盖底面与气缸套表面之间所包围的空间)容积。

(6)余隙高度(顶隙):上止点时活塞最高顶面与气缸盖底平面之间的垂直距离。

(7)气缸工作容积(V_S):活塞在气缸中从上止点移动到下止点时所扫过的容积。

$$V_S = \frac{\pi D^2}{4} \cdot S$$

(8)气缸总容积(V_a):活塞在气缸内位于下止点时,活塞顶以上的气缸全部容积,亦称气缸最大容积。

$$V_a = V_S + V_C$$

(9)压缩比(ε):气缸总容积与压缩室容积之比值,亦称几何压缩比。

$$\varepsilon = \frac{V_a}{V_C} = \frac{V_S + V_C}{V_C} = 1 + \frac{V_S}{V_C}$$

压缩比表示缸内工质压缩程度。柴油机压缩比一般为 12 ~ 22。

第五节　柴油机工作系统

为保证柴油机正常连续运转,必须有柴油机的工作系统为其提供服务。该工作系统主要包括燃油系统、滑油系统和冷却水系统。

一、燃油系统

燃油系统是柴油机重要的动力系统之一,其作用是把符合使用要求的燃油畅通无阻地输送到喷油泵进口。该系统通常由三大环节组成:①燃油的加装、储存和驳运。②燃油的净化处理。③燃油的供给。

1. 燃油系统组成

(1)燃油供给单元

燃油供给单元主要由燃油供给泵、燃油循环泵、雾化加热器(包括燃油黏度控制单元)和燃油滤器等组成。燃油供给单元与各自的调节机构相配合,实现稳定可靠的燃油供给。

(2)燃油的净化处理单元

燃油的净化处理单元主要由燃油沉淀柜、燃油日用柜、燃油分油机及其加热器等组成。燃油的净化处理单元的主要功能就是去除燃油中杂质和水分,满足柴油机的用油要求。

2. 燃油的加装、储存和驳运

加装燃油前应预先测量、计算各燃油舱的的实际存量和确切的燃油品种。根据航次计划确定加油量,并通知船长提出加油申请。配合吃水安排加油舱位。加油前应尽量将相同的燃油并舱,以免因新旧燃油不相容而引起沉淀。由分工的轮机员负责准备加油管系,开妥有关阀门,并检查各接头的可靠性。事先准备好木屑、棉维丝、消油剂、接油桶,将甲板落水孔堵住,以防万一溢出的燃油流到舷外污染水域。配合供油人员共同检查流量表读数或油尺刻度。

加油前应和供油人员商定供油速度和联络信号,以免发生跑油事故。加油期间严禁进行电焊等明火作业,严禁甲板除锈作业,禁止穿有铁制鞋掌的鞋子,现场严禁在阳光下佩戴老花镜,严禁操作未作防爆处理的电气开关,严禁烟火。

加油时应有专人负责现场值班,做到勤测算、及时调换油舱,换油时要先开后关,防止油管及接头破裂。要根据加油速度估算加油量,如发现油位上升过慢等异常情况时,应立即通知停止加油,待处理好后才能继续加油,油舱不能加得过满,以免温度升高后油液膨胀而发生溢油事故。

加装的燃油储存在燃油舱柜中。船舶的燃油舱一般有多个。对于燃油舱都装设加热盘管,以加热燃油,保持其流动性,便于驳油。

燃油驳运的主要作用是从燃油舱驳运燃油到燃油沉淀柜,以及燃油舱之间燃油互驳。一般船舶有两台驳运泵,通常采用齿轮泵或螺杆泵,分别用于重油和轻油的驳运,并互为备用。

二、滑油系统

柴油机滑油系统通常由曲轴箱润滑系统、气缸润滑系统、增压器润滑系统以及滑油净化系统等组成。其主要功能是保证柴油机各运动部件的润滑和冷却。

1. 曲轴箱润滑系统

也称低压循环润滑系统,主要有两种形式:

(1)湿式曲轴箱润滑系统

柴油机机座或油底壳起油箱作用,贮存滑油。其优点只需要一个油泵,结构简单。缺点是滑油与空气接触面积大,易于氧化、变质、污染,且曲柄连杆机构在船舶摇摆时易与油底壳的滑油液面发生冲击,增加损坏机会。

如图 3-7 所示为柴油机湿式曲轴箱循环系统图,在湿式曲轴箱润滑系统中,全部的滑油贮存在油底壳中,在中小型柴油机中应用非常广泛。其中滑油润滑路线如下:贮存在油底壳中的滑油经粗滤器被机油泵吸出,再压送至机油滤清器底座(在此进行滑油压力的旁通调节),然后再分为两路:一部分滑油进入离心式机油滤清器,滤清杂质后回油底壳(即调压后流回油底壳),另一部分经过滑油滤清器(纸质、缝隙式或刮片式)后进入滑油冷却器,再进入柴油机,进入柴油机的滑油分为三路:第一路经曲轴主油道进入各主轴颈、连杆大头轴承、连杆小头轴承,飞溅冷却活塞、缸套后流回油底壳;第二路经凸轮轴内油道润滑凸轮轴轴承后,分别进入气缸盖内润滑配气机构各工作面,从缸头泄回的滑油则润滑各个气阀顶杆、挺柱和凸轮工作面;第三路经前盖板上的喷嘴,喷淋各传动齿轮后,流回油底壳。

(2)干式曲轴箱润滑系统

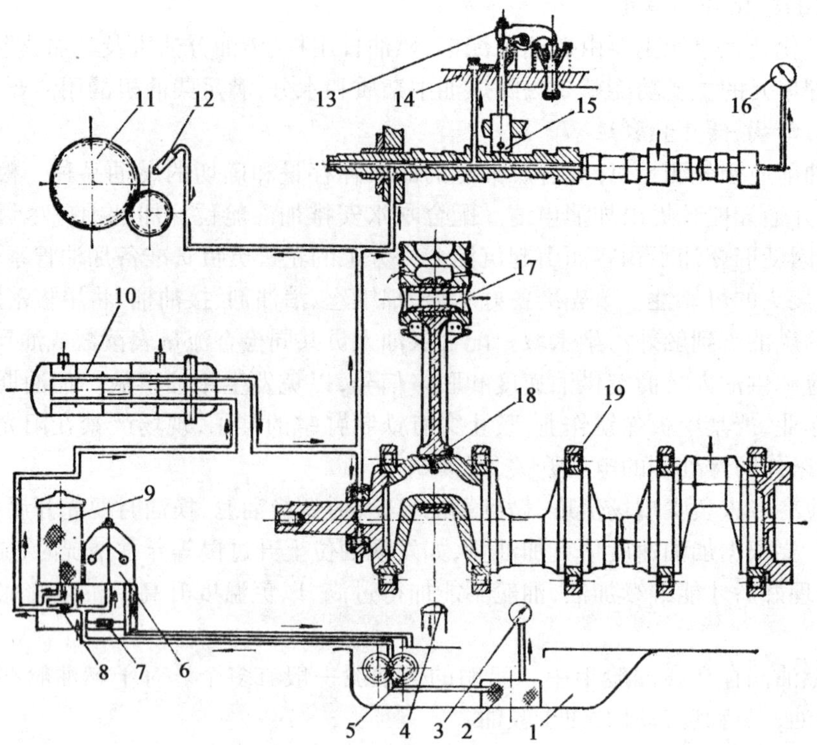

图 3-7　湿式曲轴箱循环系统

1—油底壳；2—粗滤网；3—油温计；4—加油口；5—滑油泵；6—离心式滑油粗滤器；7—调压阀；8—旁通阀；9—刮片式滑油粗滤器；10—水冷式滑油冷却器；11—齿轮系；12—装于盖板上的喷嘴；13—摇臂；14—气缸盖；15—顶杆套筒；16—压力表；17—活塞销；18—曲轴颈；19—主轴承

滑油存放在单独设置的滑油循环柜中，机座或油底壳不存油。

为了提高滑油在工作状态下的品质，保证柴油机可靠地润滑和延长滑油的使用寿命，目前大多数船用主机都采用“干式曲轴箱润滑系统”。

其优点：当船舶摇摆时，由于曲轴箱内滑油数量少，所以曲轴连杆的冲击力小，船舶稳性好，当船舶倾斜时，滑油泵不易吸空（有高置的滑油循环油箱来保证油泵的吸入压力），循环油泵的排量比压力泵大，当循环泵恢复吸油后，能很快保证循环油箱内滑油液面。

其缺点：另需一台滑油循环油泵来将曲轴箱内的滑油抽吸至滑油循环箱，结构管理复杂。

如图 3-8 所示为干式曲轴箱润滑系统，在干式曲轴箱润滑系统中，设有专用的滑油循环油柜和两个油泵。工作时滑油循环油泵不断地将流回油底壳或曲轴箱内的滑油抽出输送到循环油柜中贮存起来，滑油压力泵则不断地将循环油柜中的滑油吸出并压送到系统中去。其中滑油润滑路线如下：滑油循环油柜中的滑油经粗滤器，由滑油压力泵吸出，经细滤器和滑油冷却器，进入柴油机的滑油总管中。在总管中接有若干支管，分别至主轴承、连杆轴承、十字头轴承、滑块以及凸轮轴轴承等处进行润滑。对于采用滑油冷却活塞的柴油机，则有专门的管系供应滑油，一般与滑油系统用管系分开。所有的滑油完成其任务后，由专门的管系或孔道溢流回油底壳，再经滑油循环泵抽至循环油柜。

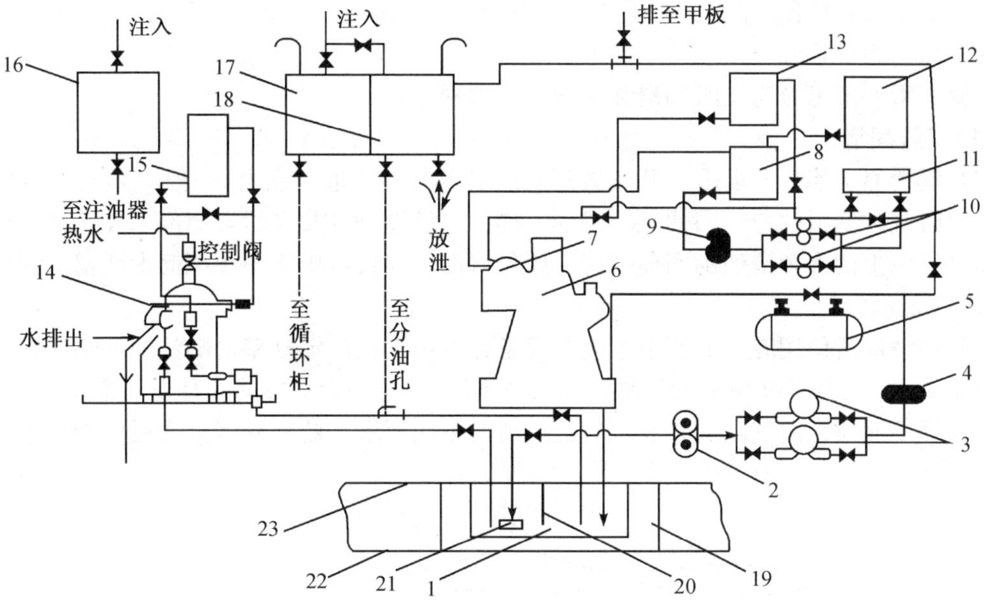

图 3-8　干式曲轴箱润滑系统

1—滑油循环柜;2—粗滤器;3—滑油压力泵;4—细滤器;5—滑油冷却器;6—柴油机;7—增压器;8—增压器循环油柜;9—滤器;10—透平油循环泵;11—透平油冷却器;12—透平油柜;13—透平油重力油柜;14—分油机;15—加热器;16—气缸油柜;17—滑油清油柜;18—日用滑油柜;19—隔舱;20—纵船隔板;21—吸入口;22—船体;23—双层柜面

2. 曲轴箱油净化系统

曲轴箱油净化系统在柴油机运转过程中可连续对滑油循环柜中的曲轴箱油进行分离净化处理,排出曲轴箱油使用中混入的各种杂质和氧化沉淀物。

如图 3-8 所示,滑油分油机经污油吸入管,从滑油循环柜中吸入曲轴箱油,经加热器预热后送分油机进行净化处理,净化后的净油重新返回循环油柜。

除上述净化措施外,也可以在停港期间把全部滑油泵至滑油处理柜中,再视情况进行有关的处理,如预热、沉淀、放水,投放添加剂等,处理后再用分油机送回循环油柜。对于中小型柴油机因油底壳内的油量较小,一般是将其全部换新处理。

3. 废气涡轮增压器润滑系统

废气涡轮增压器是高速回转的机械,是柴油机所有部件中转速最高的,因此对其轴承的润滑必须给予特别的重视。

常用润滑系统有两种:

①自身封闭式润滑:不须另设润滑系统,由柴油机润滑系统的支管提供滑油。

②重力 - 强制混合循环润滑:高置式重力透平油柜,由重力柜向增压器供油,重力柜上有低位报警和溢油管;供油中断时,重力柜可短时向增压器供油并发出警报。

如柴油机选用的曲轴箱润滑油符合涡轮增压器的要求,那么增压器与主机可共用一个润滑系统,但须增加一个细滤器、重力油柜和溢流观察镜等部件。如涡轮增压器采用黏度较小的透平油作为其润滑剂,则得另设一套专门的系统——重力 - 强力混合润滑系统。

如图 3-8 所示,增压器循环油柜中的滑油,由循环油泵经滤器和冷却器送入增压器中润滑冷却,然后又流回循环油柜,如此不断循环。重力油柜作用是保证当循环系统发生故障时依靠重力将滑油送入增压器,以保证增压器在短期内不致缺油过热损坏。

4. 气缸油润滑系统

气缸润滑一般可分为飞溅润滑和注油润滑两种方式。

(1)飞溅润滑

飞溅润滑靠从连杆大端甩出并飞溅到气缸壁上的滑油进行润滑,一般不须要专门的润滑装置。这时气缸润滑的滑油同曲轴箱滑油一样,并且循环使用,在活塞裙部须装设刮油环以便把飞溅到缸壁上的多余滑油刮回曲轴箱。此种润滑方式仅适用于中小型筒形活塞柴油机。

(2)注油润滑

气缸注油润滑使用专用的润滑系统及设备把专用气缸油经缸壁上的注油孔喷注到气缸壁表面进行润滑。如图 3-9 所示为气缸注油润滑系统图,这种润滑方式能保证可靠的气缸润滑,而且可选择不同质量的气缸油来满足气缸润滑的不同要求。此种润滑方式适用于大中型柴油机。

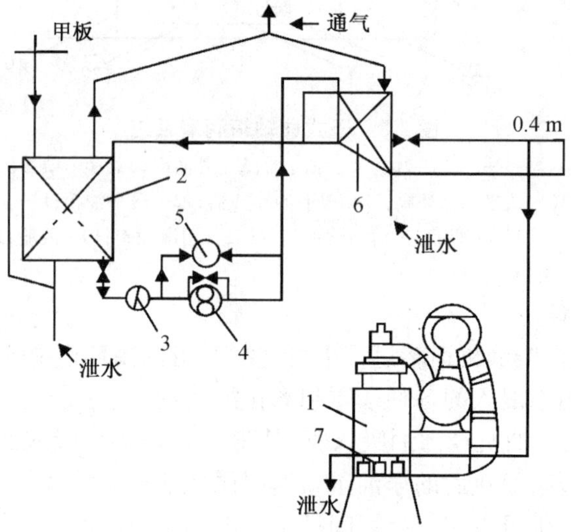

图 3-9　气缸注油润滑系统

1—气缸;2—气缸油储油柜;3—滤器;4—电动驳油泵;5—手摇泵;6—高置油柜;7—气缸注油器

三、冷却水系统

一般柴油机冷却水系统是用淡水强制冷却柴油机,然后用海水强制冷却淡水和其他流体。在系统布置上,前者属于闭式冷却,后者属于开式冷却。

1. 闭式冷却系统

如图 3-10 所示为 6300 型柴油机闭式冷却系统简图,闭式冷却系统是用淡水冷却柴油机,再用海水冷却淡水。柴油机冷车起动后,先将淡水封闭循环,阻止淡水经过淡水冷却器接受海水的冷却,防止淡水过冷造成燃烧室部件温差过大。待淡水温度上升到一定值后,自动开启,将淡水通过淡水冷却器冷却。

闭式冷却系统的特点:

(1)淡水中所含的盐分和杂质较少,腐蚀和结垢并不严重,能保持机件良好的散热。

(2)出水温度可提高到 75 ~ 90℃,进水温度不受自然环境的影响且可自动调节,使进出水温差较小,机件所受的热应力不致过高。

(3)燃气与冷却水之间的温度降减少,减少了传给冷却水的热损失,提高了热效率。

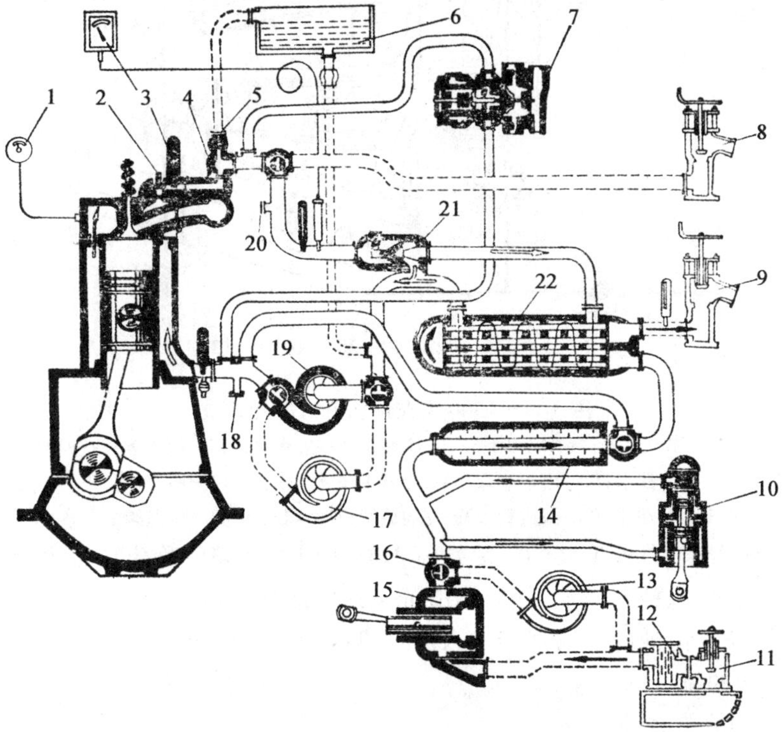

图 3-10　6300 型柴油机闭式冷却系统简图

1—压力表;2—出水调节阀;3—温度表;4—检视器;5—放气旋塞;6—膨胀水箱;7—废气涡轮增压器;8—备用排出阀;9—排出阀;10—压气机;11—通海阀;12—滤器;13—备用海水泵;14—滑油冷却器;15—海水活塞泵;16—三通旋塞;17—备用淡水离心泵;18—预热供给水管;19—淡水离心泵;20—预热排出水管;21—自动调温器;22—淡水冷却器

2. 开式冷却系统

直接把海水泵入柴油机来冷却气缸套和气缸盖等处,再排出舷外。如图 3-11 所示为 6300 型柴油机开式冷却系统。

柴油机前盖板上装有可逆转的离心式海水泵,由曲轴齿轮直接传动。海水经机舱通海阀、进水阀、海水滤器和止回阀由离心泵吸入后,经三通旋塞被输送至滑油冷却器,再经柴油机进水总管进入机体冷却水腔,然后由弯管接入气缸盖,最后经调节旋塞转入排气总管冷却水腔,汇集于出水总管排出舷外。在滑油冷却器后,海水有一支路通向单环式推力轴承底部的滑油冷却器。

海水滤器用来阻拦杂物进入管系,防止管系被堵塞。止回阀用来防止吸入管路中的海水倒流,使停车后仍能保持满水,保证水泵起动可靠。调压阀用来保证管系中的压力(通过调压弹簧调节),压力超过设定值时调压阀开启,一部分出水又回到水泵进口,以保证水泵的出口压力。调温阀用来调节进水温度,自动温度调节器用来保证进冷却器的海水温度不低于 25℃。利用柴油机排出的部分热水经旁通阀直接回到水泵进口,以便在柴油机各种负荷条件

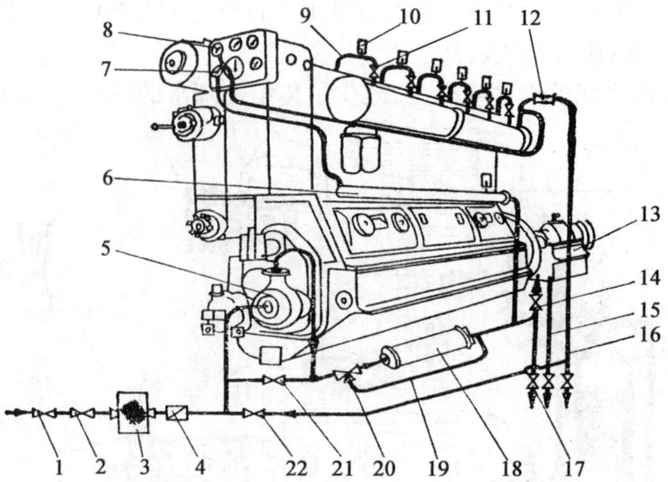

图 3-11　6300 型柴油机开式冷却系统

1—通海阀;2—进水阀;3—海水滤器;4—止回阀;5—冷却水泵;6—进水总管;7—压力表;8—遥测温度计;9—出水支管;10—水银温度计;11—调节旋塞;12—出水观察器;13—单环式推力轴承;14—调节阀;15—轴承出水管;16—出水总管;17—放水阀;18—滑油冷却器;19—旁通管;20—三通旋塞;21—调压阀;22—调温阀

下调节和控制进水温度,以保证柴油机冷却温差和热应力状态的稳定。三通旋塞用来控制通过滑油冷却器的水量,以控制滑油温度,当滑油不需要冷却时(刚起动时),可利用三通旋塞转换冷却水的通路,绕开滑油冷却器直接进入冷却机体的进水总管。

开式冷却系统的特点:

(1)优点:结构简单,水源充裕。

(2)缺点:

①水中含有盐分和杂质,容易生成水垢,妨碍换热,使机件温度升高且使水流受阻,流水不畅,产生局部过热,使电化学腐蚀和穴蚀严重。

②为防止盐分析出形成水垢,水温被限制在 55℃ 以内,致使机件的温差增大产生较大的热应力。

③由于进水和出水温度低,使燃气与冷却水之间温度降过大,散热损失大,热效率降低。

3. 中央冷却系统

从 20 世纪 70 年代初期开始,出现了一种新型的柴油机冷却系统,即中央冷却系统。如图 3-12 所示为柴油机中央冷却系统,这种冷却系统的基本特点是使用不同工作温度的两个单独的淡水循环系统,即高温淡水系统和低温淡水系统。前者用于冷却主机,后者用于冷却高温淡水和其他冷却器。受热后的低温淡水再到中央冷却器由开式海水系统进行冷却。现代新建船舶中大多采用该中央冷却系统。

中央冷却系统比较前面两种冷却水系统有以下优点:

①海水管系和中央冷却器的维修工作减至最低限度。

②气缸冷却水温度稳定,不受工况变化的影响。

③循环淡水可保持清洁,维修工作量极少。

同时,中央冷却系统也存在以下缺点:

①增加了中央冷却器及其辅助设备和管系,因而投资费用较高。

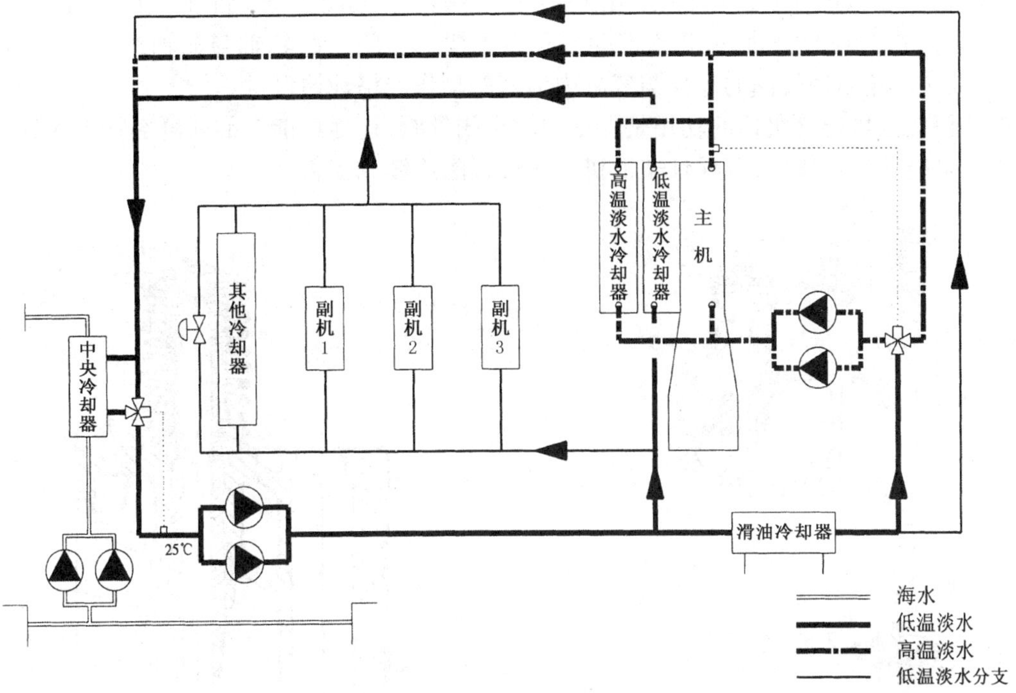

图 3-12　柴油机中央冷却系统

②由于附加管系的阻力损失，增加了泵送耗功。

第六节　柴油机换气与增压

一、柴油机换气系统

保证柴油机按规定顺序和时刻完成进、排气的机构叫配气系统，又称换气系统。通常它是由气阀机构、气阀传动机构、凸轮轴和凸轮轴传动机构组成的。配气系统的任务是保证柴油机在工作过程中按规定的时间开启或关闭各气缸的进气阀和排气阀，使尽可能多的新鲜空气进入气缸，并使膨胀终了的废气从气缸排净，保证柴油机工作过程的连续和燃烧过程的完善。传动机构的作用是把凸轮的运动传给气阀，凸轮轴是由曲轴经过中间传动齿轮来带动的，并与其保持严格的“正时”关系。根据柴油机的工作要求，气阀关闭时应该保证严密不漏气，开启时又要有足够大的流通面积，使气缸内排气干净、进气充足，以保证完善的燃烧过程对新鲜空气的需要。配气系统的工作质量影响柴油机换气质量的好坏，而换气质量是影响柴油机燃烧质量和做功能力的重要因素之一，所以正确了解和管理好配气机构对保证柴油机良好的性能和使用寿命具有重要的意义。

1. 四冲程柴油机换气机构的结构特点

四冲程柴油机的进、排气均采用气阀式配气方式，如图 3-13 和图 3-14，基本动作原理是：曲轴转动时，通过凸轮轴传动机构，使凸轮轴和凸轮转动。当凸轮上升边与顶柱组件相接触过程中，顶柱组件和顶杆向上运动，使摇臂摆动，传动气阀并压缩弹簧向下开启（进、排气凸轮呈现“上八字”）。当凸轮下降边与顶柱组件相接触过程中，弹簧伸张带动气阀向上运动逐渐关闭。在凸轮基圆部分与顶柱组件接触过程中，气阀保持关闭状态（进排气凸轮呈现“下八字”）。这样，在曲轴的驱动下，凸轮带动气阀有规律地启闭。凸轮轴与曲轴按严格的相对位置安装，以使凸轮驱动气阀的动作与气缸内活塞的动作严格地协调。

四冲程柴油机配气机构的功用是保证定时启闭气阀，让尽可能多的新鲜空气进入气缸，并使废气尽可能从气缸排净，以保证柴油机工作过程的连续和完善。

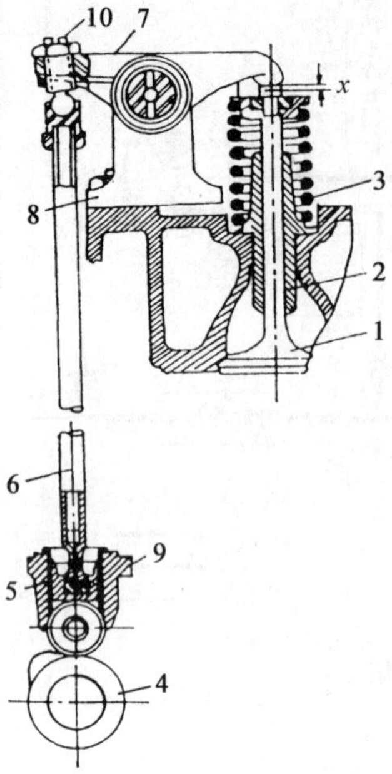

图 3-13　四冲程柴油机换气机构

1—气阀；2—气阀导管；3—气阀弹簧；4—凸轮；5—顶头；6—顶杆；7—摇臂；8—摇臂座；9—导套；10—气阀间隙调整螺钉

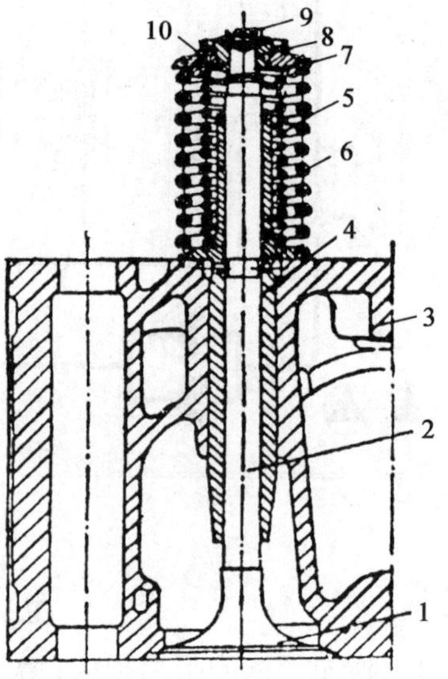

图 3-14　不带阀壳的机械式气阀机构

1—气阀阀头；2—阀杆；3—气缸盖；4—气阀导管；5、6—气阀弹簧；7—弹簧盘；8—卡块；9—撞击块；10—卡环

2. 二冲程柴油机扫气系统的结构特点

二冲程柴油机的换气过程与四冲程相比，显然比较困难而且不够完善，因为它的整个换气过程只占活塞冲程的一部分，一般不大于 130 ~ 150°曲柄转角，而四冲程柴油机则在 400 ~ 450°曲柄转角内完成，同时在换气过程中，新鲜空气与废气混杂并使部分新鲜空气随废气排出气缸，造成换气质量不如四冲程柴油机，按气体在气缸内的流动路线，二冲程柴油机换气方式可分为三种形式。

（1）直流扫气结构特点

气缸盖上设有排气阀，由气阀机构控制其动作。气缸套下部开有一圈进气口。

优点：排气干净，换气质量好，气缸套下部圆周方向受热均匀不易变形，还可以调整排气阀的定时，使排气阀早于进气口关闭。

缺点：排气阀机构比较复杂，管理检修麻烦。

（2）横流扫气结构特点

气缸盖上不设排气阀，气缸套下部两侧分别开有进气口和排气口，排气口高于进气口。

优点：结构简单，管理方便。

缺点：气缸内气流流动路线较长且需转向，扫气尚有死角，新气易与废气混杂，存在过后排气，换气质量差。气缸下部两侧受热不均匀容易变形。

(3)回流扫气结构特点

进气口与排气口布置在气缸下部的同一侧，排气口高于进气口。

优点：结构简单，管理方便，便于将进排气系统布置在气缸的同侧。

缺点：气流流线更长，转向次数增加，存在过后排气，换气质量更差。

3. 配气系统的维护管理

为保证配气质量、提高充气效率，应尽量减少进气阻力和增大气阀流通面积，所以应该经常保持进、排气道的清洁和空气滤清器的干净。为保证换气过程在规定的时间内进行，气阀定时必须正确。另外气阀机构是在高频率下工作，应注意其安全可靠。

因此，配气系统的维护管理要点有：

①安装时细心谨慎，保险簧、夹块等小零件不要遗忘漏装，进、排气阀直径、锥角一样时不能混淆，更不能在检修中将一些工具或小零件留在气道中；否则会造成撞坏活塞等事故。

②气阀安装时，应使气阀底面离开气缸盖底面的距离在规定的范围，以免产生气阀、活塞相撞或压缩比改变较大等缺陷。

③气阀阀壳安装时，应控制其紧固螺栓的预紧力大小均匀，避免安装不当而破裂漏气。

④气阀机构在起动前应人工加润滑油，但不能过多；否则滑油从气阀导管中吸入，产生不完全燃烧。

⑤在运转中，应注意倾听摇臂撞击气阀顶杆的声音，如声音过大，说明气阀间隙过大，应及时停车调整。

⑥运转中应随时注意观察排烟颜色。

二、柴油机的增压系统

所谓增压，是指用提高进气压力来增加充气量，保证更多的燃油完全燃烧，以提高平均有效压力，从而有效地提高柴油机功率。“中冷”(指靠中间冷却以降低进气温度的方法)配合增压，可进一步增加气缸充气量。增压是提高柴油机功率最有效的措施，也可提高经济性。

1. 提高柴油机有效功率 P_e 途径

根据柴油机有效功率的公式可以得出提高有效功率 P_e 途径：

(1)改变柴油机的结构参数 i、S、D、m。i 为柴油机气缸数，S 为活塞行程，D 为气缸直径，m 为每转工作冲程数。

(2)提高柴油机的转速 n 或活塞平均速度 C_m 。

(3)提高平均有效压力 p_e 。取决于循环喷油量和工作过程的完善程度。

2. 增压的类型

根据驱动增压器所用能量不同，增压可以分为三种形式：

(1)机械增压。柴油机曲轴通过齿轮带动鼓风机，消耗柴油机的功率，只适用于低增压柴油机。

(2)废气涡轮增压。由离心式压气机与同轴废气涡轮组成，不消耗柴油机功率，反而利用了废气能量，提高了经济性。

(3)复合增压。这种增压形式既采用废气涡轮增压，又采用机械增压。根据两种增压器的不同布置方案，可分为串联增压和并联增压。

按照增压压力 P_k 的高低，柴油机增压又可分为四级：

①低增压—— $P_k < 0.17 \times 10^3$ kPa；

②中增压—— $P_k < (0.17 \sim 0.25) \times 10^3$ kPa；

③高增压—— $P_k = (0.25 \sim 0.35) \times 10^3$ kPa；

④超高增压—— $P_k > 0.35 \times 10^3$ kPa。

3. 废气涡轮增压两种基本形式

根据对废气能量利用方式的不同，废气涡轮增压的基本形式有定压涡轮增压和脉冲涡轮增压。

1）定压涡轮增压

（1）结构特点

如图 3-15 所示为定压增压示意图，把柴油机的排气管连接在一根共用的容积足够大的排气总管上，涡轮就装在排气总管的后面，涡轮前排气管中的压力基本是恒定的。排气总管实际上成了一个集气箱，具有稳压作用。排气所具有的脉冲动能大部分由流过排气阀（口）处的节流作用和进入排气总管时的自由膨胀形成的涡动损失掉，这种能量损失将部分地提高排气温度。

（2）定压涡轮增压特点

①废气从排气口至废气涡轮的能量传递过程中能量损失较大，在废气涡轮中做功过程能量损失小。

②各缸排气管连接在一根共用的容积足够大的排气总管上，涡轮前排气管压力基本恒定。

③涡轮工作稳定，效率高，涡轮工作稳定可靠。

④低负荷或起动时必须另设辅助泵（大型机）。

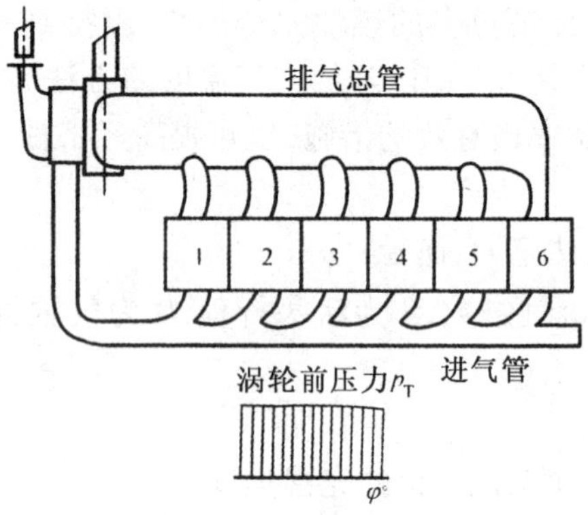

图 3-15　定压增压示意图

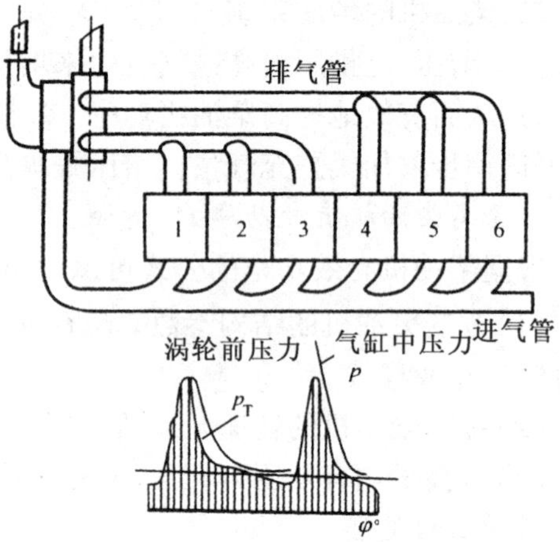

图 3-16　脉冲增压示意图

2）脉冲涡轮增压

（1）结构特点

如图 3-16 所示为脉冲增压示意图，把全机的排气管进行分组，排气管短而细，直接与一个废气涡轮相连。排气管中的压力是波动的。由于排气管容积小，排气初期冲入排气管中的流速大于从排气管流入涡轮的流速，排气管内压力迅速上升，使排气管内压力接近于气缸压力。随着废气从排气管不断地流入涡轮，排气管内的压力又随之下降，这样就形成脉冲压力波。由于脉冲的存在，有利于柴油机的扫气过程。

(2)脉冲涡轮增压特点

①排气管中压力是波动的。

②排气管分组,直接与一个或几个废气涡轮相连。

③排气管短而细,弯头少,可以减少容积流阻,提高进气压力和流速,除利用定压外,还能部分利用脉冲动能40% ~50% 。

④废气从排气口至增压器能量传递过程中,能量损失小,在废气涡轮中做功的损失大。

实现脉冲增压的关键在于如何有效利用脉冲动能,脉冲动能的利用和排气过程及排气管的容积等因素有关,要使排气脉冲压力波建立好,必须具备以下三个条件:

①排气过程中排气阀开启应尽可能快,以减少节流损失。

②排气压力建立后,紧接着排气管内的压力要下降得快,使活塞在排气冲程的背压小,并充分利用其排气能量。

③扫气期间,排气管内压力应尽可能地低,以利气缸扫气和降低热负荷。

(3)两种增压方式的比较

①废气能量利用方面

脉冲增压不但利用了废气的定压能,而且能够有效地利用废气的脉冲动能,脉冲动能中有40% ~50%可以得到利用。由于利用了排气的脉冲动能,使柴油机在部分负荷下的性能得到改善,加速性较好。采用脉冲增压的柴油机从废气中获得的能量较多,这是脉冲增压的主要优点。

定压增压只是利用了废气中的定压能,而废气的脉冲动能不能加以利用,因为这部分能量由于排气阀(口)的严重节流和在排气管中的膨胀与涡流而损失掉了,所以定压增压系统工作时的加速性能和低负荷性能较差。

②涡轮的工作性能

脉冲增压的涡轮在脉冲气流(压力和速度都是波动的)下工作,使得进入涡轮的气体对叶片产生冲击,增加了损失,涡轮的效率较低。

定压增压的排气总管内废气压力波动小,废气基本上是以不变的速度和压力进入涡轮,涡轮工作稳定,效率较高。

③增压系统的布置

脉冲增压要求排气管尽量短而细,光滑且弯头少,增压器应尽量靠近排气口处等,给系统的布置带来不便且排气管拆装检修也不方便。

定压增压排气总管布置比较简单,只须设置一根容积足够大的排气总管,增压器布置不受限制。

④管理要求

脉冲增压的增压器离排气阀(口)很近,涡轮上叶片易污损,活塞的碎片及燃气中的炭粒等容易损伤涡轮中的零件,且脉冲增压对气阀(口)正时和气口的清洁度较敏感,而定压增压则不敏感。

对于中、低增压柴油机,为了能更多地利用废气能量,所以采用脉冲增压。

对于高增压柴油机,因为脉冲增压在利用废气能量方面的优点不突出,而在结构布置、效率等方面缺点突出,所以采用定压增压。

4. 废气涡轮增压器结构与工作原理

废气涡轮增压器的结构形式繁多,图 3-17 为在船用柴油机中应用得比较多的瑞士 BBS 公司的 VTR 型增压器。共有四个产品系列,它能满足 200 ~ 37 000 kW 范围内柴油机的匹配要求。

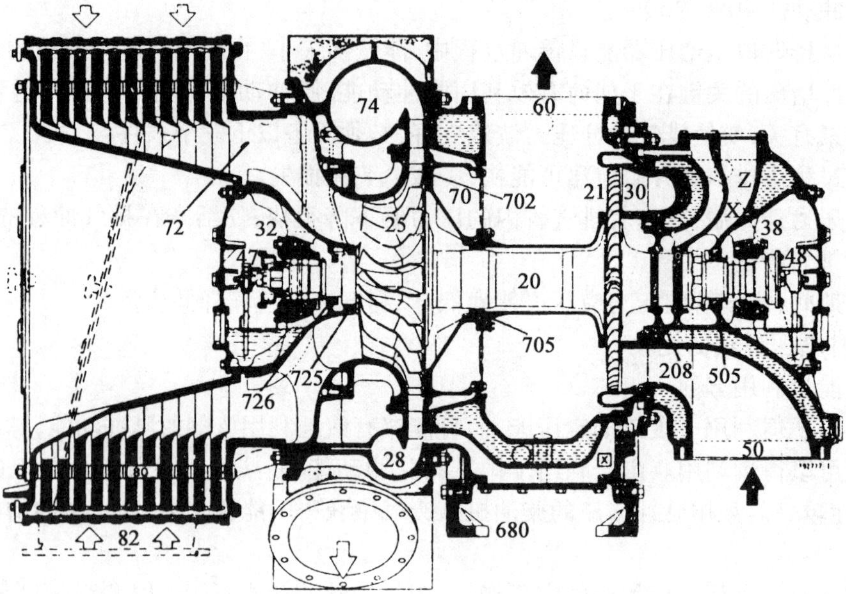

图 3-17　VTR 型增压器结构简图

(1)废气涡轮结构和工作原理

废气涡轮采用单级轴流式(小型机采用径流式)。如图 3-18 所示为轴流式废气涡轮简图,

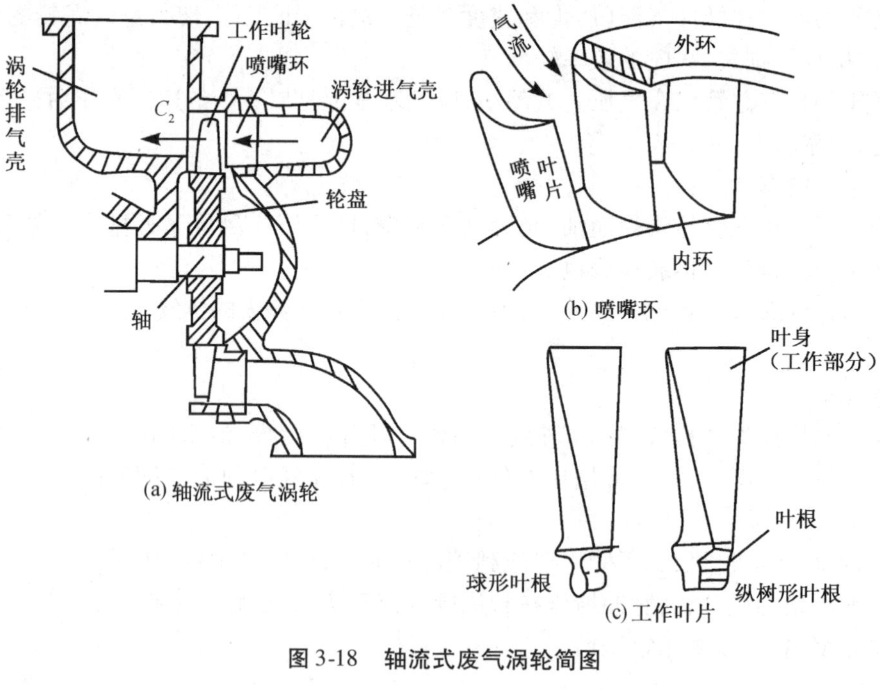

(a) 轴流式废气涡轮　(b) 喷嘴环　(c) 工作叶片

图 3-18　轴流式废气涡轮简图

废气涡轮通常由涡轮进气壳、喷嘴环(喷嘴内环、外环,喷嘴叶片形成的流道从进口到出口呈收缩状)、工作叶轮、涡轮排气壳组成。

如图3-19所示为废气涡轮工作原理图,具有一定压力和温度的气缸排气以一定的流速流入喷嘴,在喷嘴的收缩形流道中膨胀加速,压力和温度下降而流速增高,部分压力能转换为动能。从喷嘴出来的高速燃气进入叶轮叶片间的流道时,气流被迫转弯,由于离心力的作用,迫使气流压向叶片凹面而企图离开叶片凸面,使叶片凹凸面产生压力差,作用在所有叶片上的压力差合力对转轴产生一个冲击力矩,使叶轮沿该力矩的方向旋转。另外,叶轮叶片的通道也是收缩状的,燃气在其中继续膨胀。当气流在旋转的叶轮中流动时,因膨胀加速而给涡轮一个反作用力,使叶片得到一个反作用力矩,叶片旋转。气流的压力、温度和速度降低,燃气的热能和动能转换为叶轮的机械功。在冲击力矩和反动力矩两种力矩作用下回转的涡轮机称为反动力式废气涡轮增压机。

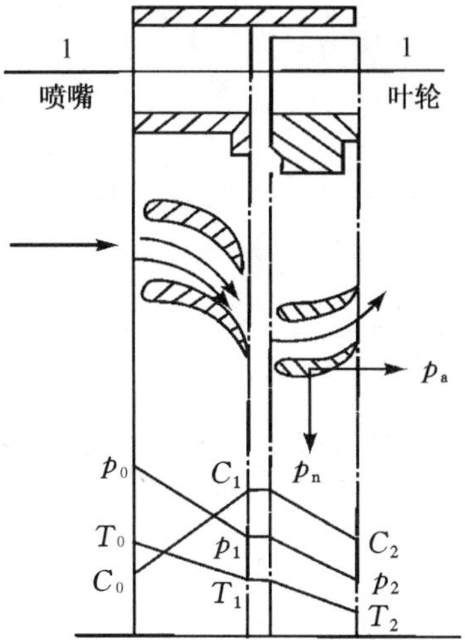

图3-19　废气涡轮工作原理

(2)压气机结构和工作原理

压气机采用单级离心式。由进气道(滤器、消音器)、工作叶轮(形成的流道呈扩张形)、扩压器、蜗壳(将空气动能转化为压力能)。如图3-20所示。

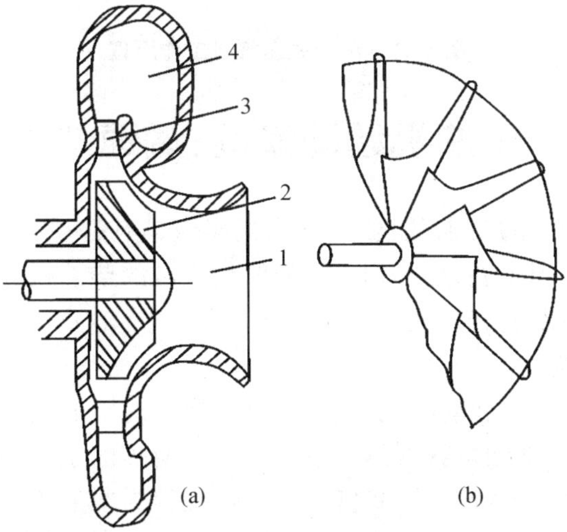

图3-20　离心式压气机简图

1—进气道;2—压气机工作叶轮;3—扩压器;4—蜗壳

工作叶轮是压气机的主要部件,由前弯的导风轮和半开式工作轮组成,两部分分别装在转轴上。在工作叶轮上径向布置直叶片,各叶片间形成气流通道。叶片式扩压器由叶片组成,其叶片间的气流通道呈现扩张形。一个工作叶轮与相邻的扩压器组成一个级。排气涡壳呈蜗牛状,其流道截面从小到大。

如图3-21所示为离心式压气机工作原理图,空气沿进气道进入工作叶轮的气流通道,在工作叶轮旋转时,空气因离心力而受到压缩,被抛向工作轮外缘(离心式),使空气的压力、温度和流速分别增加，空气流经扩压器由于扩压作用(因流道面积增大，气流速度下降而压力、温度上升)将空气的动能转换为压力能。在排气涡壳中，空气的动能继续转换为压力能。

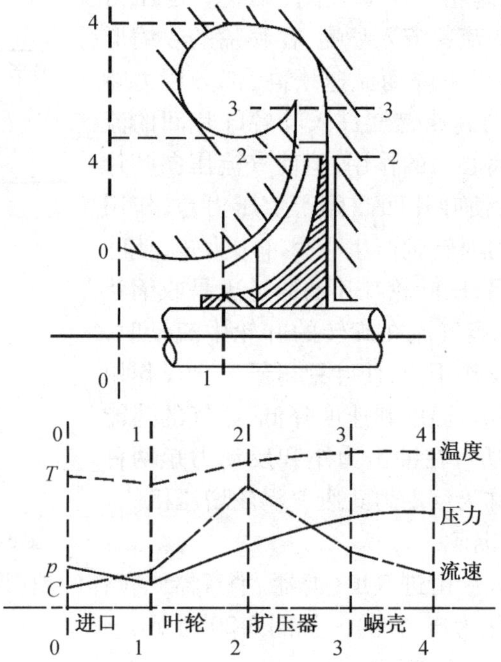

图 3-21　离心式压气机工作原理

第七节　柴油机起动换向、调速与操纵系统

为了满足船舶机动操纵的要求，船舶主柴油机应当具有起动、停车、定速、变速、超速、限速、超负荷、限制负荷和正倒车能力。为此，作为船舶主机的柴油机，必须设置起动换向、调速以及控制上述装置的操纵系统。

一、柴油机的起动系统

由于柴油机本身没有自行起动的能力，所以要使静止的柴油机转动起来必须借助于外力带动柴油机曲轴转动，创造柴油机获得第一个工作行程所需的条件，即完成进气、压缩、喷油、燃烧膨胀做功才能推动活塞自行运动的过程，这一过程称为柴油机的起动。为了保证柴油机起动，带动柴油机的外力还必须使柴油机达到一定的转速。因为气缸壁散热和活塞环漏气所以要求有一定的转速。通常称柴油机起动时能够保证柴油机各缸自行发火运转的最低转速为起动转速。保证柴油机各缸连续均匀发火，稳定运转的最低转速称为最低稳定转速。

1. 起动装置概述

1)影响起动转速的因素：

①柴油机的类型。②环境条件。③柴油机的技术状态。④燃油品质。

2)起动转速的范围：

高速机 80～150 r/min；中速机 60～70 r/min；低速机 25～30 r/min。

3)对起动装置的要求：

①保证柴油机能迅速可靠地起动。

②保证柴油机达到足够的起动转速。

③起动消耗的能量尽可能小。

④当曲轴处于任何位置和机舱温度最低达到5～8℃时，不需暖缸就能迅速可靠地起动。

4）起动阻力矩

柴油机起动时需要克服的阻力。

（1）运动部件的惯性阻力矩

主要取决于运动部件的惯性质量和拖动加速度，主要产生在刚刚开始的瞬间，继续拖动就消失。

（2）摩擦阻力矩

活塞与气缸套，主轴颈与主轴承的摩擦阻力是主要的，占起动摩擦阻力的60%以上，这项阻力主要取决于柴油机的结构尺寸（摩擦面积）、滑油黏度和起动转速等。

（3）初压缩阻力矩

主要取决于单缸工作容积和压缩比，可用减压起动的方法来消减。

2. 压缩空气起动装置的工作原理

1）压缩空气起动原理

利用一定压力（3 MPa）的压缩空气，按照起动顺序（或发火顺序）进入气缸（在做功冲程进入气缸），代替燃气膨胀做功，推动活塞下行，使柴油机运转起来，待转速达到起动转速后，喷入气缸的燃油自行燃烧，使柴油机进入自行运转状态。

2）压缩空气起动装置主要组成

空压机、起动空气瓶、主起动阀、空气分配器、气缸起动阀、起动控制阀。

3）保证压缩空气可靠起动条件

（1）压缩空气必须具有一定的压力和贮量。

压缩空气的压力和贮量要保证冷车连续起动12次以上，不可换向主机为6次。

（2）压缩空气要有一定的供气定时。

由于空气起动是以压缩空气代替燃烧膨胀冲程充入气缸，并推动活塞向下运动来完成起动的，理论上要求压缩空气在上止点之后充入气缸，在排气阀开启前结束供给，以保证最少的空气消耗量。

即供气定时要合适并有一定的供气持续时间。合适的供气定时应以既有利于起动又节省空气耗量为原则。理论上中、高速四冲程柴油机的气缸起动阀通常在上止点前5～10°曲轴转角开启，进气延续时间因受排气阀限制一般不超过140°。船用大型低速二冲程柴油机空气分配器在上止点前5°曲轴转角开始向气缸供气，进气延续角一般不大于120°曲轴转角。

（3）必须保证最少起动缸数。

四冲程机一般不少于6个；二冲程机一般不少于4个。

对船用柴油机来说，应保证曲轴在任何位置都能可靠地起动，若最少起动缸数少于上述数值时，则必须盘车，使某缸正好处在膨胀冲程开始后的某一时刻。

3. 压缩空气起动装置的主要设备

1）空气压缩机

空气压缩机的任务是向空气瓶中输送一定压力的空气。

起动空气瓶的容量必须能保证在不补充空气的情况下，能冷机倒顺车交替起动不少于12次（不可换向主机为6次）。主机用空气瓶至少需要2个，起动空气瓶的压力应保持为2.5～3.0 MPa。

2）气缸起动阀

气缸起动阀是控制气流进入和停止进入气缸的开关。

（1）气缸起动阀每缸1个，均装到气缸盖上，并与起动空气管连接，由空气分配器控制其开关，使起动空气按一定的顺序进入气缸起动柴油机。

（2）对气缸起动阀的起动和制动两方面的要求：

在起动方面，要求气缸起动阀开关迅速，但落座速度要慢些，以减轻阀盘与阀座之间的撞击。此外，当气缸发火后，即使有控制空气作用在起阀活塞上，也应保持关闭状态，防止燃气倒流进入空气管。

在制动方面，要求柴油机在制动时，若缸内气体压力稍高于起动空气压力，气缸起动阀应保持开启状态。

（3）气缸起动阀分类

①单气路式。开启依靠控制空气，关闭则依靠气阀弹簧的作用。

优点是起阀活塞（单级活塞）面积大，开关迅速，结构简单，起动空气耗量小。

缺点是开关迅速使阀盘和阀座撞击严重，磨损快，容易损坏，由于起阀活塞面积大，故在缸内压力超过起动空气压力时仍有可能开启而发生燃气倒冲，引起空气管爆炸事故。

②双气路式。属于平衡式起动阀，阶梯活塞由面积不等、呈阶梯状连成一体的控制活塞（分级活塞）组成，由空气分配器的两路控制气体分别控制阀的启闭。

利用阶梯活塞面积的突然增大速开，利用阶梯活塞面积突然减少速关，利用关阀时阀杆上活塞与阀体之间的空间形成的气垫，使阀落座速度慢。当缸内燃气压力高于起动空气压力时，利用阶梯活塞面积的突然增大强行开启。制动时，以小制大。双气路控制式气缸起动阀的优点是能兼顾起动与制动两方面的要求。

3）空气分配器

空气分配器装于凸轮轴上，由凸轮轴驱动。

空气分配器功用是按柴油机发火顺序，在规定的起动定时时刻依次将控制空气分配到相应的各个气缸起动阀并将它们打开，让压缩空气进入气缸从而起动柴油机。

空气分配器通常装于凸轮轴前端，由浮动联轴器传动。下面介绍两种常用的空气分配器。

①旋转式

利用由凸轮轴驱动的一个带孔的分配盘与分配器壳体上的孔（与气缸数目相同）配合，控制气缸起动阀的开启。多用于中、高速柴油机。

旋转分配盘式空气分配器，其滑阀轴由两个滚珠轴承支承，分配器体前端有六个孔（假设该柴油机起动气缸数为6），通过相应的管路与气缸起动阀相通，滑阀与滑阀轴通过可轴向滑动的花键连接，柴油机起动时，压缩空气从主起动阀进入分配器，部分气体从滑阀与轴承座间的缝隙中泄出产生节流现象，其结果使滑阀两端产生压力差并使滑阀紧紧地压合在该侧壁上，不致继续产生泄漏，此时滑阀槽与相应的起动缸的管路连通，同时其他各非起动缸的管路与滑阀端面泄压槽相通，并通入大气，保证非起动缸的气缸起动阀处于低压状态，并迅速关闭。起动结束时，主起动阀关闭，滑阀不受气压作用并在弹簧张力作用下沿轴向滑动，使分配器腔内的压缩空气从主起动阀泄压孔排入大气，又使滑阀脱离分配器体侧壁，减少不必要的磨损。

②往复柱塞式

通过起动凸轮和滑阀来控制气缸起动阀的开启。多用于大、中型柴油机。如图 3-22 所示为往复柱塞式空气分配器结构原理图。

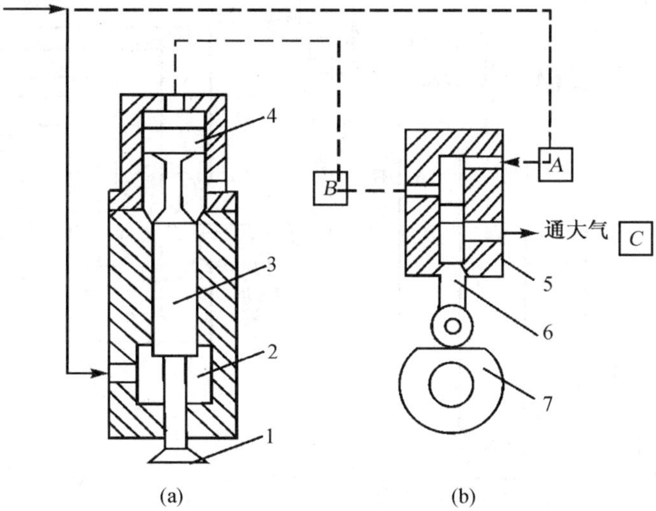

图 3-22　往复柱塞式空气分配器结构原理图

1—起动阀阀盘；2—进气阀；3—导杆；4—起阀活塞；5—分配器体；6—滑阀；7—凸轮

往复柱塞式空气分配器，其滑阀受控于起动定时凸轮，柴油机起动时，压缩空气从主起动阀进入空气分配器作用于滑阀的上表面，当该缸处于起动状态时，即起动凸轮处于基圆位置时。此压力克服弹簧的张力使滑阀向下运动，这时 A 孔与 B 孔连通，压缩空气通过分配器进入该缸气缸起动阀；当该缸处于非起动状态时，凸轮克服滑阀所受压力与弹簧张力共同作用，将滑阀顶起切断 A、B 孔的通路，同时 B、C 孔连通，对应缸的气缸起动阀腔内的压缩空气泄至大气，保证气缸起动阀迅速关闭。起动结束时，主起动阀关闭，滑阀不受压力作用在弹簧张力的作用下使滑阀抬起，并使 B 孔常通大气 C 孔，也使滑阀脱离凸轮轴，减少不必要的磨损。

往复柱塞式空气分配器可每个气缸各单独安装一个，用凸轮轴上起动定时凸轮控制，也可沿圆周均匀布置于同一平面，当中用一个凸轮控制，前者布置方式维护管理方便，可单独调整各缸的起动定时，后者布置结构紧凑，只需一个控制凸轮。

4）主起动阀

主起动阀位于空气瓶与起动空气总管之间。

（1）功用是压缩空气的总开关，用来启闭空气瓶到空气分配器和气缸起动阀间的主空气通路。

（2）要求是起动时能满足所需空气的流量并能减少节流损失，起动完后能迅速切断空气总管的压缩空气并使起动总管中的空气经主起动阀放入大气。

4. 压缩空气起动系统实例

压缩空气起动装置按照气缸起动阀开启的方式不同，可分为直接控制式压缩空气起动装置和间接控制式压缩空气起动装置。

(1)直接控制式压缩空气起动装置

如图3-23所示为直接控制式压缩空气起动系统原理图。起动时,操纵手柄压下起动控制阀,来自空气瓶内的高压空气通过起动控制阀使主起动阀开启,并使高压空气通过主起动阀全部进入空气分配器,空气分配器是按照柴油机的发火顺序受控于起动定时凸轮轮流开启各支路的。因此从空气总管来的压缩空气也按照该发火顺序轮流进入各支管,并以其压力顶开气缸起动阀,在该缸处于燃烧膨胀冲程时冲入气缸内,推动活塞向下运动,驱使曲轴旋转进行起动,当空气分配器停止对某缸的供气时,该缸的气缸起动阀藉弹簧张力重新关闭。起动结束时,可放开操纵手柄,这时起动控制阀控制主起动阀关闭,管路内没有高压空气的输送,各缸气缸起动阀同时关闭。

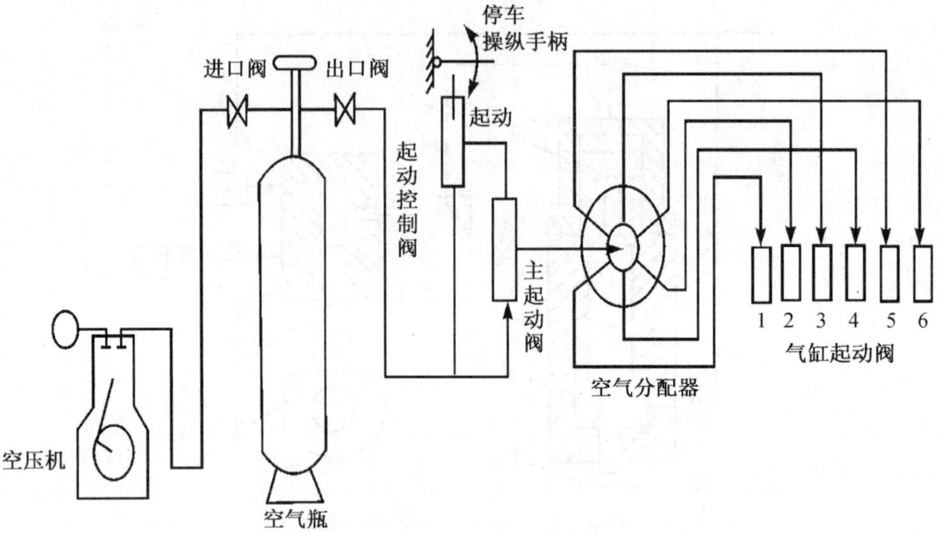

图3-23　直接控制式压缩空气起动系统原理图

直接控制式压缩空气起动装置缺点:由于所有起动空气全部经过空气分配器,使空气分配器的尺寸较大,同时经过空气分配器的空气也会产生较大的节流损失,即有一定的能量损失。

(2)间接控制式压缩空气起动装置

如图3-24所示为间接控制式压缩空气起动系统原理图。起动时,操纵手柄压下起动控制阀,来自空气瓶内的高压空气通过起动控制阀使主起动阀开启,这样使一部分高压空气通过主起动阀被引导至空气分配器,此路空气称为控制空气。另一部分高压空气则直接由空气总管引导至气缸起动阀,此路空气称为起动空气。起动空气通过空气总管直接通至各气缸起动阀,并以高压状态等待气缸起动阀的开启,以进入气缸,气缸起动阀的启闭,受控于来自空气分配器的控制空气,由于控制空气只以其压力变化,按发火顺序轮流开启气缸起动阀而不进入气缸,大量的起动空气通过空气总管流入气缸,所以空气分配器的尺寸可以做得很小,同时避免了大量的节流损失的产生。间接控制式压缩空气起动装置广泛应用于大、中型船舶柴油机的起动装置中。

5. 压缩空气起动装置的维护管理

(1)经常检查系统中的部件,如对各阀件的定期保养、清洁、润滑。因起动空气中含有水分,部件容易锈蚀卡住。检查时要注意各部件动作是否灵活,是否气密。

(2)平时要定时泄放空气瓶中的残水。

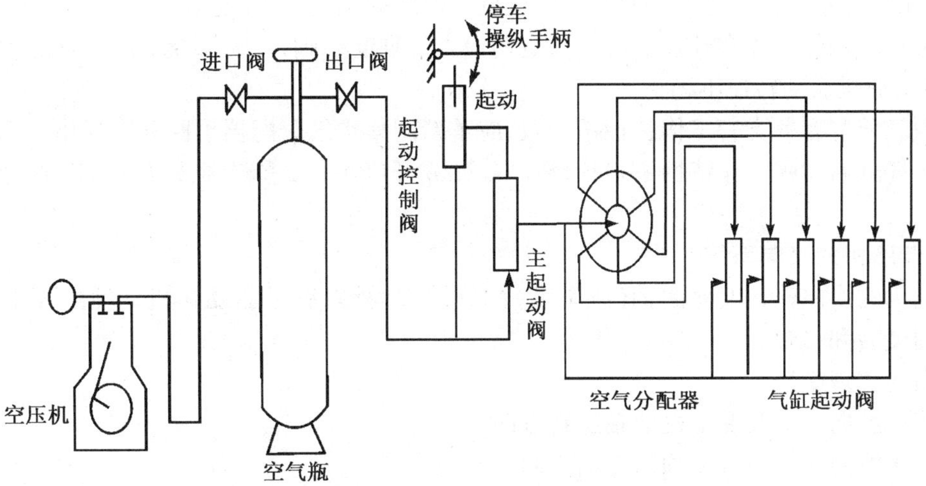

图 3-24　间接控制式压缩空气起动系统原理图

(3)检修阀件时一定要关断气源,以免发生事故。

(4)注意气缸起动阀的检查,保证气密,防止燃气倒流。

(5)经过拆装和研磨的部件要校对调整相关的间隙。

6. 压缩空气起动装置的常见故障及排除

柴油机起动装置是柴油机的重要系统之一,特别在应急状态下须多次反复的起动,应保持有良好的工作状态,由于柴油机工作时起动装置处于非工作状态,其维护、保养工作常常被忽视,引起一系列故障。引起故障的基本原因是空气流过各阀件时产生的冲刷作用,使各阀件滑油减少,润滑不良,同时空气中含有的水分也容易使各阀件锈蚀,卡紧咬死,经常注意各部件的润滑和定期泄放装置中的污水、污油,将大大减少起动装置的维护、保养工作量。

(1)柴油机不能起动

起动手柄推至起动位置,柴油机没有转动。

①盘车机未脱开或盘车机连锁阀尚在关闭位置,脱开盘车机即可。

②空气瓶出口阀或主停气阀开度不足,检查各阀,保证全开。

③起动空气压力不足,应向空气瓶充气。

④起动空气管系脏堵,应清洁管系内壁,排放残水和锈渣。

⑤主起动阀卡死,换用手动或用专用扳手将阀撬起,必要时拆检。

⑥起动控制阀咬死或磨损变短,可清洗或换新。

⑦空气分配器柱塞咬死和磨损漏气或正时不对,查明原因排除。

⑧各气缸起动阀动作不一致或不灵活或严重漏气,可用专用扳手将阀压开或更换阀芯。

(2)起动时曲轴转动但达不到发火所需的转速

①起动空气压力太低,应及时向空气瓶充气。

②柴油机暖缸不足,滑油黏度太大,应加强暖缸。

③起动时操纵过快,重新起动。

④个别气缸起动阀或空气分配器咬死或动作不灵活,应拆检清洗。

(3)某缸起动支管发热

①气缸起动阀烧损、磨损、关闭不严，应拆下研磨起动阀，或予更新。

②气缸起动阀卡死常开，燃气回流，定期检查气缸起动阀，及时调换故障气缸起动阀。

(4)柴油机启动转速不稳

①空气分配器各支管工作特性不一致，应重新调整空气分配器滑阀开度等相关部分。

②各气缸启动阀工作特性不一致，滑阀咬死或开度不一，重新调整气缸启动阀，恢复正常状态。

二、柴油机的换向系统

柴油机的换向就是改变曲轴(或尾轴)的旋转方向，以满足船舶对机动性的要求，保证船舶操纵的灵活和安全。

换向的实现途径：

①直接换向——改变主机曲轴旋转方向。

②间接换向——通过倒顺齿轮箱换向。

③变距桨换向——尾轴转向不变，只改变螺旋桨的螺距角方向。

④Z型换向——通过伞型齿轮变换推力方向，而且可以代替舵机作用。

由于间接换向的主要装置——齿轮箱的结构与工作原理属于轮机管理的范畴，本章节仅探讨柴油机的直接换向方案的工作原理。

1.换向原理和方法

根据航行要求，如果船舶要从前进变为后退(或相反)，一般是靠改变螺旋桨的旋转方向(称直接换向)，或者保持螺旋桨转向不变而改变螺旋桨桨叶的螺距角使推力方向改变(称变距桨换向)来实现的。目前多数船舶使用第一种方法实现换向，即船舶的进退依靠螺旋桨旋转方向的改变。而改变螺旋桨转向的方法除了少数间接传动采用倒顺车离合器外，一般都是改变柴油机的转向，因此，要求船舶主柴油机具有换向性能。柴油机换向就是改变柴油机曲轴的旋转方向。

我们知道，柴油机只有按照规定的进、排气和喷油定时以及发火顺序工作，才能够以恒定的方向连续运转。要使柴油机换向，首先应停车，然后将柴油机反向起动起来，最后使柴油机按反转方向运转起来。要满足反向起动和反向运转的要求，必须改变起动定时、喷油定时和配气定时，使之与正转时有相同的规律。由于上述定时均由有关凸轮控制，所以柴油机的换向问题就是如何改变空气分配器、喷油泵和进、排气凸轮与曲轴相对位置的问题。改变柴油机的旋转方向而设置的改变各种凸轮相对于曲轴位置的机构称为换向机构。

换向时需要改变其凸轮与曲轴相对位置的设备随机型不同而异。如二冲程弯流扫气柴油机只有空气分配器和燃油凸轮需要换向，二冲程直流扫气柴油机又增加了排气凸轮的换向，而四冲程柴油机则包括了空气分配器、喷油泵和进、排气阀的控制凸轮。由于所需换向的设备不同，其相应的换向机构也不相同。即使所需换向的设备完全相同，也还存在着不同的换向类型。

尽管换向装置种类繁多，但对换向装置的基本要求大体相同，主要有：

(1)应能准确、迅速地改变各种换向设备的定时关系，保证正、倒车的定时相同。

(2)换向装置与起动、供油装置间应有必要的连锁机构以保证柴油机运转安全。

(3)需要设置防止柴油机在运转过程中各凸轮定时相对曲轴发生变化的锁紧装置。

(4)换向过程所需时间必须满足船规的要求(15 s)。

2. 双凸轮换向原理及换向过程

双凸轮换向的特点是对需要进行换向的设备包括空气分配器、喷油泵、气阀等均配置两套凸轮。一套供正车时使用，一套供倒车时使用。正车时正车凸轮处于工作位置，倒车时轴向移动凸轮轴使倒车凸轮处于工作位置。这样便可使柴油机各缸的有关定时和发火次序符合倒车运转的需要。

双凸轮换向的原理以二冲程直流扫气柴油机为例来说明。如图 3-25 所示，图中实线表示正车凸轮，虚线表示倒车凸轮，正、倒车凸轮对称于曲柄上、下止点位置的纵轴线 Ob。当柴油机正转时，正车凸轮顺时针转动。如果凸轮的升起点 a 为供油始点，图示位置曲柄正处于上止点，则供油始点 a 已转过上止点 11°，即喷油泵正车凸轮相对于曲柄的提前角为 11°。此后气缸内处于燃油发火燃烧和膨胀行程，直至曲柄按正车方向转到上止点后 104°，即下止点前 76° 时，正车排气凸轮也转过 104°曲轴转角，开始顶起排气阀，排气过程开始。

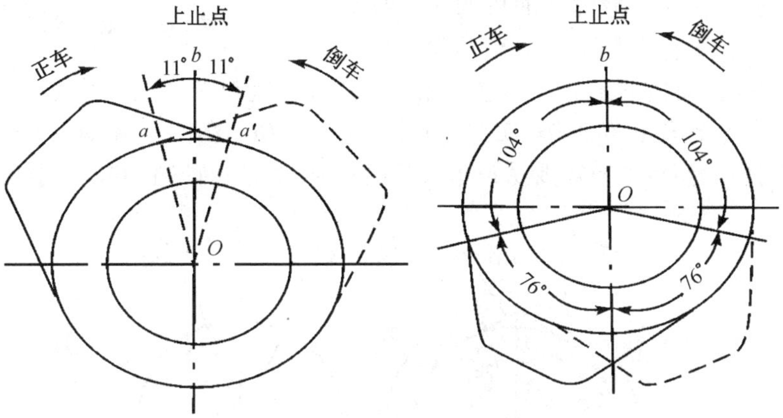

图 3-25　双凸轮换向原理

当柴油机换向后从图示位置倒转时，喷油泵和排气阀改由倒车凸轮驱动（如虚线所示）。这时倒车凸轮按逆时针方向转动，同样保证供油提前角为 11°（即供油始点为 a′），并在下止点前 76°使排气阀开启。

图中未表示出空气分配器凸轮，其正、倒车凸轮的布置原则与喷油泵凸轮相同。对于多缸柴油机，换向后倒转的起动顺序和发火顺序与正转的起动顺序和发火顺序相反。例如，某二冲程六缸柴油机的正车发火顺序为 1—6—2—4—3—5，倒车发火顺序为 1—5—3—4—2—6。双凸轮换向装置根据移动凸轮轴所用的能量和方法不同而有不同的构造形式。一般有机械液压式和气压式。图 3-26 所示换向装置为气力—液压式，这也是船用主机（MAN 型柴油机）所采用换向装置。图中所示为倒车位置。进行由倒车到正车的换向操作时，利用换向杆使换向阀开启，压缩空气进入正车油瓶，倒车油瓶中的气体经换向阀泄入大气。在压缩空气的作用下，正车油瓶中的滑油被压入油缸活塞的右侧，推动活塞带动凸轮轴向左移动，与此同时，油缸活塞左侧的油被活塞压入倒车油瓶。当活塞移到左侧极限位置时，各正车凸轮正好处于相应的从动件下面，换向过程结束。

3. 单凸轮换向原理及装置

单凸轮换向的特点是每个需要进行换向操作的设备（如喷油泵、空气分配器、排气阀等）都各自由一个轮廓对称的凸轮来控制，正、倒车兼用。换向时不是轴向移动凸轮轴，而是将凸轮轴相对曲轴转过一个角度。柴油机换向时为改变定时而使凸轮轴相对本缸曲轴转过一个角度的动作称为凸轮的换向差动,相应的角度为换向差动角。差动方向如果与换向后的新转向相同,称之为超前差动;差动方向如果与换向后的新转向相反,则称之为滞后差动。单凸轮换向装置所使用的凸轮线型有两种:一般线型和鸡心形线型。前者适用于各种柴油机的凸轮,后者仅适于直流阀式换气的喷油泵凸轮。其工作原理如下:

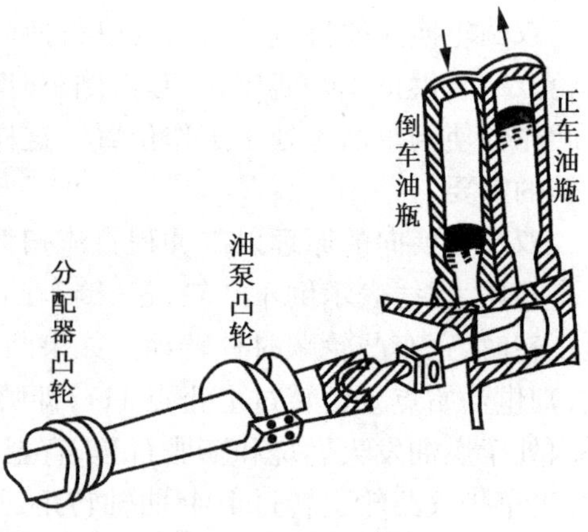

图 3-26 双凸轮换向装置

1)一般线型的单凸轮换向原理

一般线型的单凸轮换向原理可用图 3-27 来说明。图中(a)所示为一个二冲程柴油机的喷油泵凸轮,凸轮的作用角为 2φ,它是一个对称凸轮。OO'、OO_1、OO_2 分别为本缸曲柄的上止点位置线和凸轮在正、倒车位置时的中心线。如图示位置时,曲柄处于上止点,凸轮正车工作(实线),凸轮中心线 OO_1 落后于曲柄一个角度 $\alpha_s = \varphi - \beta$,$\beta$ 为供油提前角。当柴油机需要从正车换为倒车时,为了保证喷油泵有同样的供油提前角

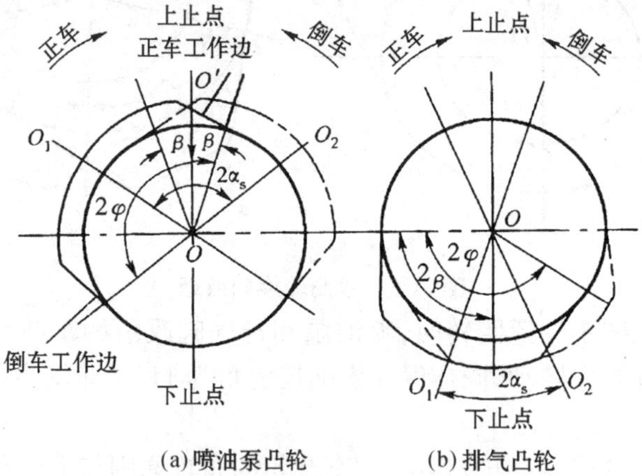

图 3-27 一般线型单凸轮换向原理

β,凸轮必须转过一个角度 $2\alpha_s$,$2\alpha_s = 2\varphi - 2\beta$。此时凸轮中心线由 OO_1 转至 OO_2,点画线轮廓所示凸轮。在本例中,正车转向为顺时针,倒车转向为逆时针,由正车换为倒车时的差动方向为顺时针。因此,相对于换向后的新转向(倒车)为滞后差动。如果由倒车换为正车,应向反向差动(逆时针)$2\alpha_s$,但对换向后的新转向(正车顺时针)而言,仍为滞后差动。

图(b)所示为一个二冲程直流阀式柴油机的排气凸轮。显然,当由正车换为倒车时,凸轮的差动方向为逆时针,即对换向后的新转向(倒车逆时针)而言为超前差动;反之亦然。由于换向时燃油凸轮和排气凸轮的差动方向相反,差动角也不同,因此采用一般线型的单凸轮换向方案,仅就喷油泵和排气阀的控制而言,两者无法同轴差动,只能分别装在两根凸轮轴上进行双轴单凸轮差动换向,致使柴油机的结构复杂化。

为了简化柴油机的结构,应使两组凸轮能在同一根轴上实现差动换向,必须满足下列三个

条件：

(1)两组凸轮的差动方向相同。

(2)两组凸轮的差动角相等。

(3)差动前后同名凸轮的正、倒车定时相同或基本相同。

为满足上述要求，以一种特殊形状的鸡心凸轮代替一般形状的喷油泵凸轮。

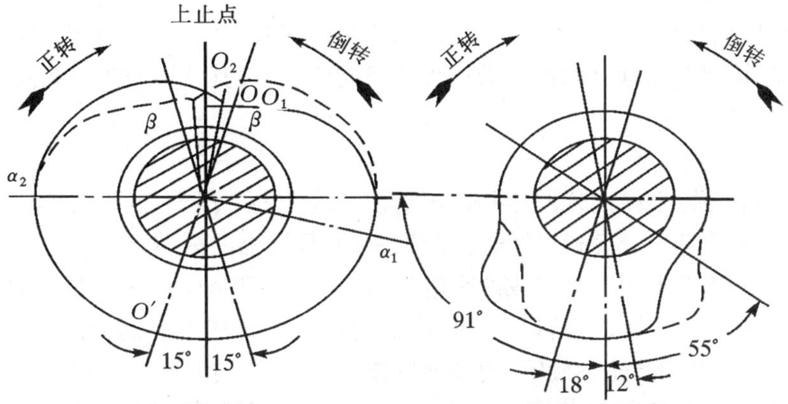

图 3-28　鸡心凸轮的换向差动原理

2)鸡心凸轮的换向差动原理

鸡心凸轮的换向差动原理如图 3-28 所示。图中(a)为喷油泵凸轮，其外廓为鸡心状；(b)是排气阀凸轮，为一般线型凸轮。两凸轮安装在同一根轴上。实线为两凸轮的正车位置，虚线为两凸轮的倒车位置。鸡心凸轮对称于 OO'线。凸轮基圆处 O_1 O_2 的半径最小，从 O_1、O_2 点向两侧伸展的外廓按相同的规律变化，到 a_1、a_2 点处半径最大并与顶圆相衔接。

正车运行时(顺时针方向转动)，a_1-O_1 为喷油泵的吸油段；O_2-a_2 为喷油泵的泵油段，供油提前角为 β。倒车运行时，吸油段和泵油段正好相反。在图 3-28(a)所示的情况下，鸡心凸轮的对称线 OO'相对于该缸曲柄上止点的夹角为 15°。当由正车改为倒车时，只要把鸡心凸轮朝倒车方向(逆时针)转过 30°的差动角到达虚线所示的位置，就可得到倒车时所要求的供油定时。差动方向对新转向(倒车、逆时针)而言为超前差动。这样，喷油泵凸轮的差动方向和排气阀凸轮的差动方向一致，满足了单轴单凸轮差动换向的第一个条件。从图 3-28(b)来看，正车时排气阀在下止点前 91°开启，在下止点后 55°关闭，排气凸轮的作用角为 146°，排气凸轮的对称线与本缸曲柄的下止点夹角为 18°。由正车改为倒车时，若要保证正、倒车有相同的定时，换向时必须差动 36°(超前差动)，和喷油泵凸轮的差动角不一致。根据上述第二个条件，排气凸轮也只能差动 30°。这样，倒车时排气阀在下止点前 85°开启，下止点后 61°排气结束。从中可以看出，虽然排气凸轮的正、倒车定时相差 6°。但排气相位角未变(146°)，基本能够满足倒车工作的要求，也基本满足了第三个条件。由此，解决了差动方向和差动角度的矛盾，从而可实现喷油泵凸轮和排气阀凸轮装在一根轴上的单轴换向差动。

单凸轮换向需要在换向时改变凸轮轴相对于曲轴的位置，而实现这种差动的方法大体有以下四种：

第一种：曲轴不动，通过换向装置使凸轮轴相对于曲轴转过一个差动角，一般为滞后差动。

第二种：凸轮轴不动，先进行空气分配器换向操作，在进行反方向起动使曲轴反向回转之初，曲轴相对凸轮轴转过一个差动角之后才带动凸轮轴一起转动，此种方法为滞后差动。

第三种：先进行空气分配器换向操作，在进行反向起动之初，通过差动机构使凸轮轴与曲轴二者之间有一定的转速差，待完成差动角后，再进入同步转动，此种方法一般为超前差动。

第四种：曲轴与凸轮轴均不动，通过改变喷油泵滚轮在凸轮轴上的倾斜方向完成换向差动（其实质仍为超前差动）。

3）单凸轮换向装置

用于完成凸轮轴与曲轴之间的差动过程的换向装置，按其使用的工质和能量不同，可分为以下几种。

（1）液压差动换向装置

该装置采用液压差动换向伺服器并使用滑油系统中的中压滑油（0.6 MPa）作为工质实现差动换向动作。伺服器的外壳通过链轮由曲轴驱动；伺服器的内腔有一转板，它用键固定在凸轮轴上。转板把伺服器的内腔分隔成两个空间（正车空间和倒车空间），它们各自经油路与换向阀的有关油管相通。正车时，转板顶在伺服器内两个对称布置的扇形凸块上。此时曲轴通过链条、链轮和转板带动凸轮轴旋转，使柴油机按正车运行。换向时，曲轴不动，操作换向阀改变正、倒车空间的进、排油方向，使倒车空间进油，正车空间释放油压泄至油底壳，转板在滑油压力作用下相对曲轴转过一个差动角，并带动凸轮轴从正车位置转至倒车位置，完成换向动作。这种装置使用在 SULZER RD、RND、RND-M 型柴油机上，为滞后差动。

RTA 型柴油机采用了一种新型的液压差动方式。该柴油机每段凸轮轴都装配有一个换向伺服器，其凸轮固定在换向伺服器的外缘，每个伺服器上装有两个燃油凸轮。凸轮轴与伺服器不是刚性连接。而是通过凸轮轴上的两个转翼带动换向伺服器及外缘上的凸轮按规定方向转动。换向时凸轮轴和曲轴都不动，而是在控制油的作用下，换向伺服器及外缘上的凸轮绕凸轮轴在两个转翼之间转动一个差动角来完成换向动作。液压伺服器使用十字头滑油泵提供的 1.6 MPa 液压油。

（2）气动机械差动换向装置

气动机械差动换向装置是以压缩空气为动力采用空气缸轴向拉动花键轴，使凸轮轴完成差动动作。正常运转时，空气缸被定压空气持续固定在正车位置或倒车位置，曲轴由链轮并通过花键轴、推力法兰等带动凸轮轴按一定方向转动。换向时，在控制空气缸内两侧压缩空气的作用下，空气缸活塞带动花键轴轴向移动。因为花键轴上的螺旋花键是左、右螺旋彼此相反，通过推力法兰带动凸轮轴相对于曲轴产生周向差动（为超前差动），完成换向动作。

近年来，MAN/B&W 公司采用了一种更加简易而新颖的气动机械换向装置。换向时曲轴与凸轮轴均无差动动作，而通过改变每缸喷油泵传动机构中的滚轮在凸轮轴上的角度位置完成换向动作，如图 3-29 所示。图示位置为正车位置，换向时使用压缩空气拉动滚轮连杆的顶头，使滚轮连杆的倾斜方向发生变化，即改变滚轮与凸轮的相对位置，从而完成超前差动换向动作。

4. 换向装置的常见故障及排除

换向装置的常见故障主要是柴油机不能换向，即换向手柄（轮）已从正车位置移至倒车位置（或相反），但柴油机未能换向或未能开出倒车（或由倒车换成正车）。此时，应根据柴油机换向装置的特点以及船舶所处的工作条件综合分析。一般讲其主要原因有以下两点：

1)换向装置自身故障

(1)有关阀件咬死。

(2)液压换向伺服器故障:如油管堵塞、漏泄,检修时控制油管装错使伺服器转板无法正常转动,或伺服器转板在某极端位置咬死或不能到达另一极端位置。

(3)拉动喷油泵滚轮连杆的拉杆螺栓松脱(MAN/B&W SMC/MCE 机)使个别缸喷油泵无法完成换向动作。此时其他已换向完毕的气缸仍可使柴油机按换向要求运转,而该缸自动断油空转。

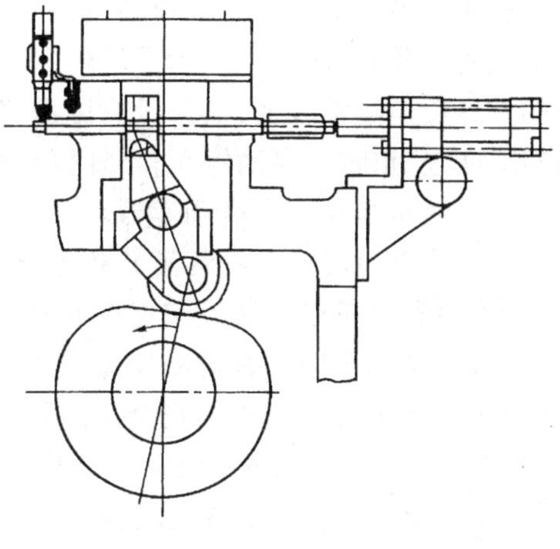

图 3-29　MAN/B&W 新型换向装置

(4)空气分配器不能换向。

(5)双凸轮换向装置中的"气力—液压式"换向装置的有关控制部件漏气、漏油,使凸轮轴无法轴向移动。

2)操作不当

(1)换向手柄虽已到位,但操作过快,凸轮轴尚未换向完毕就急于起动,致使换向失败。

(2)换向手柄虽已到位,但由于水流作用使螺旋桨仍按原转向以较高转速转动。此时若急于反向起动,易造成换向失败。

(3)在紧急刹车时,过于性急,当主机转速未有较大降低时,就强制制动,因时机不当而使换向失败。

三、柴油机的调速系统

为使柴油机能在规定转速下稳定地运转,必须装有调节转速的装置——调速器。通过它可以自动地改变柴油机喷油泵的喷油量,以适应阻力矩的变化。柴油机的不同转速是通过改变每一循环的喷油量来获得的。改变柴油机的油量调节机构,使其转速调节到规定的转速范围内称为柴油机的调速。能够根据柴油机负荷的大小自动调节供油量,使其转速维持在规定范围的装置称为调速器。在一定的外界负荷条件下,若供给柴油机一定的燃油量,使柴油机的功率与外界负荷相平衡,柴油机就能在某一转速下稳定地运转。

(一)柴油机的调速

船舶推进主机和发电柴油机的运转条件不同,当外界负荷变化时,其自身的适应能力也不同,因而对调速的要求也不同。

船舶推进主机要求具有自动调节转速以适应外界负荷变动的能力,即能在外界负荷变化时转速跟着变化或保持一定的转速,以及在外界负荷变化时,柴油机的转速变化能控制一定的范围内,以保证柴油机正常运转。对船舶主机,当外界负荷减少,而喷油量不变时,柴油机就会增速,使螺旋桨的耗功增加,因此可以在稍高于原转速的情况下重新达到功率平衡;反之,如柴油机负荷增加,柴油机就会减速,柴油机会在稍低于原转速的情况重新达到一个新的平衡状态。但是,当船舶在大风浪中航行或发生纵向摇摆而可能发生螺旋桨突然露出水面的情况,相当于柴油机的负荷突然全部卸去,如果不及时减小油门降低供油量,柴油机所发出的功率会大大超过螺旋桨能吸收的功率,使柴油机的转速远远超过其额定转速而发生"飞车"事故,使柴油机面临严重损坏的危险。根据船舶主机的工作特点,按我国有关规定主机必须装设极限调速器,使主机转速不超过115%标定转速。

而船舶发电机要求在外界负荷(即用电量)变化时对保持恒定的转速有严格的要求,以保证发电机的电压和频率恒定,满足供电和并车的需要。由于外界的用电量是经常变化的,即柴油机的外界负荷经常改变,如果没有调速器就会发生当外界负荷突然增加时,柴油机的转速就会突然降低,严重时会自动停车;当外界负荷突然减少时,柴油机就会发生“飞车”危险。所以船用发电柴油机必须装定速调速器。

1. 调速装置和超速保护装置的必要性

(1)发电柴油机必须装设定速调速器,保证负荷变化时柴油机转速基本不变。

(2)推进柴油机应具有自动调节转速以适应外界负荷变化的能力。

(3)为保证推进柴油机的安全,必须装设极限调速器,使主机转速不超过115%标定转速。

(4)对长期航行的船舶,为避免海况对主机转速的影响,保证柴油机可靠运转,应装设全制式调速器,能在柴油机正常运转范围的任一选定转速下,随外界负荷的变化自动调节喷油量,使柴油机在该转速下稳定运转。

2. 调速器的类型和超速保护装置

1)调速器按转速调节范围分类

(1)极限调速器

又称限速器。只用于限制柴油机的最高转速,防止柴油机的转速超出安全范围,而转速低于此安全值时则不起调节作用的调速器。这种调速器仅用于船舶主机,目前已经很少使用。船舶主机所装极限调速器的限制转速是115%额定转速。

(2)定速调速器

又称为单制式调速器。在负荷变化时能使柴油机的转速保持在规定转速范围内稳定运转的调速器,应用于要求转速固定不变的船用发电机组,同时为满足多台发电机的并联运行的要求,此调速器应有一定调节范围,一般为±10%标定转速。

(3)全制式调速器

在柴油机最高到最低转速范围内,即全工况范围内的任意选定转速下,都能自动调节喷油量,保持调定的转速不变。用于船舶主机和柴油发电机组。

(4)双制式调速器

有最高和最低两个转速控制点,能改善柴油机怠速工况的稳定性和限制最高转速,其中间转速由人工直接控制。用于对低速性能要求较高或带有离合器的船舶主机。

2)调速器按执行机构的结构原理分类

(1)机械离心式直接作用式调速器

直接利用飞重产生的离心力去移动油量调节机构来调节转速,不能实现恒速调节。

(2)液压间接作用式调速器

通过液压伺服器将飞重产生的离心力加以放大,使用放大后的动力去移动油量调节机构。

3)超速保护装置

按我国有关规定,凡标定功率大于220 kW的船用主机和船用柴油发电机组应分别装设超速保护装置,以防止主机超过120%额定转速,柴油发电机超过115%额定转速。

超速保护装置本身无调速特性,在柴油机正常转速范围内不起作用,仅当超速时迫使柴油机降速或停车。

3. 调速器的性能指标

1）动态指标

（1）突减负荷瞬时调速率

标定工况时突减负荷时最高瞬时转速与标定转速之差与标定转速比值的百分数，通常柴油发电机组要求不大于10%。

（2）突加负荷瞬时调速率

标定工况时突加负荷时最低瞬时转速与标定转速之差绝对值与标定转速比值的百分数。

（3）转速稳定时间

突加或突减全负荷时所需的转速稳定时间。船用柴油发电机要求不大于5 s。对于主柴油机不大于5～10 s。

2）静态指标

（1）稳定调速率

根据标定工况下，突卸全部负载求得，用来衡量调速器的准确性。调速器标定工况稳定调速率是指当操纵手柄在标定供油位置不变时，最高空载转速与标定转速之差与标定转速的比值的百分数。

单台柴油发电机稳定调速率允许为零，表示转速不随负荷变化而保持恒速。几台柴油发电机并联工作时，各台柴油机之间的稳定调速率必须相等且不为零。船用柴油发电机稳定调速率应不超过5%。船用主柴油机的稳定调速率不超过10%。

（2）转速波动率或转速变化率

表征稳定运转时转速变化的程度。

①转速波动率

稳定运转时，最高或最低转速与平均转速之差与平均转速比值的百分数。

②转速变化率

稳定运转时，最高与最低转速之差与平均转速比值的百分数。

③平均转速

稳定运转时，平均转速＝（最高转速＋最低转速）/2。

（3）不灵敏度 ε

一定工况下稳定运转时，由于调速机构中存在间隙、摩擦力和阻力，使同一负载下的转速稍有变化而调速器不能立即改变喷油量。直到变化量足够大时，调速器才起作用。

$$\varepsilon = \frac{(n_2 - n_1)}{n_m} \times 100\%$$

式中，n_1 ——柴油机转速减少时，调速器开始起作用的转速；

n_2 ——柴油机转速增加时，调速器开始起作用的转速；

n_m ——平均转速，为 $(n_2 + n_1)/2$。

不灵敏度过大会引起柴油机转速不稳定，严重时有产生飞车的危险，一般规定：在标定转速时 $\varepsilon \leqslant 1.5\% \sim 2\%$；在最低转速时 $\varepsilon \leqslant 10\% \sim 13\%$。

（二）调速器的结构、特点及工作原理

1. 机械离心式调速器

机械离心式调速器如图3-30和3-31所示，主要由离心飞块、调速弹簧、调速杠杆、滑套、输出轴及调速手柄等部件组成。

当柴油机稳定工作时，调速弹簧预紧力始终和飞块旋转产生的离心力通过滚轮和调速杠杆所平衡，此时输出轴带动油泵齿条处于一定的位置保持不变，即保持一定的供油量和一定的转速，这就是柴油机的设定转速。

当柴油机转速由于负荷减小而超过规定值时，飞块的离心力增大，上述平衡状态被破坏，飞块通过伸缩轴克服调速弹簧张力推动调速杠杆向右移动，从而带动输出轴右移，产生一减油的动作，使转速恢复，达到新的平衡，在新平衡点上，柴油机的转速略高于设定转速。同理，当柴油机的转速由于负荷增加而低于规定值时，飞块的离心力减小，平衡同样被破坏，调速弹簧的作用使调速杠杆同时带动输出轴左移，产生一加油的动作，使转速恢复，达到新的平衡，在新平衡点上，柴油机的转速略低于设定转速。影响机械式调速器稳定调速率的是调速器弹簧刚度。

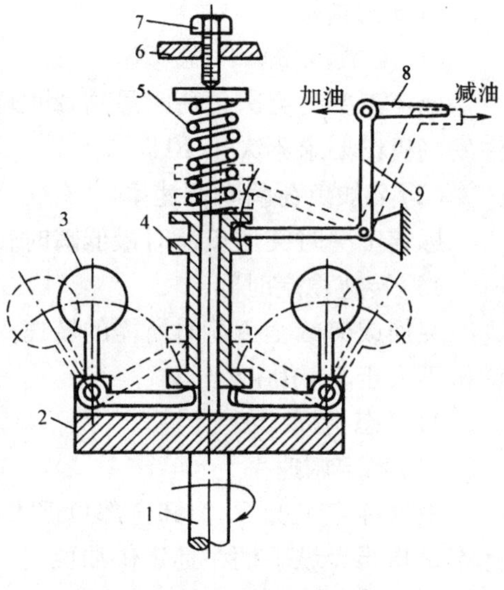

图 3-30　机械式调速器原理图

1—转轴；2—飞块座架；3—飞块；4—滑动套筒；5—调速弹簧；6—固定部分；7—调整螺钉；8—油量调节机构；9—直角形杠杆

机械离心式调速器构造简单、管理方便，但存在两

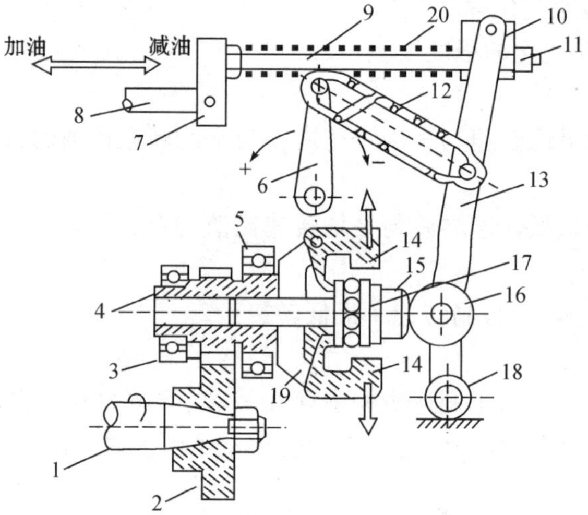

图 3-31　机械离心式调速器

1—传动轴；2，4—传动齿轮；3，5—球轴承；6—调速手柄；7—拉杆座；8—油泵齿条；9—拉杆；10—滑套；11—止回螺母；12—调速弹簧；13—调速杠杆；14—飞块；15—伸缩杆；16—滚轮；17—平面球轴承；18—销轴；19—托架；20—压力弹簧

方面的不足，这种调速器不能保持柴油机在负荷变化前后的转速恒定不变。当外界负荷减少时，调节后的转速比原来稍高；当外界负荷增加时，调节后的转速比原来稍低。

产生这种转速差的根本原因是：

感应元件与油量调节机构之间采用刚性连接，当外界负荷减少时，供油量必须相应减少才能保持转速稳定，因此油量调节杆必须右移减油。这就必然会增加调速弹簧的压缩量而使弹簧压力变大,与弹簧力平衡的套筒推力以及飞块的离心力也必须相应增加。新的平衡条件只有在柴油机转速比原来稍升高时才能达到;反之,当外界负荷增加时,上述平衡条件只有在柴油机的转速比原来稍降低时才能达到。

2. 液压调速器的结构及调整方法

1)杠杆式液压调速器组成

①驱动机构。②感应机构。③伺服放大机构。④调节机构。⑤恒速反馈机构(补偿机构):其作用保证调速过程中转速稳定。⑥静速差机构:打开调速器上盖,调节凸轮的位置可以得到不同的稳定调速率。⑦速度设定机构:通过改变调速弹簧预紧力来设定转速,手轮处有指示刻度 0 ~ 10。⑧液压系统。

2)表盘式液压调速器

(1)如图 3-32 所示,在 UG-8 表盘式液压调速器的表盘上有四个旋钮:

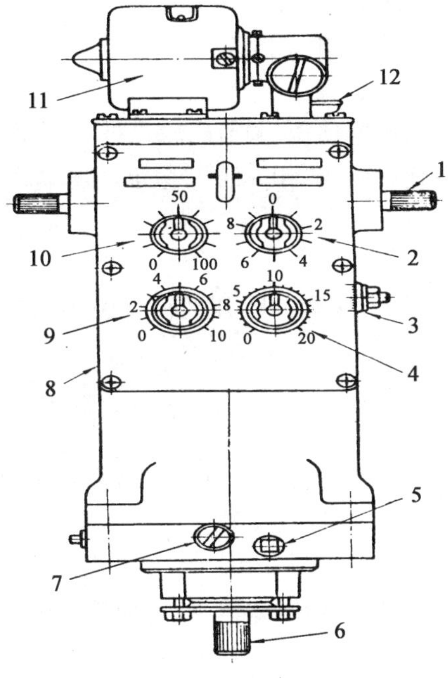

图 3-32　表盘式调速器

1—输出轴;2—同步控制;3—补偿调节指针;4—同步指示器;5—放油塞;6—驱动轴;7—补偿针阀塞;8—面板;9—负荷指示与限制;10—速度降控制;11—同步电动机;12—注油杯

①调速旋钮:转动时改变调速弹簧预紧力,用来设定转速。

②转速指示器:指示所选定的转速。位于右下方的旋钮。

③静速差旋钮:使用时置于"30 ~ 50",表示稳定调速率 3% ~ 5%。

④负荷限制旋钮:用于限制柴油机的最大负荷,起动时调到"5"刻度以防起动加速过快,运转稳定后转至"10"或其他限制位置。

(2)使用方法

如果需要改变调速器的稳定调速率,应该调节的旋钮是左上方手动旋钮(静速差旋钮)。

如果需要限制柴油机的供油量,应该调节的旋钮是左下方手动旋钮(负荷限制旋钮)。

如果需要改变柴油机的转速,应该调节的旋钮是右上方手动旋钮(调速旋钮)。

(3)影响液压调速器稳定性的因素

影响液压调速器稳定性的因素之一是补偿针阀开度。对PGA调速器,推荐开度为1/16～2圈。液压调速器是一种具有双反馈的液压调速器,以保证调节稳定性及可调的稳定调速率,其特点是:

①调速差机构是刚性反馈;

②恒速反馈机构是弹性反馈。

3)液压调速器的调节

(1)稳定调速率的调节

①稳定调速率的作用

提高调节过程的稳定性和决定并联运行柴油机之间的负载分配比例,是一种刚性反馈。

②并联运行对稳定调速率要求

每台机的稳定调速率必须相等且均大于零。

③稳定调速率的调节

杠杆式调速器——应拆开调速器顶盖,调节凸轮在杆上固紧位置,调节幅度为0～12%。

表盘式调速器——静速差旋钮放在"30～50",稳定调速率为3%～5%。

(2)稳定性调节

调节的基本原则:

在尽可能小的反馈指针刻度下,保证针阀开度符合说明书规定。(表盘式:1/2～1/4圈;杠杆式:1/2～3/4圈)

稳定性调节步骤如下:

①调整前准备

柴油机空车运转,专人守住燃油杆以备人工切断供油,待转速和调速器滑油温度正常后,方能进行调节。

②调速器滑油驱气

反馈指针放在最大位置,补偿针阀旋出2转,人为使柴油机转速波动1～1.5 min,进行驱气。

③进行无负荷调节

将反馈指针置于刻度"3"处,人为使柴油机转速波动,同时逐渐关小针阀直到转速波动刚好消失为止。检查此时的针阀开度,若开度适合则调节完毕。如调节中波动不停或针阀开度不正确,则应增大反馈指针刻度两格,重复上述调节,如反馈指针增至"7"后仍不稳定,则可酌情增大稳定调速率。

④进行有负荷调节

突增(减)负荷检查调速器的稳定性。调整步骤同无负荷调节。

(三)调速器故障和管理

1.调速器常见故障及排除

调速器出现故障时通常表现为柴油机的转速产生持续不停的波动或油量调节机构不停地摆动,但这种现象的出现并不一定就是调整器本身的故障所引起的,为查明不正常现象的原因,应先进行如下检查:

①柴油机负荷激烈变化是否超出了柴油机的功率范围。

②各缸负荷是否严重不均匀或个别缸熄火。

③调速器与喷油泵之间的油量调节机构有无卡紧或松动。

④调速器驱动器传动齿轮有无啮合不良,过紧或过松。

⑤调速器负荷指针的零位与喷油泵的零位是否不一致。

在上述各种原因排除之后转速仍有波动,才能肯定是调速器本身的故障。调速器本身反馈系统发生了故障或未调整好时也会出现转速剧烈波动,而滑油的脏污也是调速器产生故障最常见的原因,这可以通过清洗调速器和更换滑油来排除。一般因调速器本身毛病需要进行拆检和内部调整的实例还是比较少见的。

1)调速器不能使柴油机达全速运转

柴油机不能全速运转,将使其功率不能充分发挥,工况匹配不良,工作偏离额定工作点。

(1)调速器调速弹簧失效、张力不足或预紧力过小,使柴油机未达全速时,飞块已达极限位置,限制了燃油的进一步增加。可重新调整调速弹簧预紧度或更换新弹簧。

(2)调速器动力输出端与喷油泵之间的连接相对位置发生偏差或连接松动、间隙过大,造成调速器输出量最大时喷油泵仍未达最大供油量或调速器的输出有一空动现象,减小了其有效行程。可对调速器输出端的连杆重新进行安装和调整,并固定其位置不变。

(3)高速限制螺钉未调整好,把转速限低了,使柴油机转速升不上去。可在调速器试验台上或运转着的柴油机上调整。旋松高速限制螺钉,将柴油机转速升至标定值,慢慢旋进高速限制螺钉直至调节位置为止。

2)柴油机转速激增造成飞车

飞车是柴油机最危险的故障之一,如果未能采取及时有效的措施,可能使柴油机产生严重故障或致命故障,通常由调速器故障或其他故障而引起。

(1)调速器输出端与喷油泵之间连杆销脱落,供油量无法降低。检查并重新安装连杆销,加装开口销等保险装置即可解决。

(2)调速器输出端与喷油泵之间咬死或卡住,喷油量无法减下来。修复调节齿杆和连接杆,增加灵活性。

(3)调速器调速弹簧预紧度过大或动力输出端连接相对位置发生偏差,使供油量增大。重新调整调速弹簧或连接连杆即可。

(4)调速器内飞块座不灵活,或导阀卡紧移动受阻,或滑油加入过多飞块惯性作用受影响,无法灵敏控制供油量,都易发生飞车故障。可拆装调速器,调整各间隙并调整滑油量。

(5)调速器转速降调节过大,使负荷降低时,设定转速增加过大,柴油机转速增加过大。重新调整转速降数量,使其处在最适合的位置之内即可。

(6)其他原因或故障引起的飞车。可参照有关章节的内容进行处理和解决。

3)柴油机转速不稳产生游车

游车是柴油机转速大幅度波动的现象,并伴有喘息之声,常由调速器故障引起。

(1)补偿活塞补偿量调节过大或过小,造成转速调节滞后,产生波动。重新校验补偿指针的最佳位置,消除影响。

(2)调速器输出端与喷油泵配合间隙过大,也会产生控制滞后现象。调整配合间隙至正常范围以内。

(3)调速器各运动部件之间粘滞,运动不灵活,加减油不及时。重新拆装和清洗各部件,消除滞后影响。

(4)调速器油道内有空气混入,会影响补偿作用的敏感性及油的输送。彻底排除残余空气,消除影响。

(5)调速器内油位太高,运动元件工作时会把空气卷入油内,造成游车。旋开调速器放油旋塞,泄放多余的油至规定刻线位置。

(6)油温过高造成黏度降低,增加高压油的漏泄及运动件间的摩擦阻力,使调节不稳。降低调速器周围环境温度,增加通风或换用黏度较高的调速器润滑油。

(7)调速器进油口杂质堵塞或配合体间隙过大造成油压偏低,产生游车。拆洗调速器,重新研磨配合面,正确安装调整至最佳值。

(8)调速弹簧长期受压变形,使某一圈矩或某几圈矩变形,使在该工况下发生游车。测量弹簧各部分尺寸,不合要求者应予更新。

4)转速稳定时间过长

负荷发生变化后,通常要求调速器在 5 ~ 10 s 之内恢复稳定,稳定时间过长,将影响柴油机功率、转速的正常输出。

稳定时间的主要影响因素为补偿针阀的开度。开度太小,节流过大,补偿复位迟缓;开度太大,节流过小, 压力建立迟缓,以上都将引起稳定时间的增加。合理调整针阀开度是解决该问题的有效方法。

2. 调速器的管理

(1)正确选用合适的滑油并保持合适的油位。

滑油应不含杂质,不起泡沫,不产生泥渣或胶状物,不溶解空气,无腐蚀作用并具有较高的黏度指数。调速器连续工作时推荐的使用滑油温度范围是 60 ~ 90℃。

(2)保证调速器内滑油清洁、不变质

由于滑油污染造成的故障占调速器故障的 50%,每半年应拆下调速器换一次滑油,或不拆下调速器,趁滑油热的时候及时把旧油从放油塞处放掉,并充入清洁的轻柴油,把补偿针阀打开两转以上,起动柴油机使转速波动 30 s 自行清洗。然后停车放掉轻柴油并换上新滑油至规定油位,调整好补偿针阀。亦可等柴油机短时间运转后把新油再换一次。

(3)注意调速器油道内是否有空气。

使柴油机怠速运转,打开补偿针阀几转,使柴油机产生严重的转速波动约 2 min 以迫使油道中的空气排出,然后调节关小补偿针阀直到满意为止。

四、柴油机的操纵系统

将柴油机的起动、换向和调速等装置有机地联成一个整体,并加以集中控制,以实现起动、换向、增速、减速、运转、停车等联合动作的系统,称为操纵系统。为满足柴油机工作的需要,操纵系统必须保证能准确、及时地执行指令,操纵方便可靠,并能满足船规方面的要求。同时,也应该设置必要的联锁机构、监控机构、报警机构、安全机构及应急辅助操纵机构等设施。对大中型远洋船舶,还应有适应于远操、遥控、自动化及计算机辅助操纵的系统部件。

1. 对柴油机操纵系统的基本要求

①必须能迅速准确地执行起动、换向、变速、停车和超速保护等动作并应满足船舶规范上的要求。

②要有必要的连锁装置,以避免操作差错或事故。

③必须设有必要的监视仪表和安全保护、报警装置。

④操纵机构中的零部件必须灵活、可靠、不易损坏。

⑤操作、调整方便,维护简单。

⑥便于实现遥控和自动控制。

柴油机的连锁装置包括:运转方向连锁、润滑油低压连锁、车钟连锁、盘车机连锁。不包括润滑油低位连锁。当滑油低压和超速(飞车)发生时,自动停车保护装置会立即切断燃油而停车。

2. 操纵系统的类型

(1)按操纵方式分类

①机旁操纵:操纵台设在主机旁,使用相应的控制机构。柴油机的操纵方式中必须保留机旁操纵,万一遥控系统出现故障后可应急使用。

②机舱集中操纵:在机舱内设置专用的控制室,以实现控制与监视。

③驾驶台控制:在船舶驾驶台的控制室里由驾驶员直接操纵。

(2)按系统使用的能源和工质分类

①电动式遥控系统

以电作为能源,通过电动遥控装置和电动驱动机构进行控制。优点:控制性好、准确,适于远控。对管理人员素质要求高。

②气动式控制

以压缩空气为能源,通过气动遥控装置和气动驱动装置进行控制。优点:传递范围广,信号受干扰少,动作可靠、维护方便。

③液力式遥控系统

优点:结构牢固,工作可靠,传递力较大。

缺点:易受惯性和液压油黏温特性影响而降低传动的灵敏性和准确性。

④混合式遥控

气液混合式、电液混合式等。

⑤计算机控制

在常规遥控系统中,程序控制等功能是通过各种典型环节的控制回路来完成的。远距离多采用电传动,近距离多采用液力式或气力式传动。

第八节　柴油机运转特性

柴油机特性是指柴油机性能指标和主要参数,如有效功率 P_e 、平均有效压力 p_e 、转矩 M_e 、转速 n 、有效耗油率 g_e 等随工况而变化的规律。这些性能指标与参数之间的关系曲线叫做特性曲线。

一、船舶柴油机的工况

柴油机在各种不同条件下运转的工作状况(功率和转速)称为柴油机运转工况。柴油机由于用途和使用条件不同,它在实际运转中的工况变化可分成以下三类。

(1)带动发电机的柴油机

其工作特点是要求转速恒定，以保持供电电压和频率稳定。在这个恒定的转速下，功率可在零至最大值之间变化，其大小取决于用电情况，如图 3-33 曲线 1 所示。

(2)带动螺旋桨的柴油机

柴油机转速与螺旋桨转速一致(或是倍乘关系)，稳定运转时，柴油机发出功率与螺旋桨吸收功率相等。因此柴油机的工况变化规律取决于螺旋桨特性，如图 3-33 曲线 2 所示。

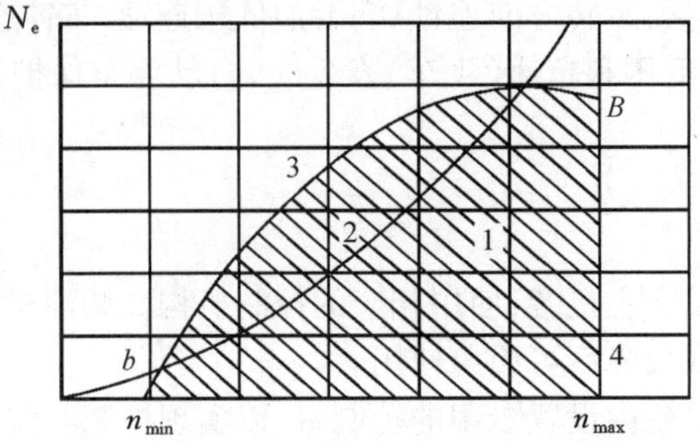

图 3-33　各种用途柴油机的工况范围

(3)其他柴油机

柴油机的转速和扭矩之间没有一定的关系，此类工况的功率和转速都独立地在很大范围内变化，柴油机在这类工况运行时，它的功率与转速之间没有一定的关系。对于船舶主机，当航行条件和运行状态发生变化时，如海面情况、气象情况、航区、装载、船舶污底以及船舶转向等，即船舶阻力发生变化时，通过螺旋桨影响主机的功率和转速。使发动机在一定负荷和一定转速范围内的任何工况下工作，即在同一转速下可有不同输出功率，在同一功率下可有不同转速，运转范围较广，如图 3-33 曲线 3 所示，这种工况常称为面工况。

二、柴油机的运转特性

柴油机的功率公式为 $P_e = Cp_eni$ 。式中 C 和 i 两个均属于结构参数，对一台使用中的柴油机来说，C 和 i 是不变的。因此，只有 p_e 和 n 是决定柴油机有效功率 P_e 的运转参数。按照这两个参数我们把船用柴油机特性分为以下几类。

1. 速度特性

将喷油泵的调节机构(齿条或拉杆)的位置固定不变，即当供油量一定时，改变柴油机的负荷，使柴油机的转速变化，在这样的条件下测得柴油机的性能参数(如 P_e 、g_e 、η_e 、T_e 、η_r 等)随其转速的变化关系，称为柴油机的速度特性。

根据喷油泵油量调节机构的固定位置的不同(即喷油泵柱塞有效行程的不同)，亦即每循环的供油量不同，柴油机的速度特性可分为：全负荷速度特性、部分负荷速度特性、超负荷速度特性。

(1)全负荷速度特性(额定外特性)

把喷油泵的油量调节机构固定在相当于柴油机在额定转速下发出额定功率的供油量位置上，逐步改变转速，测取在各个转速下柴油机发出的功率及各主要性能参数(p_e 、M_e 、P_e 、g_e 、T_r 、η_e 等)，由此得到的这些参数随转速变化的关系称为全负荷速度特性，如图 3-34 中的曲线 3 所示。

(2)部分负荷速度特性(部分外特性)

在额定转速下，分别将油量固定在额定功率的 90%、75%、50% 时，测量其速度特性，称为柴油机的部分负荷速度特性或部分外特性。它表示船舶在低速航行和机动操纵时，主机的工作情况（如图 3-34 中的曲线 4、5 所示）。

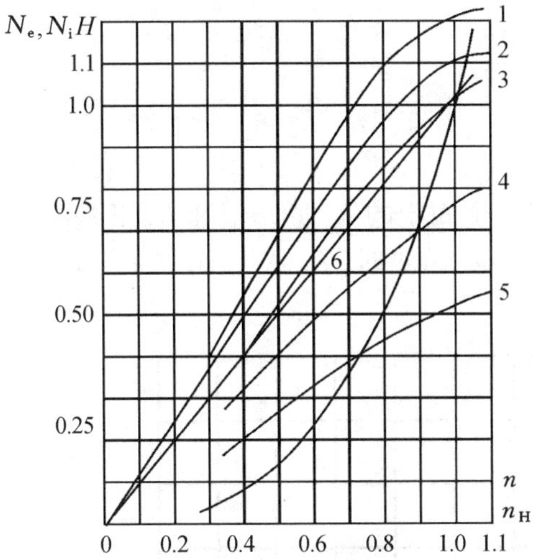

图 3-34　速度特性曲线

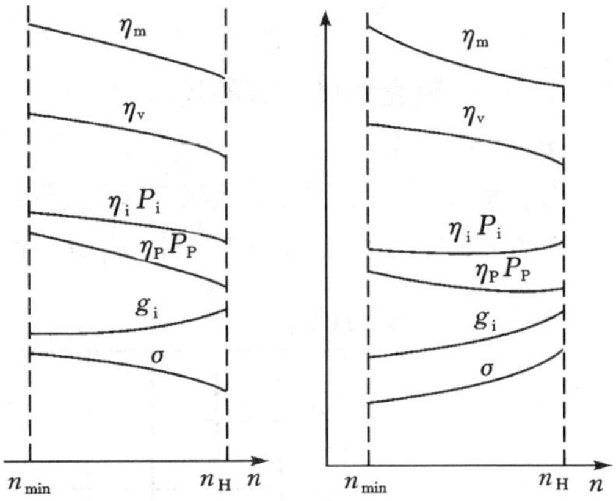

(a) 非增压柴油机　　(b) 增压柴油机

图 3-35　全负荷速度特性

(3) 超负荷速度特性（超额功率外特性）

超额功率为额定功率的 110%，必须保证柴油机在超额功率下至少连续运行 1 h 而不冒黑烟。在额定转速下，逐渐增加柴油机的负荷和油量，使之达到额定功率的 110%。此时把油量固定，稍微增加柴油机的负荷，在低于额定转速的不同转速下运转，分别测定其功率及主要性能参数，这种变化关系称为超负荷速度特性（如图 3-34 中的曲线 2 所示）。

图 3-35 为柴油机在额定供油位置所测取的柴油机各主要性能参数随转速的变化关系。

2. 负荷特性

柴油机负荷特性是指在转速保持不变的情况下，柴油机的各项主要性能指标和工作参数随负荷变化的规律。负荷特性是在试验台上或实船条件下测取的。试验时，先将柴油机调定在标定转速下稳定运转并保持转速不变；然后由小逐渐增大柴油机负荷。在各负荷下分别测取柴油机的主要性能指标和工作参数（p_e、M_e、P_e、g_e、T_r、η_e 等）并绘制成曲线，即为负荷特性曲线，如图 3-36 所示。

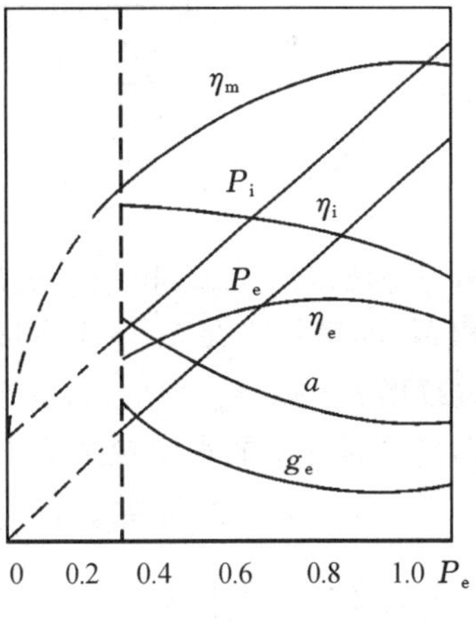

图 3-36　负荷特性曲线

3. 推进特性

根据螺旋桨理论，螺旋桨的推力 F_p 和转矩 M_p 公式为

$$F_p = K_P \cdot \rho \cdot n_p \cdot D^4$$

$$M_p = K_m \cdot \rho \cdot n_p \cdot D^5$$

式中，ρ ——水的密度，kg/m^3；

n_p ——螺旋桨转速，r/min；

D ——螺旋桨直径，m；

K_P ——推力系数；

K_m ——转矩系数。

由试验得知，系数 K_P、K_m 都是随螺旋桨的进程比 λ_p 而变化的。进程比 λ_p 是螺旋桨每转一转实际产生的位移与直径 D 之比，即：

$$\lambda_p = \frac{v_p}{n_p}D = \frac{h_p}{D}$$

式中，h_p ——螺旋桨每一转的进程；

v_p ——船速，m/s。

当船舶在某一工况下稳定航行时，螺旋桨就有一个固定的 λ_p 值，K_P 和 K_m 相应有一对应值。如图 3-37 所示，当 λ_p 增加时，K_P、K_m 都减小；当 λ_p 减小时，K_P、K_m 都增加；当 λ_p 为零时，

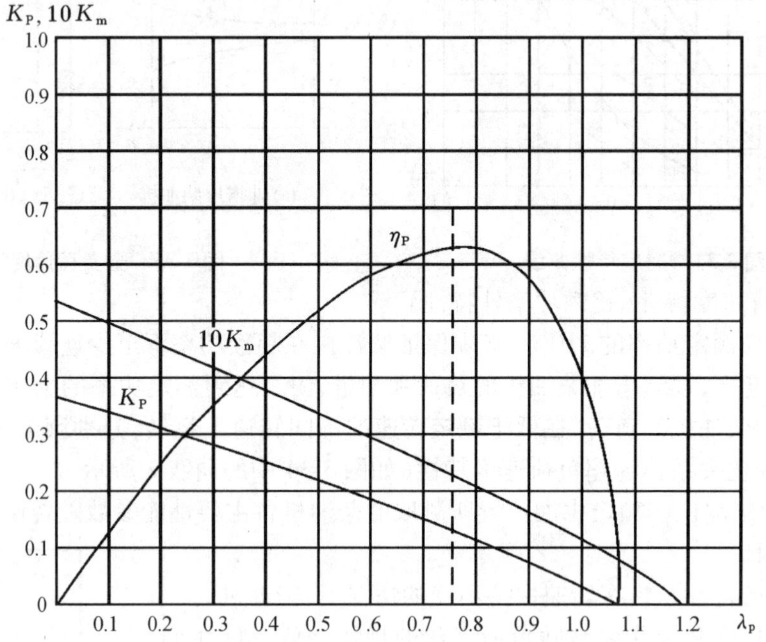

图 3-37 螺旋桨作用曲线

K_P、K_m 达最大值，这相当于系泊试验或船舶起航时的情况。随着 λ_p 的增大，K_P、K_m 递减，F_p 和 M_p 亦递降。在 $\lambda_p > 1.0$ 以后，K_P、K_m 先后为零，这相当于零推力和零转矩情况。如果 λ_p 继续增加，K_P、K_m 为负值，就会出现负推力和负转矩。负推力相当于顺航滑行的情况；负转矩相当于螺旋桨的水涡轮工况。

对于一定的螺旋桨，直径 D 是个常数，海水的密度变化很小，也可以认为是个常数。在同样航行条件（装载、海浪等）的各种转速下航行时，比值 $\frac{v_P}{n_P}$ 基本不变，所以 λ_p、K_p、K_m 都可视为常数。这样，推力和转矩公式可写为

$$F_P = C_1 \cdot n_p^2 \quad (3\text{-}1)$$

$$M_P = C_2 \cdot n_p^2 \quad (3\text{-}2)$$

公式（3-1）和（3-2）说明，螺旋桨的推力和转矩与其转速 n_p 的平方成正比。

螺旋桨所需功率 $P_P = \dfrac{M_P \cdot n}{9\ 550}$，可得出螺旋桨功率与转速的关系式

$$P_P = C \cdot n_p^3 \tag{3-3}$$

公式(3-3)说明螺旋桨吸收的功率与转速 n_p 的三次方成正比。将 $M_P = C_2 \cdot n_p^2$ 和 $P_P = C \cdot n_p^3$ 两个关系式绘成曲线，即为螺旋桨特性曲线，如图 3-38 所示。

因为螺旋桨所需的功率与转速的三次方成正比，主机带动螺旋桨工作，就必须满足螺旋桨的功率要求，根据主机的功率与螺旋桨所需的功率相等的原则，主机的功率 P_e 与转速 n 的关系也是三次方的关系，即 $P_e = P_P = C \cdot n_p^3$。柴油机按照螺旋桨推进特性工作时，各性能指标和工作参数随转速变化的规律，称为柴油机的推进特性，如图 3-39 所示。

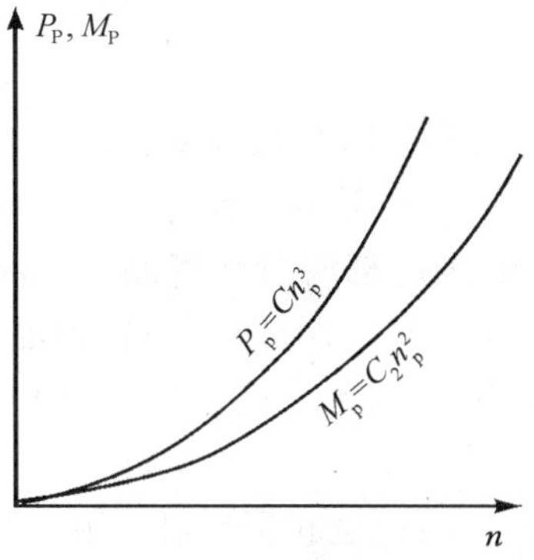

图 3-38　螺旋桨特性曲线

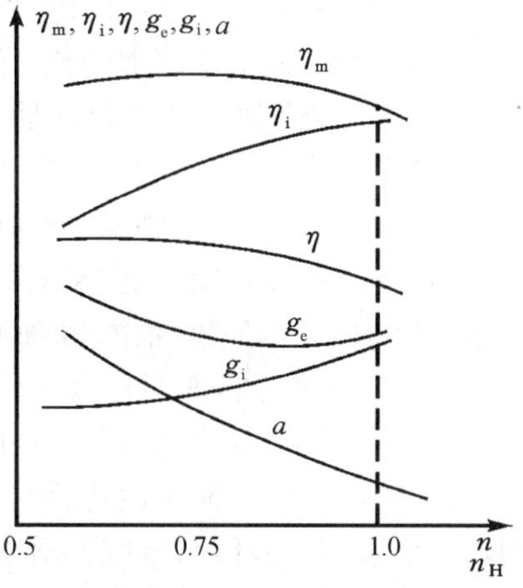

图 3-39　柴油机按推进特性工作时的主要指标和参数变化

第九节　柴油机运行管理

一、备车

备车通常是指在开航前使船舶动力装置及相关设备处于随时可运行状态，准备执行驾驶台发出的指令。当船舶在特殊水域、气象条件下以及过运河和关键航行设备发生故障时，根据船长或轮机长指令也需要备车。

1. 开航前备车

开航前备车的目的，是为了使船舶动力装置处于随时都能起动和运行的状态。一般情况下，因船舶动力装置类型、功率的不同，备车所需的时间长短不一，一般为 0.5 ~6 h。对于船舶柴油机动力装置，应提前 1 ~2 h 备车。

2. 备车的内容

由于机型、辅助设备和动力装置布置的不同，备车的程序有所区别，但备车的内容大致相同。主要包括：值班驾驶员和轮机员会签确认开航时间；在规定的开航时间 1 ~2 h 前核对时钟、车钟和对舵；暖机、各动力系统准备；转车、冲车、试车等；待备车工作结束并经机、驾双方确认后，轮机员操纵车钟手柄将车钟指针摇至“STOP”位置，驾驶台车钟指针跟至并对正“STOP”

位置，则表示轮机备车完毕，随时可以按车钟指令的要求操纵主机。

(1)暖机

暖机是指船舶在停泊后开航前预先加热柴油机冷却系统和滑油系统中的循环液，并开动冷却水循环泵、滑油循环泵，以提高机体温度和向各运动摩擦表面供应润滑油的过程。船舶主机的暖机方法有三种：一是将运转中的发电柴油机循环冷却水通入主机冷却水中；二是利用蒸汽加热主机冷却水和润滑油；三是利用电加热器对主机冷却水加温。暖机时间随机器尺寸、环境温度、加温方式的不同而不同，应保证机器起动前冷却水温度达到50℃，机体温度达到相应的要求，一般需几个小时。缸套冷却水温度低于20℃时不可起动柴油机。如果主机停车期间始终用发电柴油机冷却水保持暖机，那么开航前就不需再提前暖机。对于滑油系统，除用蒸汽管道直接加温主机循环油柜外，亦可用滑油分油机运转分油的加温方法。暖机的目的是为了使柴油机容易起动发火，减少燃油中的硫分燃烧后生成的酸性物质对气缸壁、活塞顶的低温腐蚀，还可以减少组成燃烧室的部件在动车后产生的热应力。

(2)滑油系统的准备

在开航备车之前，应提早起动滑油分油机，对曲轴箱滑油进行加热和分离，以分出滑油中的杂质和水分，并将滑油温度加热至38℃左右。在开航前备车时，必须检查滑油循环柜、增压器油液观察镜(或油柜)、调速器油位、艉轴润滑重力油柜、艉轴尾部密封装置润滑油柜、艉轴首部密封装置循环器和各中间轴承座等处的滑油油位。起动主滑油循环泵、凸轮轴油泵或凸轮轴升压泵，将油压调至规定值，以便将滑油送至各润滑表面，使滑油中的固体微粒和杂质在主机开车之前汇集到滤器中，减少运转后的磨损。

若采用油冷活塞，当循环泵开动后，活塞温度会逐渐升高，所以也起到暖机作用。此时，应注意观察各缸活塞的回油流量和温度，各缸活塞回油流量和温度相差不能过大。

废气涡轮增压器若属于独立式润滑系统，应开动透平油泵使滑油循环，通过观察镜检查油的流量情况。

检查气缸油柜油位，检查气缸注油器是否充满油，手动检查气缸注油器工作情况。在柴油机转车过程中，应操纵(或手动)气缸注油器，将滑油预先送到气缸壁周围，减少起动时气缸壁的磨损。

检查并注满各活动部件和起动空气系统主要阀件的润滑油杯，检查各注油点并注入滑油和油脂。

(3)冷却系统的准备

首先检查主机膨胀水柜的水位和冷却水系统中各阀门是否处于正常状态，然后开动主机淡水泵使淡水在系统中循环并排出气体。对于水冷活塞，注意观察各缸活塞冷却水的流动情况并检查循环水柜水位。对于独立冷却系统的喷油器，应开动喷油器冷却泵，检查喷油器冷却柜液位，必要时可进行加温预热。

主机起动运转之后，当主淡水冷却系统、主滑油冷却系统、活塞冷却系统和喷油器冷却系统中冷却液温度开始升高时，主机海水冷却系统立即投入运行。

(4)燃油系统的准备

检查燃油沉淀柜，轻、重油日用柜油位，并放出油柜残水，油位较低时应及时驳油，加热燃油日用柜、经燃油沉淀柜和使用中的燃油舱中的燃油，并注意调节上述舱柜的油温至规定温度。开动燃油输油泵、燃油循环泵(如果是使用重油时停车，此泵已在运转)，使燃油循环流动并驱气，检查燃油压力。如果是在使用重油时停车状态，应加热燃油，使其进机温度上升到使用温度。主管轮机员在机舱记事板上注明各油舱的存油量及使用分配情况，开航前轮机长应将本船现存轻、重油总量以书面形式向船长报告，以备开航前报告海关。

（5）压缩空气系统的准备

当值轮机员应将主、辅空气瓶充气至规定压力，放掉气瓶及压缩空气系统中的水和残油；开启空气瓶出口阀、主停气阀，将主起动阀置于“自动”位置。打开通至汽笛的空气出口阀，以备驾驶台随时使用。对气控关闭的排气阀，其压力空气应在滑油泵起动前供应。

（6）其他准备工作

给主机辅助鼓风机送电，将其控制开关置于“自动”位置；关闭扫气箱放残阀。手动调油机构加油，检查各油泵齿条刻度，再将调油机构置于“停车”位置，检查油泵零位是否准确。

3. 转车

转车就是用转车机或特殊的慢转装置转动主机，以检查机器各运动部件和轴系的回转情况以及各气缸内有无大量积水。转车前应开启示功阀，然后合上转车机，正倒车各转车 1 ~ 2 转；确认机器正常后停止转车机，并使转车机与主机脱开；确认联锁装置释放，并将转车机锁在“脱开”位置。转车应在柴油机起动前尽可能晚地进行，提前时间不应超过 30 min。

4. 冲车

冲车是利用起动装置供给压缩空气（不供燃油）使主机转动的操作过程。利用冲车可将气缸中的杂质、残水或积油等从开启的示功阀冲出。在冲车过程中可以判断起动装置和主机工作是否正常，若有故障应排除后方可进行试车。如果主机冲车情况正常，则关闭示功阀。

5. 试车

试车的目的是为了检查起动系统、换向装置、燃油喷射系统、油量调节机构、调速器、主机及其系统、轴系和螺旋桨等是否工作正常。试车的操作，是由当值轮机员先将车钟推至正车（或倒车）微速运转位置，待驾驶台发出回车令后，当值轮机员进行柴油机起动操作。供油在正车微速下运转数转后停车，换向，再进行倒车（或正车）起动，供油微速运转数转后停车。在换向和起动过程中，应注意观察换向装置、起动装置、调速器及油量调节机构等动作是否灵活正常，同时注意各缸发火是否正常和主机运转是否有不正常声响。试车结果若发现不正常情况，应及时查明原因予以消除。对于直流扫气的二冲程柴油机，还应检查气阀机构等运动部件的工作状态是否正常。

试车完毕后，车钟回令手柄停在“停车”位置，此时船舶可随时起航，机电设备应始终处在当值轮机员的监管之下，轮机员不应远离操纵台，并与驾驶台保持联系。如果主机采用驾控方式，应将遥控旋钮转至“驾控”位置。

值得注意的是，转车、冲车和试车都应在征得驾驶台同意和配合的情况下进行，驾驶台应有人值守，试车时运转时间切不可过长。

二、机动操纵时的管理

船舶在进出港、靠离码头时运动状态变化比较频繁，必须保证船舶运动状态变化时，船舶动力装置有效并安全运行。当值轮机员应严格准确地执行车令，正确操纵和管理主机。

1. 机动操纵时的操作

当机舱接到驾驶台机动操纵的指令时，轮机部立即备车。

（1）主机按规定的换油程序换用轻质燃油，应避免油温突变损坏供油设备。

(2)机动操纵时应保证供电,必要时增开发电机,满足高负荷和冲击负荷的需求。

(3)空气瓶应随时补足,并保证汽笛用气。

(4)当值轮机员必须集中精力,使各运转设备的主要参数在规定的范围内,必要时进行适当调整。

2. 机动操纵时的安全事项

(1)主机起动操作时,应尽量做到一次起动成功,油门不能给得过大,防止柴油机发生冷爆、损伤机件和增加不必要的磨损。

(2)在船舶起航和加速过程中,不应加速太快,以防柴油机热负荷、机械负荷过大。

(3)机动操纵时应快速越过转速禁区,绝对禁止柴油机长时间在转速禁区内运转,防止机器发生剧烈振动和损伤轴系。

(4)在进行倒车操纵时,应控制油门,避免主机超负荷。

3. 机动操纵管理

(1)机动操纵所设定的车速应当是机动操纵转速或港速。

(2)当值轮机员除处理紧急故障外,不得远离操纵台和离开集控室。

(3)轮机长应监督轮机员进行各种操作,监控各设备运行状态,及时与驾驶台取得联系,及时处理各种突发事件。

(4)机动操纵期间,船舶航行状态多变,要随时注意配电板各仪表的工作情况,注意观察和调节冷却水、滑油的温度和压力,保持空气瓶压力在允许范围,保持正常的扫气温度和压力,注意各缸排气温度值的变化,注意各主要设备的工作状态。

4. 主机在各种航行条件下的操纵

(1)在大风浪中航行

船舶航行时,船体在推进力和阻力平衡的条件下,保持稳定船速前行。其位于水上部分受空气阻力,而水下部分则受水的阻力;当风力不大时,空气阻力很小,船舶阻力主要是水的阻力。一般水阻力与船速的平方成正比。空气阻力的大小取决于风力、风向、船体上层建筑的受风面积和船速。船舶在风浪中为保持航向,舵经常需要偏转一定角度,从而使船舶阻力进一步增加。

风浪增大后,船舶的各种阻力都明显增加,在推力不变的情况下,船速就会相应降低,船速的降低使螺旋桨的进程比减小。在油门不变的情况下,柴油机转速就会下降,发出的功率也有所降低,最后船舶将在降低后的推进力与船舶阻力(船速降低时船舶空气阻力和水阻力都减小的幅度大)新的平衡情况下,以较低的航速前进。

不能因为主机转速降低,用增加油门来恢复原转速,那会使柴油机循环供油量增加而最高爆发压力增高,导致机械负荷增加;相反,还应该减小油门。原因是柴油机在低速运转下,如果仍保持油门不变,一方面由于废气涡轮的总能量减少,使增压器转速下降而增压压力降低,气缸内供气不足,导致燃烧恶化和废气温度升高,致使气缸过热;另一方面气缸最高爆发压力不变而运动部件的惯性力减小,导致轴承负荷增加,可能引发轴承故障,所以在大风浪中航行应适当降低柴油机的转速。

(2)在浅水、窄航道和污底条件下航行

船舶在水中的阻力可分为摩擦阻力、形状阻力和兴波阻力。船舶在浅水中航行时,船体下面的水流受到海底的限制,被迫流过船体两侧而使两侧水流速度增大,从而引起摩擦阻力和形状阻力增加。此外,船舶的结构发生变化,使兴波阻力增加。因此,在船舶由深水进入浅水时,主机转速和船速都会自动下降。如要保持原定船速而增加油门,主机就会超负荷。窄航道中航行时和在浅水时相同,船舶周围的水流受到限制而阻力增大。如果浅水和窄航道同时出现,船舶阻力增加的程度会更大,更要注意不能随意加大油门。

船舶污底是由于船体水下部分附着的海生物增多而造成的。污底会使船舶阻力增加,船速和主机转速因而下降,如此时要保持主机原来设定的转速而加大油门,就必然会使主机超负荷。

(3)起航和加速

从开始起航到船舶定速,该时间不可过短,决不允许柴油机刚刚运行几分钟,就将操车手柄转至全速,这样会引起柴油机超热负荷,缸套产生裂纹。对于不同的机型,该时间的长短不一。影响该时间长短的因素有两个:一是发动机运动部件的质量惯性,二是受热部件的热惯性。一般来说,质量惯性和热惯性都小,有利于加速,而后者更为重要,在这方面中速机优于低速机。对于现代的大型低速机而言,从起动至全功率的时间至少需要 30 min。

(4)转弯

船舶在转弯时,船体在斜水流中航行,船舶阻力增加,同样也不能用增大油门去保持主机原来转速。在操纵船舶时也应尽可能避免突然的大舵角转弯,尤其对于设有轴带发电机的船舶更应注意。曾有船因为突然使用大舵角转向造成发电机跳电的事故。

(5)倒航

由于倒航时船舶阻力比正航时大,而且螺旋桨的效率也比较低,所以主机倒航时的转速要比正航时的转速低,一般倒航转速不超过额定转速的 70% ~80% 。

如果船舶是从正航转为倒航,其船舶阻力更大。特别是在紧急制动的情况下,船舶仍在前进,主机倒车运转后,当达到标定转速的 40% 以上时,转矩就可能会达到额定值。若转速过高,主机和轴系就会超负荷。此时操纵应根据紧急情况,控制主机转速,除非不得已,在保船不保机的情况下才能强制主机超负荷运转。

上述使船舶阻力增加的各种场合,都应注意不能增大主机油门去维持转速;相反,还要适当降低油门刻度,使主机的热负荷和机械负荷都在限制范围之内。

三、运转中的管理

柴油机稳定运转后,评价一台柴油机技术状态和运转性能的主要依据是燃料在气缸中的燃烧状况和各缸负荷分配的均匀程度以及各零部件和系统的工作情况。为了保证柴油机及其装置始终处于正常技术状态,柴油机运转中应做好以下工作。

1. 热力检查

热力检查的目的是为了检查和确定发动机各缸燃烧情况及负荷分配的均匀程度。这是发动机正常运转、可靠工作的必要保证,也是衡量发动机运转性能和技术状态的主要内容之一。

运转中,应注意喷油设备技术状态的变化,特别是喷油器性能不良常引起气缸燃烧恶化和各缸负荷的变化。对喷油器的检查可以通过检测排气温度、观察排气颜色等方法进行。

各缸排气温度值要按说明书的要求限定,也可以参照试航报告在各负荷下所测得的数据与主机实际运行数据进行对比,找出排气温度升高的原因。各缸排气最大温差不应超过平均值 15 ~20℃(或 ±5%)。同时应检查各缸冷却水、活塞冷却液及废气涡轮增压器冷却水出口温度,各缸冷却液出口温度与平均温度相比较,最大温差要小于 4 ~5℃。在柴油机状态良好的情况下,排气温度只能大致反映出各缸燃烧的状态及喷油设备的情况,了解负荷分配的大概状况。为了确知各缸负荷的分配是否基本上均匀,还应在适当时机测取各缸示功图,确定最高燃烧压力和计算平均指示压力,分析和判断各缸负荷的大小和分配是否均匀,根据实测数值对各缸负荷作适当调节。通过测取展开示功图和手拉示功图,可以确定纯压缩压力、发火始点和整个燃烧过程。

为了更可靠地掌握柴油机的热力过程,最好在测示功图的同时进行油耗测定,作为衡量柴油机维护管理的标准之一。

增压空气的压力、温度,空冷器前后增压空气压差是判断柴油机燃油燃烧状况、排气温度升高的主要依据之一,许多船舶柴油机都因空冷器水侧、气侧(尤其是气侧)脏堵引起排气温度升高及增压器喘振。

2. 机械检查

机械检查的目的是为了保证发动机各部件和系统均处于正常的技术状态。

看、摸、听、闻是管理者最直接、最简便的手段,优秀的轮机员通过人体的感觉器官判断出故障发生的苗头并及时排除,保证了机械设备正常运行。不正常的运转声响可导致机件受损;异常温差反映出机器或系统内部存在问题;刺激性气味表明机械设备温度异常高或滑油变质;运行中经常边巡检边触摸机器外部机件,从温差、振动、脉动情况判断设备工作是否正常;机械设备连接处、阀件等的泄漏要及时发现并迅速查明原因予以解决。

为了确保机器各部件处于正常的技术状态,除加强日常维护管理外,在航行中应加强各主要系统的管理。

(1)冷却系统的管理

巡回检查时,应注意主、副机膨胀水柜、喷油器冷却水柜液位变化并注意水量的消耗,如发现水位上升或下降,必须查明原因及时排除故障。各缸冷却水出口温度应符合说明书规定,温差应符合要求。如出现异常,应结合排气温度、喷油设备及增压系统的技术状态进行分析。水温调节符合说明书要求。水温过低不仅使柴油机热效率下降,增加低温腐蚀,而且受热部件因内外温差过大产生热应力会导致裂纹故障发生。水温过高则橡胶阻水圈易老化、损坏甚至炭化,发生水腔漏泄,同时冷却腔可能形成冷却水汽化,使冷却效果下降。通常大型低速机的冷却水出口温度为65~70℃,海水冷却器的出口温度为50~55℃。

空冷器出口的扫气温度不得低于25℃,不得高于45℃。

冷却系统的自动温度调节器应始终保持正常工作状态。

按规定由大管轮每周化验一次主、副机水质,按规定的标准投药处理,必要时须化验淡水舱水质,分析冷却水质变化的原因。

(2)滑油系统的管理

大型低速柴油机主滑油循环泵出口压力一般为0.15~0.4 MPa。滑油冷却器前温度为50~55℃。不超过60℃,冷却器前后温差为10~15℃。对中、高速柴油机滑油压力与温度值均稍高些。注意检查滑油循环柜油位,若油位发生变化应及时查明原因并排除故障。油冷式活塞的回油应保持稳定。油量不足或中断均能造成活塞烧蚀和咬缸。

对油泵和滤器前后压差的变化要注意检查,滤器清洗后必须驱气后才能转入系统工作。

加强自动清洗滤器的管理,使之始终处于有效工作状态。

加强滑油分油机的管理,保证滑油的分离净化,油质符合使用要求。为了确定滑油的质量,应每 3 ~4 个月定期取样化验,必要时全部滑油集中处理或更换。

运转中确保气缸注油器的工作正常,防止断油。

定期检查推力轴承的油温,各中间轴承油位、油温,艉轴重力油柜液位、油温,首尾密封装置油柜和循环器油位。每 3 ~4 个月取样化验一次,不得超过 6 个月。

进、排气阀杆要按时注油,防止过快磨损或咬死。

对非压力式润滑的各活动部件,要定时加注滑油或油脂。

(3)燃油系统的管理

应注意各燃油舱的合理使用,保持船舶的平衡;注意燃油的加温、驳运、沉淀、净化、储存和计量,沉淀柜中的油应驳满沉淀至规定的时间后,方能经分油机净化并驳至日用油柜,还应注意检查沉淀柜、日用柜油位和油温,按时放残水。应定期清洗燃油滤器,清洗后必须充油排气。当风浪天航行时滤器须转换清洗,避免供油中断。

注意对高压油泵、喷油器的工作状态和对高压油管的脉动情况进行检查。综合考虑泵体发热、油管脉动以及排烟温度变化等情况,分析气缸内燃烧和喷油器的工作状态。

燃油进机前要有合适的黏度范围,低速机要求的范围是 12 ~25 mm^2/s,对中速机要求上限不超过 20 mm^2/s。在管理中可用人工调节蒸汽供给量控制燃油雾化加热器的燃油出口温度,现代船舶柴油机都用黏度计自动控制燃油进机黏度。

(4)增压系统的管理

废气涡轮增压器是高速回转机械,在运行中要观察其运转的平衡性,有无异常振动和声响。注意检测增压器的转速、润滑和冷却情况及增压空气压力。对自带油泵式润滑系统要注意油位、油质及油泵排出情况的检测,根据情况及时添加或更换滑油。应注意强制式润滑系统中油柜的液位、循环泵的运行状况、滤器前后的压差、观察镜中油流情况等,滑油压力、温度应随时观察,并根据具体情况进行调节。

压气机流道和废气流道应按说明书规定的时间间隔喷水冲洗。压气机流道每天冲洗一次。主柴油机累计运行 300 h 冲洗废气流道,因废气流道脏污状况不同,冲洗时间的长短是不一样的。当污染严重时可采用清水和化学剂交替喷射清洗的方法。按说明书的规定,废气涡轮增压器必须定期解体清洗。

空气冷却器是增压系统中的重要设备,运行中极易发生空气流道污堵现象,影响空气流通,引起燃烧恶化、排气高温甚至达到限定的报警温度,严重时发生喘振,直接影响主机运转的可靠性和船舶营运安全及经济性。为此,增压系统的空气冷却器必须定期化学清洗其气侧,空气冷却器水侧的清洗较方便,也必须定期人工清洗。

在船舶靠泊期间,应用防尘罩将消音滤器盖上,特别是装卸粉尘性货物时或港口粉尘较大时,还要考虑停止机舱风机运转,关闭通风口防止大量粉尘被吸入机舱。尽可能减少运转设备的跑、冒、滴、漏等现象,减少舱底污油水,避免机舱产生大量油气而被吸入压气机。当发生空冷器污堵时,轻者可采取用清水和清洗剂交替喷射的方法经常冲洗,污堵严重时可实现不解体浸湿式清洗。方法是:用清水和清洗剂以一定比例混合,注满底部装上盲板的空冷器,同时用蒸汽持续加温并用空气吹搅,一般需要 30 h 以上方能达到清除污垢的效果,清洗效果可依压差计读数、扫气压力、扫气温度、排气温度及冷却水温度而定。

四、船舶在正常航行中,驾驶台与机舱的联系与配合

船舶正常航行中,驾驶台与机舱应注意联系。每班下班前,值班轮机员应向值班驾驶员告知主机平均转速、海水温度,值班驾驶员应向值班轮机员告知平均航速、风向和风力。每日正午交换正午报告。轮机人员在值班当中发现有不正常状态时,应及时处理;欲要减速和停车时,应先通知驾驶台,许可后方可减速和停车;若情况紧急,可先降速后通知。驾驶台需要改变主机的转速、停车或使用大舵角时,应提前通知机舱,以便机舱进行必要的准备。

五、到港前的操作

到港前应确定主机是否需要换轻油。

(1)现代船舶主机燃油系统及燃油喷射系统的设计一般都允许主机在使用重油状态停车。船舶到港时一般在下列情况下需要换轻油:

①停机后需要进行燃油系统设备检修。

②船舶须进坞修理。

③停车时间5天以上。

④当地环保法规要求使用低硫燃油。

换油操作一般应在机动操作用车前1 h进行。

(2)到港前应进行主机换向操作试验,以确定起动系统和换向机构工作正常。

(3)在机动操作前放掉起动空气和控制空气系统凝水。

(4)主机带有轴带发电机时,到港前应从电网解除轴带发电机,并与主机脱开。

六、完车后的操作

当船舶进入停泊状态后,当值轮机员接到驾驶台"完车"指令时,表明主机不再动车,应按"完车"程序做好如下工作:

(1)停掉主机的辅助鼓风机。

(2)关闭起动空气系统的主停气阀、主起动阀、空气瓶出口阀,并将空气瓶补气至规定压力。

(3)打开各缸示功阀,合上转车机进行转车15~30 min,并人工驱动气缸注油器向气缸表面注油。

(4)关闭控制和安全空气系统,并泄放系统中的空气。

(5)关闭主海水泵进出口阀及冷却器进口阀。

(6)停燃油输送泵,关闭进出口阀及日用柜出口阀。如重油停车,循环油泵继续运行,并对燃油加热保温,温度可低于正常使用温度20℃,维持30 cSt的黏度;如轻油停车,关闭循环泵。

(7)打开扫气箱和涡轮增压器透平侧处的放残旋塞,用防尘罩将压气机消音器滤网盖好。

(8)让主滑油泵、淡水泵继续运转15~20 min,充分带走运动表面的热量,并使机体各部件均匀散热,避免因应力过大而发生故障,同时可以避免活塞头结炭。

对采用副机循环冷却水暖机的主机,应在水温未降下来之前及时换接副机淡水管系,并注意管路中各阀的开闭状态。

确认主机和其他设备正常后,航行班结束,轮机员开始轮值锚泊班或靠泊班。

第四章　船舶推进装置

第一节　船舶推进装置类型及特点

船舶推进装置，是船舶动力装置中最重要的组成部分。如图4-1所示，它包括主机、传动设备、轴系、推进器等。其作用是由主机发出功率，通过传动设备和轴系传给推进器，以实现推动船舶前进。按照传动功率方式不同，船舶推进装置类型可分为直接传动、间接传动、Z形传动、电力传动、可调螺距螺旋桨传动等。

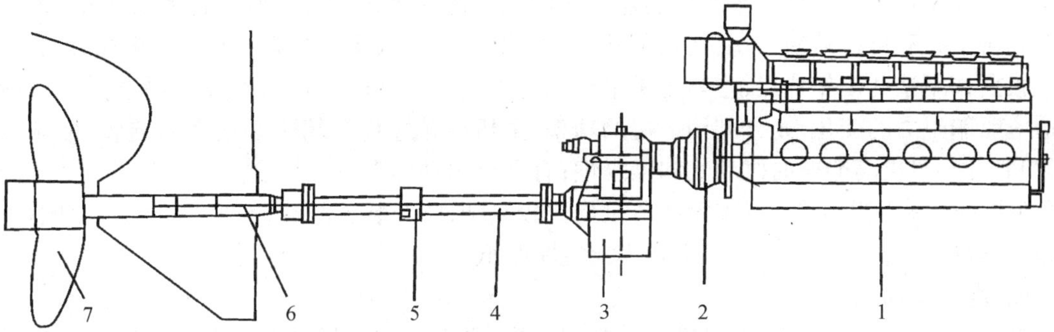

图4-1　船舶推进装置组成简图

1—主机；2—联轴器；3—减速齿轮箱；4—中间轴；5—中间轴承；6—螺旋桨轴；7—推进器

一、直接传动

直接传动是主机功率直接通过轴系传给螺旋桨的一种传动方式。这种传动方式，主机和螺旋桨之间除了传动轴系外，没有减速和离合设备。运转中螺旋桨和主机始终具有相同的转向和转速。

直接传动方式的主要优点：

(1)维护管理方便，与其他传动方式相比，结构最简单。

(2)经济性好。除轴系的传动功率损失外，没有其他功率损失，因此传动效率高，而且主机多为大型低速柴油机，油耗率低，螺旋桨转速也较低，使螺旋桨效率较高。

(3)工作可靠，寿命长。

因此，这种传动方式在商船上应用最为广泛。

直接传动方式的缺点：整个动力装置的重量和尺寸大，要求主机有可反转性能，非设计工况下运转时经济性差，微速航行受到限制。

二、间接传动

间接传动是主机和螺旋桨之间的功率传递除经过轴系外，还须经过某种特设的中间环节(离合器或减速器等)的一种传动方式。中间传动设备有齿轮减速器、滑差离合器或齿轮减速器和离合器等。

间接传动方式的主要优点：

（1）主机转速可以不受螺旋桨要求低转速的限制，只要适当选择减速比，就可使主机的转速适应螺旋桨转速要求。

（2）轴系布置比较自由，根据需要，主机曲轴和螺旋桨轴可以同心布置，也可以不同心布置，以改善螺旋桨的工作条件。

（3）在带有正倒车离合器的装置中，主机不用换向，使主机结构简单，管理方便，整个装置操纵灵活，机动性能好。

（4）有利于多机并车运行及设置轴带发电机。

间接传动的主要缺点是结构较复杂，传动效率较低。

间接传动多应用于中小型船舶以及以大功率中速柴油机、汽轮机和燃气轮机为主机的大型船舶上。

三、可调螺距螺旋桨传动

通过改变螺旋桨的螺距来改变船速和正倒航向的一种传动方式。在这种装置中，螺旋桨桨叶相对于桨毂可以转动，只要转动桨叶，便可改变螺距，从而改变桨的推力大小和方向。

根据调距桨的工作特点，它与定距桨相比有以下优点：在部分负荷下能有较好的经济性；能适应船舶阻力的变化，充分利用主机的功率；主机或减速齿轮箱不必设换向装置，使其结构简化和轻便；可提高船舶的机动性和操纵性；有利于驱动辅助负载。

但同时也存在以下缺点：螺距调节机构比较复杂，整个装置制造、安装及维修保养困难，造价高，桨毂尺寸较大，在设计工况下效率比定距桨低。

四、电力传动

电力传动是主机驱动发电机供电给主配电板，再由主配电板供电给主电动机驱动螺旋桨的一种传动形式。

它有以下优点：

（1）机组配置和布置比较灵活、方便，舱室利用率高。

（2）便于遥控，机动性好。

（3）发电主机转速不受螺旋桨转速限制，可选用中、高速机并在恒定转速下工作，使主机处于最佳状态。

（4）正倒车具有相同功率和运转性能，并具有良好拖动性能。

其缺点是：能量经过两次转换，损失多，传动效率低；由于增加了发电机和电动机，使装置总重量、尺寸增大，而且造价和维修费用较贵。

五、Z 形传动

Z 形传动装置又称悬挂式螺旋桨装置。Z 形传动方式最显著的特点是螺旋桨可绕垂直轴作 360°回转。因此它具有以下优点：

（1）操纵性能好，螺旋桨的推力方向可以自由变化，使船舶操纵性能优于其他传动方式，特别是采用两台主机，而每台分别带动一个 Z 形传动装置时，可以使船舶原地回转、横向移动、快速进退以及微速航行等；

（2）可以省掉舵、艉柱和艉轴等结构，使船尾形状简单，船体阻力减少；

（3）可以使用重量轻、体积小的中、高速柴油机，而不需要单独的减速齿轮装置，主机不需要有换向机构，可以延长柴油机使用寿命。另外，由于这种传动装置是垂直悬挂在船尾，可由船尾部甲板开口处吊装，检修不用进坞，可大大缩短修理时间。

尽管如此，由于结构上的原因，使传递功率受到一定限制，因而仅适用于小型船舶，特别是用于港作船和在狭窄航道中航行的船舶。

第二节　传动轴系

从柴油机曲轴动力输出端法兰到螺旋桨间的轴及其轴承统称为传动轴系，简称轴系。

一、传动轴系的组成

传动轴系的组成，如图 4-2 所示。

(1)传动轴，包括推力轴(有的柴油机把推力轴和曲轴造为一体)、中间轴和艉轴。

(2)轴承，包括推力轴承(有的柴油机推力轴承设在柴油机机座内)、中间轴承和艉轴承。

(3)传递设备，主要有联轴器、减速器、离合器等。

(4)轴系附件，主要是润滑、冷却、密封设备等。

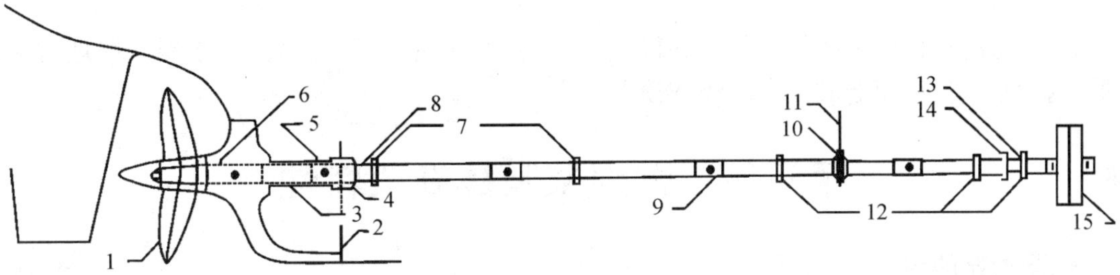

图 4-2　传动轴系组成简图

1—螺旋桨；2—艉尖舱壁；3—艉轴管；4—艉轴管前密封；5—艉轴管首轴承；6—艉轴管尾轴承；7—法兰；8—螺旋桨轴；9—中间轴轴颈；10—隔舱壁填料函；11—隔舱壁；12—法兰；13—推力轴；14—推力环；15—飞轮或减速齿轮

二、传动轴系的作用

轴系的作用是把柴油机曲轴的动力矩传递给螺旋桨，以克服螺旋桨在水中转动的阻力矩，同时又把螺旋桨产生的推力传给推力轴承，以克服船舶航行中的阻力。轴系所传递的扭矩可从它传递的功率和轴的转速算出。轴上传递的主机扭矩 M_K 为

$$M_K = 9.55 \frac{P_e \cdot i \cdot \eta \cdot 10^3}{n_e} \quad \text{N} \cdot \text{m} \tag{4-1}$$

式中，P_e ——主机额定功率，kW；

n_e ——轴的额定转速，r/min；

i——齿轮箱的传动比；

η ——传动效率。

轴系所传递的推力，可以根据螺旋桨所吸收的功率、螺旋桨的效率和船舶航速算出，轴系所传递的推力 T 为

$$T = 1\,945.2 \frac{P_{Pmax}}{v_S} \eta_P \quad \text{N} \tag{4-2}$$

式中，T——螺旋桨最大推力，N；

P_{Pmax} ——螺旋桨吸收的最大功率，kW；

v_S ——船舶的航速，kn；

η_P ——螺旋桨的效率，拖船0.3~0.6，商船0.6~0.78，快艇与小艇0.45~0.70。

三、传动轴系的工作条件

从传动轴系的作用可知，轴系承受着很大的扭矩和推力。由式(4-1)可知，轴上传递的主机扭矩 M_K 与主机额定功率成正比，与轴的额定转速成反比。

由式(4-2)还可看出，螺旋桨的推力与它吸收的最大功率和效率成正比，与船的航速成反比。如果柴油机发出的功率不变，螺旋桨的效率不变，若船舶的航速降低，螺旋桨推力则增大。因此，船舶在重载、逆风、污底、斜水流航行时，轴系会受到较大的推力。轴系承受的扭矩在轴系中产生扭应力，而推力将会产生压应力。除此之外，轴系和螺旋桨本身的重量以及其他附件的作用，使轴系产生弯曲应力；安装误差、船体变形、轴系的扭转振动、横向振动、纵向振动以及螺旋桨的不均匀水动力作用等都会在轴系中产生附加应力。风浪天，螺旋桨上下运动的惯性力，使艉轴产生额外的弯曲应力。上述诸力和力矩往往还是周期变化的，这就更增加了它们的危险性。还有，轴系在工作中，轴颈与轴承发生摩擦，当用海水做艉轴承润滑剂时，艉轴管和轴颈还要受到腐蚀作用。

由上述分析可见，轴系的工作条件很差，往往会出现损伤，严重时甚至断裂。修理时又往往要使船舶进坞，从而造成较大的经济损失。

第三节　螺旋桨及螺旋桨特性

一、螺旋桨的结构

螺旋桨是一种反作用式推进器，当螺旋桨转动时，桨推水向后（或向前），并受到水的反作用力而产生向前（或向后）的推力，使船舶前进（或后退）。螺旋桨是由数片桨叶连接在共同桨毂构成的。桨叶的数目通常为3~5片，最多为6片，各片之间按等距布置。桨叶靠近桨毂部分叫做叶根，最外端叫做叶梢。从船尾向船首看，看到的叶面叫做压力面（即推水面），桨的另一面叫做吸力面（即吸水面）。按正车方向旋转时，桨叶先入水的一边叫做导边，后入水的一边叫做随边。螺旋桨旋转时叶梢顶尖画出的圆叫做叶梢圆，叶梢圆的直径叫做螺旋桨直径，用 D 表示。从船尾向船首看，螺旋桨在正车工作时沿顺时针方向旋转的称右旋桨，沿逆时针方向旋转的称左旋桨。

螺旋桨的螺距与直径之比，即 H/D 称为螺距比，它是螺旋桨的主要结构参数之一，其数值的大小直接影响螺旋桨的性能。螺旋桨所有桨叶展平后其面积的总和称为螺旋桨的面积，用 A 表示。以螺旋桨直径 D 画出的圆的面积称为盘面积，用 A_d 表示。比值 A/A_d 称为盘面比，它是螺旋桨的另一个重要结构参数。盘面比大，说明螺旋桨桨叶肥大，螺旋桨面积在以 D 为直径的圆面积里充实程度大，螺旋桨推水的总面积就大。

二、螺旋桨的工作原理

若用一把与桨毂共轴的圆筒形刀切割桨叶，将切得的断面展平后所得的面称为叶素断面，见图4-3。半径为 r 和 $r + dr$ 的两个叶素断面间的这部分桨叶称为叶素（或叶原体）。整个桨叶的作用可以看成是无数个叶素作用的总和。因此，只要分析清楚叶素的作用，就可推知整个桨叶以及整个螺旋桨的工作情况。

在图 4-3 中,各种速度的方向如图所示。半径 r 处的叶素一方面以切向速度 $2\pi \cdot r \cdot n_s$ 绕轴心回转,一方面又以进速 v_p 前进,它相对于水的速度 w 即为这种速度的合成。如果把叶素视为不动,根据运动转换原理,水流速度 w 与弦线间的夹角称为冲角,用 α_K 表示。由于叶素断面的形状与机翼断面相似,因此可以利用机翼在空气中运动时产生的升力来说明螺旋桨的受力情况。根据机翼工作的原理,在叶素上将产生升力 dy 和阻力 dx。升力 dy 垂直于 w,阻力 dx 则沿着 w 的方向。把升力 dy 和阻力 dx 各自分解成轴向和回转方向的分力,于是,在叶素上产生的推力 $dT = dT_y - dT_x$,在回转方向产生的阻力 $dQ = dQ_y + dQ_x$。此阻力作用在距轴心半径为 r 的叶素上,它对螺旋桨产生一个阻力矩,即 $dM = r \cdot dQ$。

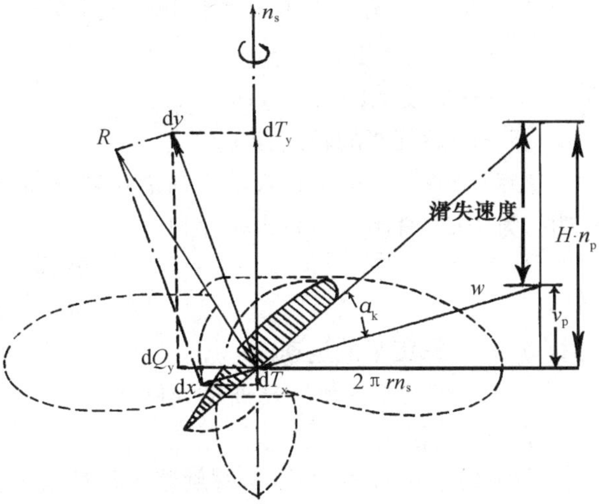

图 4-3　螺旋桨叶素作用力分析

螺旋桨桨叶是由无数叶素合成的,各桨叶所有叶素上产生的推力 dT 的总和即为螺旋桨的推力,以 T 表示。各桨叶所有叶素上产生的阻力矩 dM 的总和即为螺旋桨的阻力矩,以 M 表示。因此,为了使螺旋桨产生推力,必须由主机发出功率克服螺旋桨的阻力矩。

螺旋桨在水中同时参与两种运动,即绕桨毂轴线的回转运动和沿桨毂轴线的轴向运动。我们知道,螺钉在螺母中每转动一圈时前进一个螺距。当螺旋桨在水中运动时,水被它推向后移,螺旋桨前进的距离比螺距要小,这种现象称为螺旋桨的滑失现象(或滑脱现象)。螺旋桨旋转一周在轴向前进的距离称为进程,以 h_P 表示。进程与桨直径的比值称为进程比,以 $J = \frac{h_P}{D}$ 表示。螺距和进程的差值称为滑失(或滑脱),即 $H - h_P$。滑失与螺距的比值称为滑失比,以 S 示之,即

$$S = \frac{H - h_P}{H} \tag{4-3}$$

若取单位时间来考虑,设螺旋桨的转速为 n_s (r/s),则每秒钟叶素沿圆周方向的回转路程为 $2\pi \cdot r \cdot n_s$,即叶素的切向速度。每秒叶素前进的路程并不是 Hn_s,而仅为 $v_P = h_P \cdot n_s$,称为螺旋桨进速,Hn_s 与 v_P 之差称为滑失速度。因此,滑失比还可表示为

$$S = \frac{Hn_s - v_P}{Hn_s} \tag{4-4}$$

三、螺旋桨特性

1. 工作特性

应用因次比较法可以得出螺旋桨的推力

$$T = K_1 \rho n_s^2 D^4 \quad \text{N} \tag{4-5}$$

螺旋桨的阻力矩

$$M = K_2 \rho n_s^2 D^5 \quad \text{N} \cdot \text{m} \tag{4-6}$$

式中，K_1，K_2——分别是推力系数和扭矩系数；

ρ——水的密度，kg/m^3；

D——螺旋桨的直径，m；

n_s——螺旋桨的转速，r/s。

螺旋桨的效率 η_P 是有效功率与消耗功率（也即吸收功率、得到功率）之比，而螺旋桨的有效功率为 Tv_P，消耗功率为 $M\omega$，因此

$$\eta_P = \frac{Tv_P}{M\omega} = \frac{K_1}{K_2} \cdot \frac{J}{2\pi} \tag{4-7}$$

式中，v_P——螺旋桨的进速，m/s；

ω——螺旋桨的旋转角速度，rad/s；

J——进程比。

式(4-5)、(4-6)和(4-7)是螺旋桨工作性能的基本方程式。对于几何形状一定的螺旋桨，推力系数 K_1 和扭矩系数 K_2 都取决于进程比 J，它们之间的变化关系可由实验测得，如图 4-4 所示。

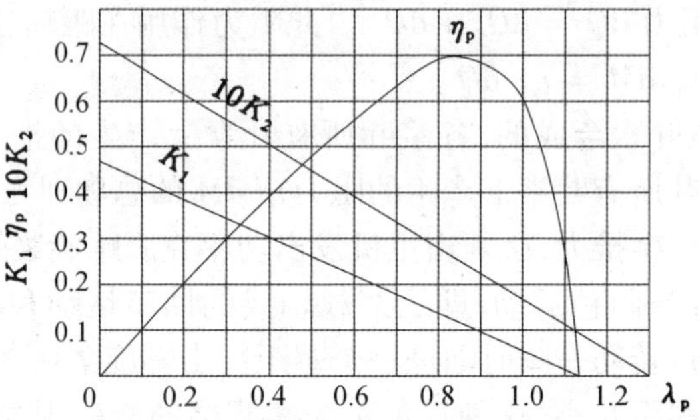

图 4-4　推力系数和扭矩系数与进程比 J 间的关系

由进程比定义式 $J = \frac{h_P}{D} = \frac{v_P}{n_s D}$ 可知，对于一定的螺旋桨，J 取决于船舶的航行状态，即取决于船舶的航行工况。因此，当船舶在某一工况下稳定航行时，螺旋桨就有一个固定的 J 值，K_1 和 K_2 也成为常数。螺旋桨直径 D 是固定不变的，水的密度 ρ 也可认为不变，这样，可把螺旋桨工作性能的基本方程式表示为

$$T = C_1 n_s^2 \tag{4-8}$$

$$M = C_2 n_s^2 \tag{4-9}$$

$$\eta_P = C_0 \tag{4-10}$$

式中，C_1，C_2，C_0——系数，取决于船舶航行工况，当船舶在不变的工况下稳定航行时，均为常数。

螺旋桨的功率 $P_P = 2\pi n_s M$，将式(4-9)代入，得到

$$P_P = C n_s^3 \tag{4-11}$$

式中，系数 C 和 C_1，C_2，C_0 一样，也取决于船舶航行工况。

式(4-8)和(4-9)说明螺旋桨的推力和扭矩与其转速的平方成正比。式(4-11)说明螺旋桨吸收的功率与其转速的立方成正比。将以上三式绘成曲线，此曲线即为螺旋桨的特性曲线，如图4-5所示。

2. 影响螺旋桨特性的因素

影响螺旋桨特性的因素是多方面的，但可概括为以下两个主要方面。

1）螺旋桨结构参数的影响

桨的结构参数主要有直径 D、螺距比 H/D。由式(4-5)和式(4-6)可看出，直径 D 对螺旋桨产生的推力和吸收的扭矩影响很大，分别为四次方和五次方的关系，所需要的功率也是五次方的关系。对于同一直径的螺旋桨，其螺距比越大即 H/D 越大，它所需要的功率也越多。图 4-6 示出不同 H/D 时的螺旋桨功率特性，H/D 越大，曲线就越陡。

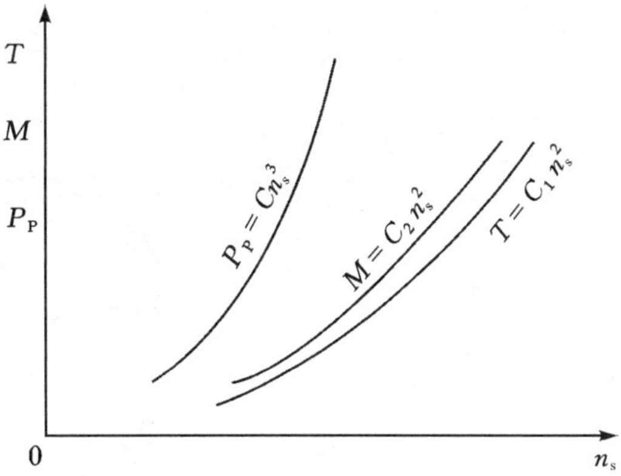

图 4-5　螺旋桨特性曲线

对于一定功率的主机，必须选配合适的螺旋桨。如果直径 D 和螺距比 H/D 过大，螺旋桨会过重，主机带不动，它在高转速下运转时，就会造成超负荷。如果 D 或 H/D 选得过小，螺旋桨会过轻。主机就不能充分发挥它的做功能力。

2）船舶航行工况的影响

船舶航行工况的变化，既包括航行的自然条件变化，如风浪大小、水深的变化等，也包括各种机动操纵时的过渡过程，如船舶的加速、减速、倒航等。当航行工况改变时，船舶航速与螺旋桨的转速之间的关系要发生变化，也即进程比 J 的数值要改变。由于推力系数和扭矩系数随 J 而变，因此螺旋桨的推力和阻力矩也发生变化。下面分析一下在不同航行工况时，螺旋桨的推力和阻力矩的情况。

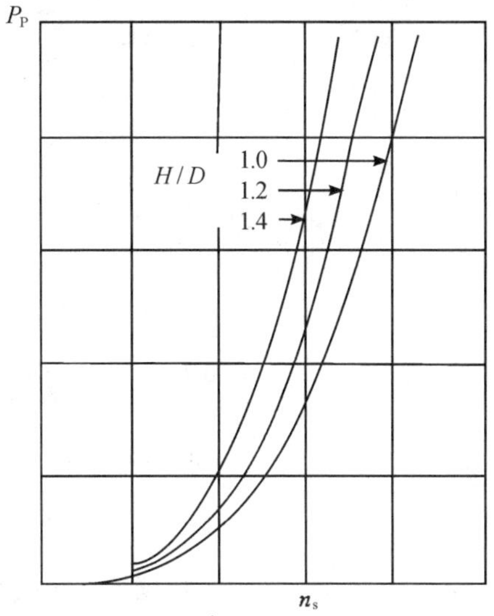

图 4-6　H/D 对螺旋桨功率特性的影响

(1)无进程情况。无进程情况相当于系泊工况。此时 $J=0$，如图 4-7(a)所示。水将从垂直于轴线方向流入，螺旋桨只有旋转运动而无轴向移动。此时 K_1 与 K_2 最大，推力和阻力矩都达到最大值。此种情况下管理人员应注意控制主机油门和转速，以免主机超负荷。

(2) J 减小情况。J 减小相当于主机转速未变，由于船体污底、载重量增加、顶风、浪大和船舶转弯等原因，船体阻力增加，船速变慢。此时随着 J 的减小，K_1 与 K_2 都增加，转速不变，推力和阻力矩也都增加。在这种情况下，必须防止主机超负荷。

(3) J 增大情况。J 增大相当于船舶空载、轻载或顺风航行，船体阻力减小，主机仍保持原转速，船速会增大。随着 J 的增大，K_1 与 K_2 都相应减小，因此推力和阻力矩都会减小。此时轮机人员应减小主机油门格数，维持主机的转速，使之不超过额定值。

(4)无推力情况。当螺旋桨进程 h_P 稍大于螺距 H 而出现负的滑失时，水流的合成速度 ω 就以某一负的冲角流向叶素，如图 4-7(b)所示。此时的升力 d_y 很小，而阻力 d_x 仍有一定值，结果 dy 和 dx 在轴向的分力 dT_y 和 dT_x 的大小相等，方向相反，相互抵消，因此推力为零。这就是是零推情况。但是,此时螺旋桨的阻力 dQ 仍有一定值。

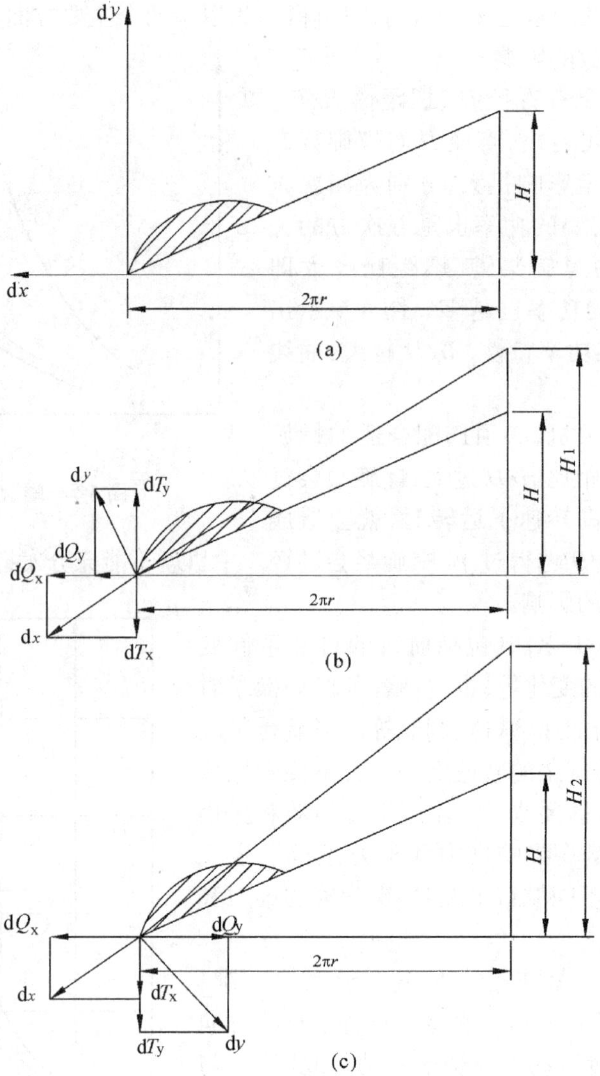

图 4-7　螺旋桨推力和阻力矩随航行工况的变化

(5)无阻力矩情况。若进程进一步增大,致使升力和阻力在周向的分力大小相等、方向相反,螺旋桨的阻力 dQ 为零,这就是零矩情况,如图 4-7(c)所示。但是,此时的推力已为负值,阻止船舶前进。

(6)水涡轮情况。若进程继续增加。螺旋桨会产生负的推力和负的转矩,此时螺旋桨的作用就变成一只水涡轮。就是说,螺旋桨吸收了水流冲击的能量,而产生转矩带动主机回转。

第四节 可调螺距螺旋桨

一、调距桨的工作特性

前面介绍的螺旋桨其桨叶和桨毂是一体的，当螺旋桨制造好后，它的螺距就不再改变，这样的螺旋桨称定距桨。根据定距桨功率与转速关系式可知，当船舶航行阻力增加时，只要船是处于稳定航行状态，螺旋桨所需功率 P_P 与其转速 n_s 间仍然保持三次方关系。但由于系数 C 将发生变化，因此螺旋桨特性也要发生变化。由图 4-8 可见，当船舶阻力增加后，在相同的螺旋桨转速下，螺旋桨所需功率将增加。也就是说，螺旋桨随船舶阻力增加而负荷变重；反之则变轻。

当外界条件不变而螺旋桨的螺距比 H/D 改变，船舶处在稳定航行状态时，螺旋桨所需功率与其转速也仍然保持三次方的关系，但因系数 C 的变化，使螺旋桨特性也发生变化。由此可见，在同样的航行条件下，使螺旋桨转速保持不变，采用的螺距越小，螺旋桨所需功率也就越小，螺旋桨负荷越轻；反之则越重。

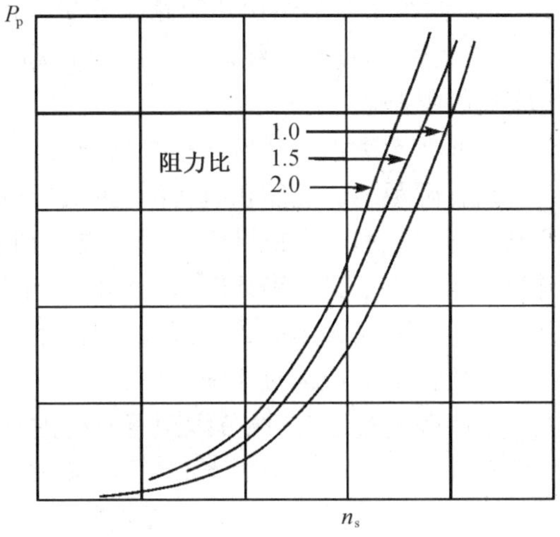

图 4-8 船舶阻力对螺旋桨特性影响

将以上两种情况结合起来就不难想到，由船舶阻力变化所引起的螺旋桨特性变化可用改变螺距比的方法来补偿，只要螺距比采用得适当，在船舶阻力发生变化时，可使螺旋桨的功率—转速特性线保持在原来的位置，也就是可用改变螺距的方法去适应船舶工况的变化，于是就出现了可调螺距螺旋桨。

可调螺距螺旋桨（简称调距桨）。其桨叶螺旋面与桨毂可作相对转动，通过转动桨叶来达到改变螺距的目的。桨叶每到一个位置，就有一个对应的螺距 H，螺旋桨也就有一个新的特性。对于一个定距桨，它只有一组工作特性曲线，并且当 J = 常数时，它的推力、阻力矩、功率与转速之间的关系曲线都只有一条，而调距桨，则可以把它视为一系列同一直径的具有不同螺距比的定距桨的组合，所以它的特性曲线是由多组类似于定距桨的工作特性曲线共同组成的。

二、调距桨的优缺点

根据调距桨的特性，它和定距桨相比，具有以下优点：

1. 对船舶航行条件的适应性强

不论船舶在任何工况下，调距桨均能给予主机发出全部功率的能力，因此船舶可获得较高的航速或给出较大的推力。应该注意到，虽然在船舶工况变化时主机的转速和功率能够保持不变，不过螺旋桨的效率则随螺距变化而改变。另外，船舶阻力增加时，船舶航速会降低。

2. 动力装置的经济性好

一般来说，由于调距桨毂径比定距桨大，故在设计工况下，定距桨效率比调距桨效率稍高。但是在非设计工况下运转时，由于每一个定距桨效率线只有一条，所以它只能在这一条效率曲线上变化。可见，在偏离设计工况时，定距桨的效率明显降低，离设计工况越远，下降越严重。显然，在非设计工况下，调距桨效率比定距桨效率高，这是调距桨动力装置经济性好的原因之一。

3. 船舶的机动性提高

调距桨船的操纵特点：船速可通过主机转速和桨的螺距两个参数的调节来完成；船舶的进、退是通过使螺距角的正、负变化来完成的。由这两个操作特点可看出调距桨在三个方面提高了船舶的机动性：

(1)螺距角正、负值转换的时间比主机换向时间短，特别是在高船速时将更为明显。

(2)调距桨船能给出比定距桨船更大的反向推力。

(3)船舶可进行无级调速。主机在高转速下也可获得极慢的航速，完全不受主机最低稳定转速的限制。

4. 有利于主机向辅助设备提供动力

装有调距桨的船舶在航行时，主机可以保持恒速运转状态，这对要求恒速运转的轴带交流发电机特别有利。主机可恒速运转也有利于配有某些轴带辅机的工程船舶的作业，如挖泥船、消防船等。当挖泥船满载航行或消防船全速赶赴火区灭火时，主机的全部功率都供给螺旋桨；而当以低航速挖泥作业或火区灭火时，主机的大部分功率可用于驱动辅机。

5. 延长了发动机的寿命

采用调距桨装置，调节螺距可改变航速，改变螺距的正负可改变螺旋桨推力方向，这就使主机转速可以固定在最适当的位置，减少了主机起、停次数，因此减少了运动部件的磨损和受热部件的热疲劳损坏。主机无需逆转，不用配备换向装置，使结构简化，减少了维护管理工作量。

6. 便于实现遥控

调距桨螺距的调节，一般是在驾驶台由驾驶员直接操作，整个遥控系统较简单，容易实现。采用调距桨的主要缺点：

(1)调距桨和轴系的构造复杂。制造工艺要求高，所用材料也较好，还要设置一套调距机构和系统，因此造价较高。

(2)桨毂中的转叶机构零件较多，而空间又小，可靠性不如定距桨，这些部件难以维护保养，一旦损坏，船舶必须停航进坞，给营运带来损失。

(3)调距桨的毂径比 d/D 比定距桨大，因此在相同的设计工况下，调距桨比定距桨的效率低3%左右。

(4)调距桨桨叶根部由于受叶根法兰尺寸限制和布置固定螺栓的需要，使叶根剖面宽度较小，为保证根部强度，叶根厚度相应增加，使桨叶根部容易产生空泡。

三、调距桨装置的动作原理和组成

调距桨装置的动作原理可用图 4-9 说明。驾驶人员发出的指令信号，通过信号传递系统传到操纵杆 6。杆 ABC 则以 C 为支点动作，将控制阀 4 移动使其离开中央位置，此时具有一定压力的控制油经控制阀进入配油轴套 3，由桨轴中的油道进入伺服油缸 1 的相应工作空间(另一空间回油)，推动动力活塞 2。动力活塞的移动，带动调距杆(动力活塞杆)使螺距发生变化。

动力活塞在移动的同时还通过反馈装置 5 移动杆 ABC 的 C 点，此时 A 点不动，于是反馈信号传到控制阀 4。反馈信号和驾驶台指令信号进行比较，若两个信号相等，则说明螺距已调到驾驶人员所要求的值，控制阀就回到原来的平衡位置，切断压力控制油和回油。若反馈信号

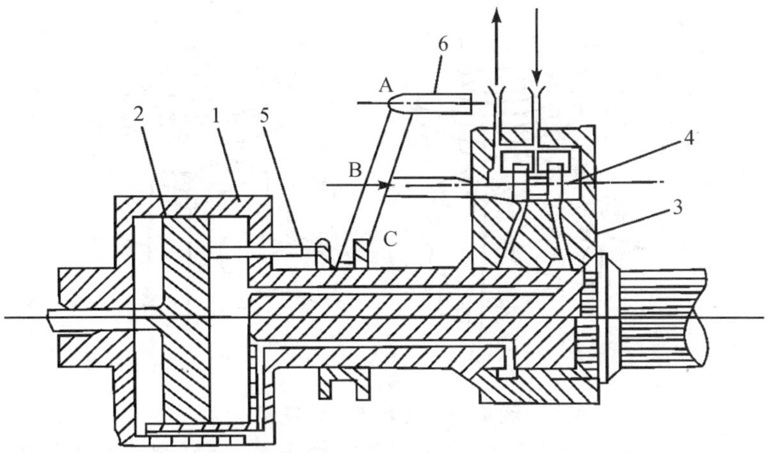

图 4-9　调距桨装置的调距机构

1—伺服油缸；2—动力活塞；3—配油轴套；4—控制阀；5—反馈装置；6—操纵杆

和指令信号不相等，则继续上面的调距动作，直至符合要求为止。

调距的时间是短暂的，而使螺距固定在某一要求的位置却是长期的。如果动力活塞由于某种原因，如液压油的漏泄，而偏离所要求的位置，这意味着螺距偏离了所要求的螺距值，图 4-9 所示的调距机构可通过反馈机构使动力活塞的偏移信号传到控制阀，于是重新开始一个调节过程，使动力活塞也即螺距回复到原来要求的位置上。这种稳距方式是通过调节过程的动作自动完成的，称动态稳距方式。还有的调距桨装置的稳距作用是利用液体的不可压缩性，靠止回阀密封伺服油缸油腔的方法来实现的，称为静态稳距方式。

由以上调距桨的动作原理可看出，一般调距桨装置包括五个基本组成部分。

(1)调距桨。它包括可转动的桨叶、桨毂和桨毂内部装设的转动桨叶的转叶机构等。

(2)传动轴。一般由螺旋桨轴和配油轴组成，两者用套筒联轴器相连。这种传动轴和定距桨的传动轴不同，它是中空的，其中装调距杆；或者当伺服油缸位于桨毂内时，中空的传动轴作为进排油通道。

(3)调距机构。它包括产生转动桨叶动力的伺服油缸、伺服活塞，分配压力控制油给伺服油缸的配油器，桨叶定位和桨叶位置的反馈装置及其附属设备等。它的主要任务是调距、稳距以及对螺距进行反馈和指示。

(4)液压系统。主要由油泵、控制阀(换向阀)、油箱和管件等组成。它的作用是为伺服油缸提供符合要求的液压油。

(5)操纵系统。主要由操纵台、控制和指示系统组成。它的作用是按预先确定的控制程序同时调节发动机的转速和调距桨的螺距，以获得所要求的工况。

调距桨转叶机构的作用是将往复运动转变为回转运动。转叶机构如图 4-10 所示。其中图(a)为十字头上开槽，槽中设滑块。图(b)为十字头上带销，曲柄上开槽。这两种形式都可将十字头的往复运动变为曲柄的回转运动。它们的结构简单紧凑，传递扭矩能力大，应用广泛。图(a)为曲柄滑块式，图(b)为曲柄销槽式。

在调距桨装置中一般还设有应急锁紧桨叶装置，利用它可在应急情况下(例如液压系统失灵)，把桨叶固定在一定的正螺距值，使调距桨变为定距桨。

对采用调距桨的推进装置可以采用双手柄控制，也可采用单手柄控制。所谓双手柄控制

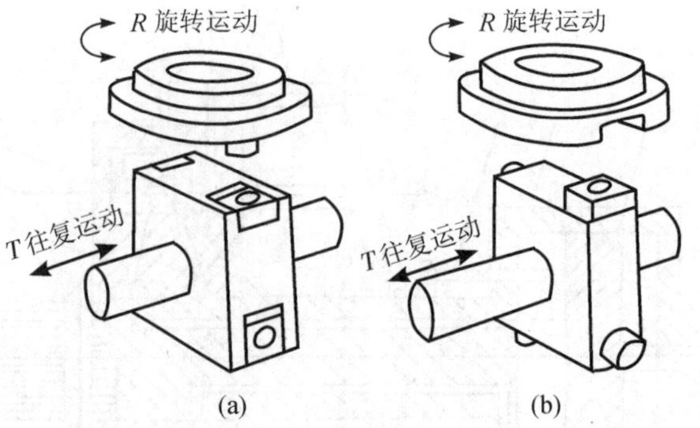

图 4-10　转叶机构示意圈

乃是用两只操纵手柄分别地操纵主机转速和螺旋桨螺距，这种控制方式不但操作不方便，而且也很难把工况调到最佳，甚至使运行工况比采用定距桨还要坏。单手柄控制是用一个手柄，按螺旋桨螺距与主机转速的设定规律来操纵螺旋桨和主机。这种控制方式也称为联合控制。

第五节　船舶推进装置管理

一、齿轮减速器和摩擦离合器的管理

1. 齿轮减速器的管理

大型船舶上所用的齿轮减速器一般都设有独立的润滑系统。在开航前备车时应注意检查集油柜(油底壳)的油位。油位有工作时油位和不工作时油位之分。若油位太低，油泵有吸入空气的危险。齿轮箱油位也不能太高，以免齿轮浸入油池太深，使发热量和主机功率损失增加。备车时对滑油要预热(预热温度约 30℃)。开动主机前要提前启动减速器润滑系统滑油泵，进行暖机和摩擦表面的预润滑。提前的时间长短按说明书规定进行，一般应在 15 min 左右。在减速器运行期间要注意监视滑油压力和温度，若不符合规定应及时调整，以获得合适的滑油黏度。滑油黏度对齿轮减速器的寿命和效率都有很大影响。运转中注意观察滑油油位，注意监视轴封和管接头的漏泄情况，并注意监听减速器的运转声音，发现异常及时找出原因并加以排除。对冷却器和滤器要注意放空气，滤器要经常清洗，特别是风浪天航行更应注意。清洗滤器时应仔细观察污物中是否有白合金和铁末，白合金和铁末分别是轴承和齿轮牙齿损伤的象征。在停机后不要马上停齿轮箱滑油泵，要继续供油，冷却 10 min 左右。

平时除注意对滑油进行分离净化外，还要定期取样对滑油进行化验，不符合要求时及时换新油。要定期对齿轮减速器进行拆检。在拆开后进行检查时，要特别注意齿轮啮合面的情况。若发现有很多麻点，可能是由于表面加工和硬度不均，产生金属粒子的疲劳所致。在不能进行表面再生处理的情况下，可适当提高滑油黏度作为临时补救措施。若在啮合面的径向发现较多的划痕，多因为滑油不洁，含有硬质细粒所致，应勤洗滑油滤器及进行净化处理。若发现齿面有碎片剥落，可能是因为超负荷运转，运转中发生冲击或滑油黏度不足引起的，也可能是因为对中不良的原因造成的。发现缺陷要及时采取修理措施或更换备件。齿轮各部及轴承的间隙也要注意检查，要保持在要求范围之内。

2. 摩擦离合器的管理

摩擦离合器主动轴与从动轴间的同轴度要求比较严格，一般应在 0.05 mm 之内，以使摩擦副能良好接合。对液力接合的离合器滑油压力要符合规定,以免压力过低造成打滑发热。

摩擦元件是易损件,应定期拆检,对过度磨损元件要及时更换。使用中不允许长期超过离合器的额定扭矩。对于设有橡胶弹性元件的离合器,不允许油、酸、碱及其他有机溶剂沾污橡胶元件的表面。离合器外应安装防护罩,并注意通风。应避免在超过允许的交变扭矩情况下长期工作,也要避免在主临界转速附近长期运转;否则将损坏离合器。

二、轴系和螺旋桨的管理

(1)要确保中间轴承和艉轴管冷却海水的供应。由于这些海水管离泵远,管的内径小,容易被泥沙堵塞,特别是在管子拐弯较多时更易被堵,应注意疏通。

(2)注意检查中间轴承的温度、油位、油环的工作和两端轴封的密封情况。中间轴承不是强力循环润滑,每个轴承的底座都是一个油池,要注意每道轴承的油位、油环和轴封情况,注意每道轴承的温度,特别要注意最后一道中间轴承的工作,因为它离螺旋桨近,负荷要大一些,最容易发热。由于船体变形也可能引起某个轴承发热,在巡回检查时要注意触摸。若某轴承温度过高,作为临时应急措施可在轴承外壳淋水冷却,停航后必须查清原因,尽快修复。

(3)对于铁梨木轴承艉轴管,要让少量水漏入舱内,以冷却艉轴和填料函。填料紧度要合适,过紧漏水少,易积泥沙使轴和填料函发热,如漏水太多也不合适,应把填料压盖再拧进一些,必要时换新填料。在巡回检查时一定要走到艉轴填料函处进行触摸,以确定温度是否正常。

(4)对于巴氏合金艉轴管要确保其滑油系统正常工作。注意观察重力油箱油位,要注意油质和油温,注意艉轴密封装置是否漏油。特别是尾密封装置更为重要,如漏油不仅是滑油浪费问题,还要污染海水,在港内一定要注意观察船尾是否有油花,在一些国家港内漏油还要受到处罚。因此要按期抽验艉轴,及时更换密封元件。

(5)运转中要注意观察轴的跳动情况,各轴承是否有异常的振动,个别部位是否发热甚至颜色变蓝(该处为扭转振动的节点)。有异常振动时应减速或停车,查明原因,予以排除。在一般情况下振动除和柴油机工作有关外,还和轴系及螺旋桨工作状况有关。若桨叶碰到漂流物(如浮木、浮冰)发生了变形,桨毂松脱,桨叶或船艉轴外部缠绕了钢索、麻绳等物,艉轴承间隙太大,中间轴中心线失中,艉轴承及中间轴承损坏以及新换的铁梨木轴承间隙未留足膨胀余度,以上原因都有可能引起振动,要找出振动的原因予以消除。艉轴振动还会引起密封装置漏泄。

(6)对于调距桨装置还要注意系统的油压是否正常,管系接头及桨叶密封圈是否漏油,稳距效果是否正常等。

(7)艉尖舱内的淡水或海水,航行中不要排干,在寒冷季节航行艉尖舱的水不要装满,停泊时应将水排出,以防舱内液体结冰损坏艉轴管。

(8)在空载航行时要尽量压载,使螺旋桨埋入水中一定深度,这样可减轻桨叶的空泡腐蚀,特别是在风浪天航行更应注意避免飞车现象。空泡腐蚀多发生在桨叶的 $0.9R$ 至桨叶尖处,由于这一区域原来就比较薄,当发生空泡腐蚀时,不仅会有很多空洞产生,而且也容易使叶片边缘呈锯齿状,影响螺旋桨的工作性能。因此,轮机人员应经常注意桨叶的情况,凡有检查机会都不要放过。例如,在码头停泊时,可借盘车机转动艉轴,当桨叶露出水面可察看桨叶是否弯曲受损、表面光滑程度、导流罩是否完好、有无外物缠绕等。

(9)对轴系要定期进坞检查。在把艉轴抽出时,若发现轴表面有细痕,可用油石磨去。安装时要注意不要让污物落入艉轴管及油封内。对螺旋桨裂纹、弯尖、变形、断裂等故障尤为仔细观察寻找。螺旋桨桨毂内孔要和艉轴锥部很好贴合，接触面不少于75%，固紧螺帽的固紧力要符合规定，若太松，键槽容易损伤。液压上紧的螺旋桨，压入的力量和速度要适当，不要压入太快。装好后注意锁紧。

(10)对备件要妥善保管，轴表面要涂油脂。油封环应水平放置在阴凉处，以免变形和硬化变质，安装前应很好检查。

(11)螺旋桨和轴系在进行修理工作前，应和验船部门取得联系，重大问题的处理要由验船部门认可。

第五章　船舶辅助机械

第一节　船用泵

一、船用泵的功用及分类

泵是一种液体输送机械，它能将原动机的机械能转变为液体的机械能。船用泵是指符合船舶规范规定和船用技术条件要求的各种供船舶使用的泵。在船上它们经常被用来输送海水、淡水、污水、滑油和燃油等各种液体。为达到这一目的就须提高被输送液体的压力能、位能，或克服液体在管路中流动的阻力，因此从本质上说，泵是用来提高液体机械能的设备。

船用泵在现代船舶上有着十分广泛的应用，根据其用途的不同，可分为：

(1)船舶动力装置用泵。有燃油泵、润滑油泵、海水泵、淡水泵、舵机或其他甲板机械的液压泵、锅炉装置的给水泵、制冷装置的冷却水泵、海水淡化装置的海水泵和凝水泵等。

(2)船舶通用泵。有舱底水泵、压载水泵、消防泵、日用淡水泵、日用海水泵、热水循环泵；还有兼作压载、消防、舱底水泵用的通用泵。

(3)特殊船舶专用泵。某些特殊用途的船舶，还设有为其特殊营运要求而设置的专用泵，例如油船的货油泵、挖泥船的泥浆泵、打捞船上的打捞泵、喷水推进船上的喷水推进泵、无网渔船上的捕鱼泵等。

根据泵的工作原理的不同，船用泵主要有以下几类：

(1)容积式泵

容积式泵是靠工作部件的运动造成工作容积周期性地增减变化而吸排液体，当工作容积增大而压力降低时吸入液体，当工作容积减小而压力升高时排出液体，并靠挤压而直接使液体的压力能增加。根据运动部件的运动方式不同，它又可分为往复泵和回转泵两类。前者有活塞泵和柱塞泵；后者有齿轮泵、螺杆泵、叶片泵等。

(2)叶轮式泵

叶轮式泵是靠叶轮带动液体作高速回转运动，连续地产生吸排作用，把机械能传递给所输送的液体，使液体的压力能增加，并达到输送液体的目的。根据泵的叶轮和流道结构特点的不同，又可分为离心泵和旋涡泵。

(3)喷射式泵

喷射式泵是靠具有一定压力的工作流体在喷嘴中产生高速射流引射流体，然后再通过动量交换而使被引射流体的能量增加。根据所用工作流体的不同，又可分为水喷射泵、蒸汽喷射泵和空气喷射泵等。

泵除按工作原理的不同进行分类外，还可以按泵轴位置分为立式泵和卧式泵；按吸口数目分为单吸泵和双吸泵；按驱动泵的原动机分为电动泵、蒸汽泵和柴油机泵。一般船上都是按照泵的功能为泵命名的，如主机海水冷却泵、主机滑油泵等。

二、泵的性能参数

为了表征泵的性能和完善程度，以便选用和比较，通常把流量、压头、转速、功率和效率等主要工作参数称为泵的性能参数。

1. 流量

流量是指泵在单位时间内所输送的液体量。所输送的液体量可用体积或质量来度量，分别称为体积流量 Q (m^3/s)或质量流量 G (kg/s)。

2. 扬程

泵的扬程又称泵的压头，是指单位重量液体通过泵作用后增加的机械能，常用 H 表示，单位是 m(液柱)。

泵铭牌上标注的扬程是额定扬程，即设计工况的扬程。泵实际工作时的扬程取决于泵所工作的管路的具体条件。容积式泵铭牌上标注的往往是额定排出压力而不是额定扬程，它是在试验标准下泵连续工作时所允许的最高压力。容积式泵工作时的实际排出压力不允许超过额定排出压力。叶轮式泵、喷射式泵工作扬程高出额定扬程一定程度仍可工作，但工作扬程接近额定扬程时泵的效率较高。

3. 转速

泵的转速是指泵轴每分钟的回转数，用 n 表示，单位是 r/min。泵铭牌上标注的转速是指泵轴的额定转速。

4. 功率和效率

泵的功率有输出功率和输入功率。输出功率又称为有效功率，指泵单位时间内实际传给液体的能量，用 P_e 表示，可由下式求得

$$P_e = \rho g Q H \quad \text{W}$$

泵的输入功率也称轴功率，是指泵轴所接受的功率，用 P 表示。

由于泵在实际工作中总存在各种能量损失，所以泵的有效功率总小于轴功率，可用效率 η 来衡量。输出功率和输入功率之比称为泵的效率，即

$$\eta = P_e/P$$

效率表示泵性能的好坏以及动力的利用程度，效率越高说明泵的工作越经济。

5. 允许吸上真空度

允许吸上真空度是指泵在额定工况下保证不发生汽蚀时泵进口处能达到的最大吸入真空度，用 H_s 表示，单位是 MPa。泵的允许吸上真空度是泵吸入性能好坏的重要标志，也是管理中控制最大吸入真空度的依据，真空度过高会使吸入液体汽化而泵不能正常工作。

三、泵的结构、原理、性能特点及管理要点

1. 容积式泵

容积式泵是依靠运动部件的运动使工作容积周期性地增大或减小而吸排液体的，主要有往复泵、齿轮泵、螺杆泵、叶片泵等。下面以往复泵、齿轮泵、螺杆泵和叶片泵为例说明容积式泵的基本结构、工作原理、性能特点以及管理要点。

1)往复泵

(1)结构和原理

往复泵是利用活塞的往复运动，使泵缸内的容积发生变化，完成吸排和输送液体的。图5-1 是单缸双作用往复泵的结构简图。它主要由活塞、泵缸、吸入阀和排出阀等部件组成。

活塞1将泵缸2分隔成上、下两空间，它们分别与阀箱3中对应的各自小室相通。每个小室的下部装有吸入阀7，上部装有排出阀5，并分别与公共的吸入室8和排出室4相通。往复泵阀箱被吸入阀和排出阀分隔为三层，吸入管通下层，排出管通上层，泵缸通中层。活塞在缸内作上下往复运动，当活塞上行时，泵缸下部空间容积不断增加，与之相通的小室内的压力也随之降低并形成真空，吸入室中的气体将顶开相应的吸入阀进入泵缸。于是吸入室和吸入管9内压力也就降低，液体在吸入液面上的气压作用下，将沿吸入管上升。当活塞下行时，泵缸下部容积减小，压力增加，迫使吸入阀关闭，并克服排出室中的压力将相应的排出阀顶开，部分气体经排出管6排出。与此同时，因活塞上部的容积在增大，吸入室中的气体改由右边小室的吸入阀吸入泵缸上部，吸入管中液面继续上升。这样，活塞继续不断运动，吸入管中气体将不断被泵排往排出管，最后液体将进入泵缸，泵就开始正常排送液体。

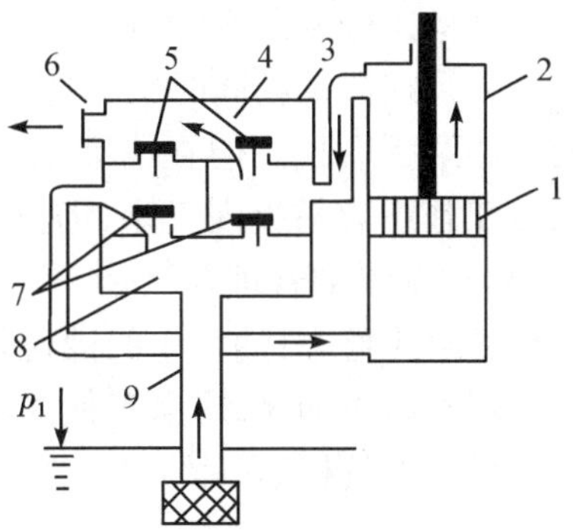

图5-1　往复泵的结构简图

1—活塞；2—泵缸；3—阀箱；4—排出室；5—排出阀；6—排出管；7—吸入阀；8—吸入室；9—吸入管

往复泵在活塞每一往复行程吸排液体的次数，称为往复泵的作用数。上述往复泵每一往复行程活塞两侧各吸排一次液体，是双作用泵。如果只有单侧泵缸工作，那么每一往复行程吸排一次液体，是单作用泵。由三个单作用泵缸组成，且泵轴由三个相位彼此相差120°的曲柄或偏心轮带动，是三作用泵。由两个双作用泵缸组成，且泵轴由两个相位相差90°的曲柄或偏心轮带动，是双缸四作用泵。

往复泵又可分为活塞泵和柱塞泵两大类。活塞泵因活塞直径较大且较短，呈盘状结构，其上装有活塞环，因此密封性能较差，不适用于高压。而柱塞泵因柱塞直径较小且较长，圆柱面经过精密加工并车有若干道环形均压槽，有良好的密封性，故适用于高压。

(2)往复泵的特点

①自吸能力较强。泵的自吸能力，是指泵依靠自身能力能抽出泵内及吸入管路中的空气而将液体吸上的能力。泵的自吸能力可用自吸高度和吸上时间来衡量。泵的自吸能力的好坏与泵的密封性能有重要关系。

②理论流量与工作压力(或排出压力)无关。往复泵的理论流量只与活塞直径、行程、作用次数和转速有关，与工作压力无关。

③额定排出压力与泵的几何尺寸、转速和作用次数无关，主要取决于泵的原动机功率、轴承的承载能力、泵的强度和密封性能等。为了防止过载，往复泵必须开阀起动，严禁在排出截止阀没有开启时起动往复泵。并必须在排出阀的内侧装设安全阀。

④流量不均匀。往复泵吸入和排出液体的过程是不连续的，流量不均匀，吸、排管路中液流速度不稳定而产生惯性阻力损失，使吸入阻力增大而容易引起汽蚀，并且使排出压力波动。为此，常采用多作用往复泵，或在泵排出、吸入端设空气室来改善。

⑤转速不宜太快。泵的转速过高，泵阀迟滞造成的容积损失就会相对增加；泵阀撞击更为严重，引起的噪声增大，磨损也将加剧。

⑥不宜输送含固体杂质的液体。

⑦结构比较复杂,活塞环、泵阀、填料等易损件较多。

往复泵在流量相同时比其他泵显得笨重,造价较高,管理维护比较麻烦,目前在许多场合已被离心泵所取代。但在需要有较高的自吸场合(如舱底水泵、油船扫舱泵或锅炉给水泵等),因工作中容易吸入气体,仍较多采用往复泵。

(3)往复泵的管理要点

启动前应检查:油箱中的油位是否在规定范围内,人工加油的部位应加适量的滑油;久置未用或刚检修过的泵,应盘车使曲轴转动 1 ~2 转,以检查运动部件有无卡阻;检查电动机转向是否与机体上的标志一致,以防自带油泵反转而不能供油;开足吸、排截止阀;接通电源,起动泵。

运行中应注意:检查排出压力和吸入压力是否正常;检查滑油压力、温度和油位是否正常;检查电机、轴承和填料函等部位有无过热,轴承温度不应超过 70℃;仔细倾听泵各运动部件及泵内部有无异常声响,若缸内有严重敲击声应立即停车检查;检查填料函有否过多的漏泄,其他结合面有无渗漏,以及是否有异常声响。

停止运行时应:通过切断电源来停泵;先关吸入阀,再关排出阀;当外界温度低于 0℃时,应放尽泵缸和阀箱内存水,以防冻裂;长期停用时,应拆泵将水擦干,各运动件涂敷油脂。

2)齿轮泵

齿轮泵的主要工作部件是互相啮合的齿轮,装在一个与齿轮相配合的泵壳内。按其啮合的方式可分为外啮合式和内啮合式两类。

(1)结构和原理

图 5-2 是外啮合正齿轮泵的基本结构图。它由一对啮合齿轮、泵壳、两侧端盖所组成。啮合齿轮被安装在两根平行的主、从轴上,轴的两端由滚针轴承支承,主动轴由原动机带动作等速旋转,为防止伸出端泄漏,故装有油封。主、从动齿轮分别被齿轮泵壳和两侧端盖所包围,形成密封空间,啮合的轮齿 A、B、C 又将此密封空间分隔为与吸入口 4 相通的吸入腔和与排出口 5 相通的排出腔。当齿轮按图示方向旋转时,轮齿 C 逐渐退出啮合,其所占据的齿间的容积逐渐增大,压力相对降低,于是液体在吸入液面上的压力作用下,经吸入口流入该齿间。随着齿轮的回转,一个个吸满液体的齿间转过吸入腔,沿泵壳内壁转到排出腔,当它们逐渐重新进入啮合时,充满齿间的液体即被轮齿不断挤出,并从排出腔连续排出。

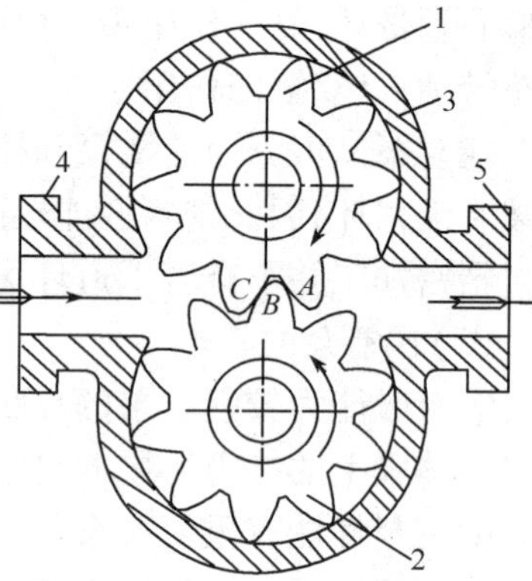

图 5-2　齿轮泵的基本结构图

1—主动齿轮;2—从动齿轮;3—泵体;4—吸入口;5—排出口

可见,齿轮泵的吸排油方向取决于泵的转向。普通齿轮泵如果反转,其吸排方向也就相反。另外,由于齿轮泵摩擦面较多,一般只用来排送有润滑性的油液。如用来输水,齿轮泵将发生严重的磨损。

(2)齿轮泵的特点

①齿轮泵有一定的自吸能力,所以齿轮滑油泵可装得比滑油液面高。但其自吸能力不如往复泵。另外,齿轮泵摩擦面多,为防起动时的干磨损,泵内应有一定量的存油。

②理论流量仅取决于工作部件的尺寸和转速,与排出压力无关。

③额定排出压力与工作部件尺寸、转速无关，主要取决于泵的密封性能和轴承承载能力。为了防止泵在超过额定工作压力的情况下工作，一般应设安全阀。

④流量连续，但有脉动。外啮合齿轮泵流量脉动率大，噪声较大；内啮合齿轮泵流量脉动率较小，噪声也较小。

⑤齿轮泵结构简单、紧凑，价格低廉。

⑥因摩擦面较多，故适用于排送不含固体颗粒并具有润滑性的油类。

(3)齿轮泵的管理

①注意保证泵的转向正确。一般齿轮泵有既定的转向，反转会改变吸排方向而引起断油事故，检修时应注意马达接线不要接错。

②起动前必须确保泵内有规定的存油，以便减轻齿轮磨损并提高自吸能力。

③不宜在超出额定压力的情况下工作，否则会使原动机过载。

④检查轴封工作情况。机械轴封属于较精密的部件，拆装时要防止损伤密封元件。

⑤吸入压力不可过低；否则将使溶入油液中的气体，因吸入压力低于空气分离压力而大量析出，使泵产生“汽蚀”，损坏泵内零件表面。

⑥防止吸入空气。吸入空气不但会使流量减少，而且是产生噪声的主要原因。除保持吸入油面有足够的高度外，还要防止吸入管漏泄。如果泵工作时噪声很大，可在每个管接口处逐个浇油检查，如果噪声下降，则说明该处漏气。

3)螺杆泵

螺杆泵具有流量均匀，工作平稳可靠，噪声低，容许较高的转速，自吸能力强，寿命长等优点。按其工作的螺杆数，可分为单螺杆泵、双螺杆泵和三螺杆泵。在船上应用最多的是三螺杆泵和单螺杆泵。

(1)螺杆泵的结构和原理

图5-3所示为船用三螺杆泵的典型结构。它主要由固定在泵体6中的衬套7，以及安插在衬套中的主动螺杆4和与其啮合的从动螺杆3和5组成。主动螺杆是凸螺杆，从动螺杆是凹螺杆，它们的转向相反。各啮合螺杆之间以及螺杆与衬套内壁之间的间隙很小，而三根螺杆在衬套内互相啮合时，由于 m 处密封，n 处不密封，便形成从上到下Ⅰ、Ⅱ、Ⅲ、Ⅳ等多个彼此分隔的“∞”空间。随着螺杆的啮合转动，吸入空间首先在下面吸入端开始形成并逐渐增大(如图中Ⅳ位置)，不断吸入液体，然后封闭。接着，这个封闭空间沿轴向不断向上推移直至排出端(犹如一个液体螺母在螺杆回转时不断沿轴向上移动)，同时，新的吸入空间又紧接着在吸入端形成。主动螺杆每转一圈，各密封容积就移动一个导程 t(螺旋线上任意点沿螺旋线旋转一周所移动的轴向距离)。一个接一个的封闭空间移到排出端与排出腔相通(如图Ⅰ位置)时，由于螺纹向上推动排油腔容积减少，将其中的液体不断挤出，完成压油过程。如果螺杆反转，则泵的吸、排方向也就相反。

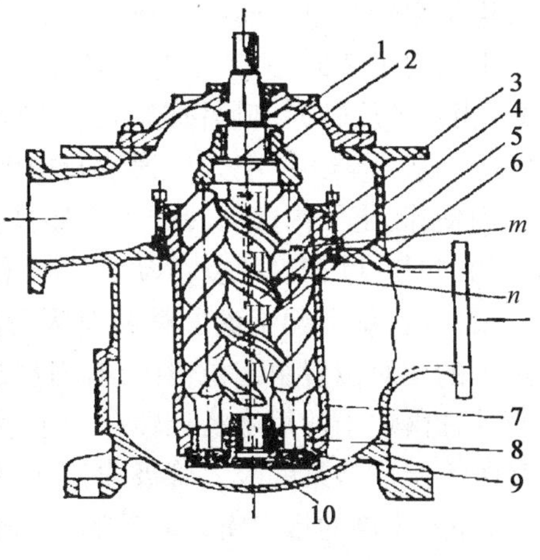

图5-3　三螺杆泵结构

1—推力垫圈；2—平衡活塞；3、5—从动螺杆；4—主动螺杆；6—泵体；7—衬套；8—平衡轴套；9—推力垫块；10—盖板

(2)螺杆泵的特点

①流量均匀,脉动小。

②螺杆泵中无困油现象,所以运转平稳,噪声和振动较少。

③轴向吸入,吸入性能好。

④三螺杆泵受力情况和密封性能良好,允许的工作压力高。

⑤油液在吸、排过程中无搅拌现象。

⑥螺杆泵的结构简单、零部件少,维修工作少,使用寿命长。

⑦螺杆泵的螺杆轴向尺寸较长,刚性较差,齿形复杂,加工较困难,价格较贵。

(3)螺杆泵的使用管理

①注意保证泵的转向正确,以产生一定的吸排方向。

②起动前泵内必须充满油液,并在吸、排阀全开的情况下起动,以防止过载或吸空。

③不宜在超出额定压力的情况下工作;否则会使原动机过载。

④工作中应保持液体清洁,并经常注意清洗滤器,以免泵运转时产生卡阻和擦伤。

⑤要特别注意不使空气漏入系统。空气的漏入,不仅会降低泵的排量,造成压力脉动,而且也常常是产生噪声和振动的原因。

4)叶片泵

(1)叶片泵的工作原理

叶片泵按每转吸、排油次数分为单作用和双作用两类。下面以双作用叶片泵为例说明。

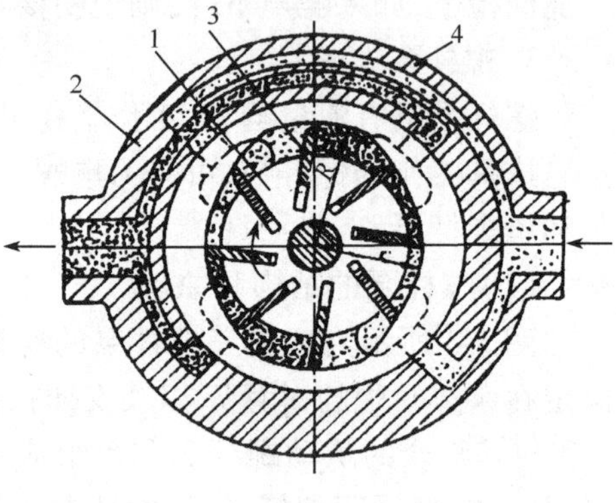

图 5-4　双作用叶片泵的工作原理图

1—转子;2—定子;3—叶片;4—泵体

图 5-4 是双作用叶片泵的工作原理图。定子 2 内腔的型线由两段长半径 R 圆弧和两段短半径 r 圆弧以及连接它们的过渡曲线组成。装在转轴上的圆柱形转子 1 与定子 2 同心,其上开有若干叶槽,槽内装有叶片 3。当转子旋转时,叶片受离心力及液压力(叶片底部空间一般由排出腔引入压力油)作用,始终向外顶紧定子内壁;随定子内壁与转子中心距离的改变,叶片在转动的同时在叶槽内往复滑动。定子和转子的两侧紧贴着配流盘,每个配流盘上有两对吸、排窗口。配流盘与定子的相对位置由定位销固定。这样,在定子、转子、叶片和配流盘之间就形成若干叶间腔室。当叶片由定子的短半径处转向长半径处时,叶间腔室的容积逐渐增大,其中压力降低,经配流盘吸入窗口从泵的吸入管吸油;当叶片由定子的长半径处向短半径处转动时,叶间腔室容积减小,经配流盘的排出窗口向泵的排出管排油。

当叶间腔室位于吸、排窗口之间的封油区时,与吸、排窗口都不通,这时叶片顶端与定子圆弧曲面接触,叶间腔室容积不变,不会产生困油问题。设计上应保证配流盘吸、排窗口间的密封区的圆心角 ε 与定子圆弧段的圆心角 β 、两叶片间的圆心角 θ 的关系:

$\varepsilon \leqslant \beta$,以免产生困油现象;

$\varepsilon \geqslant \theta$,会使吸、排口沟通,造成严重漏泄。

这种叶片泵每转中每个叶间腔室吸排两次,因此是双作用泵。

双作用叶片泵作用在定子及转子上的液压力完全平衡,属于卸荷式叶片泵。为保证转子所受的径向力平衡，双作用叶片泵的叶片数 z 应取偶数。通常取叶片数 $z=12$，理论上可使流量完全均匀；但工作压力超过 10 MPa 时，为提高转子强度则多取 $z=10$，这时流量均匀性比前者稍差。

(2)叶片泵的特点

①运转平稳，噪声低，流量均匀，这些方面在所有液压泵中仅次于螺杆泵。

②与柱塞泵相比结构较简单。

③结构紧凑、体积小，尤其是双作用泵，在所有液压泵中单位功率重量最轻。

④双作用叶片泵所受径向液压力平衡，轴承寿命长，内部密封性也较好，可用于中高压和高压系统。

单作用叶片泵因径向液压力不平衡，故泵的工作压力和寿命受到限制，容积效率要低些，一般为 58% ~92%；流量均匀性比双作用叶片泵也稍差，但它易于实现无级变量。

⑤适用转速范围较窄，一般多在 600 ~2 000 r/min 范围内。太低则叶片可能因离心力小而不能压紧定子表面；太高则吸入时易吸空。

⑥对工作油的黏度和污染程度比齿轮泵和螺杆泵敏感，滤油精度要求高。

叶片泵主要用于液压锚绞机械的主泵和其他液压系统的辅油泵。

2. 离心泵

离心泵属于叶轮式泵，主要用于输送淡水和海水，下面以离心泵为例说明叶轮式泵的基本组成、原理、特点和管理要点。

(1)结构和原理

如图 5-5 所示，离心泵由泵轴 1、叶轮 2、泵壳 3、轴封 4、吸入管 5 和排出管 6 等所组成。叶轮 2 由 5 ~7 个弧形叶片和前后端盖组成。叶轮用键和反牙锁紧螺母固定在轴上，轴由电动机带动做回转运动。

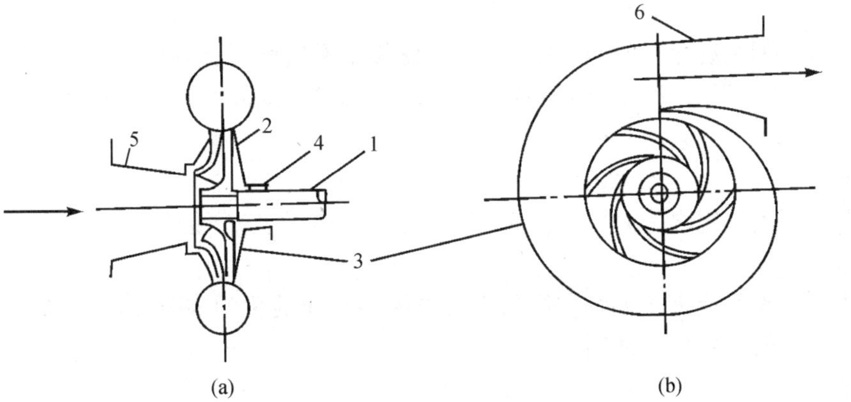

图 5-5　离心泵简图

1—泵轴；2—叶轮；3—泵壳；4—轴封；5—吸入管；6—排出管

离心泵首次起动时，泵内应装满液体。离心泵工作时，叶轮高速旋转。叶轮中的液体受叶片的推压，随叶轮一起回转，在离心力的作用下，液体从叶轮中心向四周甩出，然后由具有渐扩截面的泵壳流道汇集，经扩压管降速，将其中的大部分动能转化成压力能，从排出管排出。与此同时，在叶轮中心处形成一定的真空。液体在压差作用下经吸入管被吸入离心泵叶轮。因此只要叶轮能保持均匀的回转，离心泵就可连续不断地吸入和排出液体，维持水泵的正常工作。

(2)离心泵的特点

①供液连续均匀,工作平稳,流量容易调节。

②结构简单紧凑,体积小、造价低。

③转速高,可与电动机或汽轮机直接相连。

④对杂质不敏感,易损件少,管理和维修较方便。

⑤泵所能产生的扬程有限,不必设安全阀,比较适合大流量、低扬程。

⑥本身没有自吸能力。但可在结构上采取措施以解决离心泵的自吸问题。

(3)离心泵的管理

①工作时应防止汽蚀。泵在工作中因吸入压力过低而造成液体汽化的现象称"气穴现象"。"气穴现象"易使泵的部件如叶轮汽蚀,即叶轮表面产生许多麻点,影响其强度。吸入压力越低,液体温度越高,泵工作时越易发生"气穴现象"。锅炉给水泵易发生汽蚀。在管理中应尽量减小吸入压力的损失,比如吸入滤器应经常清洗,另外设法降低液体温度。

②离心泵一般应采用封闭起动,即起动时关闭排出阀。离心泵在流量为零时,其消耗的功率最低。

③根据需要,离心泵可采用串联工作或并联工作。串联工作时可以获得较高的压头,主要用于消防和冲洗甲板;并联工作时可以获得较大的流量,主要用于排放压载水。

④离心泵一般采用节流法即改变排出阀的开度调节流量,注意不要通过改变进口阀的开度来改变泵的流量。

⑤离心泵轴封采用填料轴封时,轴封压盖螺丝不要上得太紧,填料轴封允许少量漏水,以润滑和冷却泵轴。

(4)离心泵主要部件的检修

①叶轮

叶轮遇有下列情况之一时应予换新:出现裂纹而无法补焊;因腐蚀或汽蚀而损坏严重,形成较多的孔眼;盖板及叶片因冲刷而显著变薄;不能保证足够的机械强度;进口靠密封环处严重偏磨而无法修复。

②泵轴

泵轴遇有下列情况之一时应予换新:产生裂纹;严重磨损;不能保证足够的机械强度。

③泵体

若泵体出现裂纹应进行补焊。焊条应与被修补金属的化学成分基本相同。禁止用堵塞、敲击等办法修补受压铸件的缺陷。

④轴承

滚动轴承在离心泵中使用最为普遍。当其磨损过度或损坏时,一般应按原型号和精度等级予以换新。

(5)离心泵常见故障的分析

①起动后不能供液

离心泵不能供液有不能吸入液体和不能排出液体两种情况,具体原因有:

a. 自吸失灵。例如,初次使用的自吸离心泵未向泵内灌水;水环真空泵端面间隙过大等。

b. 吸入管漏气。可以用关闭泵吸入阀的方法进行判断,用关各分(舱)吸入阀的方法检查具体漏泄部位。

c. 吸入管露出液面，有时是正常排空。

d. 吸高过大。从真空容器吸入的泵则可能是流注高度太小或吸入液面真空度过大。

e. 吸入管流阻过大。例如滤器堵塞。

f. 吸入管不通。例如吸入阀未开、大舱污水井底阀锈死或吸入口淤塞等。

g. 吸入液体温度过高，以致允许吸上真空度过小。

h. 泵的叶轮松脱、淤塞或严重损坏，转速太低或转向弄反。

i. 管路静压太大，或排出阀未开(例如闸板阀与阀杆脱落)。

②流量不足

根据装置特性来分析，不是泵的扬程特性曲线降低，就是管路的特性曲线变陡或上移，以致工况点向小流量方向移动。

a. 管路原因。管路静压(排出高度或排出液面压力)过高或排出管阻力过大。

b. 泵的原因。转速不够；阻漏环磨损使内部漏泄量太大；叶轮破损或淤塞；吸入管或轴封漏气；吸入管浸入液体中太浅以致吸入了气体；泵工作中发生汽蚀等。

离心泵作为压载泵时，一般选排量较大的泵。在排压载水时，一般由大副书面通知机舱值班人员，并且注明舱号及时间。甲板部应派人经常测量压载舱的水位，以免排空时，压载泵空转时间太长而损坏。事实上，由于离心泵无自吸能力以及船舶摇晃等原因，压载泵不可能彻底排空压载舱，这是正常的。对现代化程度较高的船舶，压载水的吸入和排出一般由甲板部值班驾驶员直接操作，这时也应按照正确的程序操作。应根据本船实际情况，确定正确的排放方法，如从第一舱排起，如果想加快速度，可在没排空之前即打开第二舱开始排放。如果发现某舱压载水管漏气，应先排放该舱，剩余的压载水可以由其他舱的水带出，这样不影响排放速度。

有的压载舱的测量孔在机舱，在打压载水时，应经常测量压载舱的水位，以免海水从测量孔大量涌入机舱。

离心泵作应急消防泵使用时，一般采用高扬程并配有自吸装置的泵，应定期试验，以确保其时刻保持正常的工作状态。货舱的扫舱泵，一般也是离心泵(也有用喷射泵)。货舱的洗舱水一般很脏，在排货舱的污水时，应格外注意，以防脏物堵塞管系。一般甲板部人员应将杂物清出，并保证货舱污水井的滤网完好无损，以防止脏物堵塞管系。在排货舱的污水时，如果泵排量很小，而且吸入真空度较大，应清洗吸入滤器。有时吸入管路都应拆下清洁(粉状货物很容易进入管系)。

3. 喷射泵

喷射泵是靠高能量的工作流体引射其他流体以达到吸、排流体目的的一种泵。喷射泵常用的工作流体是水和气；被引射流体可以是水也可以是气。根据工作流体和被引射流体的不同组合，喷射泵可分为水射水泵、水射气泵、气射水泵和气射气泵等。船用喷射泵通常以水作为工作流体，如舱底水泵(水射水泵)、海水淡化装置抽真空泵(水射气泵)等。

(1)喷射泵的结构和工作原理

下面以水喷射泵为例，说明喷射泵的一般结构和工作原理。

如图 5-6 所示，喷射泵一般由喷嘴 1、吸入室 2、混合室 3 和扩压室 4 组成。

喷嘴的作用是将工作流体的压力能转变为动能。工作流体经过喷嘴时，流速迅速增加，压力急剧下降，最终压力下降到吸入压力 P_s。

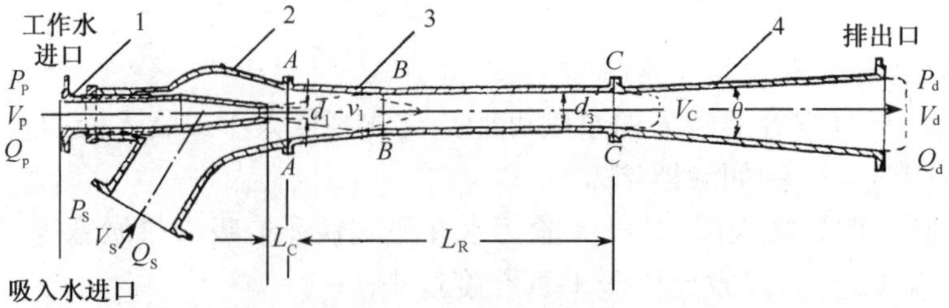

图 5-6　水喷射泵

1—喷嘴;2—吸入室;3—混合室;4—扩压室

吸入室的作用是使工作流体在其中通过流束边界表面与周围介质的接触进行动量交换,并将其带走,使吸入室形成低压,从而将被引射流体吸入。

混合室的作用是使流束本身的液体进行充分的动量交换,以使其出口流速尽可能趋于均匀。混合室过短,会使出口流速不均匀,会使在扩压室中的流动损失增大;而混合室过长,不仅没有必要,而且会使摩擦损失增加。通常混合室的长度 L_R 为其喉部直径 d_3 的 6 ~ 10 倍。

扩压室是一段扩张的锥管。它的作用是使液流在其中降低流速,增加压力,将动能转化为压力能。实践证明,扩压室的扩张角为 8° ~ 10°时,扩压过程的能量损失最小。

(2)喷射泵的特点

①效率较低,这是因为喷射泵工作过程中存在大量的水力损失,其中在混合室中的混合损失最大。

②结构简单,体积小,价格低廉。

③没有运动部件,工作可靠,噪声小,使用寿命长,很少需要修理。

④自吸能力强。

⑤可输送含固体杂质的液体。

(3)喷射泵的管理要点

①保持工作流体的压力在适当的范围内。

②工作时,排出阀要开足,避免排出阻力增大,造成引射流量降低。

③喷嘴出口截面距混合室进口截面的距离称为喉嘴距,它存在一个最佳值,拆装时不要随意改变。

④喷嘴过度磨损时应更新,以免影响泵的性能。

喷射泵在船上主要用于造水机的真空泵和排盐泵。大型的喷射泵用作排放压载水时的扫舱泵,但排量有限,如果不能用离心泵一次排空,用喷射泵扫舱会花费较长时间,使用时应以离心泵扫舱为主。

第二节　液压马达

在液压机械中,液压泵的作用是将原动机的机械能转变为液压油的压力能,为液压系统提供足够流量和足够压力的油液去驱动执行元件。

液压马达输出回转运动,它是液压装置的执行元件,其作用是将液压油的压力能转换为机械能,带动机械设备工作。就工作原理而言,任何容积式泵(除结构上有吸、排单向阀者外),如从其一根主油管输入压力油,而从另一根主油管回油至油箱或液压泵的吸口,都能被油驱动回转而成为液压马达。若液压泵结构是对称设计的,则可以反过来作液压马达用;但很多液压泵是按高速、不可逆转设计,而液压马达却一般都要求能低速、双向转动,故液压马达和液压泵结构在细节上会有所不同。此外,液压泵总是尽量设计成速度高、尺寸小,直接改作液压马达则是高速、小扭矩液压马达,能直接拖动工作机械的低速、大扭矩液压马达需专门设计。

一、液压马达的性能参数

1. 转速

如供入液压马达的油流量为 Q_M (m^3/s),液压马达排量(按其工作容腔几何尺寸计算所得的每转容积变化量)为 q_M (m^3/r),则液压马达理论转速为

$$n_t = 60\ Q_M/q_M(r/min)$$

液压马达工作时存在内部漏泄,扣除漏泄损失后的有效流量 Q'_M 与供入液压马达的油流量 Q_M 之比称为液压马达的容积效率,用 η_v 表示,即 $\eta_v = Q'_M / Q_M$,故液压马达的实际转速为

$$n = 60\ Q_M\eta_v/q_M(r/min)$$

2. 扭矩

液压马达的进出油压差称为工作压差,用 ΔP 表示;液压马达的输入功率 $P_{MI} = \Delta PQ_M$。

若液压马达的理论输出扭矩用 M_t 表示,其理论角速度 $\omega_t = 2\pi n_t/60 = 2\pi Q_M/q_M$,则其理论输出功率 $P_{Mt} = M_t\omega_t = 2\pi Q_M M_t/q_M$。

若不考虑液压马达的任何能量损失,则 $P_{MI} = P_{Mt}$,即 $\Delta PQ_M = 2\pi Q_M/q_M$,可得

$$M_t = \Delta pq_M/2\pi$$

实际上,液压马达各相对运动部件存在摩擦损失,油在液压马达内流动还存在压力损失(液力损失),因而液压马达的实际输出扭矩 M 小于理论输出扭矩 M_t,二者之比称为机械效率,用 η_m 表示,即 $\eta_m = M/ M_t$,故液压马达的实际扭矩为

$$M = \Delta pq_M\eta_m/2\pi$$

3. 输出功率

同时考虑液压马达的漏泄损失、摩擦损失、液力损失,其总效率 $\eta = \eta_v\eta_m$,液压马达的实际输出功率 P_M 等于实际扭矩 M 和实际角速度 ω 之积,即

$$P_M = M\omega = \frac{\Delta pq_M}{2\pi}\eta_m \cdot 2\pi\frac{Q_M}{q_M}\eta_v = \Delta pQ_M\eta$$

高速液压马达主要有齿轮式、螺杆式、叶片式和轴向柱塞式,低速液压马达主要有径向柱塞式和叶片式。柱塞式马达密封性好,便于采用高油压;叶片式马达密封性不如柱塞式,适用于中、低油压。

二、低速液压马达

低速液压马达主要有连杆式、静平衡式和内曲线式等。下面以连杆式液压马达为例说明。

连杆式液压马达是应用较早的一种径向柱塞式马达,这种马达的工作原理可如图 5-7、图 5-8 所示。

当马达的偏心轮处在图 5-7、图 5-8 所示位置时,若经 A_1 口输入压力油,并使 B_1 口通油箱或液压泵吸口,则压力油就要经 A_2 腔进入 1、2 号缸。油压力作用在两缸活塞上所产生的沿连杆方向的分力 F_1、F_2 传递到偏心轮上,指向偏心轮的圆心 O_1,对输出轴(中心线通过 O)形成扭矩,使其逆时针回转;而 4、5 号缸中的油则经 B_2 腔从 B_1 口回油。当进油缸的活塞被推至

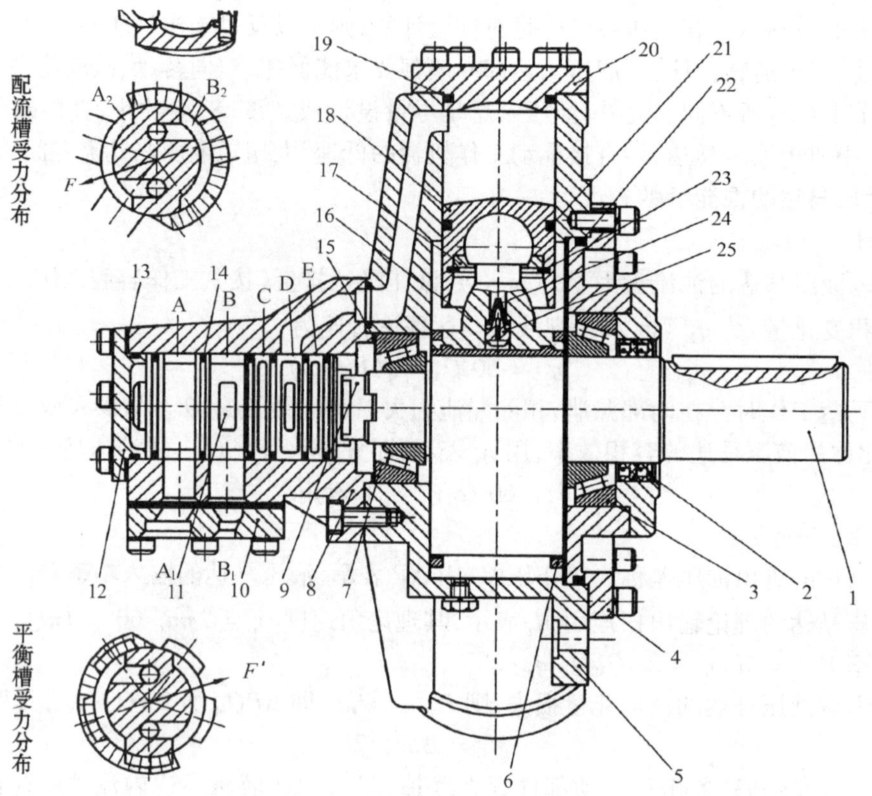

图 5-7　连杆式液压马达的结构图

1—曲轴;2—骨架油封;3,7—轴承;4—壳体盖;5—壳体;6—抱环;8—配流壳体;9—十字滑块;10—法兰连接板;11—配流轴;12—端盖;13—调整垫片;14—密封环;15—调整环垫;16—连杆;17—球承座;18—活塞;19,22—密封圈;20—油缸盖;21-活塞环;23—弹性挡圈;24—过滤帽;25—节流器

下止点(如 3 号缸所在位置)时,配流轴随同转动,该缸将与 A_2 腔错开而与 B_2 腔接通,准备回油。而当活塞到上止点时,则该缸又将与回油腔错开,接通进油腔,如图中 5 号缸即将到达的位置那样。所以,一旦曲轴和配流轴在进油油压作用下转动,各缸就会按顺序轮流进油和回油,从而使马达连续运转。连杆式马达回油背压须高于 0.2 *MPa*,转速越高则背压应越高;否则活塞从上止点回行的后半行程减速时,连杆的抱环 6 和球承座 17 可能因活塞惯性力过大而损坏。

如果改变进、回油方向,则图示位置压力油将从 B_2 腔进入 4、5 号缸,而 1、2 号缸中油则经 A_2 腔回油,于是马达将反转。

若把曲轴固定,进、回油管接在配流轴上,即可做成壳转式马达(亦称车轮马达),可将马达的壳体直接装在所驱动的钢索卷筒中。

由于偏心轮在不同的转角时,进油缸数和每个柱塞的瞬时速度在变化,因此马达的瞬时排量随转角而脉动;在工作油压既定时,瞬时扭矩也随转角脉动。按理论推算,五缸连杆式马达的扭矩脉动率 $\delta_M = (M_{max} - M_{min}) / M_m = 7.5\%$,式中 M_{max}、M_{min}、M_m 分别为最大、最小和平均扭矩。

由于瞬时排量是脉动的,所以当负载扭矩不变时,马达的工作油压便会脉动。而当供油流量不变,马达转速较低、惯性较小时,转速则会脉动。液压马达在工作转速过低时出现的时快

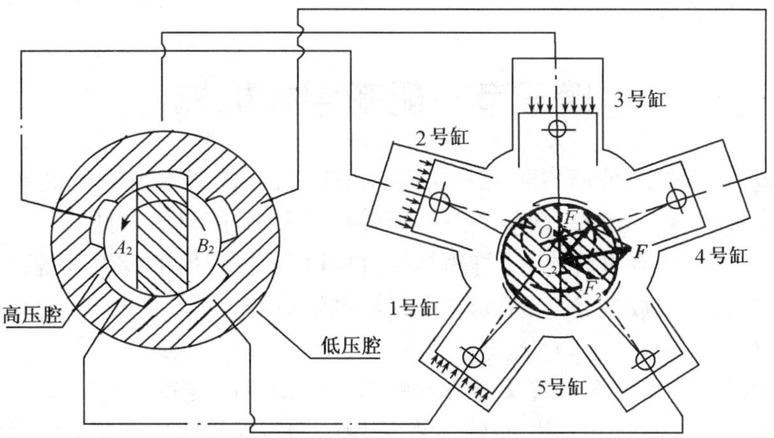

图 5-8　连杆式液压马达的工作原理图

时慢,甚至时动时停的现象称为“爬行现象”。马达在额定负载下不出现爬行现象的最低工作转速称为最低稳定转速。结构改进后的连杆式液压马达最低稳定转速可低达 2 ~3 r/min。

三、液压马达的使用注意事项

液压马达使用中应注意以下各项:

(1)长期连续工作时,油压应比额定压力低 25% 为宜;瞬时最高油压不应超过标定的最高压力;转速应在标定的范围内。

(2)输出轴所受径向负荷不应超过规定值。其与被驱动机构的同心度应保持在允许范围内,或采用挠性连接。

(3)连杆式、内曲线式马达必须使回油保持足够的背压才能正常工作,具体背压值在厂家的产品说明书中有规定。

(4)初次使用的马达壳体内应灌满工作油。柱塞式马达壳体上常有 2 ~3 个泄油接口,通常选上部的接泄油管,其余堵死。泄油管最高水平位置应高于马达,以防马达壳体中的油漏空,使马达工作时不能够得到润滑和冷却。

壳体内油压一般应保持在 0.03 ~0.05 MPa 以下,最高不应高于回油压力,大多不超过 0.1 MPa,以保证轴封和壳体密封可靠。为此,泄油管应单独接回油箱,不应与主油路的回油管路连接;泄油管不宜太长,上面不宜加其他附件。

(5)试车时,先让马达以 20% ~30% 的额定转速运转,然后逐渐加速至额定转速。在低温环境中起动应先空载运转一段时间,待油温升高后再正常工作。空载工作压降一般不应超过 0.5 ~1 MPa。

(6)必要时可脱开液压马达泄油管,测量工作时的漏泄量,以检查液压马达是否内部磨损严重或因部件损坏而漏油。正常时连杆式马达容积效率为 96% ~98%,五星轮式和内曲线式约为 95%,叶片式约为 90%。由于上述漏泄量不包括马达内高、低压侧之间的直接内漏,故实际的容积效率值要比上述漏泄量与马达的理论流量比值低。一般当液压马达容积效率低于 80% 时就需要检修或更换。

(7)应选用黏度和牌号适当的液压油。使用时油温和污染度应控制在允许范围内。液压马达是液压起货机和锚机(绞缆机)的主要动力元件,如果发现效率下降或不能工作应立即换新,换下来的液压马达应送专业厂家或原厂修理,不建议船员自修。对于叶片油马达则要求更高,应按说明书要求管理。

第三节　船舶甲板机械

从广义上说,在机舱之外所有依靠动力驱动的船舶设备都称为甲板机械。包括舵机、锚机、起货设备、绞缆机、舷梯绞车、救生艇绞车等各种绞车、升降机等。此外,一些特种船舶的专用设备,如滚装船的跳板和升降平台、打捞船的打捞设备、挖泥船的挖泥设备、钻井平台的支腿升降设备、渔船的网具收放设备等,都属于甲板机械的范畴。

一、液压舵机

绝大多数都以垂直安装在螺旋桨后方的舵作为保持或改变航向的设备,早期船舶都采用平板舵。目前为了提高舵效和推进效率,大都采用由钢板焊接而成的空心舵,称为复板舵。这种舵由于水平截面呈对称机翼形,故又称流线型舵。

舵柱轴线一般就是舵叶的转动轴线。舵柱轴线紧靠舵叶前缘的舵,称为不平衡舵;舵柱轴线位于舵叶前缘后面一定位置的舵称为平衡舵;而仅于下半部分做成平衡形式的舵即称为半平衡舵。后两种舵在舵柱轴线之前有一定的舵叶面积,转舵时水流作用在它上面产生的扭矩可以抵消一部分轴线后舵叶面积上的扭矩,从而减轻舵机的负荷。

(一)舵机的基本技术要求

我国《钢制海船入级与建造规范》(1996)根据《国际海上人命安全公约》(《SOLAS 公约》)的规定,对舵机提出了明确要求,其核心内容就是要求舵机必须具有足够的转舵扭矩和转舵速度,并且在某一部分万一发生故障时,应能迅速采取替代措施,以确保操舵能力。基本技术要求如下:

必须具有一套主操舵装置和一套辅操舵装置;或主操舵装置有两套以上的动力设备。当其中之一失效时,另一套应能迅速投入工作。

主操舵装置应具有足够的强度,并能在船舶处于最深航海吃水并以最大营运航速前进时将舵自任何一舷 35°转至另一舷的 35°,并且自一舷 35°转至另一舷 30°所需的时间不超过 28 s。此外,在船以最大航速后退时应不致损坏。

辅操舵装置应具有足够的强度,并能在船舶处于最深航海吃水并以最大营运航速的一半但不小于 7 kn 前进时,能在不超过 60 s 内将舵自任一舷的 15°转至另一舷的 15°。

(1)主操舵装置应在驾驶室和舵机房都设有控制器。

(2)对舵柄处舵柱直径大于 230 mm(不包括航行冰区加强)的船应设有能在 45 s 内向操舵装置提供的替代动力源。

(3)操舵装置应设有效的舵角限位器。

(二)液压舵机的工作原理和基本组成

液压舵机是利用液体的压力能及流量、流向的可控性来达到操舵的目的。根据液压油流向变换方法中使用压力元件的不同,液压舵机可分为泵控式和阀控式两类。

1. 泵控式液压舵机

图 5-9 所示为泵控式液压舵机的工作原理图。双向变量液压泵 2 设于舵机房,由电动机 1 驱动作单向持续回转,但液压泵的流量和吸排方向,则通过与浮动杠杆 5 的 C 相连接的控制杆 4 控制,即由控制浮动杠杆 C 偏离中位的方向和距离来决定泵的吸排方向和流量。

图 5-9 所示舵机采用往复式推舵机构。它由固定在机座上的液压缸 14 和可在液压缸中往复运动的撞杆(柱塞)9 等组成。当液压泵按图示吸排方向工作时,泵就会通过油管从右侧液压缸吸油,排至左侧液压缸。这样,由于液压油的可压缩性很小,撞杆 9 就会在油压的作用下向右运动。撞杆通过中央的滑动接头与舵柄 7 连接,而舵柄 7 的一端又用键固定在舵柱 10 的上端,因此,撞杆 9 的往复运动就可转变为舵叶的偏转。显然,改变液压泵的吸排方向,则撞杆和舵叶的运动方向也就随之改变。

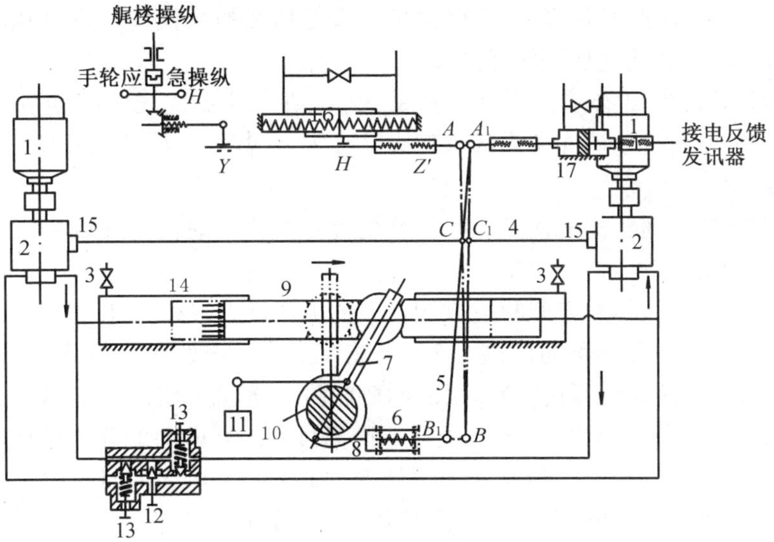

图 5-9 泵控式液压舵机的工作原理图

1—电动机;2—双向变量液压泵;3—放气阀;4—变量泵控制杆;5—浮动杠杆;6—储能弹簧;7—舵柄;8—反馈杠杆;9—撞杆;10—舵柱;11—舵角指示器的发送器;12—旁通阀;13—安全阀;14—转舵液压缸;15—调节螺母;16—液压遥控受动器;17—电气遥控伺服液压缸

泵控式液压舵机较多采用浮动杠杆式追随机构。在图 5-9 中,浮动杠杆的控制点 A 系由驾驶室通过遥控系统来控制,但如把 X 孔的插销转插到 Y 孔之中,则也可在舵机房用手轮来控制。浮动杠杆上的被控点 C 与变量泵的控制杆 4 相连;反馈点 B 经反馈杠杆 8 与舵柄相连。当舵叶和驾驶室上的舵轮都处于中位时,浮动杠杆即处在用点划线 ACB 所表示的位置,C 点恰使液压泵变量机构居于中位,故液压泵空转,舵保持中位不动。如果驾驶室给出某一舵令,通过遥控系统就会使控制点 A 移至 A_1,由于 B 点在舵叶转动以前并不移动,所以 C 点移到 C_1,液压泵按图示箭头方向吸排,舵叶开始偏转,通过反馈杠杆带动 B 点向 B_1 方向移动。当舵叶转到 A_1 位置与所给出的指令舵角相符时,B 也移到 B_1,使 C 点重又回到中位,于是液压泵停止排油,舵就停止在所要求的舵角上。这时,浮动杠杆的位置如图中的实线 A_1CB_1 所示。实际上,浮动杠杆的动作并不是分步进行的,而是在 A 点带动 C 点偏离中位后,由于液压泵排油,推动舵叶,B 点就要移动,只是 A、C 动作领先,舵叶和 B 点追随其后而已。

当驾驶室发出回舵指令时,A 点又会从 A_1 位置移回中位,于是 C 点也偏离中位向左移动,使液压泵反向吸排,舵叶也就向中位偏转,使 B 点从 B_1 位置向中位移动,直到舵叶转到由 A 点位置所确定的指令舵角时,C 点重新回中位,液压泵停止排油,舵叶也就停转。

由于 C 点偏离中位的距离受变量泵变量机构最大位移的限制,故只有在舵叶偏转、带动 B

点使 C 点向中位回移后，才能使 A 点继续向大舵角的方向操舵。这样，大舵角的操舵动作就不能一次完成，使液压泵的流量总在零与最大值之间变动，这不仅会使操舵者感到不便，同时也会降低液压泵的效率和转舵速度。为了解决这一问题，在反馈杠杆上装设了可以双向压缩的储能弹簧6。这样，当 A 点将 C 点带到最大偏移位置后，浮动杠杆就会以 C 点为支点而继续偏转，压缩弹簧，从而使 A 点得以一次达到所要求的较大操舵角。随着舵叶的偏转，被压缩的储能弹簧放松，并在其恢复原状后，将 B 点拉到与 A 点相应的位置，以停止转舵。可见，在储能弹簧完全放松之前，B 点不会移动，C 点也将一直停留在最大偏移位置，使液压泵得以在较长时间内保持最大流量，从而加快转舵速度。

显然，储能弹簧的刚度必须适当。若弹簧太软，则使 B 点优先于 C 点移动，操舵无法进行；但若弹簧太硬，则大舵角操舵所需的操舵力又会太大，甚至使反馈杠杆类似于一刚性杆，使储能弹簧不起作用。

由于浮动杠杆式追随机构能使液压泵在开始和停止排油时流量逐渐增大和减少，因而可减轻液压系统的冲击。

为了防止海浪或冰块等冲击舵叶造成舵柱上的负荷过大、系统油压过高而使电机过载，在油路系统中装设了安全阀(亦称防浪阀)13。当舵叶受到冲击使任一侧管路的油压超过安全阀的整定压力时，安全阀就会开启、液压泵的两侧管路旁通，舵叶也就会偏离原所在位置，同时带动浮动杠杆的 B 点，使 C 点离开中位，液压泵因而排油。当舵上的冲击负荷消失后，安全阀关闭，舵叶在液压泵的作用下，又会返回至原所在位置，并将 B 点带回原位。所以，液压舵机能够很好地适应外界的冲击负荷，有利于提高其工作可靠性。

2. 阀控式液压舵机

阀控式液压舵机使用单向液压定量液压泵，其吸排方向不变，油液进出推舵液压缸的方向由驾驶室遥控的换向阀来控制，以达到改变转舵方向的目的。当换向阀处于中位，液压泵的排油将经换向阀旁通而直接返回液压泵的进口(闭式系统)或回油箱(开式系统)；而转舵液压缸的进出口油路处于锁闭状态而稳住舵叶。

阀控式舵机的液压系统比较简单，造价相对较低；缺点是用换向阀换向时，易导致液压冲击，工作可靠性也相对较差。但在相同条件下，阀控式舵机的液压泵排量可选得比泵控式小一些。此外，阀控式舵机在停止转舵时，主泵仍以最大流量排油，故油液发热较多，经济性也差。所以，阀控式舵机适用的功率范围一般比泵控式小。但是，随着系统设计的改进，阀控式舵机的适用范围也正在不断增大。

无论是泵控式还是阀控式舵机，尽管工作原理不尽相同，但舵机都是由推舵机构、液压系统和操纵系统等组成。

(三)推舵机构

在液压舵机中，推舵机构用来将液压泵供给的液压能转变为推动舵柱的机械能，以推动舵叶偏转。根据动作方式的不同，推舵机构可分为往复式和回转式两大类。

1. 往复式推舵机构

往复式推舵机构较常见的有滑式、滚轮式、摆缸式等几种。

(1)滑式推舵机构

滑式推舵机构是目前在船舶舵机中应用最广的一种传统型结构。它可以分成十字头式与拨叉式两种。如图5-10所示，十字头式推舵机构主要由转舵液压缸、液压缸中的撞杆(柱塞)

以及与舵柄相连接十字形框架滑动接头等组成。

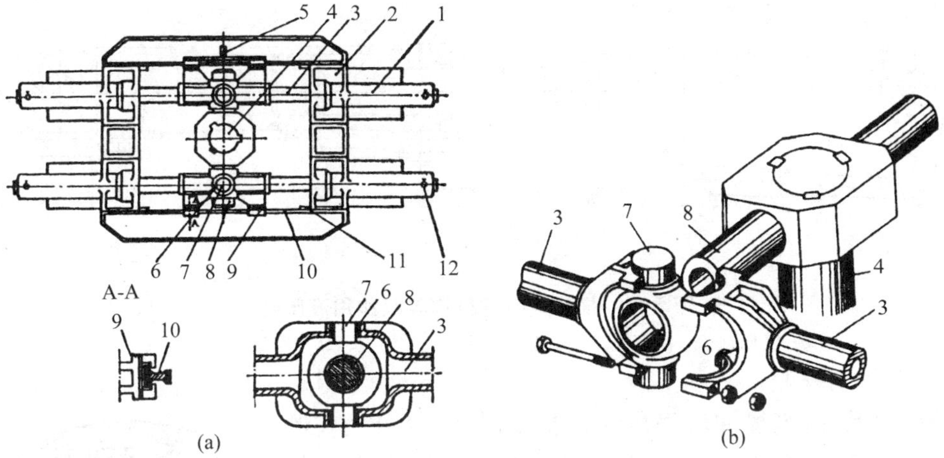

图 5-10　十字头式推舵机构

1—液压缸;2—底座;3—撞杆;4—舵柱;5—机械式舵角指示器;6—十字头轴承;7—十字头耳轴;8—舵柄;9—滑块;10—导板;11—撞杆行程限制器;12—放气阀

(2)滚轮式推舵机构

如图 5-11 所示,滚轮式推舵机构的结构特点是用装在舵柄端部的滚轮代替滑式机构中的十字头或拨叉。工作时受油压推动的撞杆,以其顶部直接顶动滚轮,迫使舵柄转动。

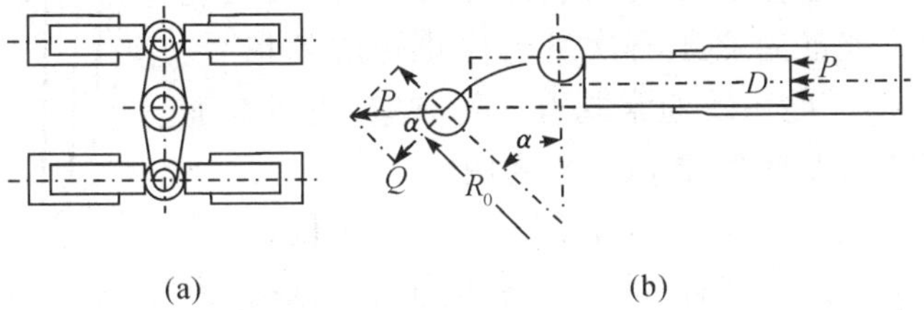

图 5-11　滚轮式推舵机构与受力分析

(3)摆缸式推舵机构

摆缸式推舵机构如图 5-12 所示,其主要结构特点在于采用了与支架相铰接的两个摆动式液压缸。转舵时,利用活塞在油压作用下所产生的推力与往复运动,并通过与活塞杆铰接的舵柄,推动舵柱偏转。由于转舵时缸体必须作相应的摆动,故液压缸两端的油管必须采用有挠性的高压软管。

2. 回转式推舵机构

在回转式推舵机构中比较常见的是转叶式。图 5-13 所示为三转叶式推舵机构的原理图。该机构内部装有三个定叶 3 的液压缸 2,通过橡皮缓冲器安装在船体上。而用键与舵柱上端相固接的转毂 5,则镶装着三个转叶 4。由于转叶与缸体内壁及上、下端盖之间,以及定叶与转毂外缘和上、下端盖之间,均设法保持密封,由转叶和定叶将液压缸内部分隔成六个工作腔。当液压泵如图所示那样供油,经油管 6 分别从三个工作腔吸油,并把油液排入另外三个工作腔,转叶就会在液压能作用下通过轮毂带动舵柱和舵叶偏转。

3. 液压舵机的遥控系统

船舶舵机一般都同时装备有驾驶室遥控的随动操舵系统和自动操舵系统,舵机房还设有

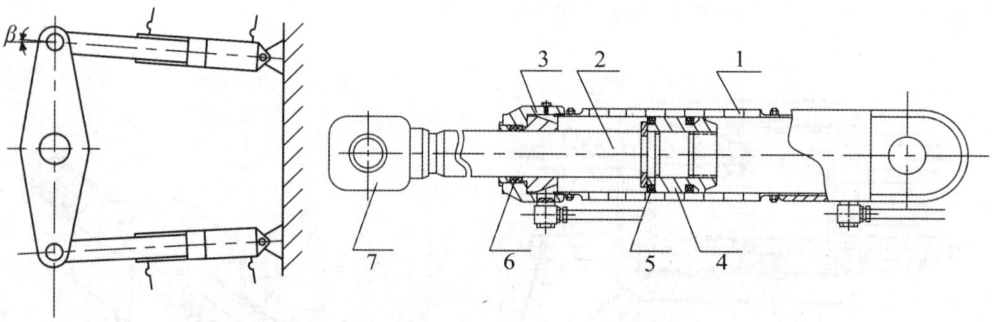

图 5-12　摆缸式推舵机构与双作用液压缸

1—液压缸;2—活塞杆;3—端盖;4—活塞;5—活塞环;6—密封环;7—接头

机旁操舵(非随动操舵)。

随动操舵系统:当操舵者发出舵角指令时,不仅可使舵叶按指定方向转动,而且在舵叶转到指令舵角后还能自动停止操舵系统。

自动操舵系统:在船舶长时间沿指定航向航行时,它能在船因风、流及螺旋桨的不对称作用等造成偏航时,靠罗经测知并自动发出信号,使操舵装置改变舵角,以使船舶能够自动地保持既定的航向。

非随动操舵系统:只能控制舵机的起停和转舵方向,当舵转至所需要的舵角时,操舵者必须再次发出停止转舵的信号,才能使舵停转。非随动操舵系统通常既可在驾驶室,也可在舵机房操纵,以便应急操舵或检修、调试舵机之用。

舵机遥控系统根据远距离传递操舵信号的方式不同,主要有机械式、液压式和电气式。现代船舶大多采用电气遥控系统。泵控式舵机的电气遥控系统常以伺服液压缸或伺服电机等作为在舵机房的控制元件,去控制舵机主泵的变向变量机构;阀控式舵机则以电磁换向阀作为控制元件,直接去控制主油路油液流向。

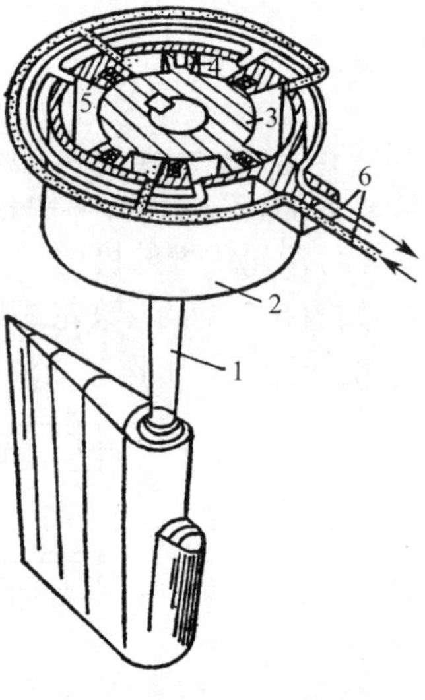

图 5-13　转叶式推舵机构

1—舵柱;2—缸体;3—定叶;4—转叶;5—转毂;6—油管

4.舵机的日常管理

(1)油位

液压油箱中的油位应经常在油位计显示范围的 2/3 左右,如油位增高,可能是油中进入过多空气或油冷却器漏水;如油位降低过快,则表明有漏油处,应查明修复,然后经滤油器向油箱补油。

(2)油温

舵机工作时,最合适的油温是 30 ~ 50℃。油温高于 50℃应使用油冷却器。油温超过 55℃,每升高 8℃,油液使用寿命约缩短一半。油箱油温(泵进口处)通常应不高出室温 30℃以上,且一般不应超过 60℃。当油温超过 70℃时,油液的氧化变质速度将显著加快,一般应停止工作,查明原因,加以解决。油温低于 10℃时不宜起动舵机,室温太低时应启用舵机房加热器。如油温低于 10℃但尚不低于 - 10℃,而又急需起动时,可让液压泵在油路旁通的情况下空载运转一段时间，或实行小舵角操舵，直至油温升至10℃以上再正常使用。

(3)油压

在主油路中，主泵排出侧油压应不高于说明书标定的最大工作油压，而主泵吸入侧的油压，则不低于由补油条件（闭式系统）或吸油条件（开式系统）所确定的正常数值。辅泵油路中各处油压符合设计要求。压力表截止阀平时应保持关闭，只在检查压力时打开，以减少损坏机会。

(4)滤油器

运行中应经常注意滤油器前后压差，及时清洗或更换滤芯。初次使用的舵机液压系统更应注意清洗滤油器。若在清洗滤油器时发现金属或异常污染物时，必须注意其属性及增长情况，如金属屑数量继续增加则表明系统内部有部件损坏。

(5)润滑

液压缸柱塞等滑动表面应保持清洁，并浇涂适量液压油。舵机长期停用应涂抹润滑脂。需加油的摩擦部位工作中适时适量加油。如果设有油杯，应及时补充润滑油（脂），油杯中有油芯的应定期用煤油或苏打溶液清洗。

(6)泄漏

舵柱的舵承填料不应渗水，油箱、液压缸、阀件、油管及接头等处不应漏油。柱塞和活塞杆表面应覆盖一层薄油，但不滴油；如有滴油，若调紧压盖无效，则应在合适的时候换新V形密封圈。更换时应拆开填料压盖2 mm左右，用手摇泵或主泵以小流量工作，借油压将V形密封圈慢慢挤出。安装时只许用竹、木质工具充填填料，以防损伤柱塞滑动表面、内套密封面和填料本身。

(7)噪声

如有异常声响，应查明原因，视情况处理。

(8)机械过热

泵和电动机等不应有过热现象。轴承部件的温度，一般比油温高10～20℃为正常。

(9)联轴器

起动时可先盘动泵联轴器，以确认泵无卡阻。若在联轴器下发现橡皮碎屑，则表明其对中不良，导致橡皮破碎，必须停泵校正，并换新橡皮圈。备用泵在使用期间联轴器不应反转。

(10)阀和锁紧螺母

使用中应经常检查各放气阀、旁通阀以及各锁紧、连接螺母，防止因振动而离开正确位置或松动。在必要时必须测量推舵机构各运动部位的间隙，校准、调试安全阀或其他液压控制阀。电气方面应定期测量绝缘，检查和清洁触头、换向器，检查各接头是否松动。

二、船舶起货机

船舶所载货物的装卸虽可用港口的起货设备来进行，但并非所有的港口都具有足够的装卸机械，同时也须考虑船舶在开阔水面过驳及吊运物料、备件等的需要。因此，在一般船舶上仍须安装起货机。船舶起货机的可靠性和工作效率对缩短港泊时间、加快船舶周转与降低运输成本具有重要意义。

（一）船舶起货机按结构分的主要类型

(1)吊杆式起货机是船上应用最早的起货机，可依吊杆承载能力的不同分为轻型（吊重在10 t以下）和重型（吊重在10 t以上）；如按作业使用的吊杆数分，则又有双吊杆式和单吊杆式两种。

双吊杆式起货机主要由两根吊货杆和两台起货绞车与千斤索绞车等组成,装卸货时,吊杆的位置固定不动,只要操作两部起货绞车,相应改变两根吊货索的长度,即可自船舱或码头起卸货物,如图 5-14 所示。

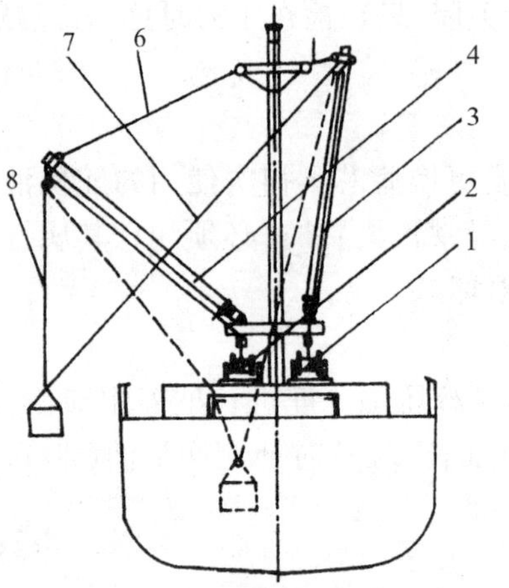

图 5-14 双吊杆式起货机

1,2—起重绞车;3,4—吊杆;5,6—千斤索;7,8—吊货索

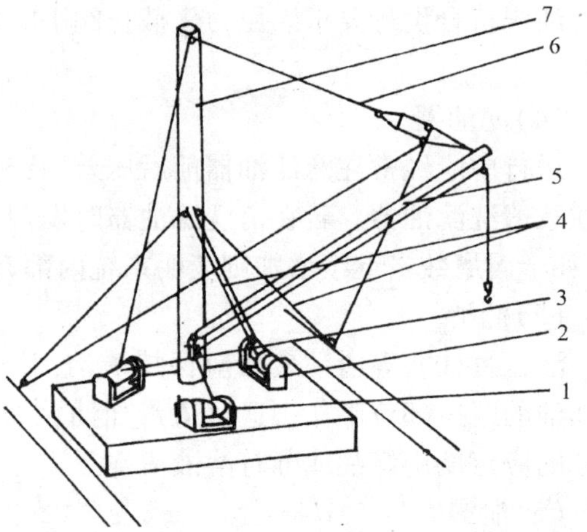

图 5-15 单吊杆式起货机

1—起重绞车;2—回转绞车;3—变幅绞车;4—牵索;5—吊杆;6—千斤索;7—起货柱

单吊杆式起货机有三部绞车,如图 5-15 所示。回转绞车 2 装有绕绳方向相反的两个卷筒,分别卷绕着两根牵索 4,绞车转动时两根牵索分别卷起或放出,从而使吊杆 5 回转。吊杆的俯仰(变幅)则由变幅绞车 3 控制千斤索 6 的收、放来实现。起重绞车 1 则收放吊货索,控制吊钩升降。单吊杆起货机只需一人操作;作业前准备工作较简单,且可随时调整作业范围,能两舷轮流装卸;而且在吊杆受力相同的条件下,工作负载大约可为前者的 2 倍。缺点是吊杆在作业中需要回转,每吊周期比双吊杆长;货物在空中易摆动,落点定位不容易准确。

(2)回转式起货机(俗称克令吊),回转式起货机常按音译称为克令吊,如图 5-16 所示。它将操纵室 4 和起重绞车、变幅绞车、回转机构及吊臂、索具等组装成一体,置于甲板立柱上方的回转座台 7 上。其工作情况与单吊杆起式货机类似。起重绞车和变幅绞车 5 分别通过吊车顶滑轮组、吊臂滑轮组 6 卷动钢索,去牵动吊钩 2 和吊臂 3;立式布置的回转马达控制小齿轮,与固定在回转座台内的大齿圈啮合转动,从而带动整个吊车在回转座台上回转。

回转座台与吊杆式起货机相比,克令吊占用甲板面积小,操作灵活,可 360°回转,能为前、后舱工作,能准确地把货物吊放到指定地点,装卸效率高,并能迅速投入工作。但它结构复杂,管理要求高,价格比吊杆式起货机贵很多。一般认为船经常到港且起货重量超过 5 t 时,常采用克令吊。

(二)对船舶起货机的基本技术要求

(1)对货物的适应性好。

(2)操纵简便。

(3)能以额定的装卸速度吊起额定负荷。

(4)能依操作者的要求方便灵敏地起、降货物。

(5)能依据起吊货物重量、空钩或货物着地等不同情况,在较广范围内调节运行速度。

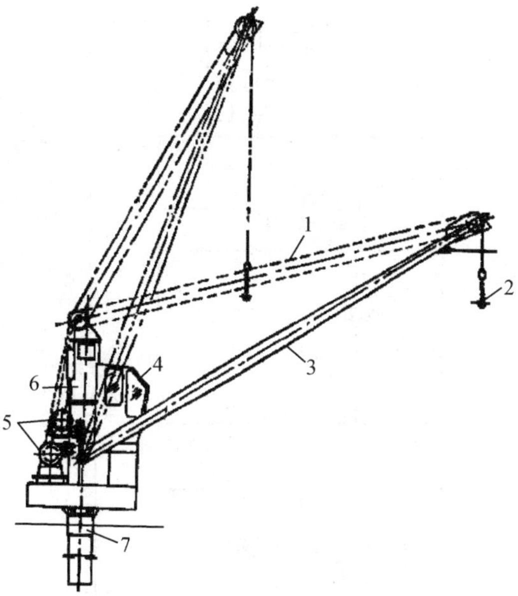

图 5-16 回转式起货机(克令吊)

1—千斤索;2—吊钩;3—吊臂;4—操纵室;5—起重和变幅绞车;
6—滑轮组;7—回转座台

(6)制动性能好,不论在起升和下降的过程中,都能根据需要随时停止,使货物停留在任意位置上。

(三)起货机的液压系统

起货机的液压系统按其额定工作油压分为高压、中压、低压系统。通常压力分级标准为:低压系统压力为6.3 MPa以下;中压系统压力为6.3~10 MPa;中高压系统为10~20 MPa;高压系统为20 MPa以上。

图5-17为液压起货机工作原理图。图中,定量油泵1、电液换向阀4、液压马达9及油箱组成了一个开式回路。通过操纵电液换向阀4的位置即可改变压力油液流向,从而改变液压马达转向,则执行机构(卷筒)就可以起吊或下降货物。操作时,若使阀3、阀12及阀4的左电磁铁通电,则从油泵1来的油液从阀4的P口到A口,再经过阀6、阀7进入液压马达9,液压马达的回油从阀4的B口至O口经背压阀13到油箱。在背压阀13前接一油路经电磁阀12到刹车油缸10,压缩弹簧将刹车松开,于是液压马达转动而起吊货物。如将阀4的右电磁铁通电,且阀3、12也通电,则油液经阀4的P口到B口并流向液压马达,而液压马达刚开始回油时,由于受到阀7的阻止使液压马达无法转动,直到流向液压马达的油压升高到能克服平衡阀7中的顺序阀弹簧张力时,这时顺序阀接通,回油经平衡阀7、节流阀6、电液换向阀4回至油箱,这时油马达才能转动并下放货物。在货物下放的过程中,可能会由于压力的变化,使得平衡阀中的顺序阀动作,而造成液压马达走走停停,通过调节节流阀6的开口量即可将该现象消除。如失电,则平衡阀中远控顺序阀因失压而在弹簧力的作用下关闭,液压马达就停止转动,电液换向阀4也立刻回中,则货物就被握持在空中。如此时需将货物放下,可打开截止阀11将货物慢慢放下。货物的起吊或下降的速度可通过节流阀14旁通油量的大小来调节。如液压马达左边高压管路油压超高时,则可通过安全阀8泄放至低压。

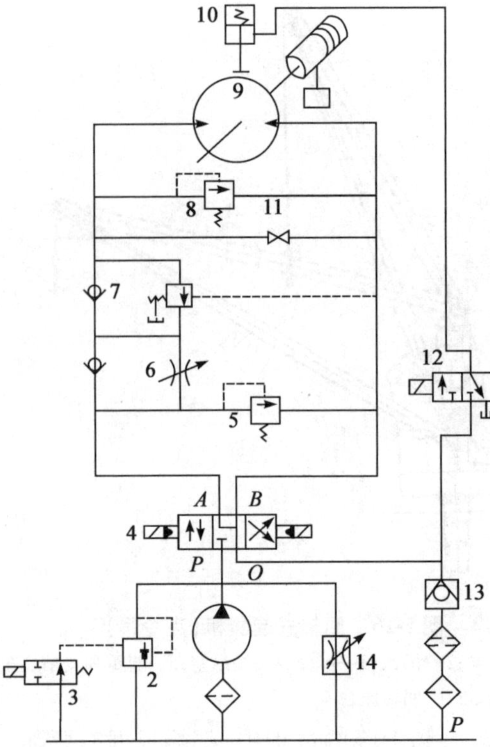

图 5-17 采用定量泵的液压起货机系统原理图

1—定量油泵;2—溢流阀;3—二位二通电磁换向阀;4—三位四通电液换向阀;5—载荷阀;6—单向节流阀;7—平衡阀;8—安全阀;9—液压马达;10—刹车油缸;11—截止阀;12—二位二通电磁阀;13—背压阀;14—可调节流阀

当油泵电机通电,电液换向阀没操纵时,可通过零压释放电磁阀3,使油泵在零压下空转,这样可降低油温和电能的消耗。

以上通过开式定量泵液压起货机系统说明了其工作原理及主要组成。液压起货机的液压系统除上面介绍的外,还有其他多种形式,在此略。

(四)操作注意事项

(1)起动前应注意通风百叶窗是否开启,并检查油箱油位及漏油情况。

(2)在冬季低温情况下液压油的黏度较高,为防止电机过载,起动时应点动多次后再连续运行。如果克令吊内有加热装置,应在起动前0.5 h进行加热。

(3)不能随意调节限位,如有特殊需要(换钢丝绳等)应由主管轮机员或电机员进行调节,并及时恢复。

三、锚机和系泊设备

(一)锚设备的作用及组成

任何船舶不但应具备良好的航行性能,而且当它停泊时应能在规定的海况下可靠地锚泊在水上或系泊在港口有关设备上。

为了锚泊,船上应设有锚装置。它除了用于船舶在锚地停泊外,还有以下功用:

(1)帮助船舶移动船位。

(2)在航行中因故暂时停航或遇到紧急情况时固定船位。

(3)其他特殊用途,如登陆艇的冲滩或退滩等。

锚装置主要由锚、锚链、掣链器、锚链筒和锚机五部分组成,如图 5-18 所示。

锚机是锚装置中最重要的组成部分,它用来收放锚链达到起锚和抛锚的目的。由于一般锚机也常用来绞缆、拖曳和整理索具,故也装有绞缆卷筒。锚机主要由原动机、传动机构和链轮组成。按动力源不同,锚机可以分为蒸汽锚机、电动锚机和液压锚机。目前除某些油船上还使用蒸汽锚机外,基本上都采用电动锚机和液压锚机。按照链轮的布置方式,可分为卧式锚机和立式锚机。

如图 5-19 所示为卧式锚机。该装置设置在甲板上,操作管理方便,但常常遭受风浪侵蚀,并占据了较大的甲板面积。

(二)对锚机的要求

在正常气候条件下,船锚泊时抛出的锚链长度一般为水深的 2 ~4 倍,借助锚对水底的抓力、锚链与水底的移动阻力和锚链的重力来对抗风、流等外力,保持船舶定位。锚机工作时负荷变化很大,电动锚机通常采用双速或三速交流异步电动机;而液压锚机常采用有级变量液压马达来限制功率,也可采用恒功率的液压泵或液压马达。

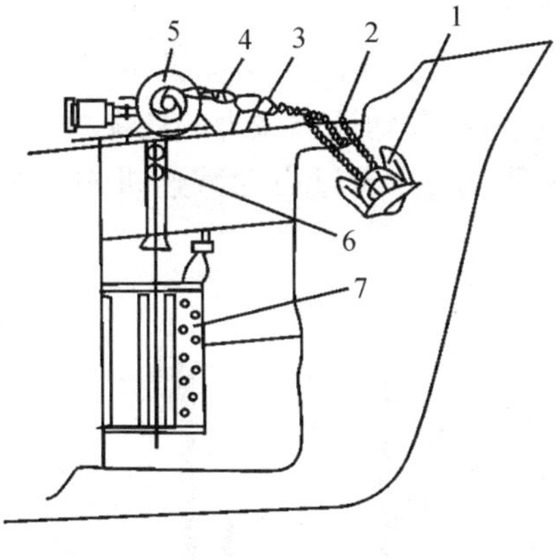

图 5-18　锚装置的组成

1—锚;2—锚链筒;3—掣链器;4—锚链;5—锚机;6—锚链管;7—锚链舱

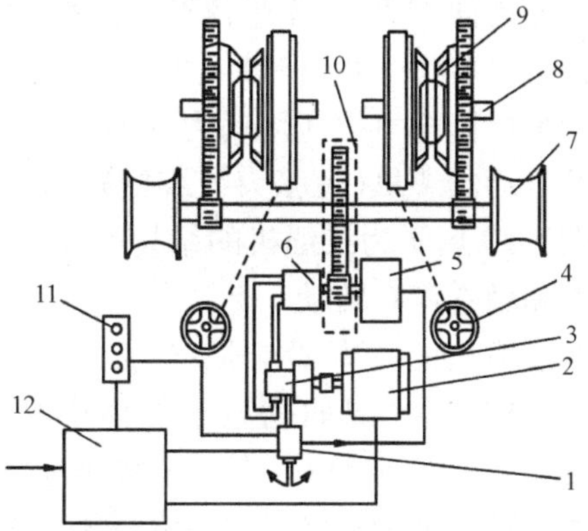

图 5-19　卧式电动液压锚机

1—手柄;2—电动机;3—油泵;4—刹车手柄;5—电磁刹车;6—油马达;7—绞缆筒;8—锚链轮离合器;9—锚链轮;10—齿轮箱;11—控制按钮;12—电源箱

按《钢质海船入级规范》规定,锚机应满足的要求主要如下:

(1)必须由独立的原动机或电动机驱动。

(2)在船上试验时,锚机应能以平均速度不小于 9 m/min(此为锚机的公称速度)将单锚从水深 82.5 m(三节锚链入水处)拉起至 27.5 m(一节锚链入水处)。

(3)在满足公称速度和额定拉力(根据《钢质海船入级规范》按锚链直径计算)时,应能连续工作 30 min;应能在过载拉力(不小于 1.5 倍额定拉力)作用下连续工作 2 min,此时不要求速度。

(4)所有动力操纵的锚机均应能倒转。

(5)链轮与驱动轴之间应装有离合器,离合器应有可靠的锁紧装置;链轮或卷筒应装有可靠的制动器,制动器刹紧后应能承受锚链断裂负荷45%的静拉力;锚链必须装设有效的止链器。止链器应能承受相当于锚链的试验负荷。

(6)液压锚机的系统和所有受压部件应进行液压试验。液压泵试验压力为1.5倍最大工作压力(不必超过6.9 MPa);系统和其他受压部件试验压力为1.25倍设计压力(不必超过6.9 MPa)。

(三)锚机的管理要点

液压锚机在使用和管理过程中应注意:

(1)经常检查刹车带磨损情况,如果磨损程度超过规定值,应及时更换。

(2)应平稳操作锚机,动作过于粗暴所形成的液压冲击会损坏液压元件和管路。

(3)寒冷天气起锚时应对液压系统进行预热,一般可提前0.5 h起动预热电加热器和预热循环泵。

(4)炎热天气起锚应尽量避免液压泵长时间空转,防止液压泵的过度磨损和油液发热。

(5)起锚时必须起动主机配合,避免用锚机直接拉动船舶前进。

(四)系泊设备

1. 系泊设备的作用及基本要求

船舶为停靠码头、系带浮筒、旁靠它船和进出船坞等所使用的机械设备,总称为系泊设备。系泊设备主要由系缆索、带缆桩、导缆孔(或导缆钳)、绞缆机等所组成。

绞缆机同样可按所用动力的不同分为电动绞缆机和液压绞缆机。绞缆机还可分为普通绞缆机和自动绞缆机(恒张力绞缆机)。现在许多船舶上采用了自动调整张力的绞缆机。

图5-20所示为绞缆机的结构简图。电动机2(或液压马达)通过齿轮减速机构3带动主卷筒4和副卷筒6转动。

对绞缆机的基本要求是:应能保证船在受6级以下风作用时(风向垂直于船体中心线)仍能系住船舶。其额定负荷(拉力)大小应该根据船的尺寸,按《钢质海船入级规范》所推荐的数字选取。额定负荷时的绞缆速度一般为15~25 m/min,空载绞缆速度多在30 m/min以上。

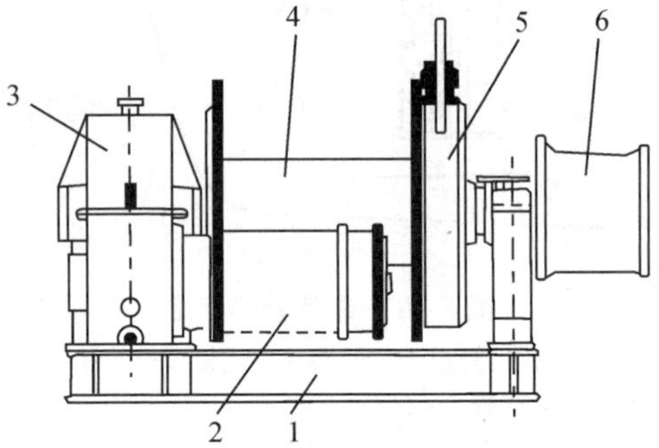

图5-20 绞缆机结构简图

1—底座;2—电动机(液压马达);3—减速机构;4—主卷筒;5—刹车;6—副卷筒

2. 自动绞缆机

普通型绞缆机,即使在船舶停泊期间,也须视潮汐的涨落和船舶吃水的变化,相应调整缆绳的松紧,而且操作时也很难保证各根缆绳受力均匀,若有一根缆绳因过载而拉断,则其他几根也将受到影响,特别是在巨型油船、散装船与大型集装箱船上,由于缆绳的直径很大,更增加了操作上的困难和不安全性。为此,在许多船舶上采用了自动调整张力的绞缆机。

液压自动绞缆机的形式很多,根据具体实现方法的不同可分为两大类:

(1)阀控式系统。图5-21所示为阀控式自动绞缆机液压系统。这种系统采用定量液压泵,一般由溢流阀控制液压马达收缆供油管的油压。系泊期间液压泵的排油仅需补充马达和系统漏泄，而多余的排油都要经溢流阀溢回油箱，为减轻功率消耗和油液发热，常在停泊时改用蓄能器和压力继电器使主泵间断工作。

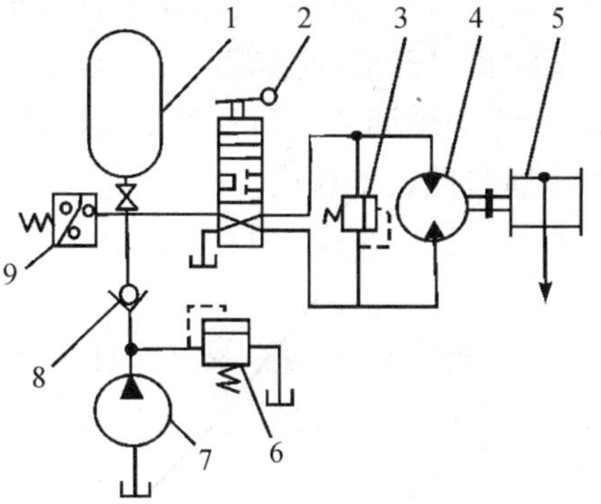

图 5-21　带蓄能器的阀控式自动绞缆机液压系统原理图

1—蓄能器；2—换向阀；3—压力控制阀；4—液压马达；5—卷筒；6—溢流阀；7—液压泵；8—单向阀；9—压力继电器

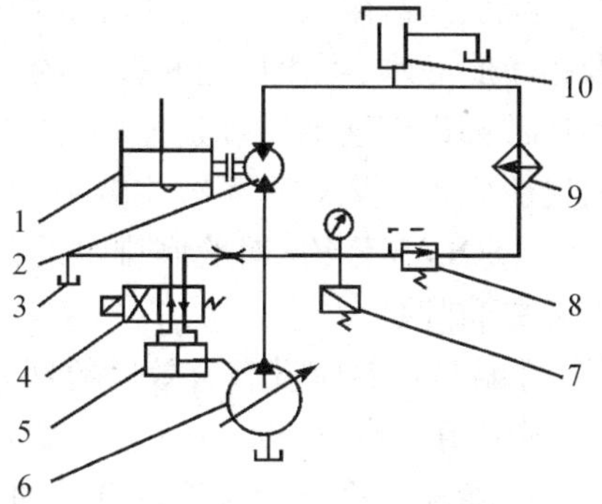

图 5-22　带压力继电器的泵控式自动绞缆机液压系统原理图

1—卷筒；2—液压马达；3—油箱；4—电磁阀；5—变量机构液压缸；6—液压泵；7—压力继电器；8—溢流阀；9—冷却器；10—膨胀油箱

(2)泵控式系统。图 5-22 所示为采用压力继电器控制变量泵的自动绞缆机液压系统原理图。主泵采用恒功率变量泵，或采用压力继电器对普通变量泵进行二级变量控制，以使主泵在达到所要求的工作压力时能改以小流量工作。这虽可省掉辅泵，但存在主泵价格较高和系泊期间工作时间长、效率低的缺点。为此，在有的泵控式系统中设有大、小两台液压泵，在系泊工况两泵同时供油，在停泊工况只有小泵供油，以减小功耗。

3. 管理要点

绞缆前应进行试车，如果发现问题应尽快通知机舱进行维修。自动绞缆机绞缆结束后应及时换用辅泵，转成自动系缆工况。

第四节　船舶系统

船舶在营运过程中，为了保证适航性和消防安全，并为船员和旅客提供舒适的生活环境和防止海洋环境污染，设有一系列用来完成一定功能的专门化管网，所有这些为船舶正常营运创造条件而与船舶动力装置无关的管路、附件及机械设备称为船舶系统。船舶系统根据用途可以分为：舱底水系统、压载系统、日用水系统、消防系统、船舶制冷空调系统、专用系统（油船、破冰船、救捞船等的专门系统）等。

一、舱底水系统

船舶在营运中，由于船体、管路或设备的泄漏和破损以及其他原因，机舱、炉舱、轴隧、货舱、货油泵舱、隔离空舱等处常会积有污水或含油污水，统称舱底水。为了防止舱底水腐蚀船体、浸湿货物和设备甚至影响稳性而危及船舶的安全，应及时将舱底水排出，排出舱底水的系统称为舱底水系统。舱底水系统一般包括舱底水直接排放系统和机舱舱底水分离处理系统两个部分，机舱舱底水分离处理系统是专门用来分离机舱含油舱底水的独立系统。

舱底水直接排放系统一般由吸入口、吸入管路、吸入阀、过滤器、水泵、排出阀及排出管路等组成。在设计和制造过程中,为了增加各路系统的功能,往往设计成舱底总用泵、消防泵、扫舱泵、卫生泵、压载泵及主副海水泵等均可替代舱底水泵,一旦机舱进水,舱底水泵不能使用或来不及排净舱底水,可用以上相关联的水泵代替,必要时也可开启应急吸入阀。因此以上水泵的管路通常都设有连通管和连通阀,使用过程中可以任意合理调节阀门及管路,以满足实际需要。机舱舱底水分离处理系统主要由油水分离器和排油监控设备组成。

(一)《SOLAS 公约》对舱底排水设备的要求

1. 客船和货船

(1)客船与货船应设有有效的舱底水排放系统,以便能够有效抽除及排干任何水密舱中的水,但固定用来装载淡水、压载水、燃油或液体货物,并在所有实际情况下设有其他有效排水设施的处所除外。冷藏舱应设置有效的排水装置。

(2)卫生水泵、压载泵及通用泵等,如与舱底排水系统有必要连接,均可作为独立的动力舱底泵。

(3)用于煤舱或燃油贮存舱柜内及其下方处所,或用于锅炉舱或机器处所内,包括设置沉淀油柜或燃油泵组所在处所内的所有舱底水管,应为钢质或其他合适材料。

(4)舱底排水管及压载管系应布置成能防止海水或压载舱的水进入货舱及机器处所或自一舱进入另一舱的可能性。

(5)所有与舱底排水设备有关的分配箱和手动阀,应设在通常情况下容易到达之处。

2. 客船

(1)要求的舱底排水系统,在存在海损等所有的情况下,无论船舶是正浮或是横倾均能操作。为此,通常应设几根侧吸水管,对形状特殊的舱要求增设吸水管。舱内的布置应使水能够流到吸水管。

(2)至少应有 3 台动力泵与舱底总管连接,其中 1 台可由推进机械带动。

(3)如实际可行时,各动力舱底泵应置于分开的水密舱内,其布置或位置应不致因同一处破损而造成各舱浸水。如主推进机械、辅机及锅炉装于两个或两个以上的水密舱内,则用作舱底排水的各泵应尽可能远离地分布于这些舱内。

(4)除仅供尖舱专用的附加泵外,所需的每一舱底泵的布置应能从本节 1. 中(1)所要求的任何处所抽水。

(5)每一台动力舱底泵应能通过所需的排水总管,用不小于 2 m/s 的速度抽水。位于机器处所内独立的动力舱底泵应有引自这些处所的直接吸水管,但此种吸水管在任何处所内应不多于 2 根,如设有 2 根或 2 根以上的此种吸水管,至少应有 1 根设在左舷,另 1 根设在右舷。

主管机关可要求在其他处所内的各独立动力舱底泵备有单独的直接吸水管。各直接吸水管应适宜布置,在机器处所内的直接吸水管的直径,应不小于舱底排水总管所要求的直径。

①除直接舱底吸水管或 2. 中(5)要求的吸水管外,在机器处所内应增设 1 根自主循环水泵引至机器处所排水液面的直接吸水管,此管应装有止回阀。此直接吸水管的直径,对蒸汽机船至少应为循环水泵进口直径的 2/3,对柴油机船则与循环水泵进口的直径相等。

②如主管机关认为主循环水泵作此用途不适宜时,则应自可用的最大独立动力泵引一根应急的直接舱底吸水管至机器处所排水液面,此管的直径应与所用泵的主进水管口直径相同。连接泵的排量应超过所要求舱底泵的排量,其超过量应经主管机关同意。

③海水进水阀及直接吸水管阀的阀杆，应延伸至机舱平台以上一定高度处。

3. 货船

至少应设有两台与主舱底排水系统相连接的动力泵，其中一台可由推进机械带动。如主管机关确信无损于船舶安全，则某些特殊的舱室可免设舱底排水设备。

（二）MARPOL73/78 对机舱污水排放的要求

（1）凡 400 总吨及以上但小于 10 000 总吨的任何船舶，应装有符合（4）条规定的滤油设备。凡载有大量燃油的这种船舶，应符合（2）条的规定。

（2）凡 10 000 总吨及以上的任何船舶，应装有滤油设备和当排出物的含油浓度超过 15 ppm时发出警报并自动停止排放的装置。

（3）对专门在特殊区域内航行的船舶，当下述条件全部满足时，主管机关可以免除（1）和（2）条的要求：

a. 如船舶设有储存柜，其容积足够容纳留存于船上含油污水总量，并使主管机关满意；

b. 所有含油舱底水均留存于船上，以便随后排入接收设备；

c. 主管机关确认在足够数量的港口或装卸站设有接收设备，足以接收可能停靠这些港口或装卸站的船舶的含油舱底水；

d. 如需要备有"国际防止油污证书"时，应在证书中签署说明该船专门从事在特殊区域内航行；

e. 排放的数量、时间和港口应记入"油类记录簿"内。

（4）主管机关应保证使小于 400 总吨的船舶尽可能将油类或含油混合物留存船上。

（5）第（1）条所述的滤油设备的设计，应经主管机关认可，而且应保证通过该装置或系统排放入海的含油混合物的含油浓度不超过 15 ppm。在考虑这种设备和装置的设计时，主管机关应注意到海事组织推荐的技术规范。

根据《SOLAS 公约》的要求可以看出，舱底水排放系统的主要功能是在水密舱室进水时，为了防止货物污染、保证船舶的安全应及时将水排出，情况紧急时可不顾及污水对海洋的污染，通过舱底水排放系统直接将舱底水排出舷外。根据 MARPOL 73/78 要求，机舱舱底水必须经过油水处理装置处理达到排放标准后才可以排放入海，绝对禁止机舱污水直通舷外。在正常情况下，舱底水的产生量较少，通过污水处理装置完全可以净化处理、排尽舱底水。

（三）船舶舱底水系统

至于舱底水系统的布置原则，首先应能保证船舶在正浮或向任何一舷倾斜不超过 5°时，皆能排干舱内的积水，且不允许舷外海水或任何水舱（柜）中的水经过该系统进入舱内。此外，舱底水系统还应具有海损时的施救能力。下面结合图 5-23 来具体叙述。

为了能吸干舱底积水，各吸入口 1 皆应根据舭水沟或污水井的不同情况而布置在每个舱底的最低处。

为了操作简便和简化管路，在系统中设有舱底水阀箱 2，并且在各阀箱、直通支管以及总管上皆应使用止回截止阀，以防舱底水倒流。

机舱是整个船舶的要害地区，且经常积水较多，因此，应设有两个以上的吸入口 5，并且至少要有一根吸入支管与舱底水泵直接相连。此外，为了在机舱破损时应急排水，还应设有接自一台主海水泵（柴油机船）或一台主循环水泵（蒸汽动力船）的应急排水管，在必要时，可由它们协同排水。

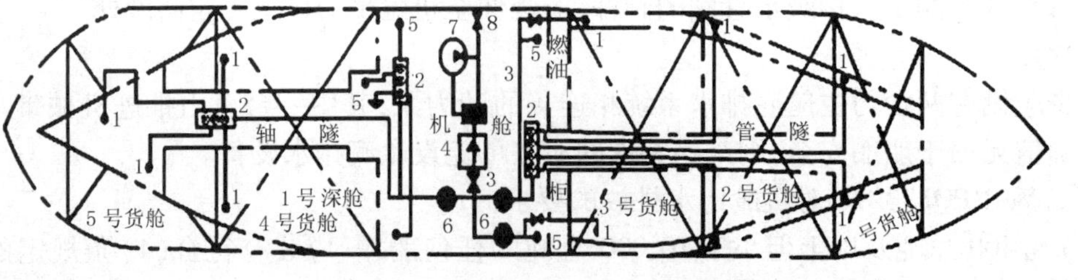

图 5-23　舱底水系统的全船布置原理图

1—舱底水吸入口;2—舱底水集合阀箱;3—舱底水总管;4—舱底水泵;5—机舱舱底水吸入口;6—泥箱;7—舱底水分油器;8—舷外排出口

舱底水泵应具有自吸能力,通常多采用往复泵或自吸式离心泵,有的也采用喷射水泵。在远洋船上应有两台以上可用作排除舱底水的泵,并且每台泵的排量皆应符合规范要求。对于国际航行的客轮,因对安全要求较高,舱底水泵的台数应较一般船舶多 1～2 台。但是为了减少机舱中水泵的数量,舱底水泵可由有足够排量的压载泵或通用泵兼任。鉴于舱底水很脏,为了防止污物堵住吸入口,在吸入口端部装有过滤网,而在机舱和轴隧的舱底水支管上还设有泥箱,舱底水可在其中进一步过滤,当污物在滤网周围和泥箱中积聚过多时,将会阻碍舱底水的排出,因此需要经常地予以清除。

二、压载系统

(一)压载系统的作用

船舶在营运过程中,需要根据具体的情况调整吃水、稳性、横倾和纵倾,这一任务可借助压载系统,通过改变各压载水舱中的水量来完成。压载系统既可以将舷外水注入各压载舱,又可以将各压载水舱的水排出舷外,还可以实现各压载水舱间的相互调驳。

对船舶进行压载和去载可起到以下作用:使船舶在横向保持平衡,在纵向有合乎要求的吃水差;使船舶具有适当的排水量和重心高度,以获得高的螺旋桨效率和合适的稳性;减小船体变形,避免产生过大的弯曲力矩和剪应力;减轻船体和轴系的振动。

根据船舶用途、结构和吨位的不同,压载水舱的位置、大小和数量也不完全相同。在货船上,一般把艏尖舱、艉尖舱、双层底舱作为压载舱,还有的加设上、下边舱和深舱为压载水舱,少数船上还设有专门用来调节稳性的上稳性舱和下稳性舱,油船上设有专用压载水舱。压载泵、阀门和压载管路共同构成压载系统。

(二)压载系统的布置原则

压载系统既要将水注入各压载水舱,又要通过同一条管道将水从水舱排出。这种"又进又出"的工作情况,形成了压载系统的管路特点。根据压载系统的特点,压载系统在布置上应满足以下要求:

(1)压载管系的布置和压载舱吸口的数量,应使船舶在正常营运条件下的正浮或倾斜位置均能排出和注入各压载舱的压载水。

(2)在压载系统的管路上,不能设止回阀和止回阀箱,压载舱长度超过 35 m 时,一般应在前、后端均设置吸口。

(3)为了防止压载水管漏泄时海水进入货舱,压载水管如须通过货舱,皆应铺设在双层底空间,其吸入口在各舱的布置,应有利于压载水的排出。

(4)艏、艉尖舱的压载管在穿过艏、艉防撞舱壁时,应设有在上甲板能开关的阀门,以便在艏、艉处船体撞破时，能将该压载管关闭。

(5)压载管系的布置，应避免舷外水或压载舱内水进入货舱、机器处所或其他舱室。

(6)压载水管不得通过饮水舱、炉水舱或滑油舱。

海船的压载水舱容量甚大，一般杂货船可达船舶排水量的15%左右，其中艏、艉尖舱占总压载水量的12% ~17%，其他大多存于双层底压载舱中。通常要求压载泵能在2 ~2.5 h内将最大的一个压载舱注满或排空，在6 ~8 h内将全船所有的压载水舱注满或排空。

(三)压载水系统管路的布置形式

(1)支管式：各压载舱室和机舱内管系的典型布置如图5-24所示。多用于压载管径较小、舱数不多的普通货船的压载系统，有双支管形式的异型舱室压载系统(即每舱中有两根支管和两个吸口)。

(2)总管式：管系布置如图5-25所示。它沿船的纵向铺设总管，从总管向压载舱引出支管，在支管上安装阀和吸口。这种形式被广泛采用，其变形有单总管式、四总管式、环形总管式、管隧式和半管隧式等几种，每舱的吸口可能有一个或两个。

(四)压载系统的管理

1. 空船压载航行中应注意的问题

(1)保证适当的吃水、吃水差和足够的稳性

空船航行时，船舶的受风面积增大，船舶保持航向的能力下降；为了避免在大风浪中产生激烈的船舶摇摆、拍底、螺旋桨打空车等不良影响，船舶应保证有适当的吃水和吃水差。

(2)注意船舶的总纵强度

在每次压载航行时应反复计算和校核船舶的总纵强度，根据航次船舶的油水情况，调整船舶的压载水的分布，使船舶所受的弯矩和最大剪力降至最小，保证船舶的安全。

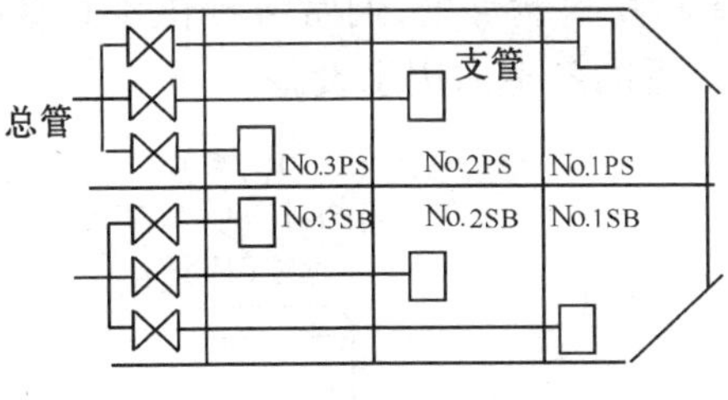

图5-24　支管式系统压载舱室管系布置

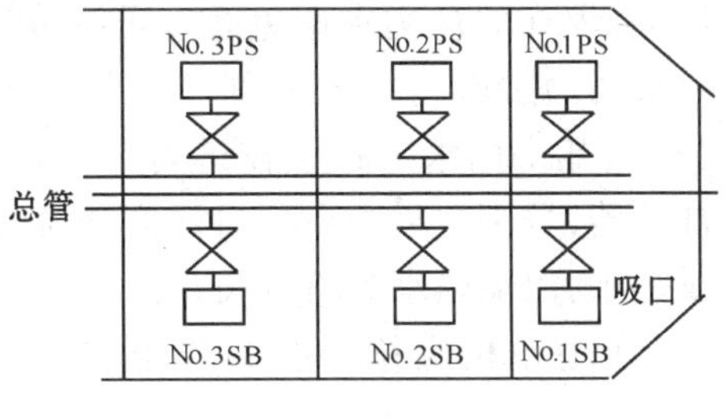

图5-25　总管式系统压载舱室管系布置

2. 装货时压载水的排放

(1)拟定装舱顺序和压载水的排放计划，并列表备查。

(2)尽量缩短排放压载水的时间，避免产生船舶滞期。

(3)分别排放各压载舱的压载水。

当更换排放的压载舱时，应注意先将排空舱的阀门关上，然后进行下一压载舱的排放，以免造成压载水的倒灌。

(4)掌握各压载舱排放不出来的压载水的数量。

(5)甲板部的值班人员应经常检查压载水的排放情况，尤其是在潮差比较大的港口通常应每隔0.5 h对所排放的压载舱进行测深，计算所排放的压载水数量，计算实际的排放速度，同时应经常查看船舶的吃水以避免船舶搁浅或船舶触及岸吊而发生事故。

3. 卸货时的压载

卸货时的压载相对来说比较容易,但应注意下列几个问题。

(1)在卸货港,船舶的吃水和空中高度同样会受到限制,并应注意船舶的纵向强度。

(2)如果在港口受到岸吊高度的限制,对于超大型船舶,往往需要对若干个货舱进行压载。

(3)卸货开始时,由于大型船吃水深,船舶距离海底的距离小,可先利用海水的压力,自然注入压载水,以免吸入大量的泥沙。

三、日用水系统

日用水系统是保证船员和旅客生活所必需的上、下水系统。上水系统是指供水系统,其任务是供给船上饮用水、洗涤水、冲洗厕所和甲板的舷外水等。下水系统是指排水系统,其作用是将厕所、浴室、洗漱间、厨房的生活污水排出舷外。

(一)供水系统

供水系统的作用是满足船员和旅客日常生活用水需要,可分为饮水系统、洗涤水系统和卫生水系统。饮水系统主要供应炊事用水、饮用水和医疗用水等。洗涤水系统主要供应浴室、洗衣室、洗物池和洗手盆等处的冷热洗涤水。卫生水系统从舷外吸取海水供厕所、洗漱间和浴室等处冲洗用。

对供水系统的要求:

(1)为了系统局部发生故障时不致影响整个供水系统的工作,同时也避免大直径的供水管,可采取分区供水,即将全船划分为几个用水区,各区直接从压力水柜的输出管上引出一路供水干管,并装设截止阀,分别控制。客船通常按甲板层或客舱等级来划分供水区域,这样可使系统更加灵活可靠。

(2)供水干管应力求避免通过居住舱室、食品库和物料舱等处,通常各种供水总管铺设在各层甲板两边过道上方,然后再由总管引出支管到附近的各室内用水设备。

(3)当几个用水区相距较远时,可按分区设置加热器,分别向集中在各自区内的几个用水处供热水,以免热水管路过长。

(4)压力水柜应符合有关受压容器的要求。

供水系统的主要设备有水泵、水柜、热水器、供水管和阀件等。有两种供水方式:重力供水和压力供水。目前,大中型海船基本上采用压力供水方式。

压力供水的特点是设置压力水柜,借助水柜中的空气压力将水送至各用水处,压力水柜的布置不受高度的限制。在大中型船舶上,至少应设两个压力水柜:一个是海水压力柜,供应卫生水;一个是淡水压力柜,供应饮水和洗涤水。

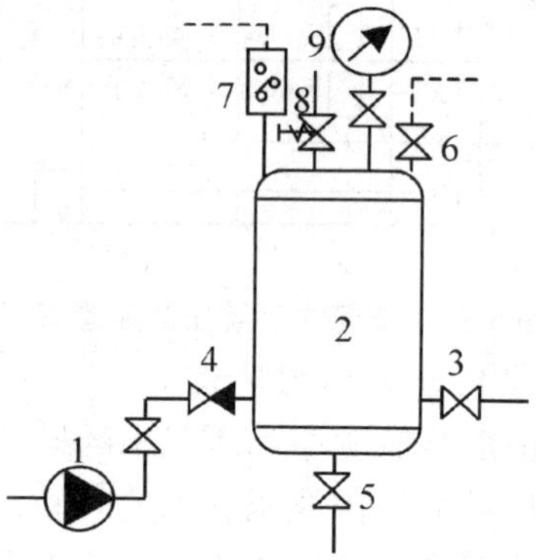

图 5-26　压力式供水系统

1—水泵;2—压力水柜;3—截止阀;4—截止止回阀;5—泄水阀;6—充气阀;7—压力开关;8—安全阀;9—压力表

压力式供水系统工作原理如图 5-26 所示。由于压力水柜密封,当水泵 1 向压力水柜 2 进行补充水时,随着水面的升高,柜内上部的空气逐渐被压缩而产生压力。当水充到设定压力时,水泵1即停止供水,压力水柜2内的水就依靠柜内上部空间被压缩了的空气的压力,经管路、阀件输至各用水处。为保障正常工作,压力水柜顶部设有压力表9和安全阀8,还设有压力开关7,以便自动控制水泵1的工作。当柜内压力低于设定的最低工作压力时,则由压力开关7自动启动水泵1。当柜内压力达到设定的最高工作压力时,压力开关7自动停止水泵1供水。为补充柜内空气的消耗,通常在压力水柜顶部接压缩空气注入管。

如果船上需要供应热水,则在供水系统中加设加热器。加热器有蒸汽加热、电加热和燃油加热三种,其中蒸汽加热最为常见。压力式热水供应系统的工作原理见图5-27。

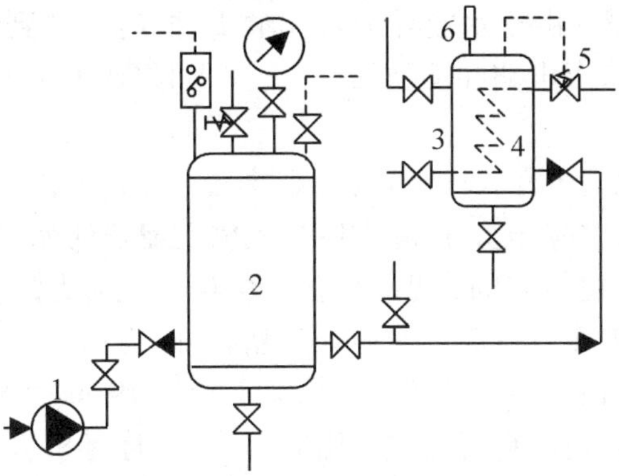

图5-27　压力式热水供水系统

1—水泵;2—压力水柜;3—加热器;4—蒸汽盘管;5—调节阀;6—温度计

密闭的加热器3内设有蒸汽加热盘管4,蒸汽通过温度调节阀5进入加热器3。一般加热温度控制在70～80℃,蒸汽量的多少由温度调节阀5自动控制。从加热器出来的热水供应管路一般均应包扎绝热材料,防止热量散失。大型船舶或热水消耗量大、管路较长的船舶,则设一专门的热水循环泵,使热水进行强制循环,以便随时供应热水。

(二)排水系统

排水系统是将船员和旅客洗漱后的污水、人和动物的粪便水、甲板冲洗水、落水等排出舷外的管路系统。对于健康船员和旅客洗漱水、甲板冲洗水和落水,可以通过直通舷外的落水管排出舷外。对于MARPOL73/78定义的船舶生活污水,则必须通过认可的生活污水处理装置,按公约要求排出舷外。

MARPOL73/78对船舶生活污水这样定义:

(1)任何形式的厕所、小便池以及厕所排出孔的排出物和其他废弃物。

(2)医务室(药房、病房等)的面盆、洗澡盆和这些处所排水孔的排出物。

(3)装有活的动物处所的排出物。

(4)混有上述排出物的其他废水。

四、消防系统

船上的火灾,尤其是在辽阔的海洋中,乃是最大灾害之一。船上发生火灾的原因是多方面的。例如船上存有大量的可燃物质(木材、液体燃料、油漆、绝缘材料等),这不仅增加了火灾的危险性,而且一旦着火,便会迅速蔓延。发生火灾的原因,或因对火种处理不慎,电线短路,绝缘低劣;或因船舶个别区域积聚油气而与电气火花相遇产生爆燃。专业船舶(破冰船、捕鲸船等)上的火药或爆炸物,也会造成火灾。

配备适当的设备、训练有素的船员以及保持高度的警惕,火灾是可以防止的。防火工作对于船舶安全具有极端的重要性,因此历来都为航海院校的有关船艺课程所重视。本书仅从水灭火系统的角度加以阐述。

众所周知,船上所设的各种消防设备,随船舶业务性质而有其不同的要求,但都必须装有水灭火系统。水灭火系统广泛地用于扑灭起居舱室、货舱和机炉舱等处的火灾。水柱灭火的主要作用是冷却。水和燃烧物接触后会蒸发成蒸汽,从而吸取大量的热量,使燃烧物降温以至熄火。强有力的水柱不仅能冷却燃烧物的表面,而且能穿透燃烧物的内部,使内部亦获得冷却,而不致在熄灭后再复燃。由于水能导电且比油重,同时水喷到油火上会激起油的表面飞溅,助长火势,因此不能用来灭电路和油类的火灾。但如将水喷成雾状,则可用以扑灭半密闭空间内的油类火灾。

船上的水灭火设备,除用于扑灭火患外,还兼冲洗甲板和锚链筒内起锚时的泥污及洒水降温,必要时还可通过加热器供应热水,以除去甲板机械上覆盖的冰层等。

水灭火系统的布置,应视船舶的大小、类型以及对系统活力的要求而定。在宽度不大的中、小型船舶上,消防干管的布置可成直线伸延至艏艉部,再由管上分出若干支管和分支管接至各处的消防龙头。但是,在上层建筑较大或船宽不小于 19 m 的大型船舶上,为求提高生命力,消防干管应作环形布置,在环形管路中部用横跨管(又称过桥管)将两舷干管连通起来,泵的排出管即与此过桥管沟通。后者的两端各装一隔离阀,以便消防泵可向任一舷或同时向两舷干管输水。如果在环形管上适当地装设截止阀,并在个别水密隔舱内加装过桥管,使它成为若干小的环形管段,则运用这些截止阀和隔离阀,就能大大地提高系统的生命力,如图 5-28 所示。

消防系统中还应视情况设有防撞保护和防冻等措施。为了能与岸上或其他船的消防水管连接,消防干管上应设有与舷外连接的备用消防龙头。至于水龙带和水龙头的规格、数量以及布置等详情可见船舶检验局的相应规范。

此外,船上根据需要设有蒸汽灭火系统、二氧化碳灭火系统、泡沫灭火系统、溴乙烷以及 1211(二氟一氯甲烷)等灭火系统,并有火警信号系统以进行监控。

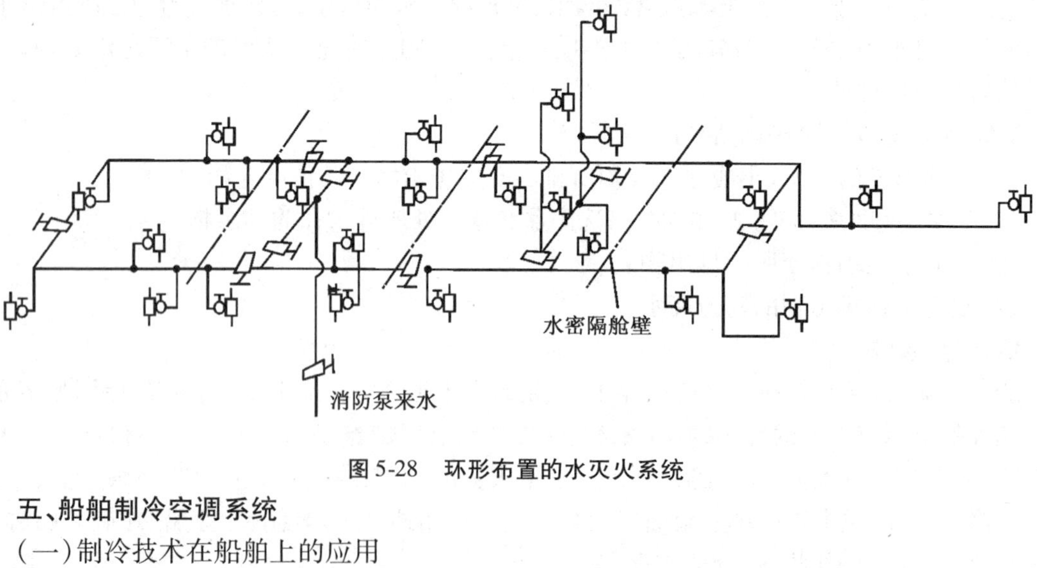

图 5-28　环形布置的水灭火系统

五、船舶制冷空调系统

(一)制冷技术在船舶上的应用

船舶制冷的目的是实现货物的冷藏运输,并为船舶空调提供冷源。在船舶上,制冷技术广泛应用于货物冷藏运输、食品冷藏、鱼类保鲜、天然气液化和贮运、冷藏集装箱“冷藏链”运输和船舶舱室的空气调节等。船舶冷藏包括海上渔船、商业冷藏船、海上运输船的冷藏货舱和船舶伙食冷库。另外,尚有海洋工程船舶的制冷及液化天然气的贮运槽船等。

(二)伙食冷库制冷装置的组成

图5-29是船舶伙食冷库制冷系统原理图。它有两台压缩机。正常情况下一台工作,一台备用。该伙食冷库共分五个库,库温分别是:菜库(2±1)℃;乳品库(2±1)℃;饮料库(4±1)℃;鱼库(-12±1)℃;肉库(-12±1)℃。

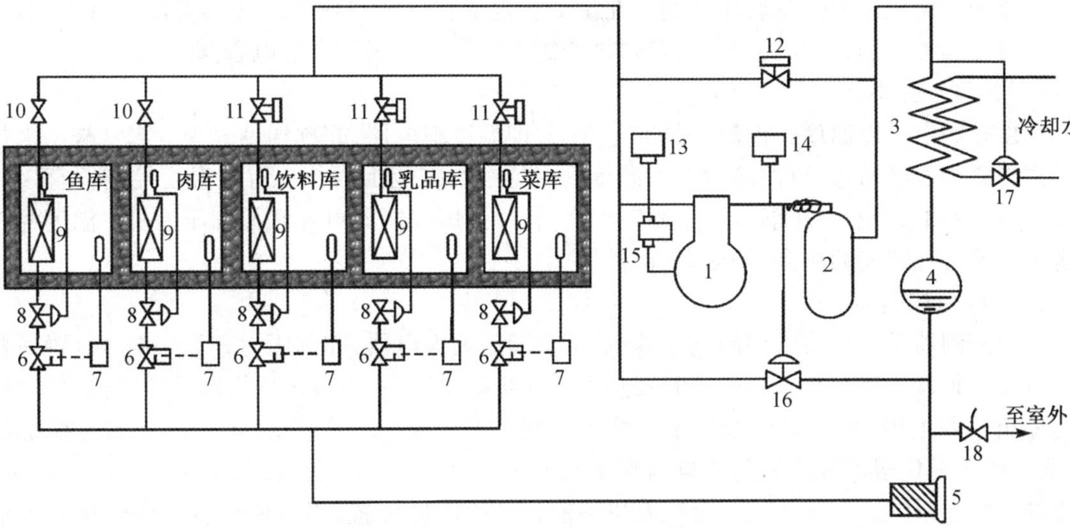

图5-29 船舶伙食冷库的制冷系统原理图

1—压缩机;2—油分离器;3—冷凝器;4—贮液器;5—干燥过滤器;6—电磁阀;7—温度控制器;8—热力膨胀阀;9—蒸发器;10—止回阀;11—蒸发压力调节阀;12—旁通调节阀;13—低压控制器;14—高压控制器;15—油压差控制器;16—注液阀;17—冷却水量调节阀;18—安全阀

(1)压缩机

压缩机是制冷装置的关键部件,它的功用是抽吸蒸发器内的制冷剂气体并将其压送到冷凝器中。

(2)油分离器

油分离器装在压缩机排出端,用来分离排气带出的滑油,使之返回压缩机曲轴箱(或吸气管),既可避免压缩机失油过快,又能避免滑油随制冷剂进入蒸发器过多,使制冷量降低。

(3)冷凝器

冷凝器的功用是将压缩机排出的气态制冷剂冷凝成液态,供系统循环使用。

(4)贮液器

它是装在冷凝器后面用来储存液态制冷剂的容器。

(5)干燥过滤器

压缩机的吸入口管道和膨胀阀的制冷剂管道上通常应设有过滤器,一般将干燥器和过滤器做成一体装在液管上。

(6)蒸发器

蒸发器的功用是让制冷剂在其中汽化，从被制冷的对象中吸热。分直接冷却式和间接冷却式两种，船舶氟利昂制冷装置大多数采用直接冷却式。

(7)热力膨胀阀

制冷装置在实际工作中热负荷经常变化。热力膨胀阀除了能起节流降压作用外，还能自动调节制冷剂流量，使制冷剂在蒸发器出口的过热度保持在适当的范围内。这样，既能避免蒸发器因制冷剂供应不足而换热面积得不到充分利用，制冷量降低；又能防止制冷剂供给太多而不能全部汽化，以致压缩机吸入湿蒸气，甚至导致“液击”。

(8)电磁阀

电磁阀是由电磁力控制启闭的阀。在制冷装置中它常装在热力膨胀阀前的液管上，由冷库的温度控制器控制，作为决定向蒸发器供给制冷剂液体与否的供液电磁阀。

(9)温度控制器

温度控制器是以温度为控制信号的电开关，即温度继电器，亦称温度开关。它常被用来控制供液电磁阀通电与否，以使冷库的库温得以保持在给定范围内。也有用温度控制器直接控制压缩机起停的，当一台压缩机为多库工作时，各库温度控制器可并联控制压缩机。温度控制器也可用于其他需要的场合，如融霜、保护等。

(10)压力控制器

压力控制器是以压力为控制信号的电开关，即压力继电器，亦称压力开关。制冷装置一般都设有高压和低压控制器。高压控制器感受压缩机排出压力，当排出压力高于调定值时，它切断压缩机控制电路，实现保护性停车。低压控制器以压缩机吸入压力为信号，控制压缩机起停，既可使压缩机根据制冷的需要自动间断地工作，又可当吸入压力过低时实现保护性停车，防止空气漏入系统。多库共用一台压缩机的伙食冷库制冷装置，当各库库温先后到达调定下限而温度控制器陆续断电后，供液电磁阀全部关闭，吸入压力很快降到调定下限，低压控制器即断电使压缩机停车；当某库库温回升到上限，温度控制器通电使供液电磁阀开启，制冷剂进入蒸发器，吸入压力回升到调定上限值时，低压控制器又通电，使压缩机重新起动。

(11)油压差控制器

油压差控制器是以制冷压缩机滑油泵的排油压力与吸气压力之差为控制信号的电开关，即油压差继电器，亦称油压开关。当上述油压差低于调定值时，经过一段时间的延时即自动切断压缩机电路，实现保护性停车。

(12)蒸发压力调节阀

蒸发压力调节阀亦称背压阀，装在蒸发器出口管路上，能在阀前的蒸发压力变化时自动调节阀的开度，保持蒸发压力大体恒定。船舶伙食冷库制冷装置常常是由一台压缩机控制几个要求不同库温的冷库，若不设蒸发压力调节阀，则各库蒸发压力会都相同，高温库的蒸发压力(温度)就可能太低，使库温很不均匀，靠近蒸发器的菜、果、蛋等容易冻坏；还会使高温库蒸发器结霜加重，库内湿度降低，增加食品干耗；而在高温库制冷时低温库不易达到足够低的蒸发温度，使低温库库温难以下降。因此，通常在高温库蒸发器出口管上设蒸发压力调节阀，使之保持适当高的蒸发压力和蒸发温度；同时在低温库蒸发器出口应设止回阀；否则高温库热负荷较大时压缩机吸入压力较高，若高于低温库库温所对应的制冷剂饱和压力，则高温库产生的制冷剂蒸气就会进入低温库蒸发器冷凝放热，不仅妨碍低温库保持低温，而且在高温库电磁阀关闭后，压缩机从低温库吸气还可能吸入湿蒸气。

(13)冷却水量调节阀

制冷装置的冷却水温较低时,若不及时关小冷却水阀调低流量,冷凝压力就会太低,可能使蒸发器供液不足,蒸发压力过低,制冷量减小;而关小冷却水阀后,若水温升高未能及时将阀开大,冷凝压力又会过高而停车。冷却水量调节阀通常装在冷凝器的出水管上,它根据冷凝压力的变化自动改变开度,调节冷却水流量,使冷凝压力保持在调定的范围内。

(三)船舶制冷装置的管理

1. 制冷装置的验收

新装或大修后的制冷装置应该对系统做气密试验,然后抽空系统;为了检查冷库的保温性能,应对其做隔热试验。

2. 制冷装置的日常操作

(1)充加制冷剂

系统经气密试验和抽空干燥后即可充加制冷剂,在系统运行中,发现制冷剂少了,随时补充制冷剂。充加制冷剂一般通过系统的充剂阀进行,充加制冷剂应使制冷剂通过干燥器,以吸收制冷剂中的水分。正常补充制冷剂时为了避免充注过量,应该根据贮液器液位判断充剂量是否充足。正常运行时,贮液器液位应为1/2～2/3高。

(2)取出制冷剂

如果系统中充剂过多,液态制冷剂可能过多地浸没冷凝器冷却水管,会使冷凝压力升高,这就需要取出部分制冷剂。有时因装置需要大修或准备长期停用,可能需要取出全部制冷剂。

(3)检漏

制冷剂大多数都无色无味,渗漏性强,应定期对装置检漏。制冷装置初次投入使用或拆卸检修之后或系统中制冷剂减少较快时,应及时检漏。漏泄主要发生在系统中各设备的连接处、阀杆填料处和压缩机轴封等部位,必要时冷凝器和安全阀也要检查。制冷装置常用检漏方法有以下几种:皂液检漏、油迹检漏、检漏灯检漏、电子检漏仪检漏等。

(4)滑油的更换和添加

制冷压缩机应按说明书规定的周期换油,如果发现滑油老化、污浊、变黑或黏度下降15%以上时即应换油。在系统正常运行时,滑油会逐渐减少,应适当补充滑油。

(5)排除不凝性气体

系统中的不凝性气体一般是外界漏入的空气。不凝性气体的存在会妨碍传热,使排气的压力和温度升高,增加压缩机功耗,降低制冷量,滑油使用寿命缩短,故须设法排除。

(6)融霜

制冷装置中,蒸发器管壁的温度均在0℃以下,空气中的水汽会在其上结成霜层。由于霜层的导热系数不到金属管壁的1%,故霜层极大地增大传热热阻,膨胀阀会因出口过热度减小而关小,蒸发压力和温度下降,导致制冷量减小。霜层越结越厚,影响尤甚。所以,蒸发器应定期融霜。常用的方法有自然融霜、电热融霜、喷水融霜和热气融霜。除热气融霜外,融霜前应把系统中的制冷剂收回至储液器中,停止装置运行。

(四)船舶空调系统

1. 对船舶空调的要求

船舶航行于各个海域,气象条件复杂多变。为了能在舱室内创造适宜的人工气候,以便为船员、旅客提供舒适的工作和生活环境,现代船舶大都设有空气调节装置。

船舶空调大多是为满足人们对工作和生活环境舒适和卫生的要求，属于舒适性空调。它与某些生产场所为满足工艺或精密仪器的要求所用的恒温、恒湿空调不同，对温、湿度等空气条件的要求并不十分严格，允许在一定的范围内变动。

船舶空调装置应能在规定的舱外空气设计参数下，使室内以下空气条件符合要求。

(1)温度

就空调来说，使人舒适与否最重要的是能在一般衣着时自然地保持身体的热平衡，其中影响最大的是空气的温度。在湿度适中和稍有流动的空气条件下，根据通常的衣着情况，一般人感到舒适的温度条件：冬季为19～24℃，夏季为21～28℃。我国船舶空调舱室设计标准是：冬季室温为19～22℃；夏季室温为24～28℃；室内各处温差不超过3～5℃；夏季室内外温差不超过6～10℃。

(2)湿度

人对空气的湿度不十分敏感。相对湿度以50%左右为宜，而在30%～70%的范围内都不会明显感到不适。但如果湿度太低，呼吸时会因失水过多而感到口干舌燥；而湿度太高，则汗液难以蒸发，也不舒服。夏季空调靠冷却除湿，室内湿度一般控制在40%～60%。冬季靠喷汽或喷水加湿，室内湿度设计值多为50%；实际使用可控制在30%～40%范围内，以便减少淡水耗量，并防止接触室外空气的舱壁结露。

(3)清新程度

所谓清新程度是指空气清洁(少含粉尘和有害气体)和新鲜(有足够的含氧量)的程度。

如果只为满足人呼吸氧气的需要，新鲜空气的最低供给量每人2.4 m^3/h即可；然而要使空气中二氧化碳、烟气等有害气体的浓度在允许的程度以下，则新风量就需达到每人30～50 m^3/h。

(4)气流速度

在室内的活动区域，要求空气能有轻微的流动，以使室内温、湿度均匀和人不感到气闷。室内气流速度以0.15～0.20 m/s为宜，最大不超过0.35 m/s；否则人会感觉不适。

此外，距室内空调出风口1 m处测试的噪声应不大于55～60 dB。

2.船舶空调系统的分类

船舶空调装置按系统特点可分类如下：

按空气处理设备的设置分类：

(1)集中式空调系统

所有的空气处理设备，包括风机、冷却器、加湿器、加热器、过滤器等都集中在一个空调机房内。这种系统中，送风由中央空调器统一处理，然后通过单风管送到各个舱室，如图5-30所示。因为各舱室的送风参数相同，所以对各舱室空气参数的个别调节就只能靠改变布风器风门的开度，即改变送风量来实现。这种系统比较简单，初置费较低，在货船上用得最普遍。但因采用变量调节，调节幅度不宜过大；否则难以保证舱室的新风供给量和室内空气参数基本相等。此外，调节时还会对其他舱室的送风量产生干扰。

(2)半集中式系统

除了有集中空调机房外，还包括分散在被调节的舱室内的处理设备即冷热交换装置等，主要是对进入被调房间的空气再进行二次处理。

这种系统的中央空调器如图5-31所示，由前、后两部分组成，一部分送风经空调器前部预

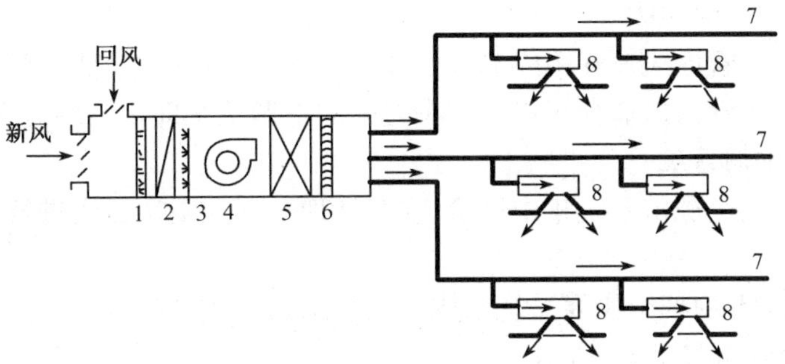

图 5-30　集中式单风管系统

1—空气滤器;2—空气加热器;3—加湿器;4—风机;5—空气冷却器;
6—挡水器;7—主风管;8—布风器

处理后即经中间分配室送至舱室布风器,称为一级送风;而其余部分则经空调器后部再处理后经后分配室送至舱室布风器,称为二级送风。这种系统能向舱室同时供送温度不同的两种空气,因此通过调节布风器两个风门的开度,改变两种送风的混合比,即可调节舱室温度,冬、夏都可变质调节,调节灵敏。虽然空调器和风管系统的重量和尺寸较大,但因不需设末端换热器,可采用较便宜的直布式布风器,故噪声低,管理简单,当布风器数量较多时总造价比末端再处理式低,较适合对空调性能要求高的客船。

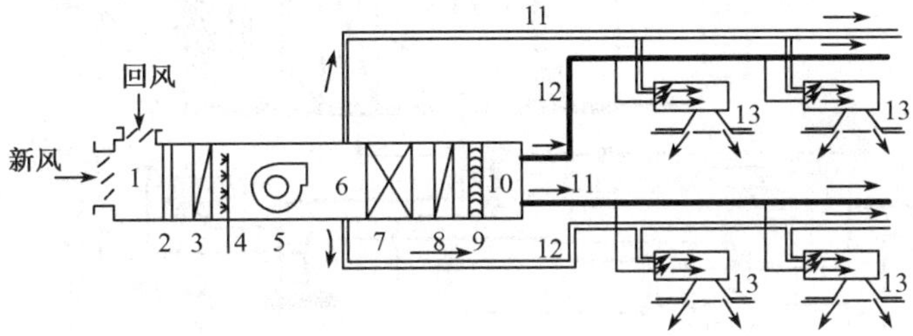

图 5-31　双风管系统

1—空气滤器;2—空气预冷器;3—空气预热器;4—加湿器;5—风机;6—中间分配室;7—再冷却器;8—再加热器;9—挡水板;10—后分配室;
11—预处理送风器;12—再处理送风管;13—布风器

(3)全分散式系统(局部机组)

这种机组冷、热源,空气处理设备,输送设备(风机)全部集中在一个箱体内,它本身就是一个紧凑的空调系统,因而不必设集中机房。它可以根据需要安置在被调舱室内或邻舱内。

按冷却盘管中冷却介质分类:

①直接蒸发式系统:制冷剂在冷却盘管内蒸发吸取空气热量,从而达到降低空气温度目的。这种系统在空调负荷不太大,空调舱室较为集中的客、货船上用得较多。

②间接冷却式系统:通过中间冷却器,使经制冷剂冷却过的冷媒水冷却空气,从而达到降低空气温度的目的。在大型的客船上,由于空调面积大而舱室分散,空调负荷大,采用该种系统较普遍。

按风管内空气流速高低分类:

①高速系统:通常主风管内风速在 20 ~ 30 m/s 的空调系统称为高速系统。高速系统中,由于管内空气流速高,相同风量时,风管尺寸紧凑,占据空间位置小,但空气在管道内流动阻力

大,风机的风压高,空调噪声大。

②低速系统:主风管内风速在 10~12 m/s 以下的空调系统称为低速系统。

③中速系统:主风管内风速介于以上二者之间的空调系统即称为中速系统。

3. 集中式船舶空调系统

加热与冷却之冷、热源由系统集中供给,空气处理全部在空调器内进行的空调系统称集中式空调系统。

船舶空调系统一般由四个主要系统组成:冷、热源系统,空气处理系统,空气输送和分配系统以及自动控制系统,如图 5-32 所示。

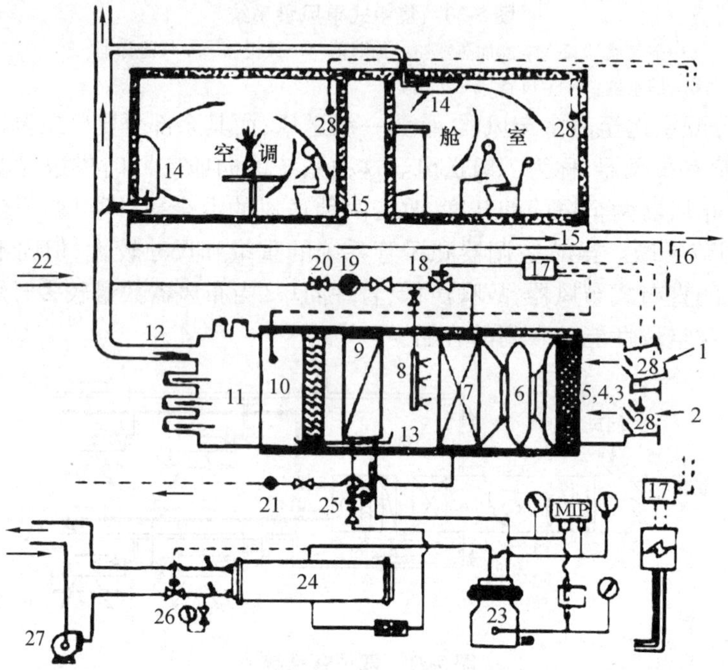

图 5-32 船舶空调系统

1—回风进口;2—新风进口;3—调风门;4—空气混合室;5—空气过滤器;6—风机及消声室;7—空气加热器;8—空气加湿器;9—空气冷却器;10—挡水板;11—空气分配室;12—送风管;13—盛水盘;14—空气分配器和诱导器;15—回风;16—排风与回风;17—温度控制器;18—蒸汽控制阀;19—过滤器;20—蒸汽恒压阀;21—疏水器;22—蒸汽引入总管;23—压缩机;24—冷凝器;25—膨胀阀;26—水量控制阀;27—海水泵;28—测温元件

(1)冷、热源系统

冷源:空调系统的冷源系指用于空气降温、减湿的制冷装置。它主要有活塞式、螺杆式、离心式和吸收式等制冷机。

热源:船舶空调通常采用蒸汽、热水或电能对空气进行加热,以蒸汽对空气进行加湿。蒸汽、热水由锅炉或动力装置的冷却水供应。

(2)空气处理系统

完成对空气的混合、净化、加热、加湿、冷却、减湿以及消声等任务。在空调器中设置进风口、出风口、调风门,空气过滤器、加热器、加湿器、冷却器、挡水板以及空气混合、分配、消声室等。

(3)空气输送和分配系统

把经过空调器处理的空气输送和分配到各空调舱室,并将舱室内的污浊空气排出舱外,使空调舱室得到均匀送风和满意的气流组织。包括通风机、进排风管、空气分配器或空气诱导器。

(4)自动控制系统

用于控制空调舱室的空气温度、湿度及其所需之冷、热源的能量供给等。它是保证空调舱室得到良好空气参数、气流组织和冷、热能量合理供给所不可缺少的设备。

舱外新鲜空气和舱内回风进入空气混合室,经过滤器清除空气中的尘埃,再经风机送至空气加热器、加湿器、冷却器处理,使空气达到要求的送风温度和湿度,然后经挡水板至空气分配室,再沿各送风管经空气分配器或诱导器送入舱室,从而完成其空气调节过程。

4. 船舶空气调节装置的主要设备

1)中央空调器

中央空调器是对新风与回风进行混合、消声、净化、降温、除湿和加热、加湿的集中处理设备,简称空调器。

(1)空气的混合和消声

如图5-32所示新风和回风经各自的调节门2和1由风机6吸入,在混合室4中混合后,由风机压出至消声室。气流进入消声室时,流通断面突然扩大,流速突降,使低频声衰减,而中、高频声则为敷设于四壁的消声材料所吸收,导致噪声降低。改变新风和回风调节门的开度,可以调节新、回风混合比。

(2)空气的除尘净化

如图5-32中,空气流经消声室的滤器5时,其中的灰尘和杂质即被滤去,既保证了供入舱室空气的清新,又可防止换热器壁面的污染而降低传热效率。

滤器由多块滤板组成。滤板上铺有粗孔泡沫塑料或其他多孔性材料,斜插于过滤器架上,构成一完整的滤墙。滤板也可以是涂矿物油的皱折薄钢板。注意滤板的清洁,可减小气流流动阻力。

(3)空气的冷却除湿

如图5-32中,从消声室进入空气冷却器9的空气,当其流经蛇形肋片管时,被管内循环的低温制冷剂冷却。根据冷却器表面的平均温度,空气的冷却可分为以下两种情况:

等湿冷却:当空气冷却器表面的平均温度高于空气露点温度时,空气中的水蒸气不会在冷却器表面凝露,空气中的绝对含湿量保持不变,因而出现了等湿冷却过程。

减湿冷却:当空气冷却器表面的平均温度低于空气露点温度时,空气中的水蒸气有一部分凝结在冷却器的表面,使空气中的含湿量减少,从而出现减湿冷却过程。

上述两种冷却过程,不论含湿量是否变化,冷却后空气的相对湿度均提高了。这是因为空气的温度越下降,越接近空气中水蒸气分压对应的饱和温度,相对湿度就越接近100%。实验证明,冷却面积越大,冷却越充分,降温除湿的效果越好。所以,空气冷却器采用蛇形肋片管和制冷剂的蒸发温度不应高于5~7℃。但制冷剂的蒸发温度也不能过低,以免管壁结霜,阻塞空气的通道和削弱空气与制冷剂的热交换,故制冷剂的蒸发温度一般不低于-4~-20℃。事实上,空调器中空气的冷却过程均为减湿或干燥冷却。

流出冷却器带水滴的空气流经挡水板10时,由于流向的改变和惯性作用,水滴即附于挡水板上而与空气分离。为防止细小水滴被空气流带走，挡水板的末端常做成翻边，以构成挡水沟。在空气冷却器和挡水板中被分离的水，积聚于盛水盘 13 中，并经泄水管排出。

空气冷却器和挡水板只是夏季使用，其他季节停止冷却器中制冷剂的循环。

(4)空气的加热加湿

冬季，空气的温度低，需加热。但空气加热后，由于温度升高，相对湿度降低，空气变得干燥，故加热的同时还应加湿。加热介质可为热水或蒸汽，但小型空调器往往采用热泵或电加热。加湿，可喷蒸汽或喷水于空气中。船舶中央空调多采用喷蒸汽加湿。如加湿器放在加热器前，空气的温度较低，加湿量小，难以达到加湿要求。所以，加湿器宜放在加热器后，但应注意控制加湿量，以防止加湿过量导致空调舱壁凝露。不需加热加湿时，停止供给蒸汽和热水即可。空气经加热加湿后，焓值和含湿量均增加。

对于热湿比相同或相近的舱室，即使热湿负荷不同，采用同样参数的供风，只要改变供风量，就可获得完全相同或相近的室内空气参数。

2)布风器

(1)直布式布风器

图 5-33 所示为一种单风管直布式布风器，直布式布风器是一种将送风直接送入舱室的布风器，其出口做成有利于送风气流扩散的形状，如喇叭形、格栅形等。直布式布风器的出口风速较低，一般为 2～4 m/s，送风与室内空气混合较慢，所以送风温差不宜过大，一般在 10℃以下。该种布风器送风阻力小，多数仅为数 10 Pa，噪声也低。直布式布风器一般都设有调风门，当装有末端换热器时，还设有调温旋钮。

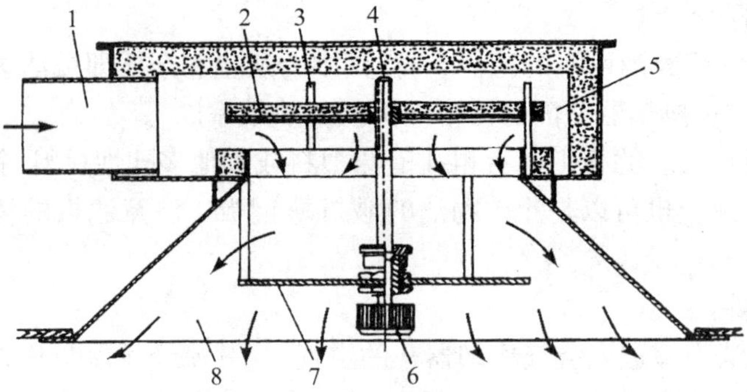

图 5-33　单风管直布式布风器

1—进风管；2—调风门；3—风门导杆；4—调节螺杆；5—消音器；6—风门调节螺栓；7—挡风板；8—出风管

(2)诱导式布风器

诱导式布风器简称诱导器。图 5-34 所示为一种带电加热器的壁式诱导器。诱导式布风器的特点是静压箱 10 中的静压较高，一次风是通过 26～46 个小喷嘴 9 喷出，喷嘴的出风速度较高，一般可达 20～40 m/s，这样，就造成了诱导器内局部真空，因而就把很大一部分室内空气(二次风)经进风栅 4 诱导进诱导器，一、二次风混合后从顶部出口格栅 6 吹出，送入室内。

5. 船舶空调装置的自动调节

(1)降温工况的自动调节

降温工况是用空气冷却器对空调送风进行冷却除湿。降温工况时空调装置的热负荷受外

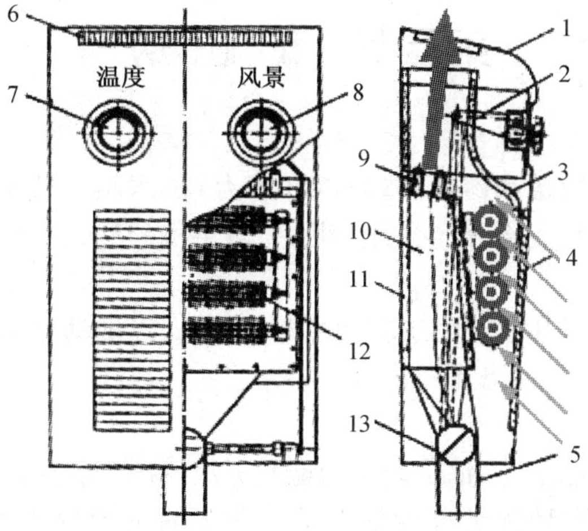

图 5-34　诱导式布风器

1—外罩;2—风门调节机构;3—导流板;4—进风栅;5—送风管;6—出口格栅;8—调节旋钮;9—喷嘴;10—静压箱;11—吸引层;12—电加热器;13—调节门

界气候的影响很大,为了保持舱室合适的温度,必须进行相应的自动调节。降温工况时只要保持足够低的空冷器的壁面温度,便有足够的除湿效果,所以不对送风湿度做专门的调节。

采用直接蒸发式的空冷器的空调装置,一般采用带能量调节的压缩机与热力膨胀阀相配合,调节制冷量,从而改变送风温度。间接冷却式空冷器一般根据回风温度自动调节制冷剂流量,从而调节空冷器的换热量,以控制舱室的温度。

(2)取暖工况的温度自动调节

取暖工况的温度自动调节可以通过控制送风温度、控制典型舱室的温度或回风温度来实现。

(3)取暖工况的湿度自动调节

取暖工况的湿度自动调节可以通过控制送风的相对湿度、控制送风的含湿量及控制回风或典型舱室的相对湿度来实现。

(4)系统静压的自动调节

送风系统的静压自动调节方法有:主风管节流法和主风管放气法。

6. 空调装置的管理要点

(1)保持合适的回风比。在满足空气新鲜的前提下,采用较高的回风比,可以节省空调耗能。回风比例一般不超过 30%。

(2)空调使用期间,走廊通外界和机舱的门应随手关闭。

(3)注意风机的开启程序。在降温工况时,应先开风机,然后启动制冷装置。在取暖工况时,应先使加热器投入工作,然后启动风机。

(4)注意加湿阀的启闭程序。在取暖工况时,应先使空气加热器投入工作,然后再开加湿阀;而要停用时,则先关加湿阀,0.5 min 后再停风机。

(5)严格控制加湿量。

第五节　船舶锅炉

一、船用锅炉的类型

船用锅炉是产生一定数量和参数(指温度和压力)的水蒸气或热水的设备。船舶蒸汽锅炉是船舶动力装置的重要组成部分,它的作用随船舶主机的型式和种类的不同而有所差异。

(1)主锅炉

锅炉产生的高温高压过热蒸汽用于驱动主蒸汽轮机,以推动船舶前进,这种锅炉称为主锅炉。

(2)辅锅炉

在柴油机动力装置的船舶上,锅炉产生的饱和蒸汽仅用于驱动蒸汽辅机、加热燃油和滑油及满足日常生活的需要,这种锅炉称为辅锅炉。在柴油机干货船上,一般装设一台压力为0.5~1.0 MPa,产生饱和蒸汽的辅锅炉,蒸发量为0.4~2.5 t/h。在柴油机油船上,因为加热货油、驱动汽轮货油泵等蒸汽辅机以及洗货油舱等需要大量蒸汽,所以一般都装设两台辅锅炉,蒸发量常在20 t/h以上。在大型柴油机客船上,一般也装设两台辅锅炉以满足日常生活所需的大量蒸汽,且可以防止其中一台损坏时,影响船员和旅客的日常生活。

(3)废气锅炉

柴油机排出的废气具有很大的能量,为了充分地利用这部分能量,船上往往增设废气锅炉。废气锅炉是船舶航行时吸收柴油机主机排气的余热而产生蒸汽的设备,因此船舶定速航行时,利用主机排气的热能,将锅炉中的炉水加热成饱和蒸汽,以代替辅助锅炉提供蒸汽,同时又提高了动力装置的经济性。

船舶辅锅炉可分为火管锅炉和水管锅炉。若燃烧产生的高温烟气在受热面管中流动,管外是水,则称这种锅炉为火管锅炉;若在受热面管中流动的是水,而管外是烟气,则这种锅炉称为水管锅炉。船用锅炉按蒸汽压力高低可分为低压锅炉、中压锅炉、中高压锅炉和高压锅炉。蒸汽压力在2.0 MPa以下的锅炉,称为低压锅炉;蒸汽压力介于2.0~4.0 MPa的锅炉,称为中压锅炉;蒸汽压力介于4.0~6.0 MPa的锅炉,称为中高压锅炉;蒸汽压力在6.0 MPa以上的锅炉,称为高压锅炉。

二、锅炉的主要性能指标

锅炉的性能指标是指表征锅炉的生产能力、蒸汽质量、热力特性、经济性和安全性等方面的指标。锅炉的主要性能指标有:蒸发量、蒸汽参数、锅炉效率、受热面积、蒸发率和炉膛容积热负荷等。通常,选择燃油辅助锅炉的依据主要是蒸发量和蒸汽参数;选择废气锅炉的依据则是受热面积和蒸汽工作压力。

(1)蒸发量

蒸发量是指锅炉在设计状态下,每小时产生的蒸汽量,用符号 D 表示,单位是 kg/h 或t/h。锅炉铭牌标注的通常是在设计工况时的额定蒸发量。

(2)蒸汽参数

蒸汽参数表示锅炉产生的蒸汽的质量。蒸发量相同的锅炉,当蒸汽参数不同时,蒸汽所具有的能量并不相同。因此,除用蒸发量表示锅炉的容量外,还必须同时标明锅炉供汽的参数。

当锅炉供应饱和蒸汽时,蒸汽参数用蒸汽的压力(单位为 MPa)来表示;当锅炉向外供应过热蒸汽时，用蒸汽压力和蒸汽温度来表示。锅炉一般标注名义工作压力，使用的工作压力范围上限可稍超过它，但不应超过锅炉的最大许用工作压力(设计压力)。

(3)效率

锅炉效率是指在锅炉中，从给水变为蒸汽所得到的有效热量与向锅炉内所供应的热量之比。

(4)受热面积

锅炉的受热面积除蒸发受热面积(炉水被加热产生饱和蒸汽的受热面积)外，还可能包括过热器、空气预热器、经济器等附加设备的受热面积，单位是 m^2。辅锅炉通常没有上述附加设备，其受热面积即为蒸发受热面积。

(5)蒸发率

蒸发率是锅炉单位蒸发受热面积每小时产生的蒸汽量，单位为 $kg/(m^2 \cdot h)$。它表示锅炉蒸发受热面的工作强度。蒸发率越高，单位蒸发面积的蒸发量越大，锅炉结构越紧凑。

(6)炉膛容积热负荷

炉膛容积热负荷是指单位时间内炉膛中燃料燃烧产生的热量与炉膛容积之比，用符号 q_v 表示。炉膛容积热负荷表示炉膛的工作强度和燃料在其中停留时间的长短。q_v 值越大，意味着炉膛相对容积越小，燃油在炉膛内燃烧停留时间越短，炉膛内的烟气平均温度越高。q_v 是影响燃烧质量、锅炉效率、工作可靠性，以及锅炉尺寸和重量的一个重要参数。

三、锅炉的结构及其附件

(一)船舶辅助燃油锅炉的一般结构

在柴油机动力装置的船上，辅锅炉应以结构简单、维护操作方便为选型的主要原则，同时也要考虑重量和尺寸应尽可能小些。下面以 D 型水管锅炉为例介绍锅炉的一般结构。

D 型锅炉以其本体形状类似英文字母“D”而得名。它的结构布置较为合理，经济技术指标也较高。

图 5-35 给出了 D 型水管锅炉的结构简图。其本体由汽包 1(又称上锅筒)、水筒 2(又称下锅筒)、联箱 3、炉膛 4、水冷壁 5、蒸发管束(又称沸水管束) 6 和 7、过热器 11、经济器 12 及空气预热器(位于经济器后面的烟道中，图中未示出。实际使用中过热器、经济器和空气预热器可选择安装)等部件组成。现将其主要部件介绍如下。

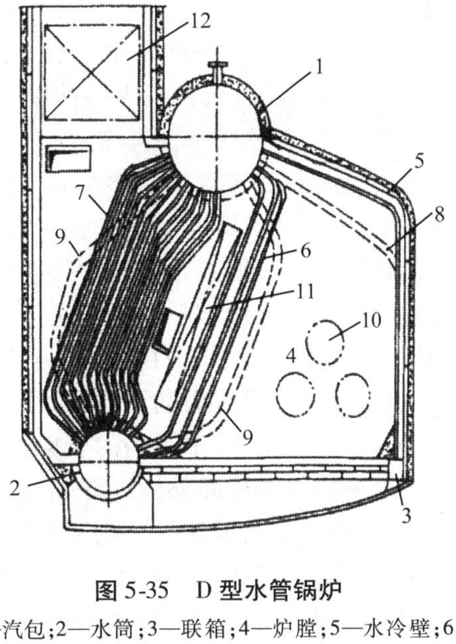

图 5-35　D 型水管锅炉

1—汽包；2—水筒；3—联箱；4—炉膛；5—水冷壁；6，7—蒸发管束(沸水管束)；8—联箱供水管；9—水筒供水管；10—燃烧器；11—过热器；12—经济器

1. 炉膛、炉墙和炉衣

炉膛是燃油燃烧的场所，它的作用是提供足够的空间，使燃油得以充分燃烧。

烟气在 D 型锅炉炉膛内的理论燃烧温度可达到 1 700℃ 左右。烟气离开炉膛后，流到蒸发管束中去。炉膛出口烟气温度不宜太高，以免高于烟气中灰分的熔点温度，使灰分熔解，沾附在蒸发管束的管壁上形成积渣；同时又不能太低，以免燃烧过程进行得不充分。D 型锅炉炉膛出口烟气温度为1 100℃左右。

炉墙或炉衣将锅炉的各种受热面包围以形成炉膛和烟道,它们起隔热和密封作用。对不同部位和不同工作条件的炉墙和炉衣的性能和结构要求是不同的。

烟气温度在900℃以上的炉膛和高温部分的烟道,要求其能耐高温和抵抗灰渣侵蚀,并要有很好的隔热性能;为了防止外界空气漏入炉膛或烟气漏至炉舱,还得保持气密。所以一般炉墙由耐火层、隔热层和气密层叠加而成。

与火焰接触的耐火层通常采用耐火砖,隔热层可用硅藻土砖或石棉板。在新式锅炉中,只设一层兼有耐火和隔热性能的纤维成型板,其主要成分为氧化铝和氧化硅,这样不但使炉墙重量减轻,而且施工也简单。最外面的密封层为薄钢板,风口等不规则造型部位可采用耐火塑料或异形耐火砖砌成。前者对温度的波动适应性较好,但抗灰渣侵蚀能力不及耐火砖。炉底的耐火层厚度可以减半,但因为灰渣侵蚀严重,所以一般均由耐火砖砌成。

我国《钢质海船入级规范》规定,炉墙和炉衣外表面温度不应大于60℃,以免烫伤工作人员,同时也可避免散热损失过大。

在新式的水管锅炉中,不管是炉膛还是对流烟道部位,在耐火隔热层的外面,采用一种称为双层罩壳的炉墙结构,它具有内外两层壳板,中间通以去燃烧器助燃的空气。由于助燃空气必须克服燃烧器流动阻力进入炉膛,所以其压力要比炉膛内的烟气压力高,从而消除了烟气漏入舱外的可能。另一方面,空气带走一部分热量,因而在减少锅炉散热损失、提高助燃空气温度的同时,降低了内、外壳板的温度,因此隔热层可以减薄。

在蒸发管束以后的低温烟道处,以仅由隔热层和密封层组成的炉衣为外壳。密封层由3 mm厚的薄钢板制成,在其内侧铺设一层隔热材料,通常为耐热纤维板或矿渣棉。

2. 水冷壁、沸水管和下降管

水冷壁是垂直布置在炉膛壁面上的密集管排,组成水循环回路的上升管。它是锅炉的主要辐射受热面,吸收的辐射热约占全部受热面传递热量的1/3;同时还起到保护炉墙不致过热烧坏的作用。通过增减布置在炉膛中的水冷壁受热面积,可以控制炉膛的出口烟气温度,使炉膛在具有一定的温度水平下既能保证良好燃烧,又能对炉墙起到冷却保护作用。为了防止在水冷壁管子中发生汽水分层现象,水冷壁管子水平倾角应大于30°,最小不得小于15°。水冷壁在汽包处吊挂,可自由向下膨胀。

沸水管是连接上、下锅筒的管束,也称蒸发管束,布置在炉膛出口侧。除前排受火焰直接照射的可属辐射换热面外,后面的沸水管束与烟气的换热方式主要是对流。烟气横向冲刷管束,设计上应避免出现烟气冲刷不到的滞流区。前三排的管距应不小于250 mm,以防结渣堵塞烟道。沸水管束受热面积所占比例虽然较大,但平均蒸发率较低,一般为15~20 $kg/(m^2\cdot h)$。汽包与联箱和水筒之间还有不受热的各自独立的供水管8,9,作为自然水循环的下降管。

3. 尾部受热面

在D型水管锅炉烟道的后面,有的在蒸发受热面之后安装经济器,使锅炉效率得以提高。但由于安装了尾部受热面,使锅炉的尺寸、造价增加,管理工作也增加,所以一般只用于蒸发量大、蒸汽参数较大的大中型锅炉。

(二)锅炉附件

为保证锅炉的安全工作,锅炉必须配备必要的附件。锅炉附件主要有以下几种。

1. 水位计

当锅炉工作时，轮机管理人员必须随时知道锅炉的水位，以确保锅炉的安全工作。每台锅炉都规定有最高工作水位、最低工作水位、最低危险水位。锅炉正常工作时，锅炉水位应处于最高工作水位和最低工作水位之间，当水位降到最低危险水位时，警报器报警、锅炉自动熄火，以防锅炉发生干烧现象。锅炉一般装有两只水位计，若两只水位计均已损坏，锅炉应立即熄火。水位计有玻璃管式和玻璃板式，现在船舶大多采用玻璃板式水位计。

2. 安全阀

当锅炉负荷减小或炉内燃烧过于强烈，锅炉气压就会上升。为了防止压力过高对锅炉造成损伤，锅炉一定要装设安全阀，以便当气压超过一定限度时开启，使大量蒸汽排入大气，以免气压继续上升。对锅炉装设的安全阀应有一定的要求：

①每台锅炉应装设两只安全阀，通常装在一个阀体内。蒸发量小于 1 t/h 的锅炉可装一只安全阀。装有过热器的锅炉，过热器上亦应至少装设一只安全阀。

②锅炉安全阀的开启压力可大于实际允许工作压力的 5%，但不应超过锅炉的设计压力。过热器上的安全阀的开启压力应低于锅炉安全阀的开启压力。

③安全阀开启后应能顺畅地排出蒸汽，以保证在蒸汽阀关闭和炉内充分燃烧的情况下，烟管锅炉在 15 min 内，水管锅炉在 7 min 内气压的升高值不超过锅炉设计压力的 10%。

④安全阀应动作准确，并保持严密不漏。

此外，锅炉还装有至少两个压力表和压力表阀、两个给水阀、一个停气阀、一个表面排污阀、一个底部排污阀、一个空气阀等。

（三）废气锅炉

废气锅炉是船舶在航行时，用以吸收柴油机排气余热而产生蒸汽的设备。它通常只能产饱和蒸汽，其蒸发量大小主要取决于柴油机负荷和排气参数。废气锅炉受热面积的大小是其主要技术指标。废气锅炉的应用虽然可以节约燃油，并起到一定的柴油机排气消音作用，但也会使柴油机排气背压增高，引起柴油机功率下降，所以船舶选用的废气锅炉，不应超过柴油机背压提高的允许值。

目前远洋柴油机船舶上，使用较多的废气锅炉有立式烟管废气锅炉和强制循环盘香管式废气锅炉。现将这些锅炉的结构和性能介绍如下：

（1）立式烟管废气锅炉

图 5-36 所示为立式烟管废气锅炉的结构简图，它是我国海船上普遍使用的一种型式。由图可见，其构造极为简单，在圆筒形锅壳 1 中贯穿着几百根烟管 2，锅筒两端的封头 3 兼作管板，为使封头不外凸变形和减少烟管所受的拉力，在管群中装少量管壁加厚并与封头强固连接的牵条管 4。废气锅炉的上下端还装有出口与进口烟箱，供柴油主机排气进入废气锅炉后排出。主机排气在流过烟管时，与管外的水进行热交换，从而加热炉水产生水蒸气。

（2）强制循环盘香管式废气锅炉

图 5-37 所示为强制循环盘香管式废气锅炉的结构示意图。整台锅炉由许多水平放置的盘香管组成，每根盘香管可单独拆下修理或更换。每一根盘香管的进出口分别与两个直立的联箱相连，柴油主机排气在管子外侧流过，炉水由专门的循环水泵从汽水分离筒吸入，压送到进口分配联箱 3，由此再送至各盘香管，水在管内被加热，然后以汽水混合物的形式进入出口集合联箱 4，汇集后流回汽水分离筒进行汽水分离。这种锅炉的优点是盘香管中水是强迫流

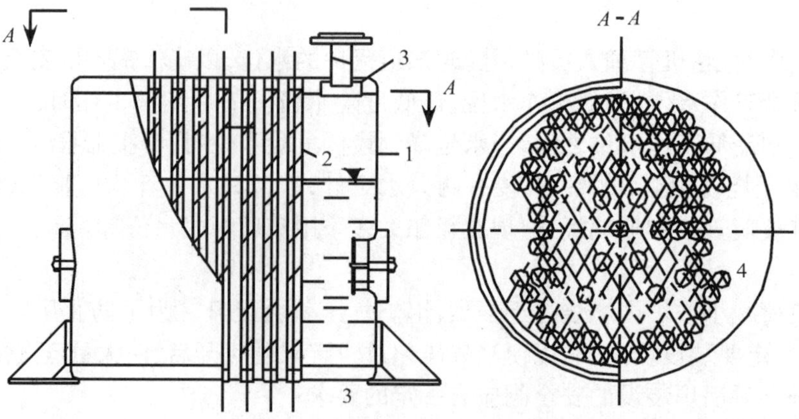

图 5-36　立式烟管废气锅炉

1—锅壳；2—烟管；3—封头；4—牵条管

动，蒸发率大，受热面的布置不受水循环限制，可以在一定的空间内分布较多的受热面，以适应大产气量的要求，因而体积紧凑；但是其受热管内的水垢清除比较困难，必须使用酸洗。另外，循环水泵因水温较高，工作可靠性较差。

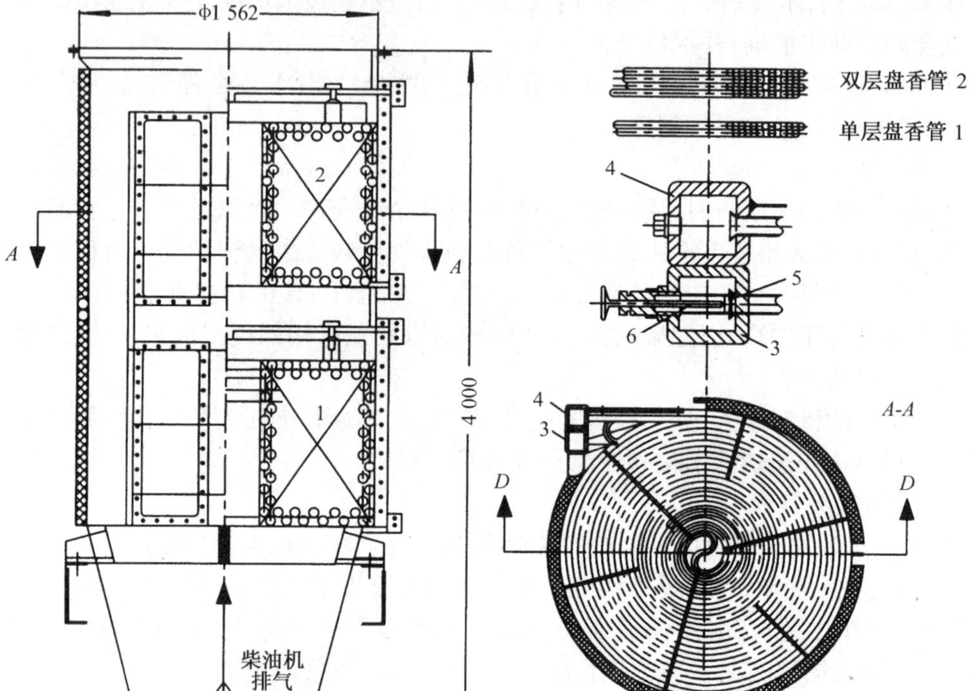

图 5-37　强制循环盘香管式废气锅炉

1—单层盘香管；2—双层盘香管；3—进口分配联箱；4—出口集合联箱；5—节流孔板；6—节流调节阀

烟气流过盘香管时温度逐渐降低，故上、下各层盘香管的吸热量相差甚大，炉水的汽化程度不同，致使流阻相差很大，而会产生偏流（下层吸热多的进水少），甚至发生水力脉动（进水量脉动）。为此，各盘香管进口设有不同孔径的节流孔板 5 及节流调节阀 6，根据吸热量的不同调节各层进水量，节流孔板孔径上小下大，使靠上层的盘香管进口节流程度加大，进水量减少，从而根据吸热量不同调节各层进水量，使各盘香管出口的湿蒸汽干度基本上等于0.1。图中上层盘香管2采用双层盘香管以增加长度，从而起到均衡上、下层流动阻力和出口蒸汽干度的作用。

盘香管的弹性很大，在加热时不会产生过大的热应力，而且柴油机排气温度总是低于碳钢钢管的允许工作温度450℃，在正常情况下，管中无水流过也不致损坏管子。

废气锅炉上也装有压力表、水位计、安全阀、给水阀和停汽阀等附件。

（四）辅助锅炉与废气锅炉的联系

辅助锅炉与废气锅炉在船舶上的安装位置虽然不同，但二者的蒸汽和给水管路却存在一定的联系。它们之间的联系方式有以下三种。

在远洋船舶上常见的燃油锅炉与废气锅炉之间联系方式有以下三种。

（1）二者独立

燃油锅炉与废气锅炉二者独立布置如图5-38（a）所示，燃油锅炉与废气锅炉各有自己的给水及蒸汽输出管路。炉水由给水泵从热水井供入，所产生的蒸汽经各自的蒸汽管道输出，至总蒸汽分配阀箱汇集。这种方式运行管理比较方便，故应用较多，但缺点是废气锅炉也要单独设置一套水位调节系统，一旦失灵，因废气锅炉位置较高，管理较麻烦。

（2）废气锅炉为燃油锅炉的一个附加受热面

废气锅炉作为燃油锅炉的一个附加受热面布置，如图5-38（b）所示，此时锅炉的给水仅供至燃油锅炉，废气锅炉所需炉水由热水循环泵5从燃油锅炉中抽入，炉水在废气锅炉中加热蒸发后，产生含有大量汽泡的炉水再压回燃油锅炉，经汽水分离，蒸汽由燃油锅炉的主蒸汽管输出。废气锅炉中的炉水采用强制循环。这种布置因废气锅炉中全部充满炉水，水位不必单独调节，但要多设一台热水循环泵。它多被那些航行时废气锅炉的产汽量满足不了用汽需要而与燃油锅炉合作供汽的船所采用。

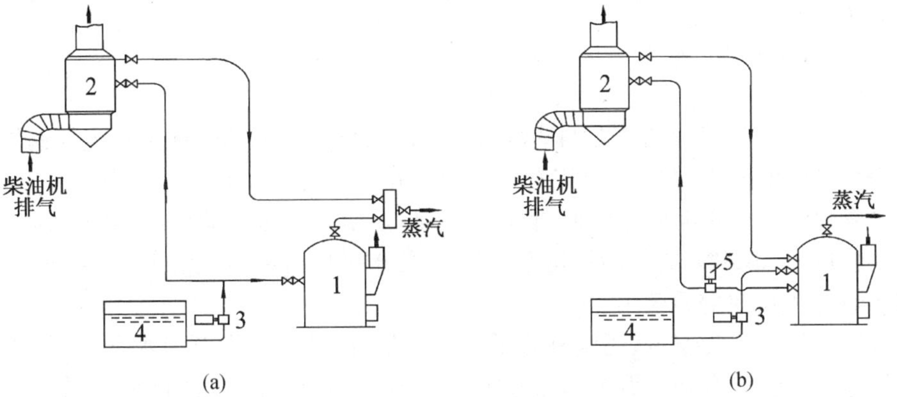

图5-38　辅助锅炉与废气锅炉的联系方式

（a）两者独立；（b）废气锅炉为燃油锅炉的一个附加受热面

1—燃油锅炉；2—废气锅炉；3—给水泵；4—热水井；5—热水循环泵

（3）组合锅炉

组合锅炉的结构如图5-39所示，即将燃油锅炉与废气锅炉二者合为一体。它具有结构紧凑、系统简单、节省附件的优点，同时它因几乎总是保持热状态而没有停炉的时候，可大大减少起动和停炉阶段的热量消耗,提高了动力装置的热效率。但由于废气锅炉位置的限制,其只能装于机舱顶部,这就要求有可靠的远距离水位指示和完善的自动调节设备。组合锅炉目前船舶上应用广。

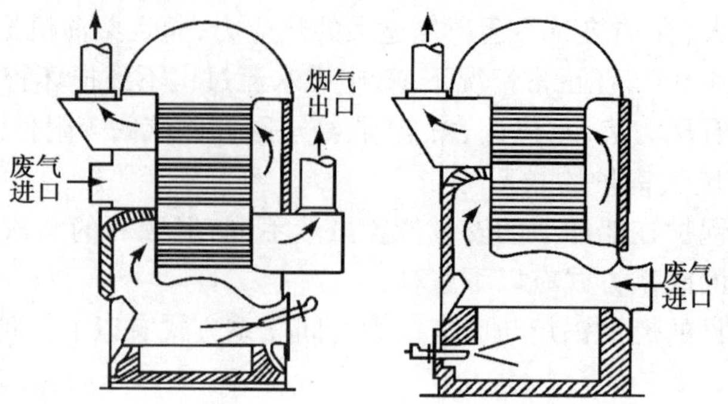

图 5-39 组合锅炉

目前我国远洋船舶上应用的组合锅炉大致有联合式和交替式两种。当船舶在航行或停泊时,联合式组合锅炉可分别以废气锅炉或燃油锅炉单独使用,也可在航行时主机排气热量不足时,借助燃油锅炉的补充来满足蒸汽量要求;而交替式组合锅炉,则不能同时以燃油和主机排气作为热源使用。

四、锅炉的蒸汽、给水、凝水和排污系统

辅锅炉和废气锅炉所产生的蒸汽,通过管道输送至各处,供驱动蒸汽辅机和燃油、滑油加热,以及供空调装置、热水压力柜和厨房等用汽。绝大部分蒸汽在工作之后凝结成水,由凝水系统流回热水井,再由给水泵经给水系统送回锅炉。因为少量蒸汽被直接消耗和漏泄,流回热水井的凝结水量要少于锅炉向外的供汽量,再加上锅炉需要排污,所以需要经常由炉水舱向热水井补充给水。

图 5-40 所示为某柴油机船锅炉的蒸汽、凝水、给水和排污系统图。

1. 蒸汽系统

蒸汽系统的作用是将不同压力的蒸汽送至各用汽设备。燃油辅锅炉和废气锅炉所产生的蒸汽通过锅炉顶部的停汽阀 8,经蒸汽管 1 和 5 汇集于总蒸汽分配联箱 2。在停汽阀到总蒸汽分配联箱之间设有一个单向阀。经此总联箱,一部分蒸汽送至油舱(柜)加热系统,另一部分经减压阀 3 降压(0.3 MPa 左右)后,送至低压蒸汽分配联箱 4,作为空调装置、热水压力柜或供厨房加热热源和其他生活杂用。

考虑低压蒸汽用户的安全,还设有低压蒸汽安全阀(其中还设有泄水管)。在废气锅炉与总蒸汽分配联箱间还设有补充调节蒸发量的蒸汽压力调节阀 6,以便在废气锅炉供大于求时可经其向大气冷凝器泄放多余蒸汽,为简化管理,大气冷凝器不带空气抽除器,故其压力比大气压略高。总蒸汽分配联箱和低压蒸汽分配联箱底部均设有泄水管,以免通汽暖管时,凝水在管路中产生水击。此外,蒸汽系统中还设有可接岸上供汽的管路,以便由岸上或其他船舶供汽使用。蒸汽系统的接岸供汽管一般与总蒸汽分配联箱相连。

2. 凝水系统

凝水系统的作用是回收各处蒸汽凝水,并防止混入水中的油污进入锅炉。蒸汽通过各加

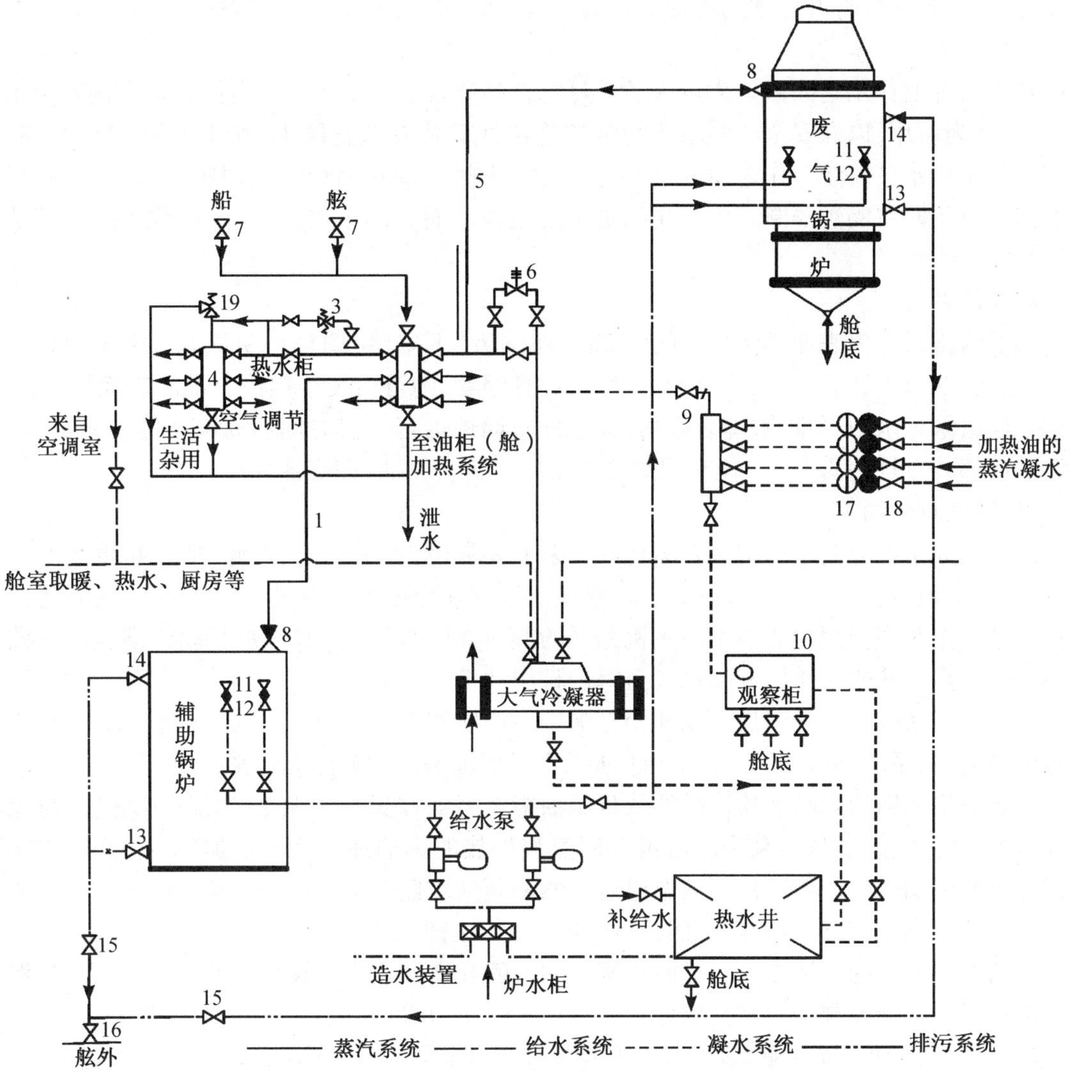

图 5-40　辅锅炉和废气锅炉的汽、水系统

1—燃油锅炉蒸汽管；2—总蒸汽分配联箱；3—减压阀；4—低压蒸汽分配联箱；5—废气锅炉蒸汽管；6—蒸汽压力调节阀；7—接岸供气管；8—停汽阀；9—凝水联箱；10—凝水观察柜；11—给水截止阀；12—给水止回阀；13—底部排污阀；14—表面排污阀；15—止回阀；16—舷旁通海阀；17—阻汽阀；18—滤器；19—安全阀

热设备后凝结成水，经阻汽阀（器）17 流回热水井。凝水系统中设阻汽阀（器）的目的是尽量利用蒸汽凝结时放出的热量。凝水中还夹杂着一些仍未凝结的乏汽，及凝水流过阻汽阀时，因压力降低而产生的二次蒸汽，所以凝水在进入热水井前应先经大气冷凝器冷却，然后再流回热水井。

在用来加热油的蒸汽凝水系统中，凝水中常会因加热油管的漏泄而带有一定油污。油污进入锅炉，则对工作极为不利，因油会粘附于锅炉受热面或渗入水垢中，其热阻很大，使受热面得不到炉水有效冷却而烧坏（一般管子长期在 500℃ 以上工作即能爆裂），烟管锅炉炉胆的变形、烧塌大多都由其炉胆内壁粘油所造成。所以为了尽量减少油污进入锅炉的可能性，应使加热油舱（柜）的蒸汽凝水首先进入观察柜 10 加以过滤。通过观察柜玻璃窗观察判断凝水表面有无油污,如有则应打开底部的排油泄放阀,将此回水泄入舱底,并查明油源加以消除。

3.给水系统

给水系统的作用是向锅炉内供入适量且符合品质要求的给水。每台锅炉均有两套给水系统,它们互为备用,以保安全。给水管与锅炉连接处都装有截止阀11和止回阀12,止回阀的作用是防止给水泵停止工作时,高压炉水倒流;截止阀应装在锅炉和止回阀间,以便在修理给水管路和设备时将锅炉隔断。为防止阀盘遭水流冲蚀而关闭不严,不允许对截止阀进行节流调节来改变给水量。

4.排污系统

锅炉的排污分为表面排污(上排污)和底部排污(下排污)两种。锅炉运行中若发现炉水含盐量或碱度过高、锅筒水面浮有油污、泡沫和悬浮物,则可由装于锅筒上部的表面排污阀14定期地同适量炉水一同排除,即表面排污。另外,锅炉运行一段时间后底部可能聚集泥渣,因此锅炉底部装有排污阀13,以便在锅炉停止工作时排去泥渣,即底部排污。

五、辅锅炉燃油系统

锅炉燃油系统应满足锅炉装置运行的一系列要求(如油的加压、过滤、加热和输送等),并能连续、稳定地定量供油,所供油的油压、黏度应维持在合适范围内,且调节方便。现在船用辅锅炉日常工作时多使用与船舶柴油主机相同的燃料油(重油),只有冷炉起动或准备停炉前才使用柴油。重油从燃油舱用分油机驳至锅炉日用油柜。

锅炉燃油系统包括从锅炉日用油柜至锅炉燃烧器的管系及管系中的各种设备。使用不同形式的燃烧器,系统略有不同。图5-41所示为船用辅锅炉的典型燃油系统。

该系统采用回油式喷油器。燃油从日用油柜1经滤器进入油泵2,油泵(齿轮泵)与风机由同一电机驱动,燃油从油泵排出后进入用蒸汽加热的燃油加热器4被加热,温度调节器16根据油温调节加热蒸汽量以保持油温稳定。燃油预热后经主电磁阀10、速闭阀5进入主喷油器6喷入炉内燃烧,部分回油则经回油调节阀7流回锅炉日用油柜。

回油式喷油器的喷油量可通过回油调节阀7的开度调节。该阀由比例调节阀(器)8根据锅炉蒸汽压力自动控制。当蒸汽压力超过额定工作压力时,自动使回油调节阀7开大,回油压力(表20显示)降低,喷油量减小,同时联动操作使风道挡板17关小,以保持合适的过量空气系数。

锅炉运行中当汽压升至上限,或水位过低、油压过低、风压过低(有的锅炉包括油温过低)以及运行时突然熄火或点火时未能将油点燃,都能通过安全保护系统发出警报,并使燃油主电磁阀断电停止喷油,经后扫风后整个燃烧器停止工作。另外,燃油系统由于某种原因造成油压过高时,燃油即能顶开安全阀12溢流至泵油吸入口,该压力限定值可按系统工作情况加以设定。

系统中另有一压力式点火喷油器13,其喷油量与船舶日用低蒸汽量相适应。它靠主喷油器熄火前的火焰点燃,维持炉内不断火,同时,主喷油器的再次点火则由点火喷油器的火焰点燃。电点火器只有在锅炉完全停炉后重新点火时才使用。

燃油系统使用中,在紧急情况下可用速闭阀迅速切断供油,该阀也可通过钢丝绳在甲板走廊进行远距离切断燃油。另外,油柜底部还有泄放口和承接漏斗,以便及时检查沉淀出来的水和杂质,将其泄放至污油柜。

系统的燃油是由蒸汽加热的,在冷炉点火时锅炉重油因无蒸汽而无法预热,这时只得燃用

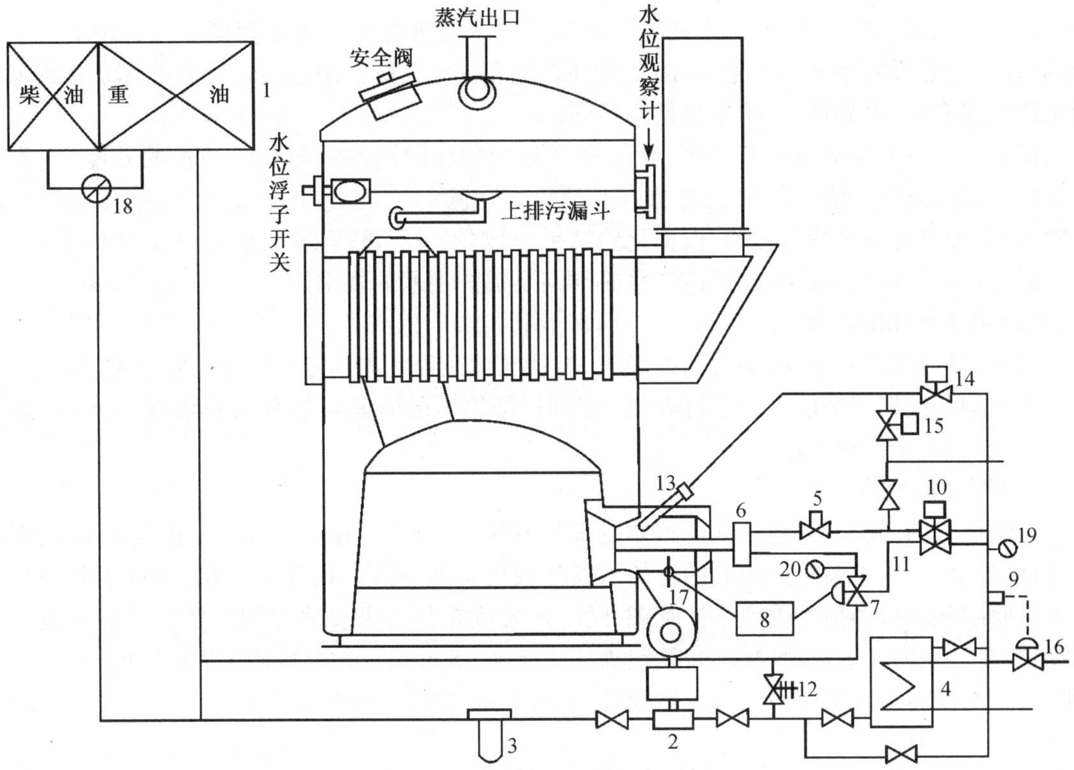

图 5-41　船用辅锅炉的典型燃油系统

1—锅炉日用油柜;2—燃油泵;3—油滤器;4—燃油加热器;5—手动速闭阀;6—主喷油器;7—回油调节阀;8—比例调节阀;9—燃油感温包;10—主电磁阀;11—旁通管道;12—安全阀;13—点火喷油器;14—辅电磁阀;15—压缩空气电磁阀;16—温度调节器;17—风道挡板;18—换油旋塞;19—燃油压力表;20—回油压力表

柴油。此时,燃油泵经该系统的柴油－重油切换装置与柴油柜相通,只有当重油预热至要求温度(60～70℃)时才可以转换。另外,锅炉在燃用重油时,如需较长时间停炉,则在停炉前几分钟,须改用柴油以冲洗管路,防止停炉后因温度下降,使整个燃油管系中充满重油而凝结,造成下次无法起动。

此外,燃油系统中还设有压缩空气管,以便可用压缩空气吹扫喷油嘴中的残油而防止结焦堵塞。

六、船舶辅锅炉的运行管理和维护

锅炉是在高温条件下工作的压力容器,它的安全可靠是至关重要的。对船舶锅炉,尤其是对低压辅锅炉发生的事故分析表明,管理操作和维护保养方面的失误往往是发生事故的主要原因。因此轮机人员应有高度的责任感,应该熟悉锅炉的操作程序及维护保养方面的规定及要求,并在实际工作中认真遵照执行。

(1)锅炉的运行管理

锅炉在运行时,最主要的是要保证安全生产、燃烧质量良好和维持蒸汽参数的稳定。为此值班人员应随时注意水位、气压、油压、油温、风压、炉内的燃烧情况和排烟的颜色,以及给水和炉水水质的分析与处理等,同时要注意油泵、风机和其他附件的工作情况,保证其处于正常状态。锅炉运行时,应进行表面排污,表面排污应以每天1～2次为宜。

(2)锅炉的水质控制

在锅炉的管理维护工作中,定期对给水和炉水水质进行化验与处理是不可忽视的。水质控制得好,可显著减轻水垢的生成,防止腐蚀发生和汽水共腾。炉水质量控制好坏直接影响锅炉工作的安全性、可靠性、经济性和使用年限。

锅炉水控制的主要项目有硬度、碱度和含盐量。辅助锅炉一般化验炉水的硬度(过剩磷酸根量)、碱度和含盐量。一般船上都有专门负责化验的轮机员,正常情况下,船舶辅助锅炉每隔1~2天进行一次炉水化验,根据化验结果,对炉水进行投药处理,保证炉水的水质符合要求。船上携带的淡水和造水机所造淡水必须满足锅炉用水的要求。

(3)锅炉停用时的保养

锅炉在较长时间停用时需要加以保养,否则其腐蚀程度甚至比工作时还要严重。

辅锅炉与废气锅炉停炉时的保养方法,可根据停用的时间长短分为满水保养法(一般不超过一个月)和干燥保养法。

(4)锅炉的检验

锅炉检验的内容不但包括锅炉本体及其主要部件,而且还有主要的附件和指示仪表,例如水位计、安全阀、压力表等。检验的目的不仅是找出腐蚀、变形、损坏的存在,而且还要研究其产生的原因和以后如何妥善地维护管理,同时还要确定是否需要修理和需要修理的范围。根据规定,设计压力大于0.35 MPa且受热面积大于4.65 m^2 的锅炉,船龄在8年以内者,每两年要进行一次检验;超过8年时,每年检验一次,检验由专职的验船师进行。

第六节　侧推装置

一、侧推器的作用和类型

一般船舶在靠离码头、通过狭窄航道和船舶拥挤水域时,一是要保持慢速,二是要经常用舵改变航向。但船速越慢舵效越差,给船舶操纵带来困难。船舶安装侧推装置,可以增加船舶在低速甚至零速时的操纵性能。侧推器是一种能产生船舶横向推力(侧推力)的特殊推进装置,安装在船首或船尾水线以下,产生的推力大小和方向均可根据需要而改变。

侧推器的类型很多,按安装位置不同有艏推、艉推和舷内式、舷外式之分;按产生推力的方法不同有螺旋桨式和喷水式;按原动机不同有电动式、电液式和柴油机驱动式等。Z型传动方式实际上也可认为是一种舷外式艉侧推器。

一般说来,目前使用的侧推装置共有三类,即导管式、变向式和喷射式。下面介绍一种螺旋桨推进式艏侧推器。

二、螺旋桨式艏推装置

螺旋桨式艏推装置可采用定距桨也可采用调距桨。因为定距桨要求其原动机具有变速变向功能,而可变速变向的电动机控制系统复杂,操作也不方便,应用较少,所以定距桨式侧推器多用液压马达带动。调距桨不需要驱动它的原动机换向,容易实现遥控,在恒速下靠桨叶角的变化就可改变推力大小,因此由电动机驱动调距桨的侧推器形式应用最为广泛。

图5-42给出电动调距桨式艏推装置系统图。电动机(图中未示出)通过传动轴18、锥齿轮17、螺旋桨轴14带动桨叶9运转。

调距工况:操纵台发出的调距指令通过放大器放大后,传给电磁三位四通阀26。若此时

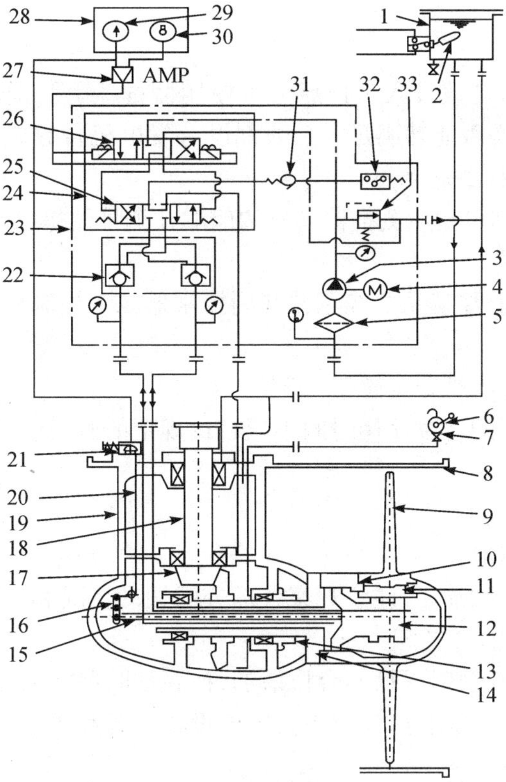

图 5-42　电动调距桨式艏推装置系统图

1—重力油柜;2—浮子开关;3—伺服油泵;4—伺服油泵马达;5—滤器;6—手摇泵;7—球阀;8—导筒;9—桨叶;10—动力油缸;11—曲柄;12—动力活塞;13—密封装置;14—桨轴; 15—活塞杆;16—反馈杆;17—锥齿轮;18—传动轴;19—齿轮箱;20—反馈链条;21—桨叶角发信器;22—锁闭阀;23—液压单元;24—控制阀单元;25—液控三位四通阀;26—电磁三位四通阀;27—放大器;28—操纵台;29—桨叶角指示器;30—操纵钮;31—止回阀;32—压力开关;33—安全阀

指令信号使右电磁阀通电,三位四通阀工作在右位。重力油柜中的油通过滤器 5 由伺服油泵 3 加压后,经止回阀 31、三位四通阀 25 至锁闭阀 22,靠油的压力将锁闭阀中的两个止回阀同时打开。压力油经左止回阀、桨轴 14 中的油道进入动力活塞(伺服活塞)12 的左侧。伺服活塞右侧的油在活塞的推压下,经桨轴中的另一油道、锁闭阀的右单向阀(已由液力打开)回至齿轮箱 19,并由此回到重力油柜。伺服活塞在两侧压差作用下向右移动,同时通过曲柄滑块机构驱动桨叶回转。伺服活塞移动的同时,还通过活塞杆 15 驱动反馈杆 16、反馈链条 20,将转叶的动作传给桨叶角发信器 21,最后传至操纵台的桨叶角指示器 29。当达到要求的角度后,调距指令取消,电磁阀失电,阀 25 回中位,锁闭阀关闭,这一调节过程结束。

稳距工况:锁闭阀关闭后,伺服活塞两侧的油都被锁闭阀中的止回阀封闭在动力油缸(伺服油缸)中,靠油液的不可压缩性将桨叶固定在所要求的位置上。这种稳距方式是静态稳距。工作中过高油压由安全阀 33 泄压,油压过低由压力开关 32 发出警报信号。重力油柜油位过低由浮子开关 2 报警。系统中的油需要更换时由手摇泵 6 泵出。

该系统控制面板安装在驾驶台,通过操纵杆进行随动操纵。为防止电机过载,还能检测出电机的负载信号,过载时可以自动减小螺距。

三、侧推器的管理

1. 操作时的注意事项

(1)要有足够的发电机台数投入工作后方可使用侧推器。侧推器主电动机功率较大,使用前要确认电站的供电量是否能够满足。一般都设有发电机台数联锁装置,达不到规定工作台数(有的规定为三台)侧推器起动不了。

(2)船速在5 kn以下方可使用侧推器。有的船舶在侧推器操纵台处设有标志:"当船速超过5 kn时,请勿使用侧推器。"

(3)在转换操作位置前,要确认主控制器和副控制器二者控制杆位置和负荷一致,才可切换。

(4)起动主电动机时要将螺距角置于"0"位。

(5)在最大推力工况下的连续使用时间不应超过规定的时间(一般为0.5 h)。

2. 日常管理工作

(1)定期清洗滑油滤器。

(2)定期检查管系的漏泄。

(3)定期检查油位、油温、油压,注意观察各部分的振动情况和运转声音,发现异常及时处理。

(4)定期取样化验油质,及时更换不合格滑油,换新油时要将系统中的旧油彻底放净。

(5)侧推器间位置低,空气潮湿,注意检查电气设备绝缘和供电加热除湿。

3. 坞内检查

(1)放掉桨毂内的滑油,观察是否有水进入油中。

(2)桨轴也设有密封装置,凡密封圈唇口有裂纹、严重磨损、老化等现象均应换新,注意检查密封性能。

(3)检查桨叶、桨毂的固紧螺栓和螺栓防松装置。

(4)检查桨叶根部密封圈(一般每4年应换新)。

(5)螺旋桨轴轴承、传动轴轴承都是滚动轴承,若发现其锈蚀、剥蚀、护圈破裂、滚子严重磨损或转动不灵活、转动声音过大时,应予以换新。

一般推进器本体可以整体拆出,在陆地上进行保养和检修。在装配状态不变的情况下,还可以很方便地在管隧中进行桨叶的更换。

第七节 减摇装置

船舶在航行中,海浪会使船舶产生六个自由度的摇荡,即纵摇、艏摇、横摇、升沉、纵荡和横荡。其中对船舶、人员和货物产生不良影响和危害最大的是横摇,主要有:

(1)可能使船舶失去稳性而倾覆。

(2)使船体结构和设备受到损坏。

(3)引起货物移动从而使船舶重心改变危及船舶安全。

(4)使机器和仪表运转失常。

(5)使螺旋桨效率降低,船舶阻力增加,船速下降。

(6)影响各类军舰的作战能力。

(7)使船员工作和生活条件恶化。

船舶减摇装置有许多种,除舭龙骨(见图5-43,其减摇效果见图5-44)这种被动阻尼式减摇装置外,应用较多的是船舶减摇鳍。

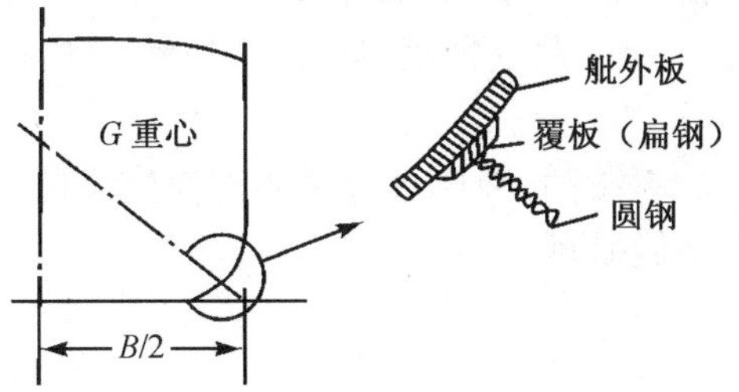

图5-43　舭龙骨

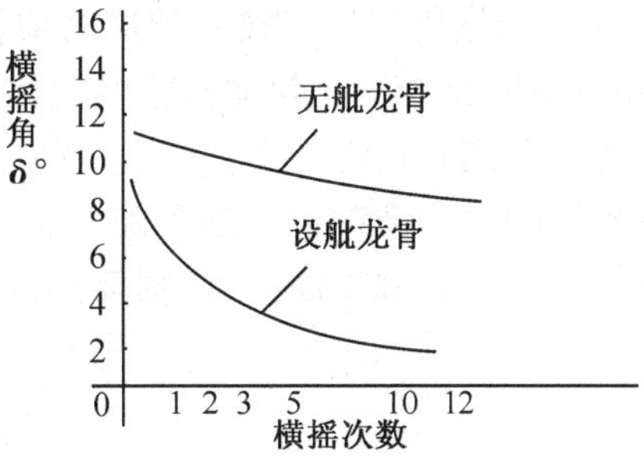

图5-44　舭龙骨的减摇效果

船舶减摇鳍是一种主动式减摇装置,它能根据船舶横摇角度、速度和加速度(间接反映波浪作用力矩)等信号,主动提供减摇力矩,纠正或减轻船舶横摇,减摇效果明显。工作良好的减摇鳍,可使船舶横摇角度限制在3°~5°以下。图5-45给出了减摇鳍的减摇原理。

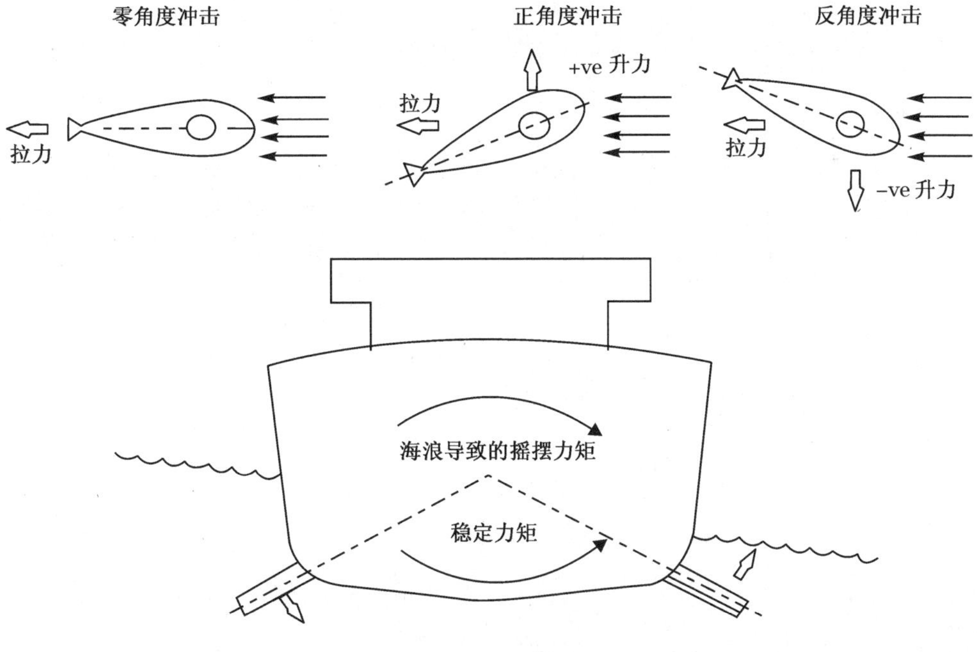

图5-45　减摇鳍原理

在船舶左右两舷各水平或向斜下方倾斜设置一鳍叶,其作用原理类似于舵叶和机翼。通过控制两个鳍叶的冲角,产生减摇力矩。当船速一定时,减摇力矩的大小与鳍叶的冲角有关。

当鳍叶前端向上倾斜时,产生正向升力。当鳍叶前端向下倾斜时,则产生负向升力。当两个鳍叶以一定角度倾斜时,就会在船上联合产生一个力矩,有效地减少海浪导致船舶摇摆的力矩,从而实现船舶稳定。

目前大型船舶使用的减摇鳍均为可收式。可收式又分为伸缩式和折叠式两种,鳍叶的收放和偏转采用液压为动力,收放是通过液压油缸和摇臂来完成,鳍叶的偏转原理与舵叶的工作原理类似。操作方式以遥控为主,也可以机旁操作。在收放鳍叶时其冲角必须为零,在紧急情况回收鳍叶时如果冲角不为零,可通过手动调节方向控制阀使其回零后再回收;否则会造成鳍叶的损坏。

减摇鳍在起动前,应按说明书要求对控制系统和执行机构进行全面检查,选择好控制方式(驾驶台或机旁控制)。当鳍叶伸展时应注意观察相关指示灯,如果伸展结束,应观察鳍叶角度表,检查鳍叶是否根据船舶摇摆情况在正常工作。一旦发生警报,应立即排除,然后按复位按钮系统才会恢复正常工作。

减摇鳍的日常维护也仅限于确保润滑和不漏水、不漏油,液压泵等重要部件建议送厂家维修。电气设备一般做常规检查,损坏部件应更换而不做修理。

第六章　船舶防污染与海水淡化装置

船舶对海洋环境的污染，是指船舶在海上航行、停泊港口、装卸货物以及拆解过程中，对周围水域环境和大气环境产生的污染。船舶在营运过程中对海洋环境造成污染的主要污染物及污染方式有油类污染、散装非油类有毒液体污染、海运包装有害物质污染、船舶生活污水污染、船舶垃圾污染、船舶大气污染、船舶压载水污染、船舶噪声污染、船舶有害防污底系统污染以及船舶在拆解过程中对环境造成的污染等。船舶防污染主要是从改进原有的操作方法，改变船体结构和增加防污染设备三个方面入手，提高船舶自身净化能力来实现的。下面介绍几种船舶常见的防污染设备和一种节能装置。

第一节　油水分离器

根据《73/78 防污公约》的要求，船用油水分离器在各类船舶上获得广泛的应用。实践证明，油水分离器在防止船舶对海洋造成油污染方面起到了很好的作用。

一、对船用油水分离器的要求

(1)经分离的污水应能满足国际防污公约规定的排放标准。

(2)能自动排油。

(3)在船舶横倾 22.5°时仍能正常工作。

(4)构造简单、体积小、重量轻，易于拆洗和检修。

二、油水分离的方法

油水分离的方法按其原理可分为物理方法、化学方法和生物处理方法。物理方法有重力分离、聚结分离、过滤分离和吸附分离等方法；化学方法有凝聚、电凝聚等方法；生物处理法有活性污泥法、生物滤池法等。由于船舶条件所限，目前在船用油水分离器中采用最多的方法是物理分离法，而物理法中又以重力分离、聚结分离、过滤分离和吸附分离为主。

(1)所谓重力分离是利用油水的比重差(或密度差)，使油浮于上部，而后排入污油柜中，下部清水若符合排放标准则可排出舷外。重力分离结构简单、操作方便，但分离精度不高，不能满足 15 ppm 的排放要求。因此，船用油水分离器都采用重力分离法作为第一级分离。

(2)所谓聚结分离，就是当含油污水通过聚结分离元件时，油污水中的微细油珠被聚结成较大的油粒(粗粒化)，在外力的作用下，粗粒化后的油粒脱离聚结分离元件的表面，利用油水比重差，克服阻力迅速上浮，从而达到提高油水分离精度满足排放要求的目的。微细油珠的粗粒化过程可分为截留、聚结、脱离和上浮四个步骤。提高油水分离效果，聚结分离元件(粗粒化元件)的材料是关键。为了强化油粒聚结效果，使聚结后剥离的油粒直径大，上浮速度快，进口处用孔隙小的粗粒化材料，出口处用孔隙大的粗粒化材料作成聚结元件。多孔介质对油的亲和性也影响聚结效果，亲油性强则剥离时可能形成油包水现象，容易堵塞，不宜长期连续使用，而亲水性材料粗粒化的油粒较小，所以应选用适宜亲和力的材料。目前应用的粗粒化材料有聚丙烯无纺布、丙烯腈纤维、弹性尼龙纤维、车削尼龙、玻璃、金属丝网等。

(3)过滤分离法是使油污水通过多孔性过滤元件时将油挡住、让水通过,从而使油水得以分离。过滤分离过程主要靠滤料阻截作用,将油粒及其他悬浮物截留在滤料表面,此外由于具有很大表面积的滤料对油粒及其他悬浮物的物理吸附作用和对微粒的接触媒介作用,增加油粒的碰撞机会,使小油粒更容易聚合成大油粒而被截留。一般使用的过滤材料有:人造纤维和金属丝织成的滤布、石英砂以及多孔性烧结材料等。任何一种过滤介质对污染物的过滤能力都有一定的限度。如果油污水中含有的悬浮固体物过多,将会大大缩短过滤介质堵塞时间,使得过滤效果变差,甚至过滤过程过早中断。因此,过滤分离法通常是油污水处理过程的终端手段,作精分离用。

(4)吸附分离法是利用多孔性的固体吸附材料直接吸附油污水中的油粒以达到油与水分离的目的。常用的吸附材料具有良好的亲油性,有砂、活性碳、焦炭和各种高分子吸附剂如分子筛等。吸附分离法主要是用来直接回收微小的油粒,一般用作油污水处理的精分离手段。

三、油水分离器的结构与工作过程

目前,实际使用的船用油水分离器种类繁多,但绝大多数是采用重力分离法,再加上聚结分离或过滤分离或吸附分离等方法,即所谓组合式结构,以满足国际公约规定的排放标准的要求。下面简要介绍 CYF-B 型油水分离器、塞里普 SFC 型油水分离器和真空式油水分离器的基本结构组成及其工作原理。

1)CYF-B 型油水分离器

CYF-B 型油水分离器属于重力 - 聚结组合式分离器,其结构如图 6-1 所示。它主要由粗分离室装置——多层波纹板式聚结器 4、细分离室装置——聚结材料构成的纤维聚结器 14、细滤器 16、加热器 7、油位检测器 8、自动排油阀 11、手动排油阀 10 和安全阀 3 等组成。

其工作过程如下:由泵送来的含油污水,经多个扩散喷嘴进入分离器后,大颗粒油滴即上浮到左集油室顶部,而含有小颗粒油滴污水向下流动进入峰谷对置的多层波纹板组构成的机械式重力分离装置中。由于双波纹板组的湿周大,使含油污水处于层流状态,并在特有的水腔结构内使小颗粒油滴相互碰撞,聚合而形成较大的油滴。当其流出波纹板组后,外接管流至细滤器,滤除水中的固态悬浮粒子和机械杂质及部分石蜡胶体,大油滴在浮力的作用下上浮至右集油室 13 的顶部,实现重力粗分离。此后,含有更小油滴的污水通过细滤器,除去水中杂质,顺次进入串联布置的两级纤维聚结器 14 中,残留在水中的细微油粒在其中经截留、聚结、脱离和上浮四个步骤实现精分离。分离出的污油上浮至中间集油室顶部,而分离出的清水经排出口排出舷外。

两级纤维聚结器都呈圆筒形,外形尺寸相同,但后一级填充的材料多,比前一级更紧密、孔隙更小,能分离更细微的油滴,但更易堵塞。安装时注意不能互换,其填充的聚结材料采用介于亲油和亲水之间的涤纶纤维及弹性尼龙纤维。

由油位检测器检测左、右集油室内的污油量,控制自动排油阀的启闭。中间集油室的污油量较小,通过手动排油阀采用人工定期排放。集油室内设有蒸汽加热器或电加热器,保证高黏度污油在环境温度较低时能顺利排出。

CYF-B 型油水分离器主要用于处理机舱舱底水,可使排放水的含油量小于 10 ppm,并能在船舶横倾 22.5°的条件下正常运行,其配套泵为单螺杆泵。

2)塞里普 SFC 型油水分离器

塞里普 SFC 型油水分离器属于重力 - 吸附组合式分离器。该型式分离器除利用机械进

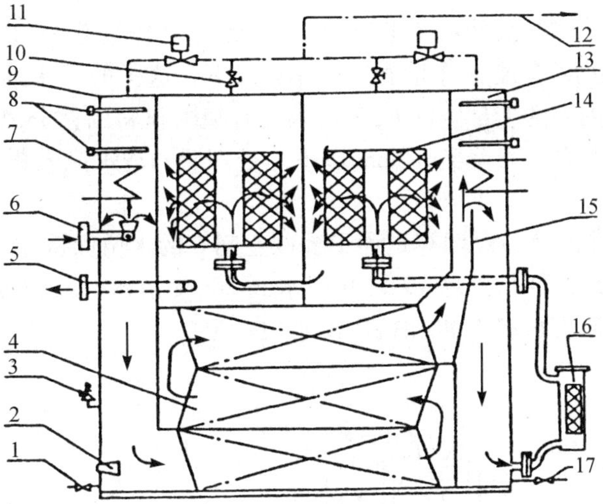

图 6-1 CYF-B 型油水分离器

1—泄放阀;2—蒸汽冲洗喷嘴;3—安全阀;4—板式聚结器;5—清洁水排出口;6—油污水进口;7—加热器;8—油位检测器;9—集油室(左);10—手动排油阀;11—自动排油阀;12—污油排出管;13—集油室(右);14—纤维聚结器;15—隔板;16—细滤器;17—泄放阀

行重力粗分离外,还利用多孔性吸附材料直接吸附水中的微小油滴,其结构如图 6-2 所示。它由内外两个圆筒套装,所形成的环形空间 12 为一级重力粗分离区,内筒下部装有金属粗粒化栅板 2 的锥形通道为第二级分离,内筒中部填充吸附性较强的表面涂有化学薄膜和直径在 2 ~ 3 mm的微小砂粒构成的吸附层 5。该装置还设有低压电磁阀 14、三通换向阀 15、压缩空气控制阀 16 和排出泵 17 等。

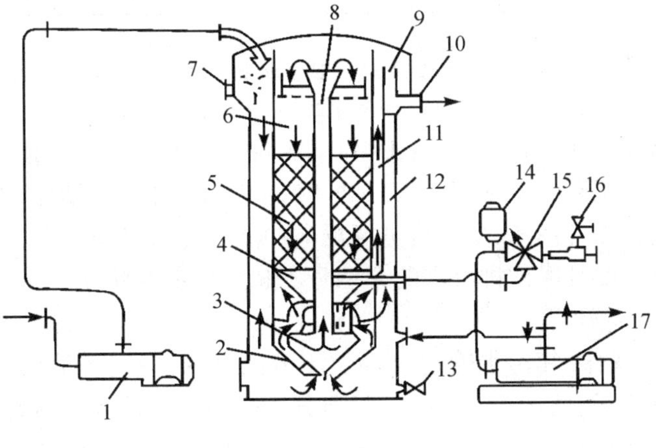

图 6-2 塞里普 SFC 型油水分离器的构造

1—供水泵;2—粗粒化栅板;3—中心管的下部空间;4—集水室;5—吸附层;6—内筒的上部空间;7—反冲洗出水口;8—中心管;9—溢油口;10—排油管;11—油上升通道;12—环形空间;13—泄放阀;14—低压电磁阀;15—三通换向阀;16—压缩空气控制阀;17—排出泵

油水分离过程如下:油污水被泵入分离的内外筒之间,进行重力分离,大油滴上浮至溢油口9,经排油管10排出。含小油滴的污水流入内筒下部的第二级,污水中小油滴与其中的粗粒化栅板2碰撞、聚合、粗粒化,使油滴上浮积聚,并经油上升通道11、溢油口9、排油管10排出。第二级分离后的污水,含油量可降至100 ppm以下。这样的污水继续流经中心管的下部空间3、中心管8,溢入内筒的上部空间6,并进入充有吸附材料的精分离区。油污水经过吸附层后细小油滴被吸附,其含油量降到5 ppm以下。处理后的清水流入集水室4,经三通换向阀15、排出泵17排至舷外。

由图6-3可见,内筒上部的浮球阀是为了控制空间6的水位保持在吸附层之上,以保证吸附层有效工作。当水位过低时,浮球19打开回水阀20,使清水经排出泵出口三通阀21和回水管22回流入内筒下部集水室4,以保持内筒水位一定。

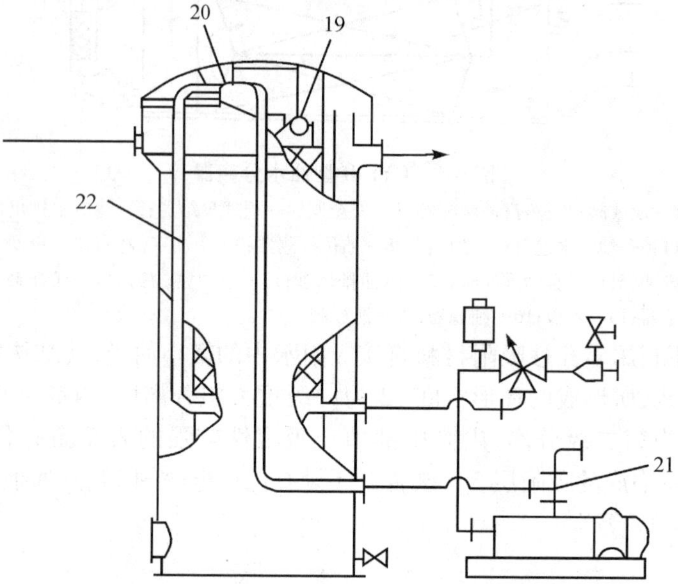

图6-3 塞里普SFC型油水分离器回水控制

19—浮球;20—回水阀;21—三通阀;22—回水管

该分离器正常情况下吸附层阻力为10 kPa,含油达饱和状态时的阻力损失为40 kPa。所以当排出泵17的吸入压力比正常值低30 kPa时,低压电磁阀14动作,发出警报同时切断供水泵和排出泵,停止工作,待对吸附材料进行反向冲洗之后再继续工作。这样可不用安装精密度很高的油分浓度计,即可保证排放水的含油量不超过规定的标准。

3)真空式油水分离器

前述两种油水分离器,其污水输送泵都位于分离器的前端,含油污水由水泵输入分离筒内,污水在水泵的搅拌下增加了乳化程度,影响分离效果。因此为了减轻乳化程度,往往采用对输送液体扰动性小的水泵,如螺杆泵、往复泵,但输送泵与没有经过处理的污水直接接触,污水中的杂质和泥沙使泵的磨损增大,甚至发生螺杆泵卡住或折断,影响水泵的工作可靠性。

真空式油水分离器具有如下特点:

(1)水泵后置,真空抽吸含油污水,进出水泵的液体为处理后的清水,无杂质和泥沙,泵的磨损小,工作可靠。

(2)避免了油污水的乳化,筒内的真空度同时起到了“气浮分离”的效应,提高了油水分离效果。

(3)可采用电动柱塞泵和螺杆泵,密封性好,自吸能力强,磨损小,工作可靠。

(4)分离装置中的聚合元件能自动反向冲洗,不会堵塞,长期使用不需要更换。

由上海船舶仪器设备厂生产的 ZYF 系列油水分离器即属于此类,其基本结构和工作原理如图 6-4 所示。

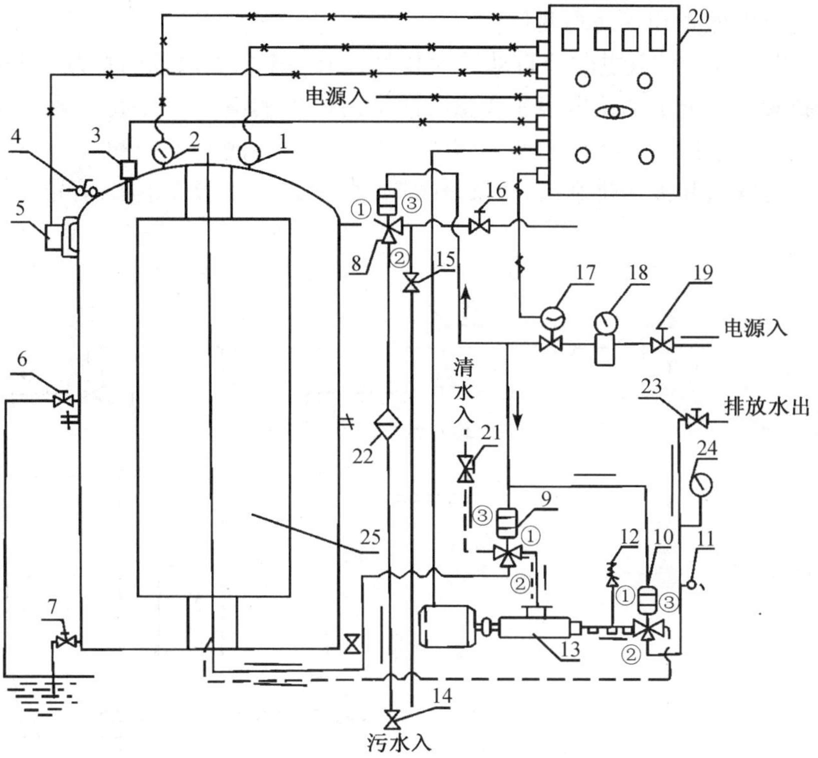

图 6-4　ZYF 真空式油水分离装置原理系统图

1—温度控制表;2—真空压力表;3—油位检测器;4—观察旋塞;5—电加热器;6—上排污阀;7—下排污阀;8—气动三通阀;9—气动三通阀;10—气动三通阀;11—取水样旋塞;12—安全阀;13—单螺杆泵组;14—吸入止回阀;15—反冲洗管截止阀;16—排油截止阀;17—气源电磁阀;18—调压滤水器;19—气源截止阀;20—电气控制箱;21—清水管截止阀;22—吸入过滤器;23—截止止回阀;24—压力表;25—聚结元件

其基本工作原理是:配套水泵在分离装置排出口处抽吸处理后的排水过程中,使分离筒内产生真空度,舱底水经过吸入过滤器 22 和气动三通阀 8 进入分离筒内部扩散喷口,进行初步的重力分离,大油粒浮至顶部集油腔,含有小油粒的污水向下进入特制的聚结器,在内部进行聚结分离,形成较大油粒,再上浮至顶部集油腔,符合排放标准的水(含油量小于 10 ppm)则向下经分离器底部排出,流向气动三通阀 9,进入单螺杆泵组 13 吸入口,从泵的排出口排出再经过气动三通阀 10 排向舷外。当分离出的污油在顶部集聚到一定程度时,油位检测器触发信号,使气源电磁阀 17 开启,压缩空气同时进入三只三通阀的顶部气缸,推动活塞向下,关闭常通口,打开常闭口,舱底水暂停进入分离器,分离后的水暂停排出。海水由气动三通阀 9 进入泵 13 的吸入口,泵出后再通过气动三通阀 10 进入分离器底,逆向经过聚结器进行反向冲洗,并使分离器内部由真空变成压力状态。集聚的污油通过气动三通阀 8 排向污油柜。

四、自动排油装置和油分浓度监测装置

1)自动排油装置

油水分离器分离出的污油集聚在顶部达一定数量时,便自动打开排油阀将污油排往污油柜,这种装置称为自动排油装置。自动排油装置主要由电阻式或电容式油位检测器和排油阀组成。油位检测器装在分离器的集油室中,利用感受元件在油、水中与分离器壳体之间导电率(或电容)的变化,测出油层厚度的变化,并输出控制信号,通过电气控制箱控制排油阀的启闭。排油阀有电磁阀和气动阀两种。

图 6-5 所示是一种气电联合自动排油装置。由一个电磁阀同时控制气开排油和气闭排水的气动隔膜阀。当上下油位电极 3、2 感应油位而产生的电信号经放大后打开电磁阀时,减压的控制空气经分水滤器 6 和压力调节阀 7 进入气动排油阀 9 下腔和气动排水阀 1 的上腔,使其分别打开排油阀和关闭排水阀;相反,排油后水往上升,电极感应的信号又使排水阀打开、排油阀关闭。

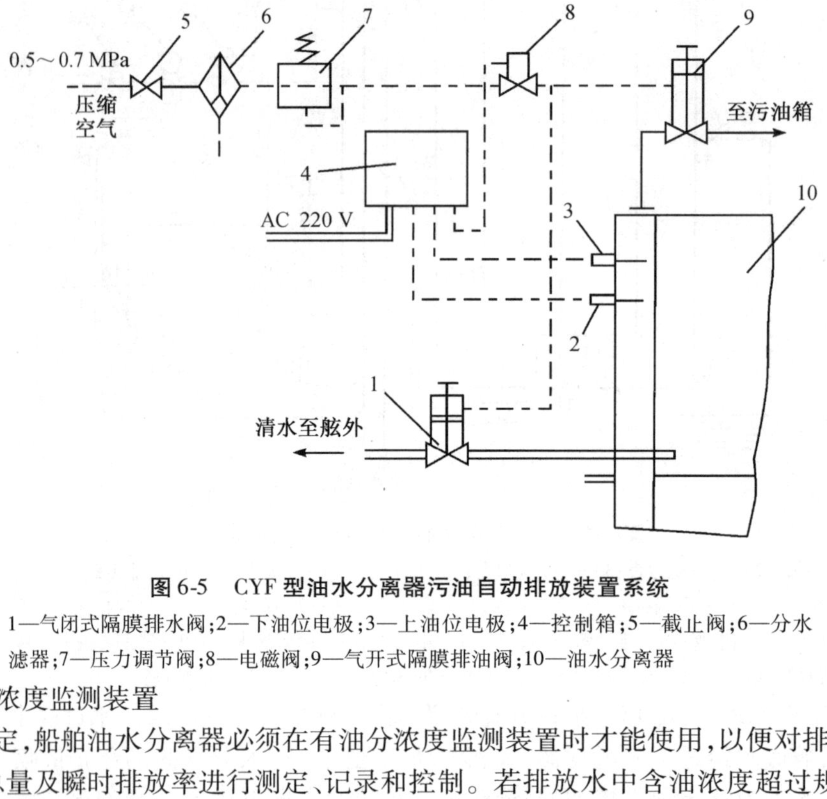

图 6-5　CYF 型油水分离器污油自动排放装置系统

1—气闭式隔膜排水阀;2—下油位电极;3—上油位电极;4—控制箱;5—截止阀;6—分水滤器;7—压力调节阀;8—电磁阀;9—气开式隔膜排油阀;10—油水分离器

2)油分浓度监测装置

公约规定,船舶油水分离器必须在有油分浓度监测装置时才能使用,以便对排放水的含油浓度、排放总量及瞬时排放率进行测定、记录和控制。若排放水中含油浓度超过规定的标准,检测器就发出声光报警。轮机人员应立即检查污水处理系统的工作情况,并排除故障,直到水中含油浓度符合标准为止。

目前,常用光学方法来检测水中含油浓度,它又分为光学浊度法、红外线吸收法、紫外线吸收法和荧光法。

(1)利用光学浊度法的测定装置

所谓光学浊度法就是利用超声振荡或加入界面活性剂使水中油分均匀乳化,其乳化后的浊度与含油量成正比。因此含油量不同,其浊度不同,透过乳浊液的透射光 I_0 和散射光 I_θ 强

度不同，如图 6-6 所示。将 I_0、I_θ 经光电管转换成电信号，此信号的强弱即反映了测试水中含油量的多少。

利用这一原理制成的油分浓度计有我国厦门产的 YNK-1 型超声油分浓度计、德国西门子 ET-25 型和日本 OSM-1 型油分浓度计。它们的精度均达到 15 ppm 以下，报警时间延迟在 15～20 s。在发出声光报警的同时，经控制装置使处理水停止排放并流回舱底。这种浓度计是目前应用最多的一类。

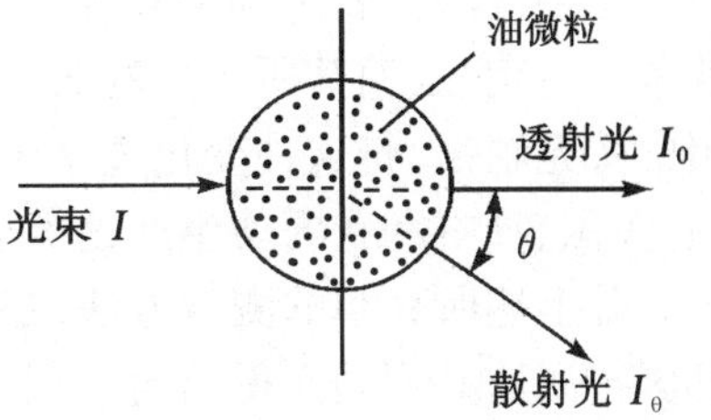

图 6-6　光束在油水混合液中的散射

荷兰的 ITT 公司油分测量装置也是利用这一原理制成，采用激光作为光源，且用光导纤维传送散射光，因而具有较高的测量精度。这种油分浓度计的工作原理如图 6-7 所示。

由激光发生器产生的激光，通过光导纤维送到检测室。光通过样水后，透射光即通过光导纤维线引导到一个光电管，而散射光则通过光导纤维线引导至另一个光电管。透射光强与散射光强之比，通过测量电路以及信息处理和运算，再输入到控制和显示面板即可测知样水中的含油量。

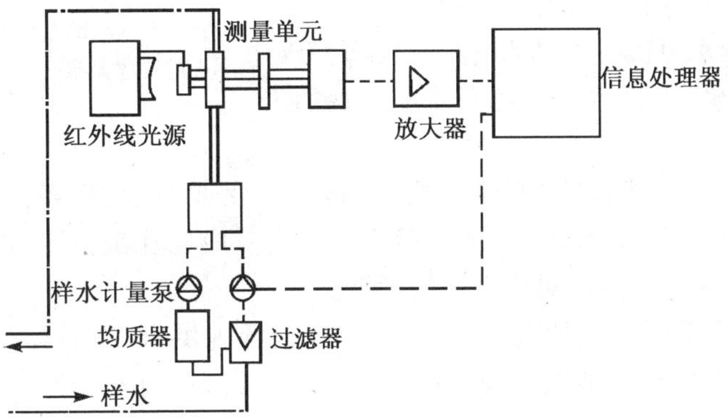

图 6-7　红外吸收法油分浓度计工作原理

（2）利用红外线吸收法的测定装置

红外线吸收法是以石油中的 CH 基、CH_2 基、CH_3 基等碳化合物能吸收 3.4～3.5 μm 波带内的红外振动波这一原理来测定水中油分浓度的。在测定水中油分浓度时，因为水对上述波带内的红外波也具有吸收能力，所以不能用油水直接测定，而要用对该波带内的红外波吸收很少或基本不吸收的四氯化碳或氟利昂溶液作为萃取剂，萃取水样中的油分，然后将含油的四氯化碳注入分析室，用红外光源照射，如图 6-8 所示。由于四氯化碳能很好地透过波长 3.4～3.5 μm附近的红外波段，而油对该段有强烈的吸收作用，这样就使射入含油四氯化碳的红外光的一部分被吸收，因而可测得光源能量经过含油四氯化碳后的能量变化。

油分浓度不同，吸收能量也不同，这种吸收能量的变化量与含油浓度有对应的线性关系。

将这种能量的变化转换成电信号，经放大器放大后显示出油分的浓度值。这种方法虽然具有较高的灵敏度，但都必须经过萃取，操作较复杂故船上应用不多。

利用这一原理制成的油分浓度计有：我国北京产的 QGS-06 型，佛山生产的 FF-1 型，其测量精度为 0～25 ppm，反应时间约为 15 s。

（3）利用荧光法的测定装置

这种方法主要是利用紫外光照射含油污水以激发石油中具有环状共轭体分子(如芳烃),使其产生荧光,而其所产生的荧光强度与水中的含油量具有一定的数量关系。含油量越高,发出的荧光越强,将这种变化关系转化成电信号经放大器放大后显示出油分的浓度值。目前,美国、英国、日本和我国均生产这类船用油分浓度计,也是当前使用较多的一种。

除上述所介绍的测量方法以外,还有气相色谱法、紫外线吸收法、称重测量法。这些方法都因被测油品不同而得出的数据不同,须作出标准曲线才能确定含油量,使操作变得复杂化,因此在船上很少使用。故不赘述。

五、油水分离器的使用管理

正确地使用和定期维护保养是保证油水分离器充分发挥其分离能力的先决条件和重要保证。轮机人员应仔细阅读其使用说明书,了解其工作原理、运行及维护要求等。

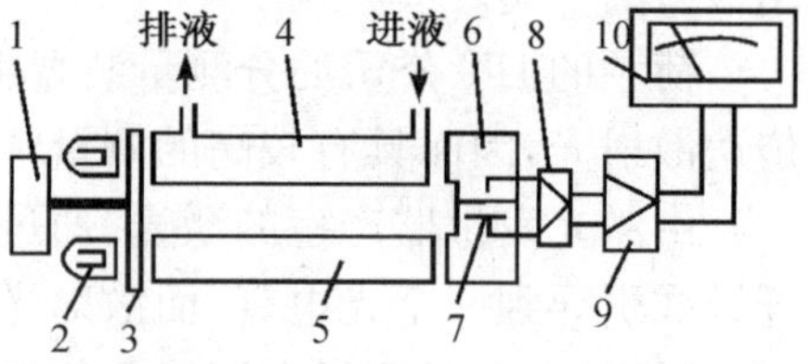

图 6-8　红外吸收油分浓度计测量原理

1—同步电机;2—红外光源;3—切光片;4—分析室;5—参比室;6—检测室;7—电容微音器;8—前置放大器;9—主放大器;10—指示表头

1)启动的检查及准备

(1)使用分离设备和过滤系统排放前,应先征得驾驶员同意,并注意监视海面是否有明显油迹。

(2)首先检查油水分离装置的水、油、气源系统及电气线路安装是否正确;将油水分离器顶部空气阀打开,以便供水时使空气逸出。

(3)打开出水、排油、泵前引水管系及吸入清水(海水或淡水)管系上的阀,关闭舱底油污水吸入阀。油水分离器在首次使用或清洗后投入使用时应先注满清水,以便有助于洗掉可能粘附的油污和杂质,避免油污水对分离器的污染。

(4)接通电源,启动配套泵的电机,向油水分离装置内供水,查看配套泵的转向是否符合箭头指示方向。此时自动排油黄灯应亮;直至顶部空气阀中有水溢出,表明分离器内已注满水,排油指示黄灯应自动熄灭。起动污水泵前应先打开舷外排出阀,检查自动排油装置和应急操纵手轮是否处于正常位置。

(5)打开舱底油污水吸入管系上的阀,然后关闭清水阀,由配套泵将舱底油污水输入分离装置进行分离处理;开启监控系统,调整排放水的含油指标为 15 ppm,确认监控系统和自动停止排放装置正常,并一直处于运行中。

2)运行中的管理及注意事项

运行中要注意及时排油、加热温度和定期清洗等问题,特别注意避免油水分离器超负荷。所谓超负荷,即超过其达到排放标准的分离能力。如果供水量过大,或排油装置失控,积油过多,都会降低分离效果,造成污油污染分离器内壁。检验超负荷的方法:一是检查低位检验旋塞,当它有油流出时说明积油过多,应立即排油,如果自动排油失灵应改为手动排油;二是通过出水口水样的观察,如果发现有可见的油迹,应停止分离器工作。

(1)调整排出水管路上阀的开度,保持分离器内具有一定压力,以利于分离器内污油排出。

(2)观察压力表、真空表等指示值是否正常,探测配套泵轴承表面温度是否在允许的范围内。

(3)设有电加热器温度自动控制的分离装置,应注意查看分离器上的温度表,以防温度过高产生故障。严禁分离器内无水时启动加热器。

(4)观察处理后的排出水的水质和油分浓度报警器的工作情况。

(5)要定期排放集油室中空气,防止自动排油装置因存气太多而失灵。

(6)油水分离器的供水泵多为单螺杆泵或柱塞泵,运行中千万不能空转,不允许泵在关阀时运行。无自动控制停泵设施的分离装置,应注意在舱底油污水吸空前及时停泵,避免配套泵空转而烧坏。

(7)为保证分离效果,根据气候条件和污水中油种的不同,采用加热的方法提高分离效果。蒸汽加热器一般用0.25~0.3 MPa的饱和蒸汽加热到40~60℃为宜,以加速油滴上浮和粘附内壁上的污油脱落。

(8)在油污水排放完后停用分离器之前,应引入海水继续运行15 min,用以清洁油水分离器及其监控系统,以免被油污堵塞和污染。停泵后,应关闭油水分离器的进、出口阀,防止筒内充满的水泄漏,减轻内壁氧化腐蚀。

(9)每次使用油水分离器排放,均应记入油类记录簿。

油水分离器经长期使用或内壁严重污染后,应进行冲洗。冲洗时先排出积油、灌入洗涤剂,打开加热器的蒸汽进出口阀,用蒸汽加热分离器内的污水,以去除粘附在内壁或其他装置上的油污,并在加热温度达60~70℃时停止加热。待油污脱落后,开泵排污,然后重新投入工作。如果发现清洗效果不好,可停止工作进行蒸汽直接吹洗,促使内部油污脱除干净。一般蒸汽清洗每月进行一次。

过滤式或吸附式油水分离器中的过滤元件和吸附材料容易堵塞,工作一段时间后要进行反向冲洗。过滤元件和吸附材料长期使用而失效时,要予以更换或补充。在检查滤器或换新聚合元件前也应对分离器进行加热、冲洗和排空。在清洗或更换过滤材料和填充吸附材料时,要保证充填均匀,不得有局部空隙存在。油水分离器应定期全面拆检彻底清洗,其工作周期一般为一年。

3)影响分离效果的因素与措施

油水分离器的分离效果与其结构、内部清洁状况、舱底水泵的型式、污水中油的种类及其含油量、分离温度、工作压力、流量等因素有关。因此,当分离效果不佳时,可从这些方面查找原因。例如,油品的比重过大或过小都不利于油水分离器的分离;离心式和齿轮式舱底水泵会使油污水乳化,不易分离,宜采用低速往复式活塞泵和柱塞泵或单螺杆泵。

如果油水分离器中分离出的水含油量过大,即分离效果不佳时,可采用以下措施:

(1)改为间歇工作:即当分离器中装满舱底水后,停止供水,使容器内的舱底水有足够的停留时间,然后再开启污水泵,用新泵入的水将沉淀分离后的污水排出。

(2)分层抽吸:即先把下层含油少的污水直接排出舷外,只使上层含油较多的污水经分离器分离。

(3)适当加温:对分离器内污水加热至40~60℃,使油与水的比重差加大,增大浮力,水的黏度也降低,从而减少油滴上浮的阻力,增加油滴上浮速度。

(4)改用输水平稳的污水泵以减轻油污水的乳化程度,使进入分离器的油污水中的大颗粒状的油易于分离。

4)维护

(1)应定期清洗吸入管系上的粗滤器(如油水分离装置设有配套泵的高真空保护系统真

空表指示值上升，即表明粗滤器堵塞）。

（2）定期打开分离器底部放泄阀，排除沉淀在分离器下部的泥沙杂质。

（3）及时清洗分离器内部分离元件，尤其是因故障使分离器内部油污染，反冲洗仍无效果时，应拆开清洗。切忌用清洗剂清洗分离器内壁及分离元件。

（4）出现故障时，应查明原因并及时更换失效的聚结元件（根据聚结元件前后压差或出水水质判断）。

5）常见故障

舱底油水分离装置使用中常见故障及其原因，见表6-1。

表6-1　油水分离装置使用中常见故障及其原因

序号	故障现象	原　因
1	排出水的含油量超过标准	（1）排油控制系统失效，分离出的污油未及时排出，连同排出水一起流出分离器； （2）聚结元件失效或聚结元件与支座联结不严密，污水短路，不经过聚结元件； （3）专用配套螺杆泵橡胶衬套磨损，容积效率下降，使油水乳化，分离效率降低
2	安全阀起跳	（1）排油气动隔膜出现故障，或气源压力不足，致使排出水管系上背压阀关闭； （2）聚结器或细滤器严重堵塞
3	配套泵排量降低	（1）泵前吸入系统中粗滤器堵塞； （2）吸入水底阀堵塞； （3）泵轴密封泄漏； （4）泵进、出水阀未全开； （5）配套螺杆泵严重磨损，容积效率下降； （6）泵内有异物
4	排油管向污油舱（柜）排水	（1）油位检测器粘附油污； （2）空气漏入集油室
5	排油时间短暂，工作频繁	（1）吸水系统或配套泵轴密封漏气，空气在分离器集油室中集聚； （2）低油位检测器全部被污油粘附包住
6	油位检测器正常，但仍不能正常排油	（1）集油室污油乳化严重； （2）可能是检测器与分离器壳体短路
7	油位检测器工作正常，但电磁阀不动作	（1）继电器触头接触不良； （2）电磁阀线包断线
8	集油室温度不上升	（1）加热器保险丝断； （2）加热器电阻丝断； （3）交流接触器接触不良； （4）中间继电器接触不良； （5）温度表中温度指针与低温度指针接触不良
9	压力表压差明显升高	滤器堵塞

六、污油水舱及污水排岸系统

(1)污油舱

按规定400总吨及以上船舶应设置有足够容量的舱柜,用来接收不能以其他方式处理的残油或油渣。这种舱柜应便于清洗和将其内的残油排至接收设备。该舱一般用来存放净化燃、润油时产生的油渣以及机器处所漏泄产生的残油和含油污水处理产生的污油等。根据不同的船舶,该舱柜的容量要求是不同的,船舶规范中对该舱柜的最小容量有具体规定。

残油(污油)舱最小容积按下式计算

$$V = K_1 CD \quad (m^3)$$

式中,$K_1 = 0.015$(燃用净化后的燃油);

$K_1 = 0.005$(燃用未净化的燃油);

C——燃油日耗量,t;

D——两港口间最大航行时间(天)(指可接收残油的港口,如无资料按30天计)。

如船上装有残油焚烧装置,则:

$V = 1\ m^3$,用于400总吨以上4 000总吨以下的船舶;

$V = 2\ m^3$,用于4 000总吨及其以上船舶。

(2)接收设备要求

各缔约国政府应保证在装油港、站,修理港及船舶须排放残油的其他港口,设置接收留存的残油和油性混合物的足够设备,以满足到港船舶的需要。

(3)污油水港口接收

为了防止船舶造成油污染,许多国家的主要港口都设有污油水接收处理装置(或油驳),但目前免费接收污油水的港口只有上海和汉堡。使用免费的岸上接收油污水装置和在收费的港口一样应遵守港规,不可粗心大意。在船舶抵港之前,船长应与代理联系,告知欲处理的污油种类、数量和闪点,以便港方安排接收船前来接收。抵港之前,轮机长也应遵照各防污规定正确填写油类记录簿,因为港口当局仍将彻底地检查记录簿。当船上存有较多废油时,应尽量利用岸上接收设施。所有的岸上废油处理均应取得港口当局的油污处理证明,并与油类记录簿一起保留在船上,以备进一步检查。废油处理应遵循下列步骤:

①与代理联系当地港口是否有接收处理设施。

②向港口当局申请废油处理许可证。

③采取有效措施防止泵送废油时污染环境。

④将泵废油的数量与时间记录在航海日志与油类记录簿上,并请港口当局在油类记录簿上盖章签字。

⑤进行此项工作时应特别注意:一定要有港口当局的监督员在场或特别许可方能进行;否则视为无效,甚至受到行政处罚。在国外港口更应遵守当地的"港口须知"或询问港方的有关规定,以免造成失误。

第二节　生活污水处理装置

船舶生活污水可分为二类:一类为厨房、盥洗室、医务室等排放的污水,这一类污水只要过滤出固体物质再经消毒杀菌处理后,即可排放舷外;另一类为含有粪便的厕所冲洗水,需要处理的多属此类。

国际上对处理后的生活污水用三个指标来评定,其排放标准是:

(1)生化耗氧量 BOD_5　　≯50 mg/L

(2)悬浮固体量 SS　　≯ 50 mg/L

(3)大肠杆菌　　≯250 个/100 mL

为满足上述排放标准,目前船上采用的处理设备基本分二种:一种是收集、贮存、集中排放的设备;一种是船上处理后直接排出的设备。

一、收集贮存装置

该装置主要由污水柜、污水泵、粉碎机和污水管路组成。污水柜要求内表面光滑、涂有防腐保护层,柜底倾斜便于排空。柜内与外界保持密封,并装有冲洗设备。为了引出柜内产生的可燃气体,要装设带防火罩的透气管,还要向柜内充注空气,以维持固体物的漂浮、减少气味和可燃性气体。

由图 6-9 可见,污水和废水经粉碎机处理后流入污水柜,然后由污水泵排至露天甲板的标准排放接头送往岸上接收设备,或当船舶航行到允许排放海域时再排出舷外。当船舶航行于禁排水域或停在无接收设备的港口时,污水则贮存于柜内,而废水借重力排出;航行于非限制水域时,所有泄水均借重力排往舷外。

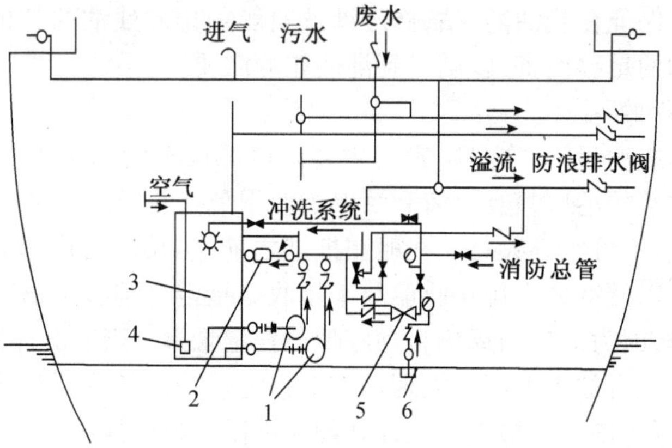

图 6-9　收集贮存装置

1—污水泵;2—粉碎机;3—污水柜;4—扩散器;5—抽逐器;6—污水井

二、生化处理装置

生化处理装置主要是利用好氧菌为主的活性污泥对污水中的有机物质进行分解处理。图 6-10 所示是远洋船上应用较多的一种生活污水处理装置,其性能参数是:

生化耗氧量 BOD_5 最大　　40 mg/L

悬浮固体量 SS 最大　　40 mg/L

其他型式的生化处理装置的结构与原理与其大致相同。

1)基本结构

曝气室 14 中装有合适浓度的活性污泥(其中大部分由好氧菌所组成),该室底部装有两个吹送空气的扩散器。沉淀室 13 下部为漏斗状,下部装一个活性污泥回送管 9,通往曝气室;上部中心处有一浮渣盘 7 收集浮在水面上的浮渣,经浮渣回送管 8 送回曝气室。空气压缩机 6 供应压缩空气,分三路分别送往 2 个扩散器、活性污泥回送管和浮渣回送管。消毒杀菌室 16

的上部有一氯化器5;杀菌室的侧壁安装三个浮子式水位开关1、2、4和溢水孔。曝气室、沉淀室和消毒杀菌室的上方均有一个通气管10,并与总通风管相通,而下部均有一个阀门,并与外接管路相通。这些装置的工作由控制箱3控制。

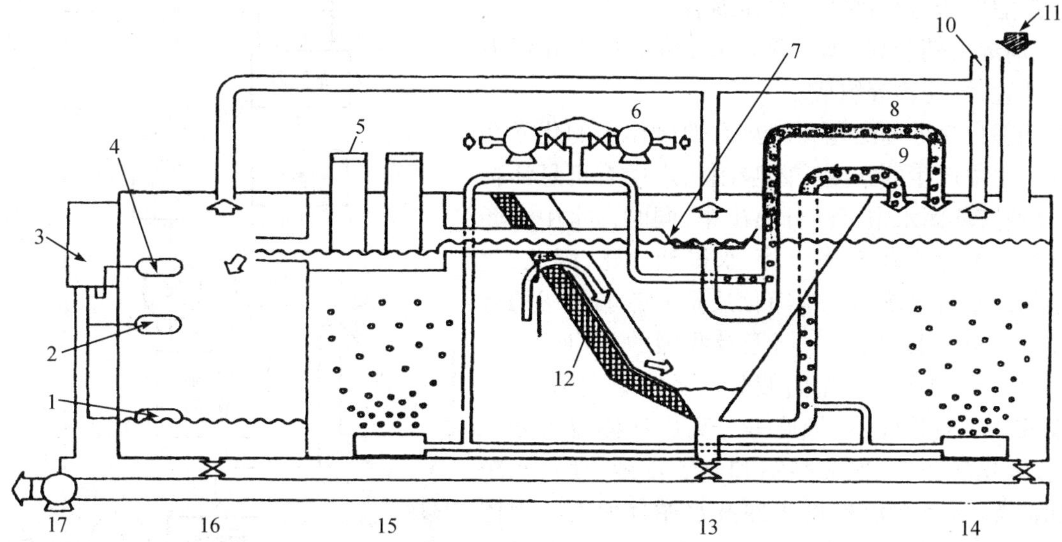

图6-10　生化污水处理装置

1—低水位浮子开关;2—高水位浮子开关;3—控制箱;4—反常高水位浮子开关;5—氯化器;6—空气压缩机;7—漂清器(浮渣盘);8—浮渣回送管;9—污泥回送管;10—通气管;11—污水进口;12—过滤网;13—沉淀室;14,15—曝气室;16—消毒杀菌室;17—排出泵

2)处理过程

生活污水由曝气室顶部进入曝气室,由于有空气吹入,好氧微生物能将污水中的有机质吸收分解,将其中一部分有机质氧化成无机质(如CO_2、H_2O),另一部分转化为自身的营养质,供其生长繁殖。曝气室中经微生物的吸收、分解、合成、还原等过程所形成的无机质和新的活性污泥流入沉淀室。在沉淀室中,由于没有空气的扰动,活性污泥形成团状沉淀到室底,并在空气的吹送作用下,室底部的活性污泥及顶部的浮渣将沿各自的回送管9和8返回曝气室以保持该室内活性污泥的浓度。沉淀室内处理过的清水流经氯化器5并溶解容器内的次氯化钙药片,对处理水进行消毒杀菌,然后流入消毒杀菌室。当杀菌室内水位升高时,在浮子水位计控制下,起动排出泵将水排出。

由于活性污泥的培养通常需要10天到1个月的时间,所以每次启用生化处理装置前,必须先送入一定量的活性污泥(可以直接加入带有粪便的污水)进行保温培养,经过10天后再开始启动运行。

3)运行管理注意事项

(1)装置运行最好是连续进行,特别是不得停风,以防微生物死亡。每3个月检查一下曝气室活性污泥的浓度,一般污水以巧克力色为佳。如表面出现浮渣,说明浓度太大,要进行调整。

(2)装置运行时厕所冲洗水量不宜过大,应控制在人均60～65 L/d;严禁塑料制品、纺织品,带过滤嘴的烟头,不易溶解的纸片等倒入厕所,以防堵塞管路系统;更不要用各种化学药品清洗厕所、小便池等，杜绝这些药品进入处理装置而杀死微生物。

(3)及时补充消毒剂，通常每3个月补充一次，每人每月20 g。

三、物理化学处理装置

船舶生活污水物理化学处理装置主要由固液分离器、消毒供药装置、絮凝沉淀箱、清水排出和污泥返送装置、污泥箱等组成。

物理化学处理法是利用具有絮凝作用的化学药剂在污水中产生的絮凝胶团吸附污水中有机悬浮物质，并使其从污水中沉淀分离出来，同时污水中大肠杆菌群也被化学药剂杀死，污水得到净化，因此，絮凝剂的性质直接影响污水净化质量。船舶常用的有英国的艾升、丹麦的特立斯型及我国的WCE型等。图6-11所示是无排放型固液分离系统原理图，污水经固液分离器将固体、纸屑等分离出液体流入处理柜，投入化学药剂(次氯酸钙和氢氧化钙)使污水净化和消毒，流入沉淀柜再作冲洗水循环使用。固体污物经粉碎处理后排至污泥柜，然后可排至港口接收设备处理或在船上进行焚烧处理。

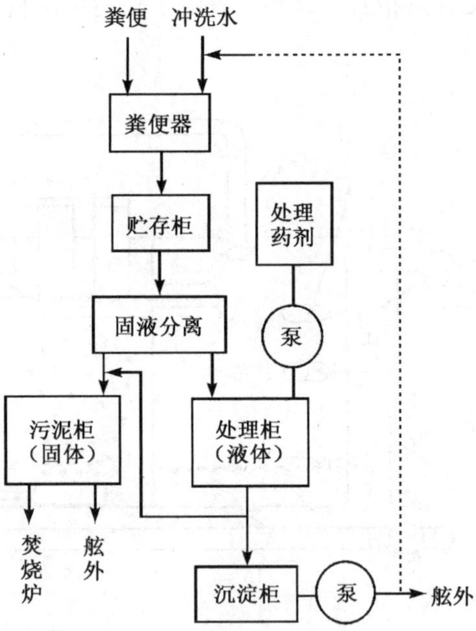

图6-11　无排放型物理化学处理系统

采用物理化学法处理污水的再循环装置，由于具有灵活性、结构紧凑和性能良好等优点，是较有发展前途的装置之一。其特点如下：对污水适应性好，节约厕所冲洗水；减少处理污水的用药量；固体污物经化学处理和粉碎易于输送和贮存，并不会发酵，不产生可燃气体；装置适应高负荷的能力强；能自动控制运行，可随时起动、停止及转换到正常的排放系统，但药剂消耗量大。船上常用的有WSH型、WC－120型，前者经处理后的污水能达到排放要求，属于排放型。后者属于再循环型，处理后的水可循环使用。固体残渣进入焚烧炉烧掉。由于它结构紧凑、性能稳定、净化效果好，得以广泛使用。

第三节　船用焚烧炉

船舶垃圾来源于厨房、舱室、污泥、废油、污油、渣油、油泥及扫舱垃圾等。对不同性质的垃圾采用不同的处理方法：直接投弃、粉碎处理后投弃和焚烧炉焚烧处理。焚烧炉用来处理渣油、废油、污水处理装置中产生的污泥，以及其他固体垃圾等。

一般焚烧炉都有一个钢制的外壳、内衬耐火砖形成炉膛。炉膛周围设有固体废物投料口。污油燃烧器用以喷入污油、污水和污泥；而辅助燃烧器用以点火助燃。装有排烟风机以保证炉膛呈负压并冷却排烟，防止烟气外漏和发生火灾。此外，还有废油柜、控制箱、废油加热装置和观察孔等。

现有焚烧炉的特点是：为了保证焚烧炉在短时间内达到良好燃烧，均采用具有良好雾化性能的燃烧器，以保证污水、油污泥和废油的雾化效果。燃烧器的型式一般有旋转喷嘴式、压力喷雾式和重力滴下式三种，目前使用较多的是前两种。为了处理颗粒较大的油污泥，多采用旋杯式燃烧器。此外，在焚烧炉附近还设置装有搅拌器的废油柜，使污水、废油和污泥按一定的比例混合均匀保证燃烧连续进行。当废液含水量较大时，炉子不易点燃且炉内温度也不稳定，为此须由辅助燃烧器供入 1/5 ~ 1/10 废液处理量的燃油，使炉内温度达到 600℃以上的稳定状态。

图 6-12 所示是绿州辅机厂生产的 OG200 型船用焚烧炉，是既可燃烧油污泥、废水污泥，又可燃烧固体废物的多功能焚烧炉。它有一个圆柱形的燃烧室，废液和固体废物均在该室内燃烧，由于经过 1 100℃以上高温的有效燃烧，排出物（烟与灰）对空气没有污染，也没有气味。

该焚烧炉可根据废液燃烧值的高低调好适当的挡次进行自动操作。该炉具有结构紧凑、体积小、外壳可拆式，便于耐火材料的装设和维修。在电气控制方面设有完整的保护和报警系统，如炉温和排烟温度过高、火焰故障、风机故障、柴油压力过低、电机过载、污泥及蒸汽或压缩空气压力过低等的保护和报警系统。

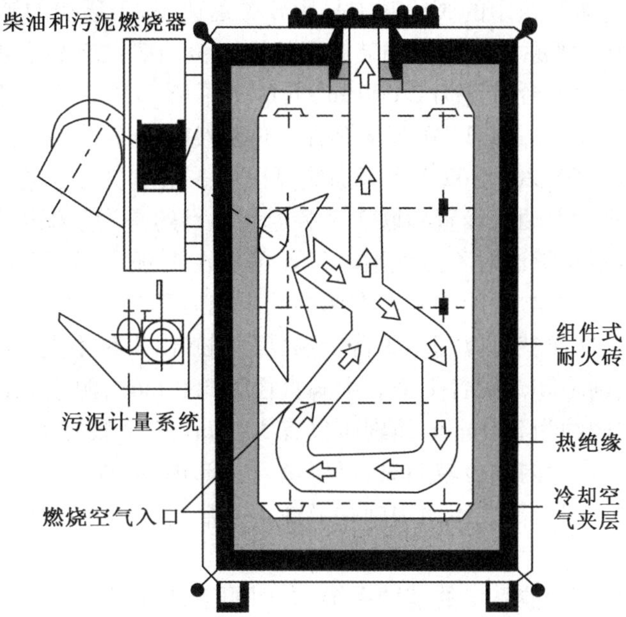

图 6-12　OG200 型船用焚烧炉

对船上的废油、油渣、含油棉纱以及生活污水的固体物质和垃圾等，最干净最简便的处理方法就是用焚烧炉烧掉，但使用焚烧炉时应注意下列事项：

（1）可燃的固体垃圾应在点炉前打开炉门送入焚烧炉内，切不可在焚烧炉工作时打开炉门。

（2）焚烧炉在点火前应扫气 30 s 以上，驱除炉内油气，防止爆炸。

（3）焚烧炉污油柜加温到 80 ~ 100℃，并放掉残水。

（4）用柴油引燃焚烧炉，待炉温达到一定温度（约 600℃）后，再逐渐引入污油燃烧。污油中含有 30% ~50% 水时，一般仍可连续燃烧。因此，当焚烧炉正常运行时，可以停止使用点火柴油。如果不能连续燃烧则需用柴油一直引燃。停炉前应燃用柴油，以冲洗污油管路。

（5）焚烧后的炉灰，系无污染无毒的垃圾，可在船舶离港后，距最近陆地 12 n mile 以外倾倒入海。

第四节　油船专用系统

油船是专门运输散装液体石油及其制品的船舶。为了保证安全、可靠、无污染、迅速地完成运输任务，一般须设有货油装卸系统、自动扫舱系统、专用压载系统、惰性气体系统、排油监控系统和原油洗舱系统(原油油船)。

一、货油装卸系统

货油装卸系统由货油泵、扫舱泵、管路及其附件组成。一些原油油船还有蒸汽加热系统。货油管路分为主货油管和扫舱管，主货油管为装卸油时使用的大口径管路，扫舱管路为主要用于卸出舱底和管路中残油的小口径管路。现代大型油船上的主货油泵大都为离心泵，扫舱泵一般为蒸汽往复泵。货油管路中的阀门基本采用开关迅速、易于遥控的蝶阀。

图6-13为某60 000t级原油油船货油装卸系统图。该油船共有9个货油舱、2个污油舱、9个专用压载舱。货油泵为3台排量为2 000 m^3/h的透平驱动的立式离心泵。在油舱中设置的3条主货油管(No. 1、No. 2、No. 3)分别与货油泵的吸入口相连，货油泵的出口管路分别和3条甲板主管相连。通过102、202、302 3个旁通阀可以使3条出口管互通。通过旁通阀41 ~ 46可以使三条主油管相通。主油管设置串联2个旁通阀的目的是为了保证主油管之间的可靠隔离，确保各油舱中装运不同货油时不致混淆。例如可以在1#舱左右、3#舱中、5#舱左右内装运同一品种的货油；而在1#舱中、5#舱中和左右污油舱内装运第二品种的货油；在2#舱中、4#舱中装运第三品种的货油。这样就可以利用3台货油泵分别卸出3种不同品质的货油。

各油舱中均有主、副装卸油阀各1个。主阀直径为350 mm，副阀直径为200 mm。吸入管口距离舱底的高度，主阀约为200 mm，而副阀仅有30 mm。2个装卸油阀均设于各舱的尾部，以便使货油尽量卸空。当舱内油位较高时，可以全开主卸油阀，而油位较低时，应逐渐关闭主阀同时渐开副阀，最后主阀全部关闭而用副阀吸油。通常扫舱作业时，仅用副阀吸油。

二、自动扫舱装置

扫舱系统实际上是主货油系统的辅助系统，专门用于清除各油舱中残余的剩油。由于主货油泵的排量很大，吸入口处的油流速度很快，以致当油位较低时，会在吸入口处形成空穴，而使油舱中的残油无法卸出。因此，这时需要用扫舱系统来卸油。扫舱系统的另一任务是将管线中残存的货油卸出。图6-13中所示的扫舱系统设有2台不同形式的泵，1台为清舱泵，1台为扫舱泵(有些较小的油船扫舱系统只设1台或2台相同形式的往复式蒸汽直动泵作为扫舱泵)。清舱泵IC. P为1台喷射泵，它用从货油泵引来的压力油作为动力。当具有一定压力的油通过阀52进入喷射泵后，经过喷嘴，形成射流，从而使泵内形成真空，就可抽吸由阀53来的货油，动力油和货油一起从出口通过阀54流出，经过流量计F1和阀60泵入左污油舱。清舱泵的用途主要是清扫左右污油舱之外的其他货油舱中的残油，使油集中到污油舱，由于货油集中到污油舱之后油位较高，因此便于用货油泵泵送到岸上的输油管。扫舱泵S. P为1台往复泵，通过阀50可以抽吸任何油舱中的残油，然后通过流量计F2和阀56泵送到甲板的扫舱管中，通过阀72或73排送到岸上的输油管中去，或经阀55和60将抽吸来的各舱残油送入左污油舱。当全部油舱中的货油卸空后，扫舱泵可以通过阀50、51、109、110、209、210、309等将甲板主管中的存油通过扫舱管送到岸上输油管中，这样可以保证最大限度地卸空货油。

由于离心泵没有自吸能力，为能使离心式主货油泵用于扫舱，在近代大型油船上，为了缩

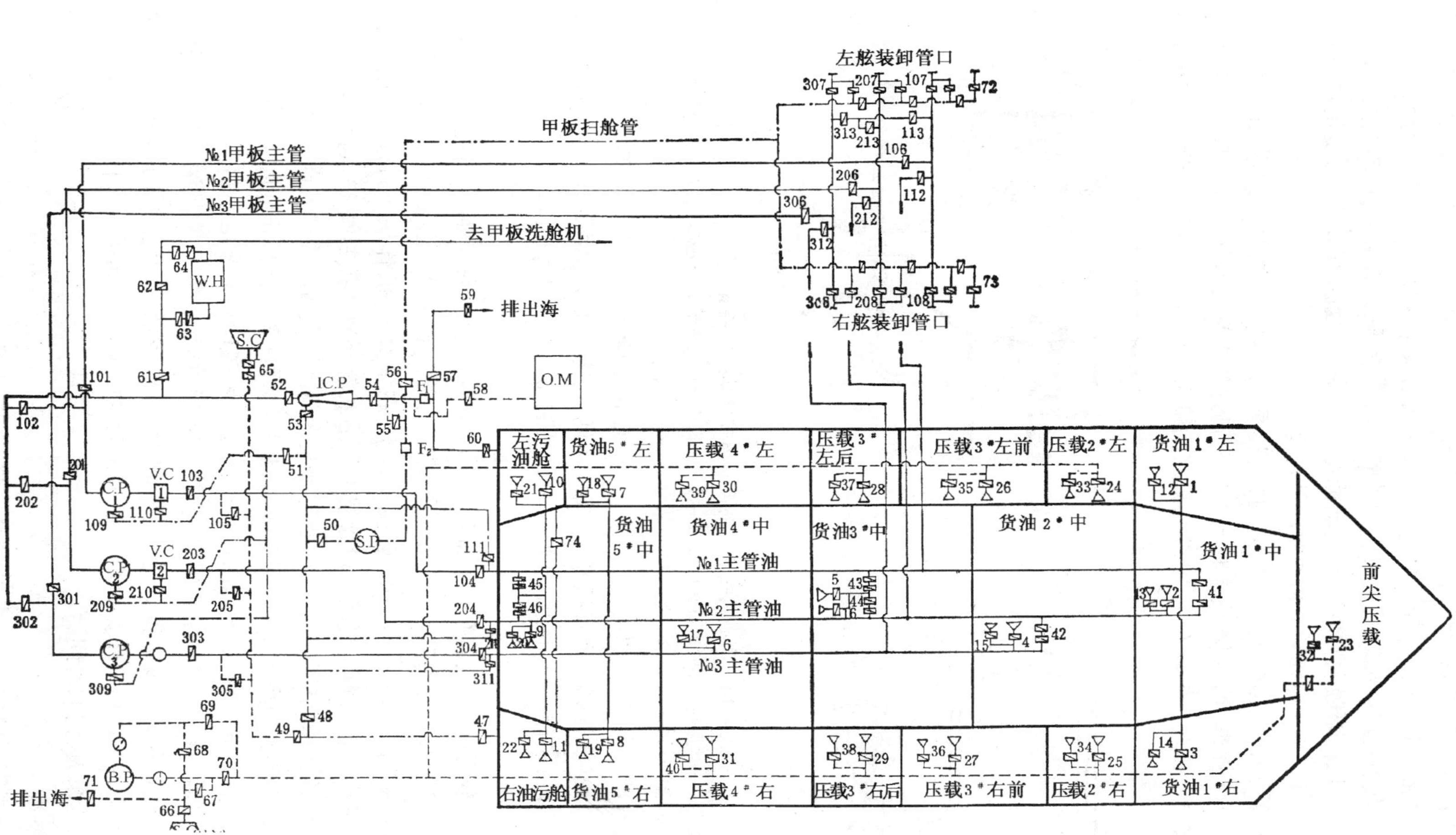

图 6-13　原油油船货油系统原理图

1～11—油舱装卸主阀；12～22—油舱装卸副阀；23～40—压载水舱压排主副阀；41～46—主油管旁通阀；47～60—扫线扫舱系统用阀；61～64—原油洗舱系统用阀；65～66—海水吸入阀；67～71—压载系统各阀；72～73—左右扫舱排出阀；74—左右污油舱连通阀；101～108—No.1 主油管用阀；109～111—No.1 油管扫线阀；112—No.1 甲板主管和立管连通阀；201～212—No.2 主油管与 No.1 相应的各种阀；301～312—No.3 主油管与 No.1 相应的各种阀；113，213，313—旁通阀；C.P—主货油泵；F1 和 F2—主副流量计；IC.P—清仓泵；O.M—压载水排油监控装置；S.P—扫仓泵；S.C—海水吸入口；V.C—真空吸入装置；W.H—洗舱加热器短扫舱时间,一般都尽量用货油泵卸油,直到无法抽吸时为止。由于货油泵的排量较大,所以当油舱中的剩油高度接近1 m时,空气就会吸入。这对离心泵来说是不允许的,而用直动式扫舱泵来卸油,因排量太小而使卸油时间过长。为了解决这一矛盾,可在离心式货油泵的吸入管上装设真空吸入装置,以便泵吸入空气时能自动地将空气排出。如果操作得当,货油舱中的油不用直动式扫舱泵即可全部扫出,于是卸油时间就可缩短。

图6-14为上述系统中采用的再循环式自动排气装置的示意图。在泵1的进、出口处分别装有吸入箱6和控制元件2。吸入箱6、控制元件2、再循环管3和装有排气止回阀5的排气管共同组成再循环式自动排气装置。泵1工作时,如果油舱中油位较高则无空气吸入,排出油液

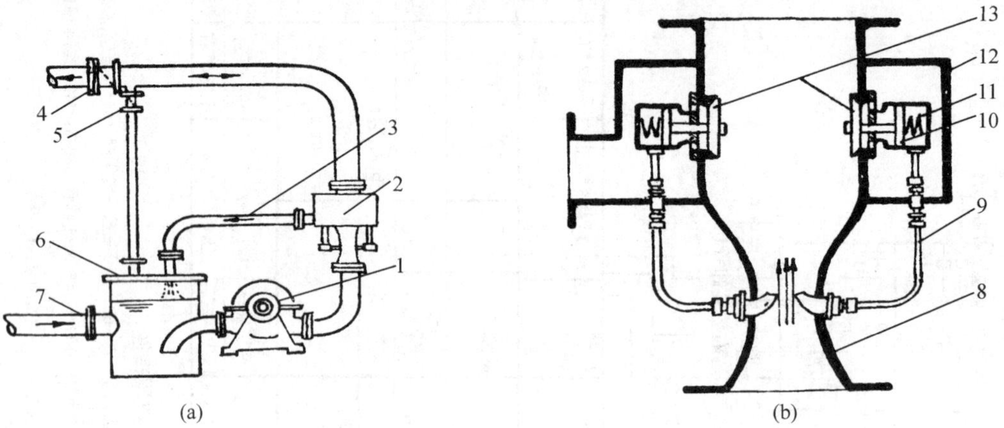

图6-14　离心式货油泵的再循环式自动排气装置

1—泵;2—控制元件;3—再循环管;4—出口止回阀;5—排气止回阀;6—吸入箱;7—进口管;8—文丘里管;9—传压管;10—控制活塞;11—弹簧;12—阀箱;13—控制阀

流经文丘里管8的喉部结构,流速增加,压力降低。因此传压管9传到控制活塞10弹簧腔的油压也就较低。油液流经喉部后,因管径渐扩,流速降低,压力又回升,并作用于控制阀13,克服弹簧11的张力而使其关闭。泵排出的油液由出口管直接排出而不能由再循环管3回流入吸入箱6。

当油舱中的油位较低时,空气就会伴随油液进入吸入箱6,箱中的液面相应降低。当液面低于泵的吸入口时,空气就会进入离心泵。于是泵的排出压力下降而无法顶开出口止回阀4,这时文丘里管的喉部和出口部位的压力相同,控制阀13在弹簧11的作用下打开。于是排出管中的控制元件2到出口止回阀4之间一段管路中的油液就会通过控制阀13、再循环管3回流到吸入箱6中,吸入箱中的空气就被驱赶,通过排气管和排气止回阀5进入排气管上端。显然,为了保证吸入箱中的空气能全部从排出管排出,从控制元件2到出口止回阀4之间管路中的油液量必须大于吸入箱6的容积,所以出口止回阀往往装在远离油泵的出口管路上。当吸入箱中的空气被赶出后,离心泵又恢复正常工况,控制阀13关闭,进行正常排油。当再次从货舱中吸入空气时,上述过程又重复进行。所以,当油舱中油位较低后,货油泵的排出油液会时断时续。根据经验,货油泵在扫舱作业时期排量为正常量的40%～50%。即使如此,它的总排量也比直动式扫舱泵大,扫舱时间短。

三、专用压载系统

MARPOL73/78规定:凡是载重吨为20 000 t及以上的新建原油油船和载重量为30 000 t

及以上的新成品油油船，均应设置专用压载舱（SBT）。专用压载舱的容量应能使该船在正常压载航行时，不依靠货油舱内额外加装压载水即可保证航行的安全。但在所有情况下专用压载舱的容量应至少使船舶的吃水和吃水差在航程的任何区域，不论处于何种压载情况，均符合下述各项要求：

（1）船中部吃水（不考虑船体变形）应为 $d_m = 2.0 + 0.02\,L$（L 为船长）。

（2）船首、尾垂线处的吃水应相当于上述的 d_m，向船尾倾斜的吃水差不得大于 $0.015\,L$。

（3）船尾垂线处的吃水应足以将螺旋桨全部浸没水中。

除了在货舱区域设置 SBT 外，还要求在油舱长度范围内的易损部位处合理地布置 SBT。这样在万一发生搁浅或碰撞时能提供防止油类外流的保护措施，称为专用压载舱保护位置（PL）。专用压载舱保护位置与专用压载舱是一个整体，即在设计中不但要考虑 SBT 的压载容积，还要考虑 PL 的保护位置。专用压载系统由专用压载泵和独立压载管路组成，该系统应与货油舱及燃油舱管系完全分隔。

四、排油监控系统

排油监控系统是用来监测、控制油船含油压载水或洗舱水排放入海的系统。73/78 防污公约附则规定：150 总吨及以上的油船应装设国家主管机关批准的排油监控系统。要求每当船舶排放含油压载水或洗舱水废液入海时，该系统即应开始工作。记录器应立即连续记录每海里排放油类的升数和排放总量，或者记录排出物的油分体积分数和排放率，以及记录相应的时间和日期。这些记录至少应在船保存三年，同时还要求在排放全过程中，只要发现排放超过公约的规定，就能立即自动停止排放。

1. 排油监控系统监控的主要指标

根据 MARPOL73/78 的要求，油船压载水中油的瞬时排放率不得大于 30 L/n mile，排出油的总量不得超过上一航次所装货油总量的 1/15 000（现有油船）或 1/30 000（新油船），即排油监控系统控制的主要指标是瞬时排放率及排油总量。当监测到的瞬时排放率或排油总量超过上述极限时，监控系统应立即停止含油压载水向舷外的排放。

对油船排出压载水中的含油量进行控制，必须测出含油压载水中的含油量、压载水每小时的排出量、船舶航速和累计时间，然后再由计算机算出瞬时排放率和排油总量。当超标时，监控计算机应能发出信号和警报。发出的信号能及时关闭含油压载水排出舷外的阀，同时打开排入污油舱的阀，使含油压载水回流到污油舱中。

2. 船舶排油监控系统

船舶排油监控系统主要由以下几部分组成：

（1）油分浓度计：测量排放水中的油分浓度。

（2）流量计：测量排放水的流量。

（3）取样系统：抽取排放水的样品，以供测量与分析。

（4）航速计和时钟：测量航速和累计时间。

（5）排放阀控制装置：控制排放阀和循环阀的自动开关。

（6）中心控制站。

五、原油洗舱系统

所谓原油洗舱就是利用所载货油中的一部分原油，在高压下通过洗舱机喷射到货舱内，借以把附着在货舱的垂直舱壁、垂直大型主要构件、水平梁以及沉积在舱底的原油油泥清洗掉，并依靠原油本身所具有的溶解作用,使油泥溶解在原油中,然后通过货油泵将这些油泥连同原油一起卸出的洗舱作业。原油洗舱方法在防止海洋油污染及营运经济性方面有以下优点:残余货油量减少,卸油效果提高;减小了海洋污染;缩短了进厂、进坞修理前的洗舱时间;减轻了对货油舱内表面的腐蚀。原油洗舱也有一些缺点:卸油时间延长,增大了卸油中的作业强度。由于原油洗舱的较多优点,MARPOL73/78 规定:凡载重量为 20 000 t 及以上的新原油油船必须装设原油洗舱系统。

1. 原油洗舱系统设备

实施原油洗舱的油船,必须配备下列设备:

(1)惰性气体系统(IGS):惰性气体系统的功用就是要使油舱气体中的含氧量控制在 8% 以下,方能开始洗舱作业。含氧量越低越好,许多油船的油舱含氧量在洗舱作业期间可低达 2% ~3%。

(2)固定式洗舱机:在原油洗舱作业中,为防止原油漏泄和保持舱内气体的密封,必须设置连接固定管路的固定式洗舱机,其设计须得到主管机关的认可。被安装的每台洗舱机应有这样的性能:由其清洗的货油舱能在《操作和设备手册》规定的时间里得到有效的清洗。每一货油舱都需安装洗舱机,每台洗舱机应能用安装于供给管路上的截止阀进行分隔,洗舱机的数量和位置应使主管机关满意。总的要求是:被从洗舱机喷射出的清洗油直接喷射(不包括飞溅和反射)冲洗到的垂直舱壁的面积不小于总垂直壁面的 85%,水平舱壁面积不小于总水平舱壁面的 90%。

(3)原油洗舱泵:可以是货油泵,或者是原油洗舱专用泵。泵的排量应满足在所需压力下(一般为 1.2 MPa)按《操作及设备手册》中规定的最高台数洗舱机同时工作所需的排量,同时还要供给扫舱用喷射器所需的驱动液。如果采用同一台货油泵作为卸油和洗舱用泵时,当岸上排出口处的背压低于原油洗舱所需的压力时,应采取有效措施保持有足够压力的洗舱油。如果洗舱油压力低于洗舱机正常工作的最低要求时,不能进行洗舱作业。

(4)扫舱系统:必须装有有效的扫舱系统,扫舱系统应保证被清洗的舱底在洗舱完成后,没有油和沉淀物积存。扫舱泵应使用有效的容积泵、自吸式离心泵、喷射器或其他经主管机关认可的设备。

(5)管路系统:原油洗舱管路和所有阀门,应由钢质或其他等效材料制成,具有足够的强度,以适应可能承受的压力。管路在船上安装之后,应以 1.5 倍的工作压力进行试验。原油洗舱系统应有固定的工作管路。洗舱供给管路中应有防止超压措施,为防止超压而装设的减压装置应能将泄放出的油排至供给泵的吸入端。原油洗舱系统的任何部分都不得进入机舱。如洗舱系统装有供水洗时使用的蒸汽加热器,则在原油洗舱时,加热器必须用两个截止阀或用易于辨别的盲板进行有效的隔离。

(6)油位测量装置和通信联络设备:在原油洗舱作业期间,为了提高洗舱效率和正确掌握舱内原油的残油量,必须设有油位测量装置。在进行原油洗舱作业时,货油控制室与有关的各部位之间应设有安全可靠的通信联络装置,以便能及时地调整卸油和原油洗舱作业。这些部位是甲板洗舱机安装处所、甲板洗舱供油总管处、甲板值班安全监视站和岸上储油罐等部位。这种通信联络装置应是经主管机关认可的防爆对讲机。

2. 原油洗舱清洗方式

洗舱方式不仅影响清洗效果,而且影响卸油时间和整个航运计划,每次洗舱时应根据装卸油计划、油舱脏污程度和原油性质来确定。原油洗舱方式有多段清洗、一段清洗两种方式。多段清洗是指在卸油的同时随着液位的下降分段清洗露出的舱壁，一般分两段或三段清洗。进行上部、中部清洗时，清洗油不能直接冲击到油面上，因此每段清洗的时间和清洗角度范围要根据卸油速度和洗舱机的转速来确定，分段交界处要有一定的重叠清洗。

图6-15是一种典型三段清洗程序。当货油卸到一定程度时，开始从110°清洗到60°；货油继续卸掉后，再从70°清洗到30°；货油全部卸掉后，最后从40°到0°进行底部清洗。多段清洗

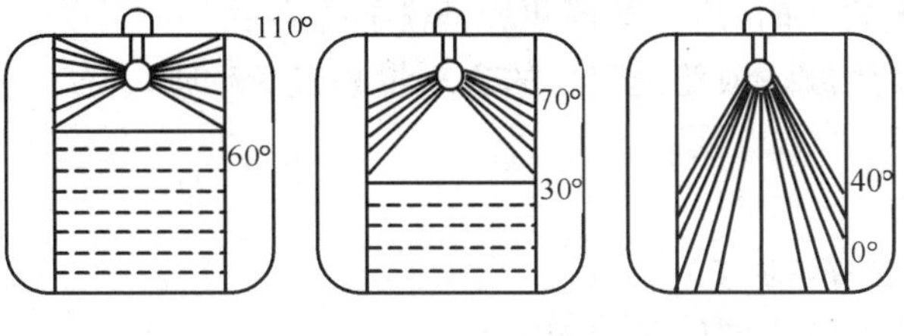

图6-15　三段清洗程序

效果好，特别是对高黏度的原油，不易发生冲洗油黏附在舱壁上的现象，还可缩短因原油洗舱延长的时间。但多段清洗操作复杂，工作量大。

一段清洗是指在货油卸出后从顶部到底部一次连续清洗完毕的清洗方式。一段清洗所用油是另外油舱正在卸的油，清洗用油不能含有水分，不能用不同品种的油，因此货油至少卸掉1 m以上才能作为洗舱油，同一航次装载几种原油时要特别注意不能混油。一段清洗同时使用的洗舱机台数总喷油量要小于洗舱泵的排量，清洗到底部应重复清洗2~3次。一段清洗操作容易，但会延长卸油时间。对高黏度的原油，有时会影响清洗效果。

对于舱内某些角落堆积的沉渣层，可以采用局部定点清洗。将洗舱机的角度对准某一点或一定范围进行反复冲洗。定点冲洗的时间不能太长，防止损坏舱内构件的薄弱环节。

3. 原油洗舱作业安全事项

原油洗舱的具体方法与步骤应根据不同的油船条件、卸油港的条件和装载原油的种类来决定。一般应遵照下述基本原则。

1）进行原油洗舱之前应做好以下工作：

①制定合理的卸油和洗舱计划。应使停港时间最短，保证在卸油和洗舱时的安全，保证艏艉必要的吃水差和船体所受到的变形、应力在允许范围之内，特别是装载两种以上不同的油种时，决不能让两种货油相混。

②作好与港方的联系工作，取得港方的允许。

③检查惰性气体系统，确保其正常工作，各货油舱内的含氧量应低于5%，同时要检查舱内的压力是否正常。

④检查原油洗舱系统，特别要进行原油洗舱管路的试压和检漏，确认一切正常。

⑤检查各种仪表、安全保护装置和各种通信联络设备是否正常。

⑥安排好人员的分工，明确每个人的职责。

⑦在船舶舷梯口及船员活动的主要地方挂出“正在进行原油洗舱”的告示牌。

2）在原油洗舱进行过程中：

①在船舶甲板负责人的统一指挥下由专人操作，按计划进行。

②从任一货油舱中引出的洗舱油必须与被洗舱的货油品种相同（在必要时，取得货主的

同意后也可采用不同品种的原油)。在用任一货舱的货油作为洗舱油时,必须在该舱油位卸出1 ~2 m以后方可引出供给原油洗舱之用。

③检查原油洗舱机的工作情况,洗舱油的压力和温度以及喷嘴工作角度。

④检查惰性气体系统,甲板主管路的压力和含氧量是否正常。

⑤检查各油舱的油位、船舶的吃水是否符合计划。

⑥做好各种参数和作业程序的记录。

3)当发生以下情况之一时,应立即停止原油洗舱作业:

①惰性气体系统发生故障或舱内气体的含氧量超过8%时。

②舱内出现负压时。

③停止卸油作业时。

④洗舱系统管路发生漏泄时。

⑤甲板作业人员或船港之间的通信失常时。

⑥港方认为必须停止时。

⑦船长认为必须停止时。

4)原油洗舱结束后的工作:

①将全部洗舱系统中的洗舱油清扫放净,检查油舱中的残油是否全部清扫出舱。

②关闭全部洗舱管路和洗舱机进口阀门,并将全部洗舱机喷嘴位置置于0°。

③报告港方。

六、惰性气体系统

1. 惰性气体系统类型

惰性气体系统的任务是向货油舱内充注惰性气体,以使其中的氧气浓度低于爆炸极限,从而防止火灾及爆炸事故,保证油船的安全。惰性气体系统以其具有明显的可靠性和经济性,得到了广泛的应用。油船设置惰性气体保护系统的要求也被列入国际公约。

所谓惰性气体就是不活泼的气体,也可以说是具有不与氧化合的化学稳定性气体。真正的惰性气体是指氦、氖、氩等5种稀有气体。但一般也包括在常温、常压下难以与氧化合的氮、二氧化碳以及含氧体积分数很低的空气。惰性气体的来源主要有:一种是利用锅炉排气经处理后得到惰性气体,称为烟道气式惰性气体系统;另一种是用专门的惰性气体发生器,通过燃料的燃烧获得惰性气体,称为发生器式惰性气体系统。

(1)烟道气式惰性气体系统

烟道气式惰性气体系统的组成和标准工作流程如图6-16所示。锅炉的排气通过烟气抽气阀送入洗涤塔,进行冷却、脱硫、除尘,再经过除湿器去除气体中的水滴。干燥清洁的惰性气体由风机抽吸,经甲板水封装置送入货油舱。系统运行时,氧气分析仪连续检测惰性气体含氧量。为保证安全,系统中装有安全联锁装置、测试仪表和报警装置。烟道气式惰性气体系统供气量大,含氧量一般在4%以下。不需额外燃烧燃料,成本低、经济性好。但由于锅炉燃烧低质燃料,惰气中含有较多的二氧化硫和烟尘杂质,而且含氧量受锅炉负荷变化影响较大,在低负荷时由于锅炉过量空气较多,使烟气中的含氧量增加,超过规定值。因此,为降低含氧量,不得不增加锅炉负荷,多消耗燃料,并要采取措施处理多余蒸汽。

(2)发生器式惰性气体系统

发生器式惰性气体系统组成如图6-17所示。由燃油泵供给的燃料和由风机供给的空气

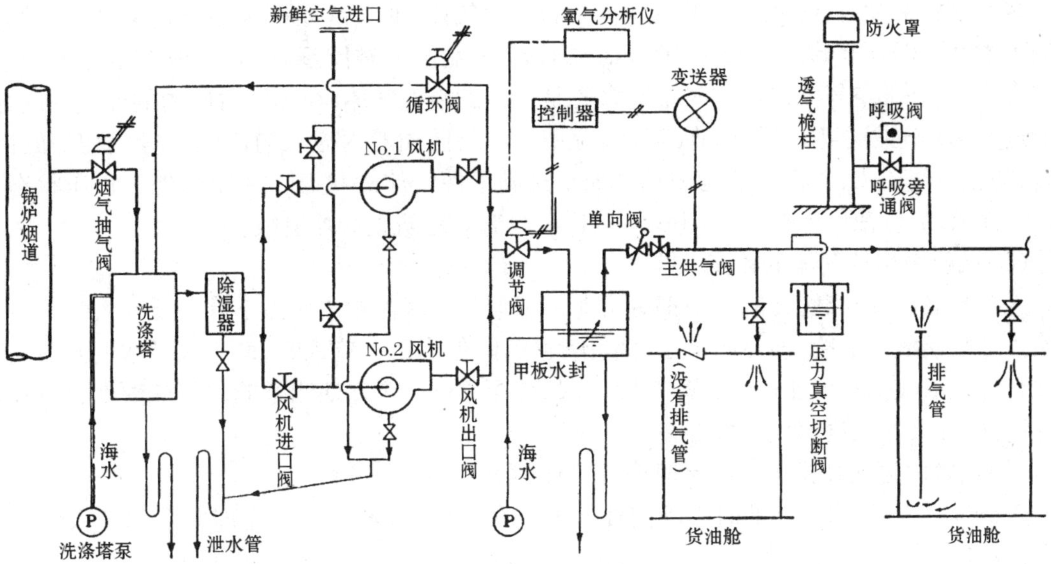

图 6-16 烟道气式惰性气体系统

在燃烧室内混合燃烧，产生的燃气经洗涤塔冷却、除硫、去尘和除湿，再经甲板水封装置送入各货油舱。

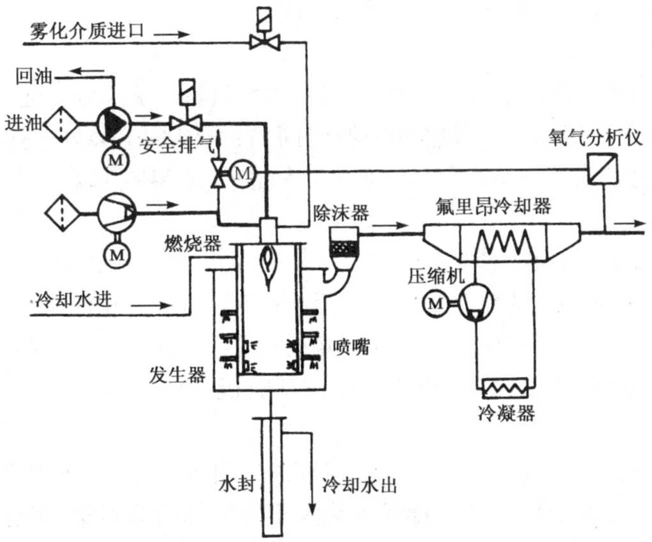

图 6-17 发生器式惰性气体系统简图

这种系统所产生的惰性气体含氧量低，最低可达 0.1%，二氧化硫少，烟尘少。但是需要额外消耗燃料，需要设置专用燃烧室、燃油泵等设备，因此，主要用于对惰性气体质量要求较高的运输液化石油气或天燃油气的船舶、没有大容量锅炉装置的成品油船以及一些石油矿石兼用船。

2. 船舶惰性气体系统的使用管理

1）油船作业过程中惰性气体系统的使用

（1）卸油时惰性气体的充注

装满油的货油舱上部空间，无论是否充满惰性气体，油气浓度都是处于过浓区域，没有爆炸的可能性。但在开始卸油以后，随着油位下降，油舱上部空间逐渐增大，舱内压力下降造成一定真空，则外部空气流入。这时不论事先是否充满惰性气体，在卸油时舱内的油气浓度都有可能进入爆炸范围之内。因此，在卸油过程中应不断向油舱内充入与卸油量容积相等的惰性气体，防止空气流入，并保证油舱内总是处于充满惰性气体的状态。油舱内处于正压状态，防止空气流入，氧气浓度保持在8%以下，这样可以有效地防止爆炸事故。

(2)航行中惰性气体的补充

无论是满载或空载，在航行中都有可能由于某些原因使舱内压力下降到低于大气压力，空气通过呼吸阀流入油舱，即使原来已充满惰性气体，但当空气流入时，由于氧气浓度升高，舱内的混合油气浓度仍有可能进入爆炸范围。因此，在航行中应定期测量舱内氧气浓度，根据需要补充惰性气体，保证舱内氧气浓度在8%以下。

(3)油舱内压入和排出压载水时惰性气体的充注

压载水压入时，由于卸油时不断向油舱内充入惰性气体，卸油后立即向舱内压入压载水。此时，只有气体向外流出，空气不会流入油舱，舱内气体状态不会进入爆炸范围内，故不需充入惰性气体。

压载水排出时，开始排放压载水时如不向舱内充注惰性气体，而使空气流入舱内，则舱内气体状态就可能进入爆炸范围之内。但如在排放压载水时，也不断向舱内充注氧气含量低于8%的惰性气体，舱内气体状态就不会进入爆炸范围。

(4)装油前惰性气体的充注

开始装油时，舱内氧气浓度若在11.5%以上，随着货油不断装入，油气浓度开始增加，最终将达到爆炸极限以上。然而在装油初期一段时间内，气体状态会处于爆炸范围内。为防止爆炸现象发生，装油前必须充注惰性气体，使氧气浓度在“临界点”以下，气体状态不会进入爆炸范围。

(5)清洗油舱时惰性气体的充注

许多油船爆炸事故发生在洗舱时，这是由于洗舱喷射高速流动的水或油，可能将舱内构件冲击下落，碰撞产生火花，或者喷射油流产生静电，从而引起燃烧爆炸事故。因此开始洗舱前，必须测定舱内的氧气浓度，确认在8%以下。根据洗舱机的形式不同，按下述两种方法充入惰性气体。

使用固定式洗舱机多段原油洗舱时，必须按卸油的要求，不断向舱内充入惰性气体。一段原油洗舱或用水洗舱时，由于扫舱泵的排量可能大于洗舱机的喷射量，将舱内的一部分气体吸走，产生负压，空气流入舱内使氧气浓度升高，气体状态可能进入爆炸范围。另外洗舱时产生静电的危险性很大，因此洗舱过程中要连续向舱内充注惰性气体，保持氧气浓度在8%以下。

使用移动式洗舱机洗舱，由于洗舱时货舱口是敞开的，与使用固定式洗舱装置相比，外部空气有较多流入。所以在洗舱过程中，必须连续输入惰性气体保持舱内的正压状态，必要时定期测定氧气浓度并进行惰性气体补给，使氧气浓度维持在8%以下。为了尽可能避免逸出的大量油气在甲板上与空气相混合，形成可燃气体，风机工作时速度不宜太快，控制在仅能不使外界空气侵入的程度，以求整个洗舱过程中，货油舱内外都尽可能不形成可燃气体。为了尽量减少经洗舱口外漏的气体量，可用沙袋等将洗舱口缝隙遮住。这种情况下，舱内的压力比较难以控制，应经常注视压力表，按需要调节惰性气体系统的运转(一台风机)，以使舱内能够经常保持在 2 kPa 以上的工作压力。总之,无论如何也应保证舱内压力不致降到负压。

(6)除气作业时惰性气体的充注

油船进厂修理或人员进入舱内检查前,必须除气,使氧气浓度达到 19% 以上,可燃气浓度在 0.05% 以下。但如舱内可燃气浓度在 5% 以上时,用新鲜空气除气,气体的状态变化会进入爆炸范围。因此,应首先用惰性气体置换油舱内的石油气(驱气),当油气浓度降到 4% 以下时,再用新鲜空气置换(除气),这时气体状态不会进入爆炸范围内。

2)惰性气体系统操作管理

惰性气体装置在船舶不同的航运状况下,使用的情况是不一样的,不同类型系统的惰性气体装置,操作使用的程度和方法也不完全相同,所以具体的操作方法应根据各种装置的使用说明书进行操作。

下列各项是必须共同注意的:

①装置起动运转以前,必须做好各项准备工作,检查各机械设备是否处于良好状态,确认各类阀开关位置是否正确。特别应保证洗涤塔、甲板水封、压力真空安全装置、呼吸阀、鼓风机、氧气分析仪等主要设备处于正常状态。

②起动顺序应是先起动洗涤塔冷却水泵向洗涤塔供水,再打开烟道阀,然后起动风机,打开循环阀或排气阀使气体循环或排至大气,待含氧量达到要求后,才允许打开主供气阀向油舱内供气。

③在运转过程中,定期检查各主要参数,特别是冷却水流量和洗涤塔水封水位、惰性气体温度、含氧量。洗舱、排压载水或航行中补气,可能因锅炉负荷过低、过量空气系数较大、烟气中含氧量过大,使得惰性气体中的氧气浓度不符合要求,这时应多起动几台压载水泵循环海水,或者以其他形式消耗蒸汽,增加锅炉负荷,降低惰性气体中的氧气。卸油作业时充注惰性气体,如果系统发生故障必须停止工作时,应同时停止货油泵运转,暂停卸油作业。

④船舶航行时应根据舱内压力和氧气含量的变化,定期或不定期向舱内补充惰性气体,保持舱内压力为正压。补充时应首先起动锅炉,并注意锅炉负荷和燃烧质量,保证惰性气体中的氧气浓度符合要求。

⑤用惰性气体系统风机驱气时,必须关闭烟气抽气阀和风机的惰性气体吸入阀,打开风机的新鲜空气吸入阀,运转中要依照氧气分析仪来判断是否有烟气吸入。

⑥装置停止运转顺序:应先关控制阀,停止风机运转后关闭烟气抽气阀,洗涤塔冷却到一定程度后再停冷却水泵,并确认甲板水封水位。关闭主截止阀,检查压力/真空安全装置液位是否处于正常状态。

⑦装置停止运转后,应注意检查烟气抽气阀是否泄漏,定期检查洗涤塔、风机是否污损,并及时进行清洗。

3)惰性气体系统使用中应注意的问题

货油舱使用惰性气体保护后,舱内缺氧和残留石油气等,对人体有害。人员在入舱前应进行良好的通风和洗舱,并且还要经过测试表明舱内的空气有足够的氧气且油气的浓度已经降到无毒的程度。如果锅炉燃烧不良,还需要测试一氧化碳浓度,在达到一定的安全标准后,才允许人员进入油舱。如果氧气浓度小于 16%,人就会感到呼吸困难,低于 6% 就会失去知觉,4% 以下 40 s 内就会晕倒。惰性气体中氧气浓度一般在 5% 以下,人呼吸了惰性气体就会发生缺氧反应,因此工作人员应尽量避免吸入过多的惰性气体。在甲板上需要到接近惰性气体喷出的地方进行作业时，要从上风侧接近，并离开喷出口 50 cm 以上的距离；站立姿势也应是使身体横向受风，这样不易吸入惰性气体。此外，人员进舱前应严格检查惰性气体系统，以确保在舱内有人工作时，惰性气体不会意外地被放进油舱。

惰性气体与石油气体混合，从油舱中逸出后，会变成可燃气体。所以在必须向外排气时，应尽可能保持舱内惰性气体有一定的压力，使逸出的混合气体呈柱状喷出，在高空消散，以免弥漫在甲板上，造成火灾。货油舱有惰性气体保护可使该船因缺氧而不着火，但在某种情况下，如果因操作不当、碰撞、搁浅、触礁、邻船爆炸等原因，而使该舱壁破裂，进入大量新鲜空气后仍会使惰性化的舱室发生火灾。因此，需要强调的是，油船应始终做好防火工作，千万不要因有了惰性气体装置而放松警惕。

第五节　船舶海水淡化装置

一、概述

淡水是指含盐量低于 1 000 mg/L 的水。船舶每天都要消耗相当数量的淡水，以满足船上人员和动力装置的需要。远洋船舶为增加载货吨位，不宜携带过多淡水，一般船上都设有海水淡化装置（俗称造水机），以减少向港口购买淡水的费用，并增加船舶的续航能力。

船上淡水主要用于柴油机和其他辅机的冷却、锅炉补给水、生活洗涤、甲板冲洗和饮用。机器冷却淡水只要是清洁淡水即可。洗涤用水一般要求氯离子浓度小于 200 mg/L、硬度小于 7 毫克当量/升。饮用水必须不含有害健康的杂质、病菌和异味，含盐量低于 500 ~ 1 000 mg/L，氯离子浓度小于 250 ~ 500 mg/L，pH 为 6.5 ~ 8.5。造水机生产的淡水所含矿物质太少，也不能杀灭病菌，所以实际船上的饮用水一般在港口补充供应，其他用途的淡水由海水淡化得到。船舶对淡水水质要求最高的是锅炉补给水，因此，一般船用海水淡化装置对所造淡水含盐量的要求都以锅炉补给水标准为依据。我国船用锅炉给水标准规定补给蒸馏水的含盐量应小于 10 mg/L。

船舶对淡水的需要量是：生活用水每人 150 ~ 250 L/d。动力装置用水以主机功率计，柴油机船每千瓦需 0.2 ~ 0.3 L/d，汽轮机船每千瓦需 0.5 ~ 1.4 L/d。至于辅锅炉的补水量可按蒸发量的 1% ~ 5% 计；中、高压锅炉按蒸发量的 1% ~ 3% 计。一般主机功率为 7 500 kW 左右的柴油机货船，造水机的容量大多不超过 20 ~ 25 m^3/d。对于船舶机舱设备采用中央淡水冷却系统、船舶厕所采用淡水冲洗的货船，淡水消耗可能比较大，要求造水机的容量大一些。

二、海水淡化的方法

船舶航行于海洋上，海水资源取之不尽，但海水是一种含有 80 多种盐类的水溶液，其中含盐量超过 1 mg/L 的有 11 种。海水含盐量与所在海区的地质、降雨量、入海河流流量和海水的蒸发量等有关，各海域海水含盐量不尽相同，但各种主要盐类所占比例基本相同。海水淡化的目的就是大幅度降低海水的含盐量。目前，海水淡化的主要方法有蒸馏法、电渗析法、反渗透法和冷冻法。

船用海水淡化大多采用蒸馏法，这一方法是根据盐分几乎不溶于低压蒸汽这一原理，使海水蒸发汽化，然后再将所产生的蒸汽冷凝，将盐分分离出去，得到几乎不含盐分的蒸馏水。蒸馏法又可分为真空沸腾式和真空闪发式两种。前者海水加热和蒸发都是在蒸发器内进行的；后者海水加热和蒸发在不同的地方进行，海水在加热器内被加热，再经喷雾器喷洒到蒸发器内，部分海水迅速汽化，产生蒸汽。真空闪发式海水淡化装置在船上已很少应用，本节只介绍真空沸腾式海水淡化装置。

三、船用真空沸腾式海水淡化装置的工作原理

现今的船用真空沸腾式海水淡化装置中，海水的蒸发和水蒸气的冷凝都是在高真空度下进行的。真空度高则水的沸点比较低，便于利用船舶柴油机的缸套冷却水余热，例如当真空度为 90% 时，对应的海水蒸发温度为 45℃，因此可以利用温度为 80℃ 左右的柴油机缸套冷却水作为海水淡化的加热工质，从而提高了船舶动力装置的经济性。另外，采用比较低的加热温度和蒸发温度可以使蒸发器换热面上的结垢减少并且便于清除。下面以曾经在船上广泛使用的壳管式换热器真空沸腾式海水淡化装置为例，说明海水淡化装置的工作原理。

真空沸腾式海水淡化装置的主要部分是蒸馏器，它主要由两个换热器即蒸发器和冷凝器组成。图 6-18 所示为采用壳管式换热器真空沸腾式海水淡化装置原理图。蒸馏器 1 下部为竖管式蒸发器，上部为横管式冷凝器。造水机海水泵 2 所排海水的一部分经给水调节阀 3 进

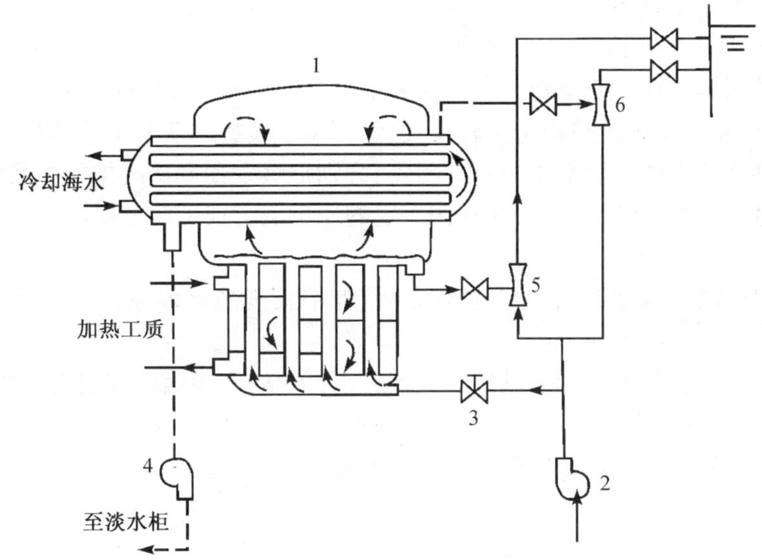

图 6-18　真空沸腾式海水淡化装置原理图

1—蒸馏器；2—造水机海水泵；3—给水调节阀；4—凝水泵；5—排盐泵；6—真空泵

入蒸发器的竖管内，自下向上流过。加热介质（主机缸套冷却水）从竖管外横向往复多次流过，对海水进行加热。被加热的海水达到沸点后开始汽化，产生的蒸汽（称为二次蒸汽，以区别于某些装置加热用的蒸汽）逸出后，绕过横置在蒸发器上方的汽水分离器，从冷凝器壳体上部的开口进入冷凝器。冷却海水在冷凝器管内流过，将管外的蒸汽冷凝成为淡水，集聚在冷凝器底部，由凝水泵 4 抽送至淡水柜。在蒸发器内，海水汽化后剩下的盐水由排盐泵 5 不断排出舷外。当工况稳定时，给水量 W_0 等于产水量 W 和排盐量 W_B 之和，蒸发器内的水位保持不变。给水量 W_0 与产水量 W 之比称为给水倍率，用 μ 表示。

蒸馏器中海水的蒸发和二次蒸汽的冷凝都是在真空状态下进行的。真空的建立和维持需要真空泵。真空泵 6 和排盐泵 5 大都采用水喷射泵，其工作水是由造水机海水泵 2 提供的。

现在采用板式换热器的真空沸腾式海水淡化装置由于传热系数高，结构更紧凑，清洁也方便，已经逐渐取代了上述的采用壳管式换热器的海水淡化装置。

四、装置的保养

真空沸腾式海水淡化装置的保养工作主要有：

(1)为保证装置维持足够高的真空度，应适时地清洗冷凝器换热板，避免冷凝器的换热能力下降，同时注意检查和保持装置的气密性。

(2)当装置工作条件正常，只因使用过久而使淡水产量减少时，应及时对蒸发器进行除垢，有的装置对给水进行连续投药处理，不仅可以预防结垢，还有提高淡水质量的效果。

(3)当所产淡水含盐量过高而又非操作方面的原因时，应检查和消除冷凝器漏泄。

(4)应定期维护装置所用水泵和盐度检测报警设备的工作状况，盐度传感器应定期清洗除垢。

(5)定期对蒸馏器中的防腐锌板进行检查，耗蚀过半应予以换新。

具体的保养工作包括：

(1)为了减少加热表面结垢，同时延长装置内部化学清洗周期，一般造水机正常工作时，应向造水机内部投药处理。

(2)换热器(蒸发器和冷凝器)的保养：

对换热器的保养工作主要是清洁。当装置工作一段时间后，真空度和淡水产量均有一定程度的下降，说明换热器的换热板结垢较多，已经影响了装置的正常工作，需要清洁。

板式换热器清洁工作比较简单。打开前盖，分别把蒸发器和冷凝器的换热板拆下，放到足够大的容器内，用专用的化学药剂与淡水按一定的比例混合成的溶液浸泡，然后用清水冲洗干净即可。

造水机造出的淡水为蒸馏水，不含任何杂质，如果发现淡水浑浊，应立即彻底清洗淡水舱和日用水柜。

造水机在特殊情况下可以用蒸汽加热进行造水，但是，在抛锚期间用锅炉产生的蒸汽造水会消耗大量的燃油，其成本非常高。由于蒸汽加热管路长时间不用，一旦使用可能会产生大量漏气等故障；另外锚地的水较脏，所以尽量不要使用蒸汽造水。

第七章　船舶电气概述

第一节　船舶电力系统

一、船舶电力系统的组成及特点

1. 船舶电力系统的组成

船舶电力系统是由电源装置、配电装置、电力网和负载组成并按照一定方式连接的整体，是船上电能产生、传输、分配和消耗等全部装置和网络的总称。其结构简图如图 7-1 所示，其组成内容如下：

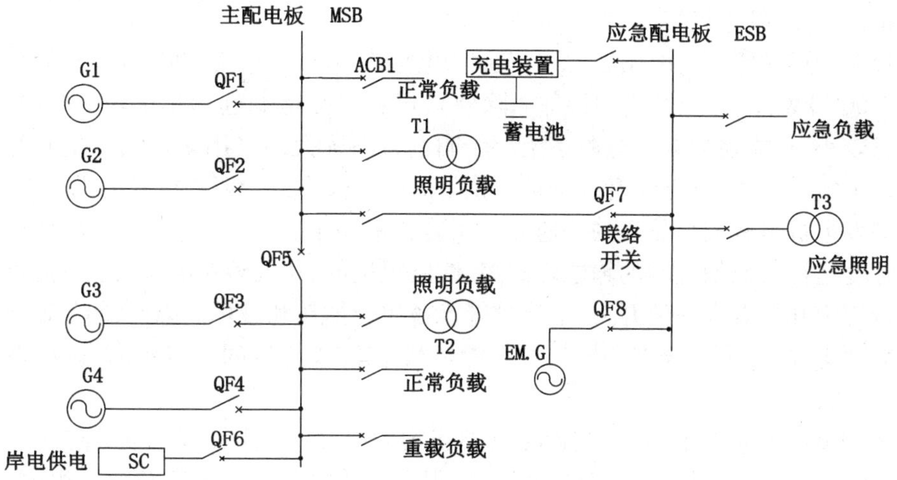

图 7-1　船舶电力系统简图

MSB—主配电板；G1 ~ G4—主发电机；T1 ~ T2—变压器；SC—岸电箱；ESB—应急配电板；EM. G—应急发电机；T3—应急照明变压器；QF1 ~ QF8—自动空气开关

(1)电源装置

将机械能、化学能等能源转变为电能的装置。发电机是由原动机带动的，原动机的类型可分为蒸汽机、柴油机、汽轮机和燃气轮机等。由于柴油机热效率较高、起动快、机动性好，因此在民用船舶上主发电机和应急发电机的原动机多采用柴油机。为了节能，有的船舶配有主机轴带发电机，有的大型集装箱船舶还专门配备冷藏箱用的发电机组。

(2)配电装置

对电源和用电设备进行保护、监测、分配、转换、控制的装置，内置各种电力开关、互感器、测量仪表、连接母线、保护电器、按钮、控制和转换开关、自动化设备及各种附属设施等。根据供电范围和对象的不同，配电装置可分为主(总)配电板、应急配电板、分配电板(箱)、充放电板和岸电箱等，其中(总)配电板包括主发电机板、并车控制板、负载分配板、照明配电板等。

(3)电力网

是全船电缆电线的总称,也是电能的生产者(各种电源)和电能的消耗者(各类用电设备)的中间传递环节。船舶电力网根据其所连接的负载性质和类别可以分为动力电网、照明电网、应急电网、低压电网和弱电电网等。

(4)负载

船舶负载有甲板机械、船舶舵机、动力装置用辅机(为主机和主锅炉等服务的辅机,如主机滑油泵、海水冷却泵、淡水冷却泵和鼓风机等)、舱室辅机(生活水泵、消防泵、舱底泵以及为辅锅炉服务的辅机等)、电力推进设备(主电力推进装置、艏艉侧推装置等)、机修机械(车床、钻床、电焊机等)、冷藏通风(冷藏集装箱、空调装置、伙食冷库和通风机等)、照明设备、船舶通信导航设备(无线电通信设备、导航和船内通信设备)等。

2. 船舶电力系统的特点

根据船用负载的特点,船舶电力系统的电站容量、连接方式、电压等级、配电装置等与陆上电力系统有着很大的差别。从驱动发电机的原动机形式分类,船舶发电机组有柴油发电机组、蒸汽发电机组、汽轮发电机组、轴带发电机组等。

一般较大的远洋船舶主电站通常装三台发电机组,单机容量为400 ~ 1 000 kW,装机总功率不超过5 000 kW(电力推进船和特种船除外),可见船舶电源远远小于陆地电源。因此,船舶电源容量较小,只能视为有限电源系统。船舶电力系统大多采用多台同容量同类型的发电机组联合供配电的方式,以方便管理维护。正常航行时仅有1台或2台发电机向电网供电,但是要求船舶发电机组有较高品质的调速和调压装置来满足负载变化,在突发局部故障时也能保障船舶安全运行。船舶电网的输电距离短、线路阻抗低、各处短路电流大。短路电流所产生的电磁机械应力和热效应易使开关、汇流排等设备遭受损伤和破坏。因此,船舶输电电缆采用沿舱壁或舱顶走线,电缆的分支和转接均在配电板(箱)或专设的分线盒内完成,不允许外部有连接点。

因为船舶电站容量较小,而某些设备的单机容量却很大,其负载容量可与发电机容量相比,所以当这些负载启动时,对船舶电网将造成很大的冲击(电压、频率跌落均很大),此外,局部故障或误操作都容易导致全船断电,威胁船舶安全。因此,对于船舶电力系统的稳定性和可靠性要求较高,如船用发电机调压器的动态特性指标比陆地发电机的要高,还要有强行励磁能力,发电机要有较强的过载能力等。另外,由于船舶工况变动频繁,对自动控制装置的性能也提出了较高的要求。

船舶电气设备工作条件比陆地恶劣,环境对电气设备的性能和工作寿命有严重影响。当环境温度高时,会造成电机出力不足,绝缘加速老化;相对湿度高则会使电气设备绝缘受潮、膨胀、分层及变形等,导致绝缘性能降低,使金属部件加速腐蚀;空气中的盐雾、油雾、霉菌的生长及灰尘粘结都可能使电气设备绝缘下降,影响其工作性能;船舶运营中常常受到严重的冲击而产生振动、倾斜和摇摆,会造成电气设备损坏、接触不良或误动作。因此,船用电气设备必须满足“船用条件”的要求。

二、船舶电力系统的基本参数

船舶电力系统的基本参数是指电流种类(电制)、额定电压、额定频率的等级和线制。

1. 电流种类(电制)

早期船舶采用直流电制,主要基于直流发电机调压容易、直流配电装置简洁、直流电动机调速平滑等优点。但直流电制在可靠性、经济性、可维修性方面的缺陷甚多，而电力电子技术的发展突破了交流电力系统的调压、调频、并联运行等一系列难点，使交流电制占据了主要地位。除了采用直流电力系统或交直流混合电力系统的特殊工程船舶外，几乎所有大中型船舶均采用交流电力系统。

2. 额定电压等级

船舶电力系统额定电压等级的选用直接关系到电力系统中所有电气设备的重量和尺寸，提高电压利于减少导线中的电流、提高设备功率、减小舱容，利于提高经济性，随之对电气设备的绝缘和安全方面的要求也更高。世界各国对电压等级的选用与本国陆上电制参数一致，使船舶电气设备具有通用性。例如美国和日本采用 450 V、60 Hz 的电制，而我国和俄罗斯等均采用 400 V、50 Hz 的电制。随着船舶发展大型化，目前采用电力推进的商船、滚装船和一些工程船舶电站的容量都比较大（高达几万千瓦），出现了 6 kV、3.3 kV 以上中压等级的船舶电站。

我国用电设备的额定电压有 24 V、110 V、220 V、380 V、1 kV、3 kV、6 kV、10 kV 等。根据电源电压的额定值比同级电力系统用电设备的额定电压高 5% 左右的原则，发电机的额定电压为 115 V、230 V、400 V、1.05 kV、3.15 kV、6.3 kV、10.5 kV 等。我国《钢质海船入级规范》规定：非电力推进船舶的限制电压为 500 V；动力负载、具有固定敷设电缆的电热装置等的额定电压为 380 V；照明、生活居室的电热器限制电压为 250 V，额定电压为 220 V。

3. 额定频率

交流船舶电力系统的额定频率一般沿用各国陆地上的频率标准，我国采用 50 Hz，西欧、美国采用 60 Hz，这里不包括弱电设备所需的特殊频率以及海上平台等特殊设备的电源频率。

4. 线制

我国船级社的《钢质海船入级规范》和《钢质内河船舶入级规范》规定船舶配电系统可采用的线制有直流、交流单相、交流三相。从应用角度看，对于电力系统有较高安全可靠性要求的船舶，应采用中性点对地绝缘线制，即如果是直流或交流单相，均采用双线绝缘系统，如果是交流三相，则采用三相三线制绝缘系统。为监视绝缘的好坏，一般还配有在线监视的三相动力绝缘表和单相绝缘表。

三、配电装置

配电装置是接收和分配电能，并对电网实现保护的设备。有些配电装置（例如主配电板、应急配电板和蓄电池充放电板等）还具有对电源装置、用电设备进行测量、保护和控制的功能。船用配电装置种类很多，如面向主发电机的控制和监测的主配电板；面向应急发电机控制和监测的应急配电板；面向蓄电池组控制和监测的蓄电池充放电板。此外还有区域分配电板、岸电箱和交流配电板等。

1. 主配电板的构成及功能

船舶主配电板是船舶电力系统的中枢，担负着对主发电机和用电设备的控制、保护、监测和配电等多种功能。一般由发电机控制板、并车板、负载板和连汇流排四部分组成。

（1）发电机控制板

包含有发电机主开关及操纵器件、指示灯和仪表、发电机励磁控制和保护环节等。每台发电机组均配有单独的控制板，用于控制、调节、保护、监测发电机。控制面板大体分上、中、下三部分，上部装有电压表、电流表及转换开关、频率表、功率表、功率因数表以及原动机的调速开关和按钮等；中部安装有发电机主开关；下部一般安装有发电机励磁控制装置，控制板内还装有逆功率继电器和仪用互感器等。

(2)并车板

包含有同步表、同步指示灯、投切顺序选择和转换开关、操纵按钮及状态显示指示灯等。有的还设有汇流排分段隔离开关、粗同步并车电抗器、自动并车装置等,并车板用于交流发电机组的并联运行、解列等操作。

(3)负载板

包括动力负载屏和照明负载板,通常安装有装置式自动空气开关、电压表、电流表及转换开关、绝缘指示灯、兆欧表以及与岸电箱相连的岸电开关。它们是用于分配电能并完成对各馈电线路进行控制、监视和保护等。各用电设备或分电箱的电能通过装置空气开关供给。有些动力负载板上还装有重要泵的组合起动装置。

(4)汇流排

配电板上主汇流排及连接部件是铜质的,连接处做了防腐或防氧化处理。汇流排能承受短路时的机械冲击力,其最大允许温升为45℃。

交流汇流排按从上到下(垂直排列)、从左到右、从前到后(水平布置)的顺序依次为A相、B相、C相。汇流排的颜色依次为绿色、黄色、褐色或紫色,中线为浅蓝色(若有接地线则接地线为黄绿相间颜色)。直流汇流排按从上到下(垂直排列)、从左到右、从前到后(水平布置)的顺序依次为正极、中线、负极。其正极颜色为红色,负极为蓝色,中线为绿色和黄色相间色。

2. 分配电板

分配电板是由过载保护电器组成的集合体,对额定电流不超过16A的电气设备进行供电的开关板,也称为分电箱,主要有动力分配电板和照明分配电板两种。区域分配电板由主配电板或应急配电板馈电,是对耗电大于16A的电气设备进行供电的开关板。

3. 应急配电板

应急配电板用于应急发电机的控制和监视,并向应急用电设备供电。它与应急发电机组安装在同一舱室内,一般位于艇甲板上。应急配电板由应急发电机控制板和应急配电板组成,其上面安装的仪器仪表与主配电板基本相同。应急发电机总是单机运行,所以不需要并车板、逆功率继电器和同步表。

应急电网平时可由主配电板供电,惟当主发电机发生故障或检修时才由应急发电机组供电。主配电板与应急配电板有供电联络开关,它与应急配电板的主开关之间设有电气连锁,以保证主发电机向电网供电(即主网不失电)时,应急发电机组不工作。一旦主发电机开关跳闸,经应急发电机组的自动起动装置确认后,自动起动应急发电机组,并合闸向应急电网供电。平时需要检查和试验应急发电机组时,可把应急发电机工作方式选择开关置于试验位置,使应急发电机脱离电网。有些采用自动管理的应急电站,只有在应急发电机工作后应急电网才允许转换为由应急发电机供电,以免与主电网发生冲击。

4. 充放电板

船舶小应急照明、操纵仪器和无线电设备的电源均采用蓄电池,船舶设置充放电板对蓄电池进行充电、放电,实现向用电设备正常供电。目前采用交流电的船舶大都采用可控整流装置把交流电变为直流电,并根据蓄电池的特性对该充电的电压和电流进行有效控制。回路中设有熔断器、变压器、可控硅整流装置、电压表和电流表以及充电控制装置。

5.蓄电池

蓄电池是任何类型的机动船舶都无法离开的可靠电源设备，其用途之一是作为应急电源或备用电源，一般商船都把蓄电池作为船舶小应急电源，在船舶主电网失电而应急发电机组尚未正常供电的时间内，蓄电池组则供电给小应急负载；用途之二是作为低压设备的电源（如供电给无线电收发报机、自动电话交换机和各种警报器）。此外，蓄电池也用作应急发电机组和救生艇上柴油机的起动电源，以及罗经的直流电源等。

6.岸电箱

船舶停泊码头或进坞修理时，一般接用岸电电源。在码头上设置有与岸电连接的装置，船舶一靠码头即可使用岸电。船上发电机组可全部停机，既可减少靠岸时的值班人员，又便于对发电机组进行正常的维护和修理。

交流岸电的供电方式有两种：

①用单相交流岸电，仅供船上照明电路使用，此时，配电板内照明汇流排与电力汇流排分开。

②船上安装一台变流机组或整流装置，将交流岸电变为直流电，再供电给船上的停泊负载。

交流电制船舶则无论进坞修理还是停泊码头，都应设置交流岸电箱以接用交流岸电。岸电箱的容量依据停泊负载来确定，各类船舶的停泊负载不同，通常包括：照明设备、日用设备（日用海水泵、日用淡水泵以及空压机等）、冷藏空调设备、厨房设备、通风机、通信设备、修理机械和娱乐设备等。

岸电箱及接岸电的基本要求如下：

（1）岸电箱应有下列设施

岸电箱内应设有能切断所有绝缘极（相）的断路器或开关加熔断器、指示端电压的指示灯或电表、用于连接软电缆的合适接线端子。对岸电为中性点接地的交流三相系统，应设有接地接线柱，以便将船体接至岸上的接地装置或岸上电网的零点。应有监视岸电极性（直流时）和相对船舶配电系统的相序（三相交流时）是否相符的设施。标明船电系统的配电系统的形式、额定电压和频率（对于交流）的铭牌，有时根据船东要求还应装设电表。

（2）接岸电箱时应注意的问题

岸电箱应安装在便于连接来自外部电源软电缆的场所，根据安装的处所，选择合适的外壳防护等级。岸电箱与主配电板间应以固定敷设的电缆连接，该电缆应有足够的定额。当岸电或（和）船电系统为中性点接地的交流三相系统时，应将船体与岸地相连接。利用船体作导电回路的船舶，在接岸电时，不能以陆地或海水作岸电回路，而应以绝缘的岸电相线将船体与岸电网络的零点或接地的相线或接地的负极相连。岸电箱内应有连接此电缆的接线柱。

7.船舶电网

船舶电网是介于船舶电源和用电设备之间的传输和分配电能的传输线路的总称。

船舶电网根据供电电源的不同可分为：

（1）主电网

由主发电机通过主配电板供电的网络，包括动力电网和照明电网，分别供电给动力负载和照明负载。由主配电网直接供电的负载设备有：

①舵机。

②锚机、起锚绞盘机。

③消防泵。

④总用泵、舵机泵。

⑤为推进装置服务的电动辅机的分配电箱。

⑥油船货油泵、起货机。

⑦冷藏船的冷藏电动装置。

⑧主照明变压器。

⑨航行信号灯控制箱、探照灯、舱室照明分配电箱。

⑩无线电台分配电箱、雷达、助航设备分配电箱。

⑪驾驶室集中控制板。

除上述的直接供电之外,还必须满足对下列设备的供电:

①舵机和消防泵必须有两路独立电源供电线路。为提高可靠性其路径应尽量远离(如两路电缆分左右舷敷设),当船舶设有应急发电站时,其中一路由应急配电板供电。

②必须保证驾驶室集控板供电的连续性。对于助航设备分配电箱、航行信号灯控制箱、工作灯和探照灯、室外照明分配电箱等,应保证这些设备的连续供电。当这些设备集中在驾驶室内构成集控板时,可采用集中供电,应从主配电板敷设两路单独馈电线路对其供电。当设有应急电源时,其中一路可由主配电板经由应急配电板供电。每路馈电线的定额电流应满足驾驶室控制板内所有电气设备满负载时的用电量,并能保证其中一路馈电线路发生故障时,另一路能通过自动或手动转换,保证其不中断供电。

(2)应急电网

连接由应急发电机或应急蓄电池供电的电网。在主电网失电的情况下,应急电网应能向船舶最重要设备以及一些重要的控制设备进行供电。应急电网应具有相对的独立性,在安装和布线上应尽量与主电网分开,而且应具有较高的安全可靠性,在特殊情况下,允许适当降低应急电网的运行指标。我国船舶规范规定,航行于海上的客船,应急电网必须保证在主电网失效时,向应急动力负载和应急照明负载及无线电通信、导航等应急负载连续供电 36 h(货船 18 h)。航行于内河的客船,应急电网必须保证在主电网失效时,向应急动力负载和应急照明负载及无线电通信、导航等应急负载连续供电 1 h。

在正常工作情况下,应急电网可通过联络开关由主配电板供电。当主电网失电时能自动接通应急电源,供电给那些特别重要的辅机(如舵机、消防泵等)、应急照明、各种信号灯以及通信助航设备。除驾驶室外,在应急照明线路上不应设置开关。由应急发电机通过应急配电板供电或由蓄电池通过蓄电池充放电板供电的电路,它的供电范围见表 7-1。

(3)小应急电网

由蓄电池通过蓄电池充放电板用以传输、分配临时应急电能的网络。对装设应急发电机组但无自起动装置的船舶,要求安装临时应急照明电网,而且蓄电池的容量能满足连续供电 30 min。

根据负载的性质和用途不同,船舶电网还有其他的分类。通常将由主配电板直接向区配电板、分配电板和负载供电的网络称为一次系统,由区配电板或分配电板向负载供电的网络称为二次系统。船舶电网中为动力设备供电的网络称为动力网络;向照明设备、电风扇及小容量电热设备供电的网络称为照明网络；而为各导航、通信无线电设备和监测报警系统等供电的网络称为弱电网络。

表 7-1　船舶应急电网供电设备一览表

序号	供电系统	客船		货船总吨	
		国际航行	国内航行	≥5 000	500～5 000
1	航行等级信号灯	*	*	*	* 仅对油船
2	通道、出入口、扶梯；应急出口的照明	*	*	*	*
3	登艇处的甲板和舷外放艇时所需的照明，救生筏、救生浮件储放处的照明	*	*	*	*
4	机舱、炉舱、主机操纵台、锅炉水位表及气（汽）压表、总配电板前后、应急发电机室、舵机舱等的照明	*	*	*	*
5	驾驶室、海图室、无线电室、消防设备控制站照明	*	*	*	*
6	船员和旅客公共舱室、旅客超过 16 人居住舱室的照明	*	*	*	*
7	白昼信号弹照灯	*	建议	* 大于 150 总吨的国际航行船舶	
8	无线电测向仪	*	建议	* 国际航行船舶	
9	应急消防泵	*			
10	紧急集合报警装置	*	*	*	建议

注：(1)“ * ”标记表示必须由应急电源供电；

(2)表内 2、3、4、5、6 等项所列设备同样也适用于由临时应急照明电源供电。

小应急电网供电的负载或用电设备有：

①小应急照明、扩音机。

②主机操纵台、锅炉仪表及助航仪。

③失火报警和探火系统。

④机电设备故障检测报警系统。

⑤船内通信系统。

⑥操舵控制系统。

⑦失控信号灯。

第二节 船舶电站

随着船舶自动化程度的不断提高,电站自动化由局部、就地控制,必然发展到综合、集中控制的自动电站。

一、电站自动化等级

电站自动化从属于轮机自动化,后者通常也叫机舱自动化。我国《钢质海船入级规范》对船舶的轮机自动化分为如下四个级别。

BRC 标志级:它是指推进装置由驾驶室控制站遥控(通常叫主机遥控),机器处所(机舱)有人值班。

MCC 标志级:它是指机舱集控站(室)有人值班,对机电设备进行监控。

AUT-1 标志级:它是指推进装置由驾驶室控制站遥控,机舱集控站(室)至少有一人值班,对机电设备进行监控。

AUT-0 标志级:它是指推进装置由驾驶室控制站遥控,机器处所包括机舱集控站(室)周期无人值班。周期通常有 16 h、24 h、36 h、48 h 等几种。是机舱自动化最高级别,通常也叫无人机舱。要求电站保证在无人值班的周期内连续正常运行,即要保证:

(1)若由一台发电机组运行供电,在该机组发生故障时,则备用发电机组应能在 45 s 内自动启动合闸,向重要负载供电。

(2)若由二台以上的发电机组并联供电,在其中一台机组出故障时,则应有措施保证对重要负载的连续供电。

(3)因短路故障停电后,备用机组的自动合闸只允许进行一次,若合闸失败则应报警。

(4)当运行发电机组超负荷时,应能自动卸除非重要负载,保证对重要负载供电;或自动启动备用的发电机组并网供电。

(5)自动电站应显示电压、频率及应急蓄电池组向临时应急照明供电的指示。

(6)自动电站应实现电压过高或过低报警、频率过低报警、自动卸载动作时报警、自动合闸失败报警、主开关脱扣报警、对地绝缘电阻低报警、应急蓄电池组向临时应急照明供电时报警等。

二、自动电站基本功能

(1)对有关的电气参数和动作信号自动监测、报警、记录、显示,并有逻辑判断功能去控制发电机组。

(2)发电机组自动启动。多台发电机组应装有启动控制程序,在某机组启动失灵或不能合闸时,应能自动地将启动指令转移给另一台机组。船舶电站的备用发电机组应能随时(不超过 45 s)自动启动,并自动投入电网供电(有两台机并联工作时,应能自动同步投入)。

(3)在汇流排不带电的状态下,对发电机组自动接入电网,要限制在该状态下有二台机组或更多的机组同时接入及短路后多次接入的尝试。

(4)发电机组自动准同步并车。若电网上有机组供电,则机组自启动成功后,即由自动准同步装置与自动调频调载装置配合工作,将新启动的机组自动投入电网并联运行。

(5)自动恒压及无功功率自动分配。无论单机还是并联运行,自动调整励磁装置应能保持电网电压维持恒定,误差不大于 $\pm 2.5\% U_N$,同时,能调整并联运行发电机组的无功分配,使之合理分担。

(6)自动恒频及有功功率自动分配。当两台机组并联运行时，自动调频调载装置与原动机调速器配合工作，使电网维持恒定频率，偏差不大于 ±0.25 Hz。并使各机组承担的有功功率按机组容量成比例分配。

(7)自动分级卸载。自动分级卸载是指电站超负荷时，自动卸除一些非重要负载，可以实现多次卸载，以适应不同程度的过载条件，保证对重要负载的连续供电。

(8)负载自动分级启动。负载自动分级启动有两种含义：一是指电网从断电状态到恢复供电时，为限制过大的启动冲击电流，应使负载自动分级启动，重要负载先启动；二是指自动分级卸载后，被卸去的负载在保证不引起发电机组重新过载的前提下再次投入运行。

(9)电气及机械故障时自动保护。

(10)发电机组自动解列。发电机组并联运行且轻载状态下，按确定顺序使运行机组逐台退出电网，直到其余运行机组脱离轻载状态为止。解列时应将其负载自动转移至运行发电机组后，才自动停止解列机组。

(11)发电机组自动停机。停机是指发电机组原动机的停机，分正常停机控制和紧急停机控制。

(12)主电站与应急电站供电的自动转换。

(13)自动无功补偿。自动无功补偿是指通过控制投/切电容器组，使负载的功率因数保持在较高的状态。

(14)重载询问。重载询问是指在启动大容量用电设备(一般指大于发电机单机额定功率15%的负载)之前，自动检查电站中正在运行的发电机组是否能满足它的用电及启动要求。若能，则允许它立即启动；否则，应先启动一台备用发电机，使之并网，然后再允许它启动。

(15)具备模拟试验的功能，可用模拟方式检测自动电站的各项功能。

三、船舶电站自动化的技术特征

(1)自动化装置采用计算机技术，包括可编程序控制器(PLC)，使控制部分的体积质量大大减小，工作可靠性大大提高，控制方式也由硬件控制变为以软件控制为主，使功能的组合、扩展或修改变得很容易。维护方便，模块通用性好。

(2)计算机控制由大型机集中控制方式发展到多微机分散控制方式，使工作可靠性大大提高；进而出现由多级计算机构成的分布式控制系统，应用光纤通信和网络技术。

(3)信号处理由模拟量信号处理发展到尽可能多的数字量信号处理和通信。

(4)由就地人工分散控制发展到集中控制，特别是由驾驶室控制站对机舱的遥控，实现了无人值班机舱。

(5)机电一体化。自动电站属于自动机舱的一部分。就机舱自动化的内容来说，除了自动电站外，还有机舱参数的集中监测报警，主机遥控(由驾驶室遥控)，辅助设备如辅锅炉、分油机、泵、空压机、油水分离机和焚烧炉等的控制，一些重要工况参数如温度、压力、液位、流量、黏度和转速等的自动调节，火灾自动报警等。自动机舱又属于自动船舶的一部分。全船自动化除了自动机舱以外，还有装卸和船舶状态的自动控制、航行自动化(包括自动驾驶系统、自动定位和导航系统及自动通信系统)、舾装自动化(包括绞缆、防火和救生等)、船舶管理系统和专家系统。

(6)从提高运行的经济性和可靠性出发，目前更注重保障供电的连续性和使用电能的经济性。

四、柴油机自动起停控制

在船舶自动化电站中，为了使一套发电机组能自动并车投入运行，首要的工作是能自动地起动或停止柴油发电机组，或者能在集中控制室遥控机组起动或停止。因此，柴油发电机组的自动控制是船舶电站自动化的重要内容之一。

船舶发电机的原动机大多是柴油机，在发电机的起动和停机控制中，柴油机是控制对象，船舶发电机组的柴油机起动有两种方式，电动起动和压缩空气起动。电动起动一般用于应急发电机的原动机，由蓄电池供电给直流电动机，带动柴油机转动直到其起动完毕；主发电机组一般采用压缩空气起动，压缩空气经起动控制阀送达柴油机，再由柴油机的空气分配器按各气缸发火的顺序，依次将压缩空气引入各气缸，推动活塞，使机器转动。一旦气缸运动产生高温，自行发火运转后，立即切断气源，柴油机即自行运转。在起动运行前，需要进行柴油机的预润滑，以确保在起动时，各运动部位有必要的滑油，避免干摩擦。开始起动时，调速器工作在怠速控制，一方面为了减少热应力，其作用就是暖机（或称暖缸），一方面观察发动机状态，确保发动机可靠运行。待运行一段时间后可控制调速器进入到定速控制方式。但发动机停止运行时，应控制发动机先降速到怠速运行一段时间，待温度逐渐降低后，才控制断油停机。

柴油机组起停控制位置分“自动”、“机旁”、“遥控”三种，并满足“机旁”优先于“遥控”，“遥控”优先于“自动”的原则。其中“自动”控制方式是指柴油发电机组，按既定的程序，自动起动、停止机组。“遥控”控制方式是指在驾驶台或集控室用按钮对柴油机实行起、停控制。“机旁”控制方式是指在柴油机旁进行手动起停机组。优先级的设置，意味着当转换开关置“自动”时，仍能进行“遥控”或“机旁”操作；在“遥控”时，也可进行“机旁”的操作，但没有“自动”控制的功能；在“机旁”时，“自动”及“遥控”功能均被封锁。

柴油机本身的安全保护控制包括起动失败、滑油压力低、冷却水温高、排烟温度高、超速等，任一个故障的出现均可导致停机，并同时发出停机和起动闭锁信号，使该机的起动控制处于闭锁状态，并发出声光报警。待工作人员排除了故障，手动“解除闭锁”后，才能恢复自动功能。超速保护是指当柴油机转速超过额定值15%时，延时2～3 s必须跳闸、停机，同时发出报警信号，禁止柴油机再次起动。滑油压力低报警和控制功能需要在发动机运行中才能起作用，该功能在停机时被封锁。

五、电站监控及故障处理

我国《钢质海船入级规范》对无人机舱级船舶的要求，着重点是“保证供电的连续性”。规范规定：电站的自动控制系统应保证供电的连续性，并符合下列要求：①如由一台发电机组供电，当该机组发生故障时，备用发电机组应能在45 s内自动起动并合闸，向重要负载供电。②如由两台或两台以上发电机组并联供电，当其中一台机组出故障时，应有措施保证对重要负载的连续供电。船舶电站的发电机数目一般在三台以上。一台机组运行时，不运行机组的备用设置存在排序问题。例如一个有四台机组的电站，2号机在供电运行，如果设定3号机为第一备用，余下的机组一般是采用顺序后续的方法。如果设定3号机为第一备用，4号机就自动成为第二备用，1号机就成为第三备用。如果每台发电机组均有备用顺序选择开关，那直接就由该开关来决定备用顺序。对不能参与运行的机组（待修、检修和有故障等），控制箱上的“手动/自动”选择开关可置于手动位置，以保证设备维护时的安全，其后续备用的设置将自动“转移”，例如3号机组设定为第一备用，而3号机却置于手动位置，则备用设置自动转移到4号，4

号机就成为第一备用，1 号机成为第二备用。

发电机由调压器保证的电压调整率在 ±2.5% 以内，发电机电压应比设备额定电压高 5%，电器设备应能在电压变化 -10% ~ +6% 的范围内正常运行。柴油机的转速由调速器保证的静态调速特性为 5%，所对应的频率变化也是 5%，电气、电子设备应能在频率静态变化 ±5% 的范围内正常工作。一般频率的检测值定在 ±2.5%，当频率超过这个检测值并持续一段时间就作为故障信号。

发电机起动后在规定的时间内电压不能建立，就应作为故障处理。发电机电压建立后系统发出自动同步指令，在规定的时间内若不发出合闸指令，就说明系统自动同步操作有故障。一般设定的允许操作时限是 60 s。系统发出合闸指令后在规定的时间内主开关不能合闸，就作为合闸失败处理。一般设定允许操作时限是 3 s。上述几种故障情况处理的方式是报警和起动后续备用机组。

发电机在运行中根据保护的需要，有过电流、短路、过载、逆功率、过电压、欠电压、频率高、频率低、主开关异常脱扣和对地绝缘等多种参数的监测报警和控制。过电流和过载的处理方式是根据负载的数值，起动备用机组、卸去部分次要负载和跳闸。虽然有的主开关具备过流、短路、欠压保护，电站中单独的保护措施仍然是必须的。从规范角度看，属于发电机的保护应是独立的，只要发电机运行，独立的发电机保护必须有效工作。

发电机的主开关有直接自动合闸、自动并车合闸和自动重合闸三种合闸方式。当电网无电时，刚起动成功的发电机组建立电压后，其主开关即可直接合闸。电网有电时，备用发电机组起动成功并建立电压后，应经过自动并车装置，使待并发电机经自动整步之后投入使用。并车后利用自动空气断路器的辅助触头，接通均压线及自动调频调载装置，实现无功及有功功率的分配及频率的自动调整。自动电站可设计成具有重合闸功能，也可以不设置这一功能。若有重合闸的功能，应保证只有一次重合闸，以免在永久性故障的情况下，发生一再重复合闸的有害过程。同时应防止在这种情况下，同时起动两台以上的机组去做合闸的尝试。不论哪种合闸方式，都有“成功”或“不成功”两种可能。这两种情况的信号都应设法取得，因为它是作为“指示”和“控制”都不可少的信号。发电机主开关的分断有“正常分断”与“保护动作分断”。前者指手控分断或经自动解列、负荷转移完毕后的分断；后者指因各种发电机保护动作而引起的自动跳闸。

机组的停机亦可分为“正常停机”与“紧急停机”。前者一般都是在自动空气断路器“正常分断”后，按正常停机程序进行的，后者一般是当柴油机发生滑油压力低或超速时，为了保护机器不至于损坏，控制柴油机直接断油而实现停机的，此时，自动空气断路器可能是逆功率脱扣（并联运行时），也可能是失压脱扣（单机运行时）。

当两台及两台以上机组并联运行，若因电网负荷降低到可以停掉一台机组时，应自动发出“解列”指令。运行中的某机组因发生运行不正常（例如冷却水出口温度偏高等）时，自动控制系统可以先起动备用机组，并车后再转移负载，解列指令发出后，通过自动调频调载装置将待停机组的负载转移给其他运行机组后，再将该机主开关跳闸，这就是解列操作。

现代大型船舶上，单机功率达数百千瓦的动力负荷已屡见不鲜。例如，电动艏侧推进器、大型绞缆机、大型消防泵、大型提升机以及工程船舶上的其他动力负荷，其容量往往可与发电机的单机容量相比拟。当需要起动任何这样一个大负荷时，应先询问运行发电机功率贮备是否满足其用电和起动要求，若不能满足时，则应先起动备用机组并车后才允许该负荷接入电网。

当船舶电网因故障失电又得电时，为避免因负荷同时起动造成的电流冲击，甚至使发电机主开关再次跳闸，自动电站应能够对重要负荷进行分级起动，按照在紧急状况下各负荷的重要性排好先后次序，并按其起动电流大小分组，然后按程序逐级起动，每两级起动之间的间隔为3～6 s。

六、船舶发电机自动调压装置

由于船舶电源容量较小，而负载单台设备容量却较大，因此船舶电力系统的电源——同步发电机的端电压变动尤为严重，因为船舶用电设备多为感性负载，负载电流对交流同步发电机产生去磁作用，电流大小和功率因数的变化都会引起发电机端电压变化，所以船舶交流同步发电机必须有自动电压调整装置或自励恒压装置（能自激起压，并在负载变化时自动维持电压恒定的装置）来调整发电机的端电压；否则电压的剧烈变化将会影响电气设备的正常工作。船舶同步发电机的电压自动控制装置，按其被测量的不同可分为三大类，即按负载电流扰动、按端电压偏差和按负载电流扰动与端电压偏差相结合的电压自动控制装置。因按负载电流扰动与端电压偏差相结合的电压自动控制装置具有按负载电流扰动与端电压偏差二种类型自动励磁调节器的优点，所以在船舶上获得广泛应用。它主要由两大部分构成，即相复励部分和自动电压校正器（AVR）部分。前者按负载电流和功率因数的扰动控制励磁，其作用与按负载扰动的调压过程一样，后者按电压的偏差来校正，其中AVR输出与ΔU成比例的直流电流去控制饱和电抗器的电抗值，来改变励磁电流的分流大小，从而可调整发电机的励磁电流，使端电压基本保持不变，最终控制发电机端电压的恒定。可控相复励自励恒压励磁系统，其原理图如图7-2所示。该调压器包括两大部分：相复励自励恒压装置和晶闸管分流的电压校正器。其中，相复励装置的作用是实现自励起压，因其动态特性很好，负责动态电压调整；电压校正器AVR的作用是负责静态电压调整，进一步提高电压的调节精度。图中G为发电机，L_f为励磁绕组，T_E为电流绕组，L_E为移相电抗器，T_E为相复励变压器，VD为整流装置，CT为电流互感器，VT为电压互感器，AVR为自动电压调整器，SCR为调压可控硅，R为限流电阻。

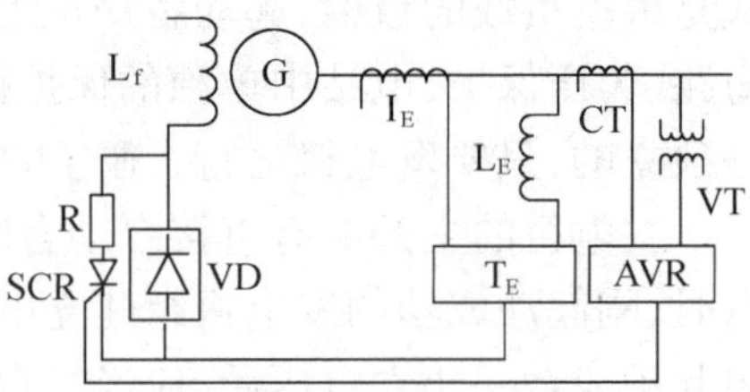

图7-2　可控相复励自励恒压励磁原理图

七、无刷发电机励磁系统

同步发电机转子的励磁电流，是通过电刷和滑环引进发电机励磁绕组。由于电刷的磨损，增加了维护和保养工作，磨损产生的炭粉又会导致发电机绝缘下降，产生的电火花会影响无线电通信，在油船上使用极为危险。为从根本上解决这一问题，采用了具有同轴交流励磁机和旋转硅整流器的无刷同步发电机。

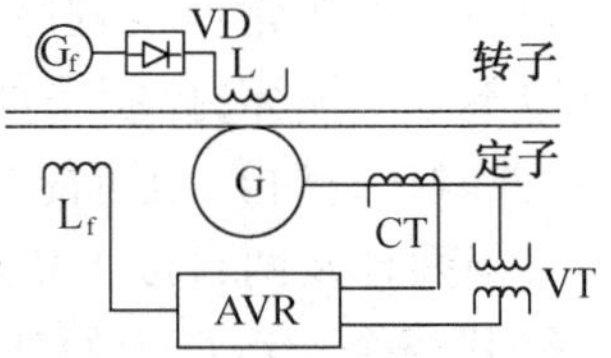

图7-3　无刷发电机原理图

如图7-3所示，它实际上就是一个带交流励磁机的同步发电机。主发电机G和励磁机G_f都是三相同步发电机。它们在结构上的区别在于：主发电机是旋转磁极式的，其定子G是三相交流电枢，转子L是直流励磁绕组；而励磁机则是旋转电枢式，其定子是直流励磁绕组，转子G_f是三相交流电枢，与主发电机同轴。

励磁机是无刷同步发电机励磁系统的主要部分，其励磁绕组L_f由主发电机的电压调整器

AVR 的输出来供电。励磁机发出的三相交流电经三相桥式旋转硅整流器 VD 整流后供给发电机励磁绕组。旋转硅整流器安装在同步发电机转轴上。由于整流器需承受离心力,因此对其制造和安装工艺有一定的要求。励磁机是放大系数很大的环节,其发电机轴向尺寸因同轴励磁机而增加,但是需要的调压器小而可靠，在现代船舶上无刷发电机的应用非常广泛。

八、轴带发电机介绍

船舶轴带发电装置是由船舶主机驱动发电机供电的装置,它利用主机富余功率来达到节能的目的。轴带发电机适用于船舶航行期间向全船供电,尤其航线较长的远洋航行期间的供电。运用轴带发电机能提高船舶运营的经济性,可充分利用主机 10% ~15% 的功率储备富余量,使主机高效率、低能耗运行,实现节能。其次,由于柴油发电机组燃烧的轻质柴油价格高于重质柴油,主机可烧重质柴油而降低发电成本。另外轴带发电机的使用减少了维修保养的工作量和维修成本,并相应减少了机舱的噪声和热源,改善了机舱环境。在具备 PTI(Power Take In)模式的轴带发电机系统中,运行船舶柴油发电机组供电,轴带发电机可与主轴脱开,作为电动机来驱动螺旋桨运转,虽然航速很慢,但是在主机失去动力时能够有效维持船舶安全,实现 Take Me Home 功能。由于轴带发电机具有节能、经济等突出优点,因此在当今的船舶上被广泛地采用,最近几年来新造的定期集装箱船、矿砂船、散装液货船大多数安装了轴带发电机系统。虽然上述优势明显,但船舶电站仍需要配置独立的柴油发电机组,来满足停泊期间的供电需要,存在船舶电站投资较高、控制环节多、管理技术复杂等缺点。

目前对船舶推进的操纵方式有两种:一种是主机的转速不变,改变螺旋桨的螺距角度(称变距桨);另一种是螺旋桨的螺距角度不变(称定距桨),改变主机转速。对应主机的转速,轴带发电机的供电方式有两种:一种是直接供电,轴带发电机由定转速主机驱动,发出的电能直接作为供电使用;另一种是间接供电,轴带发电机由变转速主机驱动,发出的电能不能直接供电使用,须通过二次部件(或称中间环节)转换成定频恒压后才能供电使用。最新的发展趋势是采用交流励磁变速恒频轴带发电机,开创了轴带发电机应用史上的一个新的篇章,解决了定距桨船舶应用轴带发电机造价高、维修难、效率低等系列难题,为大功率高端轴带发电机的普及应用提供了可能,是船舶运营节能降耗的最佳途径。下面是现在最常用的轴带发电机系统。

1. 变距桨船舶轴带发电机(CPP + SG)系统

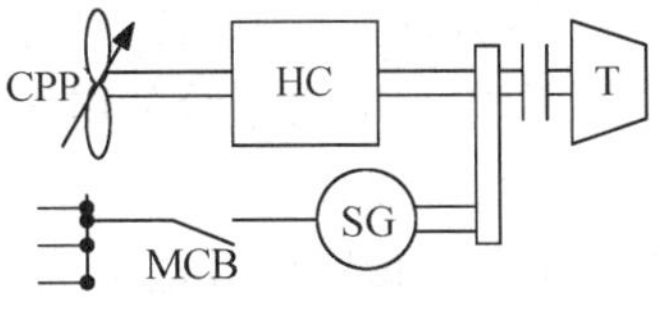

图 7-4　CPP + SG 系统

变距桨船舶采用的主机都为定速定向型,在正常航行时主机的转速维持在一个设定的速度上(额定转速),而且主机的转向是一定的,不需要换向,航速是靠调节桨叶的角度来实现的,所以这类船舶大都采用轴带发电机,且不需加恒频装置。结构如图 7-4 所示,CPP 是变距桨,HC 是 CPP 的液压控制装置,T 是主轴,SG 是轴带发电机,MCB 是轴带发电机的主开关。轴带发电机与主机轴之间是靠机械传动装置(减速齿轮箱)连在一个系统中,因此整个系统的组成比较简单,其工作原理与辅助发电机的工作原理大致相同。

2. 定距螺旋桨、轴带发电机和恒定频率装置(FPP + SG + CF)系统

主轴带动轴带发电机的转速是可变的,其发电机输出电压的频率也相应变化,但由于采取了电气控制方式,使得供给船舶电网的电源频率保持恒定。这种系统不但在与辅助发电机组换接时可以与之并联运行,而且可以长期持续并联运行。恒频装置采用 AC - DC - AC 工作方式实现,由于功率较大,AC - DC 为三相整流装置和 DC - AC 为直流变交流的逆变装置,两者

均采用晶闸管控制来实现。这种轴带发电机系统的构成比较复杂,涉及的控制元件也比较多,一旦出现故障,检修工作难度很大。而且由于 AC - DC - AC 结构无法向电网提供无功功率,所以,系统还需要单独设置一台调相机用于向电网提供无功功率。图 7-5 是本系统的结构示意图,图中 FPP 是定距浆,SG 是轴带发电机,T 是主轴,f/f 是电源逆变器,多采用 AC - DC - AC 方式,MCB 和 ACB 为断路器。

九、中压电力系统简介

有关中压电力系统的定义,世界各国以及在不同领域的标准不是完全一致的。常用的 IEEE 标准 100 规定中压交流电力系统的定义是指额定电压大于 1 000 V,小于 10 000 V 的电力系统,在此之上,还有高压和超高压。对于额定频率为 60 Hz 的电力系统,中压的额定值有 2.3 kV、4.16 kV、6.6 kV 三个等级;而额定频率为 50 Hz 的电力系统,中压的额定值有 3.3 kV、6.0 kV、10 kV 三个等级。

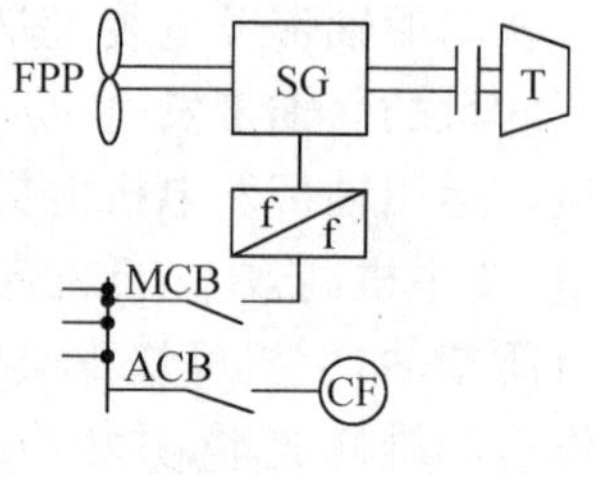

图 7-5　FPP + SG + CF 系统

目前国内外建造的大多数是 440 V 或者 380 V 低压交流电力系统。随着船舶用电量的增加,发电机容量的增加,特别是一些特种用途船舶所装备的大功率中压用电设备,使中压开始进入船舶电力系统和供配电装置领域,而且前景良好。例如,一些大型集装箱船舶侧推器的中压电动机、变频控制装置和配电网络,电力推进船舶的中压发电、配电、用电设备和网络。本节以 2002 年底建成的"泰安口"半潜式电力推进特种运输船的中压电力系统为例,简单介绍中压电力系统的结构和运行模式特点。

1)"泰安口"半潜式电力推进船中压电力系统的结构

"泰安口" 半潜船载重量 18 000 t,总长 156 m,可以装载海洋钻井平台。船上安装了先进的卫星动态定位系统(DP),船尾左舷和右舷安装了 SIEMENS 公司和 SCHOTTEL 公司联合生产的吊舱式电力推进系统(Siemens Schottel Propeller, 简称 SSP),其螺旋桨可以 360°回转,船舶在行驶时可以在极小的范围内灵活转动。图 7-6 是该船的电力系统单线原理图。图中,电网由三个层次组成:一是 6.6 kV 的中压主系统;二是 450 V/60 Hz 的低压辅助系统;三是 450 V/Hz 的应急电力系统。

(1)6.6 kV 中压主电力系统的组成

中压主电力系统的电源:3 台 5 200 kVA,720 r/min,60 Hz 的主发电机组,柴油机为 Warsila 9L32,可以单独或者并联向中压电网供电。其中 No.1 主发电机在装载需要 50 Hz 中压电源供应的货物时,可以切换为 2 030 kVA,600 r/min,50 Hz 的模式运转,单独为 50 Hz 的货物负载电源供电,此时,图中用于中压汇流排连接的断路器 KS_1 应该处于分闸状态。

中压主电力系统的负载:船尾左右舷各一台吊舱式电力推进器 SSP 的 4.7 MW 永磁同步电动机及为其变频调速服务的变压器组、晶闸管装置;左右舷各一台侧推器的 800 kW 电动机及为其变频调速服务的变压器组、晶闸管装置;可以为 450 V 的辅助低压系统供电的 2 台 900 kVA、将电压从 6.6 kV 转变为 450 V 的旋转变流器(在此没有采用变压器变压的原因,是因为带有大量变频调速负载的中压主电网的波形不好)。

(2)450 V/60 Hz 低压辅助电力系统

低压辅助电力系统的电源由三个来源提供:航行时,电源来自中压系统的旋转变流器(机组)。当旋转变流机组发生故障或检修时,以及在码头没有载货物时,电源来自 1 台 1 125 kVA,900 r/min,60 Hz 的辅助发电机组。另外,在港内还可以连接岸电。

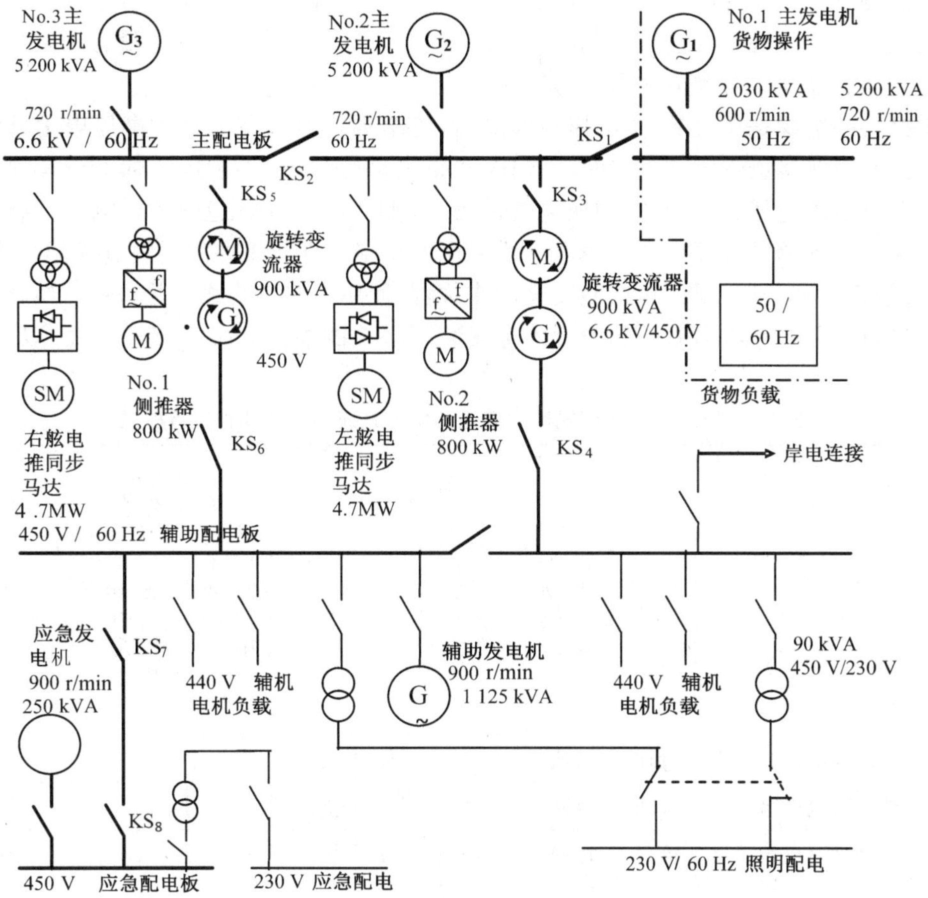

图 7-6　450 V/60 Hz 低压辅助电力系统

低压辅助电力系统的负载包括常规船舶运行时需要供电的各种设备，例如淡水循环泵、燃油传输泵、滑油传输泵、低温淡水泵、高温水循环泵、中央冷却海水泵、通风机、燃油锅炉、空压机、锚机、消防泵、甲板液压起货机、照明电力配电板、航海仪器供电、机舱监控系统的供电等。也包括电力推进装置的方位控制泵，电力推进装置变压器、变频器的冷却泵，货物起重机，半潜船的压载水空压机，用于 3 台主发电机、辅助发电机、旋转变流机组、电力推进驱动装置的保温装置，动态定位（DP）系统的供电。

（3）450 V/60 Hz 应急电力系统

应急电力系统的电源有两个来源：通常，电源来自 450 V 的辅助供配电系统。应急时，电源来自 1 台 250 kVA（300 kVA），900 r/min，60 Hz 应急发电机组。

2）“泰安口”半潜式电力推进船电力系统的运行模式

（1）根据船舶不同运行状态对功率的不同需求，提供经济可靠的供电，“泰安口”半潜式电力推进船电力系统可以提供如表 7-2 中所示的几种运行模式。

（2）从图 7-6 的系统布置可以看出，以上不同运行模式的设置是靠电力系统中发电机组、汇流排的不同连接组合实现的。中、低压断路器带有灭弧装置是实施电气设备带负载分、合闸，并能对系统进行保护的开关设备。以上各种运行模式的设置是在控制屏上通过人工操作，实现断路器分、合闸的控制。中压、低压、应急发电机断路器、汇流排连接断路器的分、合闸动作都是由电力自动管理系统进行控制的(在图 7-6 电力系统单线原理图中没有画出)。

3)中压电力系统的隔离开关和接地开关

电工材料的绝缘是相对的,当电压足够高时,绝缘体也会击穿。在中高压电力系统,操作人员即使没有直接接触带电部分,如果不慎距离带电部分过近,小于规定的安全操作距离,也可能受到严重的触电伤害。因此,中压电气设备,例如变压器、电流互感器、电压互感器、断路器都安装在完全封闭的开关柜中。输电电缆采用的是绝缘性能极高的材料制成的。当需要带电操作、接触带电部分时,要严格按照安全操作规程,使用合格的绝缘工具进行。维修清洁时,必须停电进行,同时,在电力系统的设计中也安装了必要的隔离开关和接地开关,以保证操作人员的安全。

表 7-2 “泰安口”半潜式电力推进船电力系统提供的几种运行模式

船舶航行模式 / 设备是否接通 / 设备名称	航行模式	装载 50 Hz 货物的模式	机动操纵模式	动态定位模式 1	动态定位模式 2	港内停泊模式 1(不需要 50 Hz 中压货物电源)	港内停泊模式 2(需要 50 Hz 中压货物电源)	应急工况	港内停泊模式 3(功率回馈模式)
No. 1 主柴油发电机组	接通	接通	—[1]	接通	接通	—	接通[2]	—	—
No. 2 主柴油发电机组	接通	接通	接通	接通	接通	—	—[2]	—	—
No. 3 主柴油发电机组	接通	接通	接通	接通	接通	—	—[2]	—	—
中压汇流排连接断路器 KS_1	接通	—	—[1]	接通	接通	—	接通	—	—
中压汇流排连接断路器 KS_2	接通	接通	接通	接通	接通	—	接通	—	—
旋转变流器中压端断路器 KS_3	接通	接通	接通	—	接通	—	接通	—	—
旋转变流器中压端断路器 KS_4	接通	接通	接通	—	接通	—	接通	—	—
旋转变流器低压端断路器 KS_5	接通	接通	接通	—	接通	—	接通	—	—
旋转变流器低压端断路器 KS_6	接通	接通	接通	—	接通	—	接通	—	—
辅助柴油发电机组	—	—	—	接通	—	接通	—	—	—
应急发电机组	—	—	—	—	—	—	—	接通	接通
辅助电力系统和应急配电板之间连接的断路器	接通	接通	接通	接通	接通	接通	接通		接通

注:1)No. 1 主柴油发电机组可以作为选择,连接到推进器汇流排;

2)作为选择,No. 2、No. 3 主柴油发电机组可以代替 No. 1 主柴油发电机组连接到汇流排。

不同于船舶常见的低压电力系统，由于断路器的断开点在外部是看不见的，中压电力系统为了保证在维修时操作人员的人身安全，系统在中压主发电机断路器与中压汇流排连接点之间、在中压汇流排连接断路器的两端、在旋转变流机组的断路器与中压汇流排连接点之间，都串联了隔离开关。隔离开关是具有可见断开点的开关，但是没有灭弧装置，因此不能带负荷分、合闸。在使用时，和断路器的分合闸操作顺序有先后规定，有时也与断路器有机械或者电气的连锁。

另外，为了确保维修人员正在接触的线路无电，中压供配电线路上还安装了多处接地开关。接地开关（三相）的一端与母线相连，另一端与接地点可靠相连，与隔离开关相同，接地开关也没有灭弧装置，不可以带负载分、合闸。在停电维修某一段线路和设备时，合上相应的接地开关，能保证被维修线路和设备可靠地接地，防止线路上电荷累积，或者在断路器意外合闸时，由于线路三相接地，短路电流会使断路器立即跳闸。

十、蓄电池

（1）船用蓄电池的类别

船用蓄电池有酸性蓄电池和碱性蓄电池两大类。酸性蓄电池也称为铅酸蓄电池，船用历史最久，常用于柴油机的启动和应急照明。碱性蓄电池，主要用于无线电通信设备。由于价格较高，民用船舶较少采用。

（2）蓄电池的主要性能

蓄电池的主要性能包括开路电压、工作电压、电池容量、使用温度、寿命和储存期等。酸性蓄电池中每个小电池的电动势为2.0～2.1 V。放电时，电压逐渐下降，到达某一电压（称放电终止电压）时，则急剧下降，当低至放电终止电压时不再放电。10 h放电率的每个小电池放电终止电压为1.8 V。充电时，电压在2.05～2.8 V范围内变化，充电终期每个小电池电压为2.5～2.8 V。充电设备的电压应考虑能调节每个小电池2.8 V的数值。碱性蓄电池中每个小电池的电动势为3 V左右，在额定放电率时平均放电电压为1.2 V。根据不同结构形式，充放电特性是不同的。

（3）酸性蓄电池

酸性蓄电池主要由容器、极板和隔板三部分组成。盛装电解液和支撑极板的容器，具有防止酸液泄漏、耐腐蚀和坚固等特性。铅酸蓄电池容器有玻璃槽、铅衬槽、塑料槽、硬橡胶槽等，船上多数使用后两种。

船用酸性电池的极板常采用铅锑合金制成栅格式，栅格中压入活性物质，正极的活性物质是二氧化铅（PbO_2），负极的活性物质是海绵状纯铅（Pb）。为增加容量，蓄电池的正极板和负极板制成许多片，分别并联在一起接成两组，构成蓄电池的正负极。隔板用橡胶、塑料或木板等绝缘材料制成。为保证电解液的自由流通，同时又不致使极板脱落的活性物质经隔板与相邻隔板相通，隔板上开有大小适中的孔。

酸性蓄电池的电解液的质量分数为27%～37%的稀硫酸溶液，相对密度为1.28～1.31。酸性电池是利用铅、二氧化铅和硫酸的化学反应来储存电能和释放电能的。当蓄电池的正负极板插入硫酸溶液时，极板之间将产生2V左右的电动势，一旦外电路接通则形成放电电流，同时在电池内部正负极板与硫酸之间发生化学反应，逐渐变成硫酸铅，当正、负极板都变成同样的硫酸铅后，蓄电池便不能再放电了，必须通过充电来恢复成原来的PbO_2和Pb。显然蓄电池的充电和放电是可逆的。充电时电解液稀硫酸的相对密度会增加；放电时由于生成水，相对密度降低。实际工程中采用比重计来测量电解液的相对密度，从而估计出蓄电池电动势的大小。

(4)碱性蓄电池

碱性蓄电池具有体积小、机械强度高、工作电压平稳、能大电流放电、使用寿命较长和易于携带等特点，近年来在远洋船上的应用增多。缺点是碱性蓄电池比酸性蓄电池的额定电压低，要提供相同的供电电压，碱性蓄电池通常在数量上要比酸性蓄电池多出67%，成本较高。碱性蓄电池可分为镉—镍(Cd—Ni)、铁—镍(Fe—Ni)、锌—银(Zn—Ag)、铬—银(Cd—Ag)等系列。

船舶主要采用镉—镍、铁—镍蓄电池，下面以镉—镍碱性蓄电池为例作介绍。

碱性蓄电池主要由容器、极板和活性物质构成。容器用镀镍钢板制成，直接与电解液或一组极板接触，所以碱性蓄电池的外壳带电：正极由氧化镍粉、石墨粉组成，石墨粉主要用来增强导电性，不参与化学反应；负极由氧化镉和氧化铁粉组成，掺入氧化铁粉的目的是使氧化镉粉具有较强的扩散性，防止氧化镉结块，增加极板的容量；正负极上的这些活性物质分别包在穿孔的钢带中，加压成型后构成电池的正负极，两极之间用耐碱的硬橡胶隔开。

碱性蓄电池电解液的质量分数为20%的氢氧化钾(KOH)水溶液(或纯氢氧化钠溶液)，相对密度为1.2～1.27。蓄电池充电时将电能变为化学能储存起来，放电时将化学能变为电能输送给用电设备，两电极所发生的化学反应是可逆的。

(5)船用蓄电池的充放电方式

恒电流充电——以恒电流充电至放电结束。

恒电压充电——给蓄电池加以恒定电压进行充电(由于充电初期通过电流大，应根据该电流选定整流器的容量)。

恒电流恒电压充电——在充电初期通以适当的恒定大电流，达到某一电压时，保持恒定电压进行连续充电。

初次充电——使用铅酸蓄电池时，初次向电池内加入电解液进行充电，充电的第一阶段电流为额定容量的0.07，充到单格电压上升到2.4 V为止；第二阶段电流为额定容量的0.04，充到单格电压上升到2.5 V，且相对密度和电压在3 h内稳定。

正常充电——对已经放过电的蓄电池，为了使其恢复到原来规定容量而进行的充电，充电分两阶段进行，第一阶段按标准充电制的电流(额定容量的0.1)充电6～7 h；第二阶段用第一阶段充电电流的一半充电2～3 h。

(6)船用蓄电池的维护保养

酸性蓄电池：

①电解液应每半个月检查液面高度，每年进行化验检查。要及时补充电解液，注液孔螺帽应旋紧，以防电解液溅出。

②应保持蓄电池表面清洁，为防止极柱夹头生锈，其表面应涂上一层凡士林油膜。

③蓄电池室应保持良好的通风，并严禁烟火。

④过充电——酸性蓄电池在运行中往往因长时间充电不足或过放电等原因造成极板硫化，这时要对蓄电池进行过充电，使蓄电池恢复到良好的运行状态。过充电是指在正常充电后，再用10 h放电率的1/2或3/4的小电流进行充电1 h，然后停1 h，如此反复进行，直至刚一接通充电电源就发生强烈气泡为止。

碱性蓄电池：

①半个月检查一次电压、电解液密度和高度，及时补充电解液。

②保持气塞透气或定期打开气塞放气。

③碱性蓄电池的外壳带电（正极），存放时须防金属将负极与外壳接触，引起短路。

④一般工作 10 ~ 12 次充放电循环或每月进行一次过充电。

⑤每年或使用 50 ~ 100 次时，应更换电解液。电解液的更换应在放电状态下进行，必要时可用纯水清洗，并及时注入更换的电解液。

第三节　船舶电气设备

一、船舶电力拖动设备

电动机在电力拖动系统中作为原动机驱动生产机械工作。最简单的电力拖动系统是电动机与生产机械直接联轴，如通风机、离心泵等机械，称为单轴电力拖动系统；而更多的场合中，电动机是经传动机构与生产机械相联的，如起货机等，称为多轴系统。生产机械所拖动的负载也有旋转、直线和往复等不同运动形式。无论系统为单轴还是多轴、负载的运动形式为直线或旋转，为了分析方便，通常都把实际多轴传动的拖动系统通过折算的方法等效成单轴系统，对于电动机而言，负载最终是以阻转矩的形式作用于电动机转轴上，这一阻转矩称为负载转矩。生产机械作用在电动机轴上的负载转矩就其性质（转矩方向）而言，可分为反抗性负载转矩和位能性负载转矩。反抗性负载转矩的特点是：不论电动机的转向是正转还是反转，它总是起着阻碍电动机旋转的作用。当电动机改变旋转方向时，反抗性负载转矩的方向也随之改变。各类泵、通风机等均属于这一类。位能性负载转矩的特点是：负载转矩总是保持一个固定的作用方向，而与电动机旋转方向的改变无关。因此，若当电动机以正方向旋转时，它起着阻碍电动机运动的作用；而电动机反方向旋转时，则推助电动机转动。起货机、锚机等属于这一类负载。

当生产机械的转速变化时，它加在电动机轴上的负载转矩的大小也会按一定规律变化，即 $n = \mathrm{f}(T_L)$ 或 $T_L = f(n)$。船舶生产机械的负载转矩一般可分为三种主要类型：

(1)恒转矩负载特性

恒转矩负载特性中，负载转矩与转速无关。即 T_L = 定值

恒转矩负载特性具有反抗性，例如机床的平移机构；也有位能性的，如起货机械等。

(2)通风机负载特性

通风机类型的负载转矩大致与转速的二次方成正比，即 $T_L = kn^2$

式中，k 为比例系数，它的特性曲线是一抛物线。通风机负载特性一般都是反抗性的，其第 3 象限内的曲线（反转时）与第 1 象限的曲线是对称的，如图 7-7(a)所示。船舶上的通风机、离心泵、螺旋桨等生产机械都具有这类特性。

(3)恒功率负载特性

恒功率负载特性的负载转矩与其角速度的乘积基本保持不变，即 $T_L n$ = 定值；或 $T_L = \dfrac{k}{n}$

式中，k 为比例系数，其特性曲线是一双曲线，如图 7-7(b)所示。工程救捞拖轮上的“自动收缆机”具有这种特性。收缆时，缆绳的张力与线速度的乘积基本保持不变。

电动机的运行状态根据其电磁转矩与转速方向的关系，分为电动运行和制动运行状态。

电动机的电磁转矩方向与转速方向相同时，电磁转矩为克服其轴上的负载转矩而驱动转轴旋转的动力矩，电动机为电动运行状态；而当电动机的电磁转矩方向与转速方向相反时，电磁转矩为阻止其轴上负载运动的阻转矩，电动机处于制动运行状态。

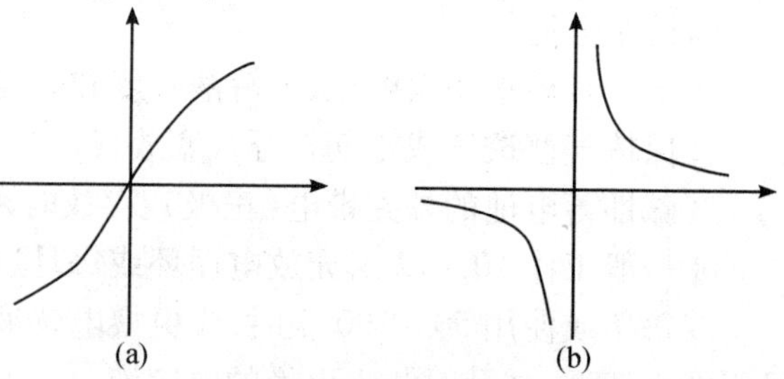

图 7-7　通风机负载和恒功率负载曲线图

就机械特性曲线而言，当电动机处于电动运行状态时，n 与 T 同为正值或同为负值，而制动运行时，n 总与 T 的方向相反。对于由电动机及生产机械构成的电力拖动系统，通常将电动机的机械特性曲线与生产机械的负载特性曲线放在同一 $n-T$ 坐标平面上。由于生产机械与电动机同轴旋转，当设定电动机的转速和转矩以逆时针转向为正值时，则生产机械的负载转矩顺时针方向取正值。因此，对于反抗性负载，因负载转矩总与转速的方向相反，故负载特性曲线位于坐标的 1、3 象限；而对于位能性负载，则特性曲线也可能出现在第 2 或第 4 象限，对位能性负载，系统还必须设置失电制动的电磁制动器。

船舶电力拖动设备按位置分为机舱设备和甲板设备。机舱电力拖动设备多为电动机带动各种油泵、水泵、风机等；甲板机械包括锚机/绞缆机、起货机、舵机及侧推装置等。电动机的控制有直接启动、多地点控制、Y－△启动、多级电机调速控制等各种控制方式。

1. 电机的保护

对电动机控制而言，须具备四种基本保护：短路电流保护、过载保护（或过电流保护）、欠电压保护（包括零电压保护）以及对三相交流电动机缺相保护等。

最简单而又有效的短路保护电器是熔断器，船上常用的有管式和螺旋式。熔断器中的熔片或熔丝用电阻率较高的易熔合金（铅、锡、锌、铝等）制成，或用截面积甚小的良导体（铜、银等）制成。线路正常工作时，熔断器不应熔断；一旦发生短路或严重过载则立即熔断。

电动机主回路中电源首先要经过空气断路器，再经过接触器和过载热继电器送到电动机，空气断路器能起到过流和短路保护的作用，接触器起到欠电压保护和控制的作用，热继电器起到过载和电流缺相造成过流的保护作用。

交流磁力起动器中均装有热继电器，当电动机过载时，热继电器的脱扣机构动作，其对应的常闭触头打开，控制接触器线圈失电，使其主、辅触头断开，使电动机停转，防止电动机因长期过载而发热烧坏。这类热继电器实现的过载保护，又称为热保护。

热继电器的过载保护与熔断器的短路保护有本质上的区别，使用时必须配合好。由于热继电器热惯性元件的关系，当电路中出现短时过电流、过载时，热继电器并不马上动作，旨在避开电动机起动、制动、调速等过渡过程的冲击电流。当瞬时过电流很大，超过熔断器的整定值时，应由熔断器来切断主电路。而当电动机长期过载时，热继电器才动作，起到过载保护的作用，而此时熔断器则不应动作。

通常与过载保护类似的另一种保护是过电流保护，亦称短时过载保护。它通过无延时的电磁式过电流继电器来实现。过电流继电器的线圈串在主电路中，继电器的动作电流值可根据需要来整定。当主电路发生短时过电流，电流值超过其动作值时，过电流继电器动作，切断相关的控制电路，使电动机停转。

过电流保护常用于限流起动的直流电动机和绕线式异步电动机。对于直接起动的鼠笼式异步电动机，由于无法设置合适的过电流整定值，一般不采用过电流保护，而采用由热继电器来实现的长延时过载保护。

起货机、锚机在重负荷高速挡广泛地采用过电流保护。例如当锚机运行在起锚高速挡时，过电流继电器监测主电路的电流，若电流超过其起锚高速挡额定电流值时，控制线路自动切换使锚机自动退到中速挡工作。

电动机在运行时由于电源电压突然消失致使电动机停车，那么在电源电压一旦恢复时，电动机将会自行起动，危及安全。为此，必须设置保护装置，防止电源电压恢复时电动机自行起动，即零电压保护。另外在电动机运转时，电源电压过低会引起电动机转速下降甚至堵转，在负载转矩一定时电动机电流将急剧增大引起过电流。此外，电压过低将会引起一些电器释放，造成控制电路工作不正常。因此，在电压下降到最小允许值时需要切断电源，这就是欠电压保护。

零电压保护和欠电压保护一般可由同一电器来实现，一般主接触器在失电后其线圈断电，电机停转；在下次电网有电时，接触器必须受到其他控制设备的控制才可能重新接通有电。在由按钮作为主令电器的控制线路中，一般由线路中的接触器兼作零压和欠压保护，而不另设专用的零压和欠压保护电器。

在由主令控制器作为主令电器的控制线路中，必须设置专用的零压和欠压保护电器。一般采用电压继电器来进行零电压和欠电压保护。锚机和起货机的控制线路中，均设有这样的零压和欠压保护环节。

三相交流异步电动机运行时，任一相断线（或失电）会造成单相运行，此时电动机为了得到同样的电磁转矩，定子电流将大大超过其额定电流，导致电机发热烧坏，缺相运行的电机，还伴随着剧烈的电振动和机械振动。在这种情况下，热继电器起着缺相保护的作用，它将断开接触器电源，使电动机停转。一般热继电器的发热元件串接在三相主电路的任意两相之中，在任一相发生断路故障时，必然导致另外两相电流的大幅度增加，为热继电器所检测到。

2. 控制电路的基本控制环节

根据生产机械对电力拖动的不同要求，控制线路的结构形式有所差异，但是它们均由一些基本的控制环节并按一定的规律组合而成。主要基本环节有点动控制、连续控制、行程控制、多地点控制、互锁控制、连锁控制、双位控制、时间顺序控制、正反转连锁控制、两台电机间互为备用控制、Y－△启动控制等。

3. 甲板机械的电力拖动

船舶甲板机械的驱动方式有电动式和液压式两大类，其相应的控制回路为电气控制回路和液压控制回路。在电气控制回路中，当代船舶已经引入了可编程控制器和单片机；在液压控制方式中，目前大多采用电子技术和液压技术相结合的电液复合系统，使它在船舶甲板机械得到推广应用，由于其电机功率较大，电动机的控制基本为Y－△启动控制或降压启动控制，如舵机、液压克令吊、艏侧推装置等，有的采用软启动控制器或变频控制器。

对电动锚机的电力拖动和控制提出以下要求：

（1）电动机和控制电器采用30 min短时工作制

锚机电力拖动装置应能满足在给定航区内，单锚破土后能起双锚。在正常深水抛锚（深度为80～100 m）下依次起双锚约需30 min，故起锚电动机一般采用30 min短时工作制。

（2）在电动抛锚时必须有稳定的制动抛锚速度

抛锚时一般采用重力自由下落抛锚,用手动带式制动器来调节抛锚速度。但当深水抛锚时,为避免抛锚时产生过大的重力加速度,且手动制动器不易控制,须采用电动抛锚,这时电动机工作在制动状态,以一定的制动速度实现稳速抛锚。

(3)应急起锚时,在 30 min 内保证起动 25 次

如抛锚于深水中,起锚时锚机电动机应将垂于水中的锚及锚链(全长一般为 200 m)收起,它的工作状况是繁重的,经常由于负载力矩过大而使锚机电动机过载。因此要求锚机电动机及其控制设备能在最大负载力矩下起动运行。过载时,必须使电动机继续强行工作,应急起锚,在 30 min 内保证起动 25 次。

(4)锚机电动机允许带电堵转 1 min

电动机应有软的或下坠的机械特性。其堵转力矩应为额定力矩的 2 倍,以适应拔锚出土和系缆开始时需很大拉力来克服船舶惯性的工作特点,并允许带电堵转工作 1 min。

(5)锚机电动机应有一定的调速范围

为了加快起锚过程,要求锚机破土起锚速度如下:单锚不小于 12 m/min;双锚不小于 8 m/min。此外,拉锚入孔的速度一般为 3 ~4 m/min。

(6)对锚机控制装置要求

要求设备重量轻,装置紧凑,成本低,维修费用少,调速平滑,控制简单,操作方便。

二、船舶电气控制设备

船舶电动机之类用电设备通电运行时需要继电器、接触器、熔断器等辅助电器作控制和保护。由控制电器组成的系统称为电气控制系统。一般的电气控制系统常选用继电器和接触器,因而称为继电 - 接触器控制系统。

由于用电系统越来越复杂,对控制和保护的可靠性要求越来越高,简单的继电 - 接触器控制系统已经不能满足要求,一种新的计算机控制电器——可编程控制器应运而生,它通常缩写为 PLC,是 Programmable Logic Controller 的简称。其 PLC 内核为微处理器系统,采用编写程序实现各种控制功能,具有输入输出接口电路以驱动继电器、接触器线圈等负载,适用船舶电气和工业控制领域。

除上述电动机的控制外,船舶电气设备还包括一些专用设备,如辅锅炉、焚烧炉、分油机、加热器、冷藏柜控制、海(淡)水柜的水位控制等。

三、船舶自动化系统

船舶自动化系统主要包括主机遥控系统、主机安保系统、船舶自动电站、集中报警监视系统、各种热工参数的定值自动控制以及主要设备自动切换控制等。另外,还包括各种专用设备的自动控制,如自动舵的控制系统。

主机遥控系统和主机安保系统一般由专业主机配套设备供应商提供,在驾驶室、集控室和机旁可实现对主机的有序控制,包括起动、停机、加速、减速、临界转速自动避让、正倒车逻辑控制,主机转速自动调节控制。主机安保系统针对主机的主要参数进行单独监控,如主机滑油压力低、主机淡水温度高、曲拐箱油雾浓度高或主机超速。一旦出现严重故障,系统给出自动减速乃至自动停车控制。报警监视系统可以通过监视各传感器的状态判断设备的故障情况及其状态,现基本采用总线技术实现。机舱热工参数的定值控制包括燃油黏度自动调节系统、缸套水温度自动调节系统、滑油温度自动调节系统等。机舱重要设备一般配有两套,一套工作,一套备用,工作的设备一旦出现故障,备用设备能够自动投入工作,以确保被控参数稳定在需要

的数值上。操舵方式一般分为单动操舵、随动操舵和自动操舵三种，单动操舵是在自动操舵及随动操舵都不能使用的应急情况下提供的一种操舵方式，也叫应急操舵。随动操舵是按偏差原则进行调节的操舵自动跟踪系统，被调节对象是舵，被调节量是舵角。它具有使舵叶角度与操舵手轮位置自动同步的特点，即操舵手轮转至某一所需角度时，舵叶相应地偏转到同一角度后自行停止。随动操舵一般规律的方框原理图如图 7-8 所示，它是一个闭环跟踪系统，以实现舵角的自动追随。图中的比较环节种类很多，如电桥式、电阻式、运算放大器等。执行机构也因不同的舵机型式而异。例如在双向变量泵拖动的电液舵机中，执行机构则由伺服电动机和双向变量泵构成。

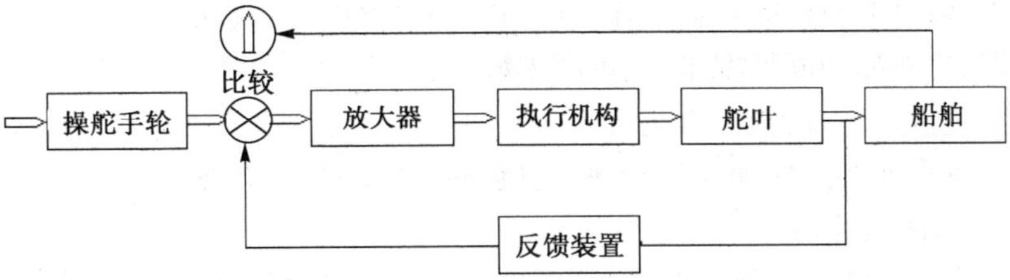

图 7-8　随动操舵一般规律的方框原理图

自动操舵的原理是按照船舶对航向的偏离角度来控制船舶的航迹，其操舵系统实际上是在随动操舵的基础上省去手轮，加上航向反馈而形成。很明显，系统的调节对象是船，被调节量是航向。自动舵系统是一个双闭环系统。内环是舵角反馈，实现舵角的自动追随；外环是航向反馈，实现对船舶偏航的自动调整。

第四节　船舶电气安全管理及电气管理人员的安全职责

一、船舶照明系统的维护保养

1. 照明系统的维护周期和要求

对普通照明及可携式灯具应测量线路的绝缘电阻（正常情况大于 0.5 MΩ），检查灯头接线是否老化和断开，对于室外灯具应检查其水密性能与锈蚀情况，凡有损坏的应及时更换。通常周期为半年。对应急照明则每月进行一次效能试验，每半年测量一次绝缘电阻。

每次开航前应检查航行灯、信号灯的供电电源、灯具及故障报警装置。探照灯、运河灯在使用前应检查其电源、开关、连接电缆和灯具的水密性能及绝缘电阻情况。

2. 船舶照明系统维护保养注意事项

（1）尽量避免带电更换灯泡，更换的灯泡应与电源电压一致，功率不能超过灯具允许的容量。

（2）在检修某些特殊部位，例如辅锅炉内部、柴油机曲轴箱、压载舱、储水柜等地方需用临时照明时，必须使用带有安全网罩的 36 V 以下的低压灯。装卸易燃危险货物时，不可使用携带式货舱灯。

（3）应急照明灯具应涂以红漆标记，以示区别。经常检查灯泡是否良好，损坏的应及时更换。

（4）甲板、船桥等露天投光灯具，开灯前应先脱去帆布，用完要及时将帆布罩好。

（5）室外水密插座，通电前先检查插头螺母是否旋紧，取出插头前检查电源是否切断，用毕后应旋紧防水盖。

(6)需要张挂彩灯时,要考虑到供电线路和开关的载流量、各相电流分配是否平衡,并要配备好保护装置。油船严禁张挂彩灯。

二、船舶电气火灾的预防

由电气线路和电气设备故障引起的船舶火灾占整个火灾事故的30%左右。船舶火灾不仅直接影响船舶的安全运输,同时也给广大船员和乘客的人身安全及国家财产造成很大威胁。

1. 电气设备起火的原因

(1)电气设备的绝缘下降或损坏,电气线路发生短路、接地等故障引起的火花。

(2)电气设备长期过载、超负荷工作,温升超过允许值,甚至燃烧。

(3)继电器、接触器通断情况不良,灭弧不好。

(4)直流电机换向不好,换向火花过大。

(5)导体或电缆连接点松动,接触不好,引起局部发热甚至燃烧。

2. 电气设备的防火要求

(1)经常检查电气线路及设备的绝缘电阻,发现接地、短路等故障时要及时排除。

(2)电气线路和设备的载流量必须控制在额定范围内。

(3)严格按施工要求,保证电气设备的安装质量。

(4)按环境条件选择使用电气设备,易燃、易爆场所要使用防爆电器。

(5)电缆及导线连接处要牢靠,防止松动脱落。

3. 电气灭火器具

对于已经切断电源而范围较大的电气火灾,可使用水和常规灭火器。对于未切断电源的电气火灾应采用绝缘性能好、腐蚀性小的灭火器具。船用灭火器具一般有下列几种:(1)二氧化碳灭火器。(2)1211灭火器。(3)干粉灭火器。

三、油船电气系统的安全管理

1. 油船静电起火的预防

任何两种不同物质的摩擦、紧密接触—分离、受热受压都能产生正负电荷分离的静电现象。导体在带电物体的影响下,也会感应产生静电荷。油船静电的形成是一个非常复杂的过程,产生静电的具体原因主要有:

(1)当货油沿着输油管路流入和流出货舱时,由于油与管壁、油舱的摩擦和冲击,因而产生和积聚静电荷。

(2)船体在风浪影响下的摇摆颠簸,会使油品与油舱壁产生摩擦而生成和积聚静电荷。

(3)油品通过多孔或网状过滤器、隔离装置时,也会有静电的产生和积聚。

(4)油品微滴的飞溅与空气摩擦及油中结晶水滴的沉降过程,也会产生静电。

(5)油舱内的油品与油花、漂浮物的相互撞击,可以产生静电。

(6)在对油舱采样测量时,测杆和采样器具在拖放和提升过程中,油舱内会产生静电。

(7)洗舱机和喷嘴软管在洗舱工作过程中会产生静电,洗舱水柱、水雾、水珠等形成的水滴,降落在油品中发生撞击时,也能产生静电。

(8)油舱内的铁锈、石油渣滓等沉淀物在下沉时,会产生静电。

(9)油舱上索具和吊杆的摩擦,会产生静电。

(10)落到油舱的物品及工具等,在坠落过程和发生碰撞时,会产生静电。

(11)人是静电的良导体,当人体穿脱毛料和合成纤维衣服时,会产生极高的静电电压,足以引燃周围的爆炸性气体。

2. 油船静电的预防

燃烧和爆炸必须同时具备三个基本条件:有可燃性气体、有空气或氧气、有火源或危险温度。油船上存在着大量易燃、易爆的混合气体和可燃性物质,对油船的安全极为不利。静电是引起油船火灾和爆炸事故的重要原因,必须设法预防。预防的出发点首先是避免或减少静电的产生,如尽量减少各种摩擦、感应及极化起电现象;其次是采取接地措施消散静电,避免静电的大量积聚而产生火花放电。具体措施有:

(1)货油舱在卸油、排压载水或洗舱前,都要向舱内充入惰性气体;航行期间,也要向舱内补充惰性气体,以使其含氧量极低。该惰性气体可由锅炉或主机的排烟经洗涤、净化、干燥等处理后产生,亦可由专用的惰性气体产生设备提供。

(2)由于静电与货油的流速成正比,因此在装卸油时应控制货油的流速,以不超过 4 m/s 为宜。为防止油管内或舱底残留积水而发生油水冲击从而大量产生静电,开始装油时,货油流速度应控制在 1 m/s 以下;待油装至高出舱底肋骨后,才逐渐加速到 4 m/s。

(3)油管要用接地电缆连接,具体接线要求是:接油管时,应先接接地电缆,后接油管;在拆油管时,应先拆油管,后拆接地电缆,两者切勿颠倒。接地电缆的直径为 16 mm,导线与船体的接触面积应大于 75%。

(4)装油后测量、取样时,应考虑油的半衰期,宜在装完后 30 min 进行,所用的量尺及取样装置应采用非金属材料制成。

(5)洗舱时,应尽可能避免由于水雾带电而产生静电电压,洗舱机台数不宜过多,在吊入舱内之前应可靠地接好接地电缆,工作人员必须防止金属工具落入舱内。

(6)油船工作人员应穿导电好的衣服和鞋袜,不宜配戴与人体绝缘的金属器件,有条件时,可在油船入口处设置消除静电装置,以消除人体静电。

3. 油船电气设备的管理要求

(1)油船配电系统只允许采用对地绝缘系统,即发电机和供配电系统均不应接地,更不能将船体作为回路。

(2)危险区域必须使用的电气设备应为防爆型结构或采用本质安全型电路或设备。本质安全型电路或设备是用以进行测量、监视、控制、通信信号等的弱电电路,没有高压和大电流,电路与其电源间有短路隔离保护措施,多为无触点的半导体器件。在正常或故障情况下,所产生的火花能量不足以点燃可燃性气体。

(3)定期检测电缆、电气设备的绝缘电阻,保持绝缘良好。

(4)检测电气设备时,要防止工具碰击短路产生电火花。

(5)不允许任意架设临时供电线路和装设临时灯具或随意加大电气设备功率。在调换灯管、灯泡时应先关断电源,在防爆灯及灯泡上不得涂刷油漆和包裹易燃纸品等物品。

(6)在室外禁止使用非防爆式灯具,手电筒也应是防爆的。

(7)主电站和应急电站应定期清洁,防止油污造成短路。

(8)严格控制使用电炉,尤其是明火电炉,应绝对禁止使用。

(9)要防止电缆、电气设备与高温管道接触,保证绝缘不损坏。

4. 油船在进行装卸油品、洗舱、除气、压载作业时的特殊注意点

(1)不允许动用电焊、气焊、喷灯以及易于发生火灾的工具。

(2)停止蓄电池的充电。

(3)无线电通信只许收报,不能发报。

(4)断开靠货舱口及货舱进气口的电动机电源,关好各种起动箱控制室、插座的门盖,以防油气和水侵入。

(5)禁止在室外和气密场所使用万用表和兆欧表。

(6)关闭变流机组、通风机、加温器等的电源。

(7)断开雷达电源,天线转至背向油舱的方向。

(8)使用防爆式报话机时,应站在货舱口的下风。如须换电池,要在室内进行,使用固定式超短波电话时,应将输出功率调到 1 W 以下。

(9)修理雷达、发报机和各种助航仪器时,应先经测爆,在确认无可燃气体威胁时,方可进行修理,严禁悬挂彩灯。

四、船舶修理与建造时电气管理人员的职责

1. 船舶电气设备的修理类别、期限和范围

(1)航修:指发生在船舶营运期间的一般修理项目和一般事故处理。其期限和修理范围根据电气设备的损坏程度来确定,一般由船厂或航修厂方协助进行修理。

(2)小修:钢质机动船要求每 12 ~ 18 个月进行一次小修,一般结合船舶“期间检验”或“年度检验”进行,这是按规定周期有计划地进行的厂修工程。

(3)检修:钢质机动船要求每 4 ~ 5 年进行一次检修,可以结合船舶“定期检验”或“特殊检验”进行,这是按规定周期每隔 2 ~ 3 次小修后进行的一次检修。

2. 修理项目的确定和修理后的检验

1)电气管理人员应根据不同的修理类别制订和提出不同的修理计划,对于在船舶营运期间引起的突发事故影响航行的修理项目,需要提出“航修”,它带有抢修性质,时间上要求比较紧。

而“检修”的修船时间较长,可根据船舶电气设备的总体情况,适当多提一些修理项目。如配电板的检修、整定,发电机的检修,起货机、舵机和锚机电力拖动系统的检修等。

如果是“小修”,只能修理一些主要项目。

修船时,除了厂修项目外,应根据实际情况安排好船上的自修项目。如电动机的清洗、解体、船舶照明系统的检修等,能自修解决的项目应尽量自修解决。

2)电气设备的检验

船舶电气设备的检验由船检决定,分为临时检验、期间检验和定期检验三种:

(1)电气设备临时检验的项目:在电气系统更换重大设备或经重大故障修理后,均需临时检验,可根据设备的具体情况进行局部或全部检验,检验后须编写检验鉴定书。

(2)电气设备期间检验的项目:正常使用的电气设备一般只需做外部检验;修理过的电气设备应进行效用试验;应急电气设备与报警系统均应做效用试验。在期间检验后应编写检验鉴定书。

(3)电气设备定期检验的项目:对船舶发电机、舵机、锚机、消防泵、舱底泵及船舶辅机的电力拖动控制系统均须做效用试验,并测量其绝缘电阻。检验配电板、配电网络、应急照明、各

种报警系统是否符合安全使用的技术条件。定期检验后，应编写检验鉴定书。

3. 监造新船时的职责

1）审图：审查船舶电气系统的设计图纸是否符合国际公约的要求，是否满足造船合同设计任务书的要求；审查安装图纸，布线方式是否符合要求和便于维修；审查所选的电气设备是否符合船检要求，是否经济、合理。

2）监造：监督厂方按设计要求选择和使用电气设备、电缆及电器元器件；监督厂方按《钢质海船入级规范》进行设备安装与布线，做到安全、可靠、合理、美观、方便检修。

3）试验：分系泊试验和航行试验两种

（1）系泊试验：是对泊于码头上船舶的电气设备进行试验。主要检验电气设备的安装质量和运行工况，调整各项技术指标，使之满足规范和船检的要求，并为以后的航行试验做好必要的准备。它的主要试验项目包括：

①发电机组的额定负载试验，发电机组额定过载试验，发电机组的并联运行试验，检查发电机组火花、温度、调速范围、电压调节范围等情况，检查其有功功率和无功功率的分配情况等，测试发电机组的静态调压特性。试验结束时，测量并记录发电机组的绝缘电阻和温升数据。

②主配电板和应急配电板上各保护装置动作值的试验和整定，试验各配电板之间联锁装置的正确性和可靠性，试验并车装置动作的可靠性，检查电网负载的均衡度，测量各配电板的绝缘电阻。

③大、小应急电源的效用试验。

④舵机电力系统控制部分的试验，舵角指示器的试验校正。

⑤主、辅机及锅炉自动控制系统的效用试验。

⑥起货机、锚机、绞缆机等电力拖动控制系统的效用试验。

⑦通风机及油泵应急切断装置的效用试验。

⑧航行灯、信号灯的效用试验。

⑨照明系统及电热器具的效用试验。

⑩船内通信设施的效用试验。

⑪消防、救生设备电气操纵信号控制系统的效用试验。

⑫如船舶有电力推进装置，则应对电力推进装置进行试验和检测。

（2）航行试验：是船舶在系泊试验完全正常，具备安全航行条件时所进行的海上航行试验，电气部分主要配合船体、轮机部分试验船舶在航行中，离、靠码头和起、抛锚时的运行情况，同时对在系泊状况下无法试验的设备和项目进行运载试验。在系泊试验中已经进行过的项目，在航行试验时一般只观察其运行工况，检查其工作可靠性。

五、船舶航行期间电气管理人员的职责

1. 船舶机动状态下的安全职责

船舶在备航、离靠码头、起抛锚、过狭窄水道、过运河时的状态称为船舶的机动状态。电气设备管理人员在船舶机动状态时应做好如下工作：

1）备航时的工作

（1）观察并联运行发电机工况、主配电板运行状况，调整发电机的负载均匀分配。

（2）检查为主、辅机运转服务的各种泵浦的控制设备工作是否正常。

(3)检查锚机、绞缆机控制设备的工作情况。

(4)开航前1 h,与驾驶员配合做好对舵工作。检查舵机控制设备运转是否正常,检查舵角指示器的指示值是否正确,检查满舵限位开关是否可靠、灵活。

(5)检查航行灯、信号灯、弱电电源及应急电源的供电情况是否正常。

(6)检查集控室内的电车钟、主机集控操纵台工作是否正常。

2)起、抛锚,离、靠码头,过狭水道,过运河时的工作

管理人员应保证船舶电气设备满足船舶在起、抛锚,离、靠码头,过狭水道,过运河等机动状态下变化多、动作快、要求高的特殊要求。在离、靠码头等操作前,事先做好发电机组的并联运行工作,保证有足够的电力供应船舶在各种机动状态下的要求。检查舵机控制系统的运行情况,保证舵机的可靠工作。管理人员要加强值班,保证发电机组和主配电板的正常运行,防止意外事故的发生,一旦发生跳电情况,应立即采取应急措施恢复对航行设备的供电。

2. 船舶正常航行状态下的安全职责

(1)对发电机组、主配电板、舵机等重要设备的电气系统坚持每天早、晚各一次的巡视检查工作,发现问题及时解决。

(2)按维护保养周期要求,对电气设备进行有计划的维护保养工作。

(3)对故障设备进行检测、修理。

(4)按规定做好电气设备管理工作日志的记录。

3. 船舶停泊状态下的安全职责

(1)停泊前,做好在港期间的人员值班计划和电气设备的维修保养计划。

(2)停泊期间,按计划安排好人员值班,协助航修单位做好有关电气设备的维修工作,接收好备件和物料。

(3)带有起货机的船舶在停泊期间装卸货时,由于吊装货物操作次数频繁,起货机经常启动、制动,启动电流很大,须根据需要调整好发电机组,电气管理人员要巡查和监视起货机的工作情况,发现故障及时排除。

六、交接班时电气管理人员的职责

1. 交接内容

(1)交接全船电气设备图纸、说明书等有关技术资料,如有改动或与实际设备不同的地方须予以指明。

(2)交接电气工作日志、主要电气设备的维修保养记录。

(3)交接电气设备备件、备品和常用工具清册,如有必要可当面点清。

(4)交接在外检修的电气设备单据。

2. 交接要求

(1)交接双方对全船电气设备情况,特别是电站、舵机、起货机、锚机和蓄电池等重点设备的控制系统到设备现场做重点介绍,必要时可做现场示范操作。

(2)交接双方对全船易出故障的电气设备情况应交接清楚,以使接班船员在以后工作中予以注意。

(3)交接双方对本船电气设备的有关规章制度,应变部署,救生衣存放位置要予以交待和了解,对正在进行而尚未完成的电气设备的检修工作予以交待。

(4)接班船员在交接结束后应仔细阅读本船电气设备的图纸、说明书等技术资料,熟悉船舶电站、舵机、锚机、起货机等重要电气设备的控制原理及控制开关的场所和具体位置,尽快掌握全船电气设备的情况,确保设备的正常运行。

参考文献

[1] 于洪亮,黄连忠. 船舶动力装置. 大连:大连海事大学出版社,2006
[2] 张志华. 船舶动力装置概论. 哈尔滨:哈尔滨工程大学出版社,2002
[3] 江彦桥. 海洋船舶防污染技术. 上海:上海交通大学出版社,2000
[4] 殷佩海. 船舶防污染技术. 大连:大连海事大学出版社,2000
[5] 金仲达. 船舶概论. 哈尔滨:哈尔滨工程大学出版社,2002
[6] 吴晓光. 轮机概论. 大连:大连海事大学出版社,2006
[7] 费千. 船舶辅机. 大连:大连海事大学出版社,2005
[8] 陈立军. 船舶辅机. 大连:大连海事大学出版社,2007
[9] 王克. 轮机概论. 武汉:武汉理工大学出版社,2006
[10] 殷佩海. 轮机概论. 大连:大连海事大学出版社,1998
[11] 左春宽. 轮机概论. 大连:大连海事大学出版社,2008
[12] 杜荣铭. 船舶柴油机. 大连:大连海事大学出版社,1999
[13] 韩厚德,杨万枫. 船舶辅机. 北京:人民交通出版社,2009
[14] 陆金铭. 船舶动力装置设计. 北京:国防工业出版社,2006
[15] 吴宛青. 船舶防污染技术. 大连:大连海事大学出版社,2010
[16] 吴恒. 船舶动力装置技术管理. 大连:大连海事大学出版社,1999
[17] 钱闵. 油船安全知识与安全操作. 大连:大连海事大学出版社,1998
[18] 许乐平,詹玉龙. 船舶动力装置技术管理. 大连:大连海事大学出版社,2006